명리약언
命理約言

■ 일러두기

1. 번역의 원서는 위천리 선집(韋千里 選輯)의 『정선명리약언(精選命理約言)』(1984년 대만 大衆書局)이다. 그리고 번역서는 이용준의 『정선명리약언』(2007)을 바탕삼고 이를 역자가 조탁하고 보완하여 원명 『命理約言』으로 출판하는 것이다.

2. 진소암(陳素庵)의 원문(原文)에 위천리가 주석을 달아 놓은 문장은 원문(原文)에서는 〈 〉를 넣어 표시했고, 번역문에는 [韋註] 로 표시하여 구분하고 고딕체로 표현하였다.

3. 원문의 뜻을 전달하기 위해 직역을 위주로 하였으며 오기(誤記)라고 생각되는 자(字)는 주석을 붙여 설명해 놓았다.

4. 원서(原書)의 한자(漢字) 아래에 모두 한글 발음을 달아 한자에 누구나 한문을 음미해가면서 읽고 해석할 수 있도록 편집하였다.

5. 木火土金水 / 甲乙丙丁戊己庚辛壬癸 / 子丑寅卯辰巳午未申酉戌亥 / 年月日時干支 / 生剋旺衰 吉凶氣化. 이상의 한자들은 한글 병행표기를 하지 않고 한자를 단독으로 기록하였다.

命理約言
명리약언

陳素庵 原著
韋千里 選輯

김기승
나혁진 공역

다산글방

| 역자 서문 |

『명리약언』은 사주학의 격국과 용신 등의 여러 가지 이론을 간단히 하나의 공식으로 귀결시켜 놓았다는 점이 특징이다. 『명리약언』의 간명총법看命總法에 "사주를 보는 것은 생극억부生剋抑扶에 불과할 따름이다."라는 구절이 있다. 사주의 여덟 글자 오행의 생극生剋에서 억제하고 부축하는 억부抑扶가 가장 중요하며, 그것으로 사주를 총체적으로 판단할 수 있다는 것이다.

이것은 용신을 정하는 여러 이론 중 가장 중요시 생각하는 억부용신법抑扶用神法의 핵심을 간단명료하게 지적한 것인데, 사주를 판단할 때 가장 먼저 관찰하게 되는 일간과 격국의 억부抑扶의 문제, 강약의 문제를 정확하게 지적했다고 할 수 있고, 현대 사주명리학의 용신론에 가장 큰 영향을 끼쳤다고 해도 과언이 아니다.

그러한 『명리약언』을 지은 사람은 청대 초 진지린(陳之遴, 1605~1666)이며 명나라 만력萬曆 33년(1605년)에 절강성浙江省 해령현海寧縣에서 태어났다. 자字는 언승彦升이며 호號는 진소암陳素庵이다. 이후 진소암으로 더욱 많이 알려지게 되었다. 그 조부는 진여상陳與相으로 관직이 귀주貴州의 좌포정사左布政使에 이르렀고, 그 부친은 진조포陳祖苞로 말년에 명나라에서 병부시랑兵部侍郎 겸 순천순무順天巡撫[1]의 직임職任을 행하고 있었다.

그는 명明 숭정崇禎 정축丁丑(1637년)에 방안榜眼으로 급제하여, 왕조가 바뀌자 청淸의 조정에서 벼슬을 하면서 시독학사侍讀學士, 예부상서禮部尙書, 홍문원대학사弘文院大學士 등을 역임하였고, 후에 죄를 지어 유배되어 강희康熙 병오丙午(1666년)에 유배지에서 사망하였다. 진소암은 어릴 때 혼인하여 한 번 상처喪妻하고 후처後妻를 받아들였는데 명·청 시대를 관통하는 유명한 여류시인이며 문장가였던 서찬徐燦이 그의 아내였다. 그녀는 진소암이 죄를 짓고 문책을 받아 변방으로 유배를 떠나자 관외關外에서 7년 동안 동거하다 남편이 죽자 돌아왔다는 일화가 전해지며, 서화書畵에 능했고, 만년에는 수묵관음화水墨觀音畵를 많이 그렸다. 그녀는 시문詩文도 잘 지었는데, 특히 사詞가 뛰어났다고 전한다.

『명리약언』은 오래 전에 저술된 책이지만 항간에 출판된 것은 1933년 위천리韋千里가 교정을 보아 출판한 『정선명리약언精選命理約言』이 최초였다. 저술에서 출판까지 300년 정도의 격차가 있기 때문에 저자의

---

1) 순무 직책은 중국 명청대 2~3개의 성의 군무와 민정업무를 담당하던 총독의 다음 순위 직책으로 총독 대리업무를 보거나, 독립적으로 1개의 성 혹은 일부에 해당하는 부주현을 관리하였다.

진위 문제가 논쟁거리가 되기도 하였는데, 도광道光 4년(1824년)에 최초로 간행되어 유포된 『명리수지적천수命理須知滴天髓』를 순치順治 15년(1658년)에 죄를 지어 낙직하고 유배지에서 사망한 진소암이 읽을 수가 없었기 때문이라는 것이다. 하지만 이에 대하여 대만의 장신지 박사는 "명리약언의 저자 진위 여부의 근거로 고서의 판본板本을 언급하고 있는데, 국가도서관의 선본善本을 열람하면 명말明末 장경관長庚館의 『신계성의백밀수현철통지적천수新鍥誠意伯密授玄徹通旨滴天髓』 간본刊本이 있고, 제목은 도광道光판과 조금 다르지만 그 내용과 편장篇章은 다름이 없기 때문에, 그것을 발견하지 못하고 속단을 하였다고 반박[2]하고 있는 것을 볼 때 『명리약언』을 진소암의 저술로 인정하는 것은 크게 무리가 없다.[3]

『명리약언』은 4권으로 이루어져 있으며 간명법看命法을 각 용어별로 간략하게 설명한 권1 법48편法四十八篇, 간명법의 실전적 내용을 보충 설명한 시결 형식의 권2 부20편賦二十篇, 그리고 고전이론 중 격국格局이나 신살神煞 등의 오류를 반박하는 권3 논48편論四十八篇, 사주학의 시

---

2) 장신지 논문 「자평학지이론연구」, 51쪽 참조.
3) 김기승·나혁진, 『명리학사』, 236~238쪽 참조.

원始原을 밝히고, 납음오행 등 여러 가지 잡론을 비평한 권4 잡론24칙 雜論二十四則과 장신봉벽오행제류張神峯闢五行諸謬 11칙으로, 여러 가지 학설을 심층적으로 분석하여 난해함을 간단명료하게 요결시켜 놓음으로써 사주학의 핵심을 간단명료하게 정리하고 있다. 그러한 현철함으로 사주명리학은 시스템을 갖추게 되었고 오늘날에 이르게 되었다고 해도 과언이 아니라고 생각한다.

명리학자들의 보편적 견해의 3대 필독서라면 『궁통보감』과 『적천수』, 『자평진전』을 꼽고 있으나 그 진위에는 『명리약언』의 가교架橋 역할이 크지 않을 수 없으니 위 고전들과 함께 반드시 필독서가 되어야 한다는 것이 역자의 소견이다. 그러므로 역자는 가급적 원문의 뜻을 충실히 전달하기 위해 최대한 직역을 위주로 노력하였다.

끝으로 번역의 미흡한 점에는 독자들의 충언을 기다리며, 또한 변천 과정을 겪으며 발전되어온 명리학의 스펙트럼을 이해하는 데 도움이 되길 바란다.

2018 戊戌年 夏

김기승 · 나혁진

| 차례 |

역자 서문 … 4

蔣序 … 12

韋序 … 17

券 一 … 23

法48篇

간명총법
1. 看命總法 1 … 25

간명총법
2. 看命總法 2 … 29

간격국법
3. 看格局法 1 … 32

간격국법
4. 看格局法 2 … 42

간용신법
5. 看用神法 … 46

간생년법
6. 看生年法 … 50

간월령법
7. 看月令法 1 … 53

간월령법
8. 看月令法 2 … 56

간일주법
9. 看日主法 … 63

간생시법
10. 看生時法 1 … 66

간생시법
11. 看生時法 2 … 68

간운법
12. 看運法 1 … 71

간운법
13. 看運法 2 … 74

간유년법
14. 看流年法 … 76

간정관법
15. 看正官法 … 79

간편관법
16. 看偏官法 … 83

간관살거류법
17. 看官殺去留法 1 … 87

간관살거류법
18. 看官殺去留法 2 … 92

간관살거류법
19. 看官殺去留法 3 … 96

간정편인법
20. 看正偏印法 … 100

간정편재법
21. 看正偏財法 … 105

간식신법
22. 看食神法 … 109

간상관법
23. 看傷官法 … 113

간식상법
24. 看食傷法 … 119

간비겁녹인법
25. 看比劫祿刃法 … 122

간공협법
26. 看拱夾法 … 126

간잡기묘고법
27. 看雜氣墓庫法 … 131

간종국법
28. 看從局法 … 136

간화국법
29. 看化局法 … 140

간일행득기법
30. 看一行得氣法 … 144

간양신성상법
31. 看兩神成象法 … 147

간암충법
32. 看暗沖法 1 … 149

간암충법
33. 看暗沖法 2 … 152

간암합법
34. 看暗合法 … 155

간육친법
35. 看六親法 1 … 157

간육친법
36. 看六親法 2 … 163

간귀천법
37. 看貴賤法 … 166

간빈부법
38. 看貧富法 … 171

간길흉법
39. 看吉凶法 … 174

간수요법
40. 看壽夭法 … 177

간부귀길수빈천흉요총법
41. 看富貴吉壽貧賤凶夭總法 … 180

간부귀길수빈천흉요요법
42. 看富貴吉壽貧賤凶夭要法 … 191

간과제법
43. 看科第法 … 195

간성정법
44. 看性情法 … 197

간질병법
45. 看疾病法 … 199

간여명법
46. 看女命法 1 … 201

간여명법
47. 看女命法 2 … 205

간소아명법
48. 看小兒命法 … 209

券二 … 213

賦20篇

총강부
1. 總綱賦 … 215

격국부
2. 格局賦 … 220

행운부
3. 行運賦 … 224
유년부
4. 流年賦 … 230
정관부
5. 正官賦 … 235
편관부
6. 偏官賦 … 242
정인부
7. 正印賦 … 249
편인부
8. 偏印賦 … 254
정재부
9. 正財賦 … 257
편재부
10. 偏財賦 … 263
식신부
11. 食神賦 … 266
상관부
12. 傷官賦 … 272
비겁부
13. 比劫賦 … 279
녹인부
14. 祿刃賦 … 283
종국부
15. 從局賦 … 287
화국부
16. 化局賦 … 291
일행득기부
17. 一行得氣賦 … 298
양신성상부
18. 兩神成象賦 … 301
암충암합부
19. 暗衝暗合賦 … 304
여명부
20. 女命賦 … 309

券 三 … 315

論48篇

천간론
1. 天干論 … 317
지지론
2. 地支論 … 320
간합론
3. 干合論 … 323
간충론
4. 干衝論 … 327
지삼합론
5. 支三合論 … 330
지육합론
6. 支六合論 … 333
지방론
7. 支方論 … 335
지충론
8. 支衝論 … 337
지형론
9. 支刑論 … 340
지해론
10. 支害論 … 345
오행왕상휴수론
11. 五行旺相休囚論 … 348
십간생왕묘등론
12. 十干生旺墓等論 … 351
십이지작용론
13. 十二支作用論 … 363
간지복재론
14. 干支覆載論 … 367
제신살론
15. 諸神煞論 1 … 369
제신살론
16. 諸神煞論 2 … 372

태세론
17. 太歲論 … 375

월살론
18. 月殺論 … 378

천월이덕론
19. 天月二德論 … 380

귀인론
20. 貴人論 … 383

월장론
21. 月將論 … 388

역마론
22. 驛馬論 … 390

공망론
23. 空亡論 … 394

겁살론
24. 劫殺論 … 398

납음론
25. 納音論 … 400

팔법론
26. 八法論 … 403

소운론
27. 小運論 … 406

간지일기론
28. 干支一氣論 … 408

쌍비양간삼붕론
29. 雙飛兩干三朋論 … 413

월일시록론
30. 月日時祿論 … 415

청룡복형등격론
31. 靑龍伏刑等格論 … 418

복덕수기격론
32. 福德秀氣格論 … 420

삼기론
33. 三奇論 … 422

쌍미론
34. 雙美論 … 425

십악대패론
35. 十惡大敗論 … 428

임기용배론
36. 壬騎龍背論 … 430

육을서귀론
37. 六乙鼠貴論 … 432

육음조양론
38. 六陰朝陽論 … 434

금신론
39. 金神論 … 437

추건추간론
40. 趨乾趨艮論 … 440

합록론 형합부
41. 合祿論 刑合附 … 443

시격론
42. 時格論 … 447

요합론
43. 遙合論 … 449

괴강론 일덕부
44. 魁罡論 日德附 … 452

포태론 태원부
45. 胞胎論 胎元附 … 454

학당학관론
46. 學堂學館論 … 457

지속론
47. 支屬論 … 459

자형론
48. 字形論 … 461

券 四 … 465

雜論24則

부, 장신봉벽오행제류
附, 張神峯闢五行諸謬 … 516

蔣序

命書傳世, 不知凡幾, 予閱命書無多, 就所知者, 以《命理約言》,《命理析疑》,《命理輯要》,《滴天髓輯要》, 及《子平眞詮》爲最精確. 約言一書, 曩在硯友宣仲策(國勳)處見之, 說其先人宦游京師, 手抄遺傳, 予擇要錄存若干則, 以備參考. 予世居紹興, 雖不以談命爲生涯, 然於讀津之暇, 喜習命學, 尤喜與各地談命家互相探討, 交換義識, 鎭江袁公樹珊(阜), 精醫術, 擅命理, 予謀名求教, 承不棄, 時通訊焉, 偶及約言書, 袁公以未窺全豹爲憾, 囑予寄日, 予向宣友商借原抄本, 就袁公之所缺者錄而補之. 宣本缺起例三十六則, 蒙袁公錄示, 遂爲宣本補入, 予複向戚屬袁幼安(肇基)借抄《命理輯要》, 及《滴天髓輯要》, 陸續寄郵袁公俾成全璧. 袁公與予約, 以約言書最有價値, 世少堪本, 擬謀付剞劂, 以供同好, 予韙之. 乃事閱數年, 未見實現, 去歲嘉興韋千里, 蒙以硏究命理訂交, 彼此通訊頻頻, 兼由韋介紹其至好張恒夫先生, 亦時以命學相問難, 韋系名術家遁道人哲嗣, 年少英

俊, 學有心得, 予嘗聞韋有搜集命理學說, 參以平日談名所
得, 彙刊成書之議, 予卽將約言寄供采擇. 韋謂書中所述學
說, 與其意見不謀而合, 予雖促其致力於是書, 詳加詮注,
付印問世, 以揚先注, 不必另輯矣. 韋然之. 閱半載, 稿成,
乃存原名, 紀實也. 由予函請袁公樹珊撰述序文, 其中原委,
詳見袁序中, 予不贅述. 惟命書尙有《命理析疑》, 亦無刊本,
名著湮沒, 予深惜之. 韋君輯書旣竣, 囑予校正, 並索序焉.
予自知學術荒蕪, 言之無文, 爰陳梗槪, 志諸簡端, 是爲序.

　　　　中華民國二十二年, 歲在癸酉暮春中浣,
浙江紹興蔣善澂淸渠甫序于古越魚化橋畔桂蔭館.

| 장서 |

세상에 전해지는 명서命書가 얼마나 되는지는 알지 못하고, 또 내가 읽어본 책도 많다고 할 수는 없지만, 그중에서는 『명리약언』, 『명리석의』, 『명리집요』, 『적천수집요』, 『자평진전』이 가장 정밀精密하고 정확正確하다고 생각된다.

약언約言이라는 한 권의 책은 얼마 전에 동문수학했던 친구 선중책(국훈) 군의 처소에서 보게 된 것인데 그의 말에 의하면 자기 조상祖上 중에 어느 분이 경사(京師 : 수도)에서 벼슬살이를 하신 적이 있어 그때 이 책을 손수 베껴서 후대에 물려 준 것이라 했으며 나는 그중에서 중요한 법칙法則 몇 가지를 골라 후에 참고로 사용하려고 기록해 두었다.

나는 본래 대대로 소홍에서 살았지만 명命을 감정하여 생업으로 삼은 적은 없었으나 율서律書를 공부하는 틈틈이 명학命學을 배우기를 즐겨 했으며 또 각지에 있는 명가命家들을 찾아 서로 탐구도 하고 생각도 교환하기를 좋아했는데 진강에 계신 원수산袁樹珊 선생이 의술에 정통하고 명리命理에도 조예가 깊다는 말을 듣고 그 명성을 흠모하여 가르침을 청했더니 다행히 거절하지 않고 받아주시어 때때로 서신왕래를 하며 지내던 중 우연히 약언서約言書에 대해 언급하게 되었다.

원袁 선생도 이 책의 전부를 다 보지 못한 것을 유감으로 생각한다고 하면서 내게 그 전부를 갖춰 읽어볼 것을 부탁하였고 내가 친구 선

宣 군과 상의하여 그 원초본을 빌려서 원袁 선생이 갖고 있는 책의 빠진 부분을 보충하였다.

또 선宣 군의 책에는 기례 삼십육칙三十六則이 빠져 있었는데 원袁 선생의 기록을 보고 선宣 군의 책에 채워 넣었으며 다시 친척이 되는 원유안袁幼安에게 『명리집요』와 『적천수집요』를 빌려 베껴 적어 우편으로 원袁 선생에게 계속 부쳐 보내 그 전부를 완벽하게 갖추도록 하였다.

원袁 선생이 나에게 약조하기를 이 약언서約言書는 그 가치가 뛰어난 책임에도 불구하고 세상에 간행되어 나온 것이 희소하니 계획을 잘 세워서 목판인쇄를 하여 동호인들에게 제공하자고 하였다.

내가 이에 동의하고 착수했지만 수년이 지나도록 실현實現을 보지 못하고 있었는데 지난해 가흥 위천리韋千里 선생과 명리命理 관계로 교분을 맺게 되고 또 위韋 선생의 소개로 그가 가장 친애한다는 장항부 선생을 소개받아 서로 명학命學의 어려운 점을 물어보곤 하였다.

위韋 선생은 본래 유명한 술가術家이자 은둔 도인道人이신 부친의 뛰어난 후예로서 외모도 영준하고 학문에도 깨달은 바가 많았다. 나는 그가 명리命理에 관한 학설學說을 수집하고 평소 명리에 관해 나눈 이야기에서 얻은 바를 더해 책을 펴낼 계획이 있다는 얘기를 듣고 내가 약언約言을 보내고 채택할 것을 말하였다. 위韋 선생이 말하기를 약언約言에 있는 학설들이 자신의 의견과 사전 작업을 한 것처럼 맞아 떨어진다고 하므로, 그러면 이제 이 책의 출간에 온 힘을 쏟으라고 재촉했다. 그리고 상세하게 주註를 달아서 세상에 내놓아 선배 학자의 저서로 하여금 햇빛을 보게 하자고 하였다. 위韋 선생이 동의하고 반년 만에 원고가 완성되어 이에 원명을 보존하고 그 사실을 기록하게 되었고 내가 편지로 원수산 선생에게 서문을 써줄 것을 부탁했는데, 원袁 선생의 서문4)에 상세히 보이므로 나는 여기에 적지 않는다.

명서命書 중에 아직 『명리석의』만이 판각이 없어 명저名著가 사라지는 것이 아닌가 걱정 했는데 위韋 선생이 이미 편집을 해 놓고 내게 교정을 부탁하며 아울러 이 책의 서문까지 써주기를 원하였다. 내 학문이 미숙하고 보잘 것 없음을 스스로 아는 터라 이에 간단히 그간의 경과를 적고 서문으로 삼는다.

중화민국 22년 癸酉년(1933년) 늦은 봄에
절강 소흥 장선형 청거가 비로소 고월화교반 계음관에서 쓰다.

---

4) 원수산 선생의 서문이 있었으나 현대 판본들에는 실려 있지 않다.

| 韋序 |

孔子罕言命, 而有時亦常言命, 豈前後兩異哉? 蓋賦命在天, 知命在人, 人人有命, 未必人人皆知. 所謂知者, 非學問不能造其極, 非閱歷不能竟其功. 故曰, 君子居易以俟命. 又曰五十而知天命, 魯論終篇, 更曰不知命, 無以爲君子, 聖人勉人知命之意, 顧不深且遠哉. 千里年才弱冠, 學複荒蕪, 薄技片長, 閱歷膚淺, 敢謂知命耶? 惟憶十二歲時, 隨先君子石泉公, 誦讀子平諸書, 先君子喻余曰, 學命豈易事哉? 必也二事兼備, 始可見功, 其一多看書, 其二多看命. 多看書則學術精, 多看命則經驗富, 二者不可偏廢. 孟子有雲, 盡信書則不如無書. 書中之言, 能儘是也? 即儘是矣, 能盡達也? 必須以今人之命, 參合古人之書, 久而久之, 自能融會貫通, 孰是孰非, 不難洞若觀火, 斯言也. 小子志之不敢忘, 及年十八, 先君子見背, 餘以趨庭所聞, 及閱書所得, 日與士大夫朝夕研求, 反復討論, 積五年之久, 閱命三萬餘, 差幸有所獲. 更覺泥古者, 不足以談命, 先君子向謂學命不能徒讀書者, 只

此益信. 邇來朋好中, 有囑餘將近年心得, 筆之於書, 以備遺忘者. 奈俗務紛紜, 猶未整理就緒, 心恒歎焉. 客夏紹興蔣淸渠先生, 忽以淸初陳素庵相國, 所著《命理約言》四卷見示, 餘拜讀至再, 鈙佩莫名. 蓋餘所欲言者, 陳書已先我言之, 餘所不敢言不能言者, 陳書已振襟搖筆, 侃侃而言之矣. 且識見高超, 義論透闢, 誠爲命書中唯一之傑作, 不獨文章典雅, 考據詳明已也. 淸渠謂是書, 乃友人宣君仲策家藏抄本, 世少流傳, 君如謀剞劂, 必紙貴洛陽. 餘遂不辭狂瞽, 力任校刊, 其篇目略爲更動, 間有無關切要者, 稍從割愛. 賦二十篇, 乃命之精華, 餘略加詮注, 俟初學者讀之, 得以由淺入深 ; 高明者讀之, 得以因同考異. 蛇足之譏, 知所不免. 稿成, 質之淸渠先生, 復蒙謬以精選許之, 因是命爲精選命理約言. 先生又謂是書湮沒人世, 垂三百年, 今竟賴君毅力, 得以公諸天下, 使命學日進昌明, 則人人知命, 人人守分上無戰爭之害, 下無攘奪之虞, 其功不亦大哉？餘唯唯, 不敢承. 茲因刊印事竣, 爰志得書之緣起如此, 尙望巨碩宏達, 進而教之, 則幸甚矣.

民國癸酉春日, 浙江嘉興韋千里僅識于滬江寓次.

| 위서 |

공자孔子께서 명命에 대해 잘 언급하지 않으셨다는 기록도 있고 또 어느 때는 자주 말씀하셨다는 기록도 있으니 어찌 이렇게 전후前後가 맞지 않는 것인가? 대개 하늘이 천명天命을 부여하면 그 명命을 알아내는 것은 사람에 달려 있다. 그러나 사람마다 타고난 명命이 있지만 모두가 자신의 명命을 아는 것은 아니다. 이른바 안다知고 하는 것은 학문을 함으로써 그 지극한 곳까지 다다를 수 있는 것이며 또한 많은 세월과 경험을 거쳐야 그 공功을 이룰 수 있는 것이다. 그러므로 군자君子는 조용히 살면서 자신의 명命을 기다린다고 했으며 또 공자께서는 나이 오십이 되어서 자신에게 주어진 천명天命을 아셨다고 하였다. 또 노론(魯論 : 論語)의 마지막 장에는 "명命을 모르면 군자君子가 될 수 없다"라고 하였으니 성인聖人께서 사람들로 하여금 지명知命에 힘쓰도록 한 뜻이 이토록 심원深遠한 것이다.

나 위천리韋千里는 나이 이제 약관에 불과하여 배움이 거칠고 볼 것 없을 뿐 아니라 기량도 부족하고 경험 또한 풍부하지 못하여 감히 명命을 안다고 자부할 수 없다.

돌이켜 보니 열두 살 무렵이었다. 선친이신 석천石泉 공을 따라 자평학子平學 서적들을 읽고 외웠는데 당시 선친께서 내게 깨우쳐 주시기를 "명학을 배우는 것이 어찌 쉬운 일이겠느냐, 반드시 두 가지를 겸비해야 하느니 그래야 공을 이룰 수 있느니라. 그 하나는 독서를 많이 하는 것이요, 그 둘은 실제 간명看命을 많이 하는 것이니라. 독서를 많이 하면 학술에 정심해질 것이며 간명을 많이 하면 경험이 풍부해질 것이니라. 이 둘 중에 어느 하나에만 치중하거나 다른 하나를 폐지하면 안 되는 것이다."

맹자孟子께서 이르기를 "책 속의 내용을 다 믿기로 한다면 오히려 책이 없는 것만 못하다"라고 하셨고 "책 속의 말이 모두 옳을 수야 있겠는가? 설령 그것이 모두 옳다고 해도 그것에 모두 통달할 수 있겠는가? 그러니 반드시 요즘 사람의 명命에 옛사람의 서적을 참고하여 오래 연구하다 보면 스스로 이치가 무르녹아 관통하게 되고 그때는 무엇이 옳고 무엇이 그른지 불을 보듯 환히 알게 되는 것이니라"라고 하셨으니 이 말씀을 오래도록 새겨두고 잊지 않았다.

18세 되던 해에 선친께서 돌아가셨다. 그동안 선친에게 직접 가르침을 받은 것과 독서를 통해서 배운 것에다 사대부들과 5년여를 조석으로 연구 토론한 것이 축적되어 명조를 본 것만 삼만 개를 넘었으니 다행히 수확이 없다고 할 수 없겠고 그 과정에서 또다시 깨우친 바가 있으니 단지 옛것에만 매달려서는 명命을 감정鑑定하기에 부족하다는 것이었다. 선친께서 전에 이르시기를 명命을 배우는 데 독서만 가지고는 부족하다고 하셨는데 이제 와서 생각하니 그 말씀에 더욱 믿음이 생기게 되었다.

그 후 친구들 중에 나에게 그동안 깨달은 바를 글로 남겨 나중에 잊어버리는 일이 없도록 하라고 충고하는 사람도 있었지만 부질없는 세상일에 얽매여서 착수도 못한 채 마음속으로 한탄만 하고 있던 차에 마침 작년 여름 소흥의 장청거 선생이 청나라 초기의 진소암 상국이 지으신 『명리약언』 네 권을 보여주셔서 엎드려 절하고 읽기를 두 번이나 하였다.

내가 평소 말하고 싶었던 내용을 이미 이 책에 언급하셨고 내가 감히 말할 수 없었고 말하지 못했던 것을 진 상국께서는 시원스럽게 설파하셨으며 또한 식견이 높아서 그 논하는 바가 핵심을 뚫었으니 참으로 명서 중의 유일한 걸작이라고 하지 않을 수 없으니 그 문장이 예스럽고 품위가 있을 뿐 아니라 논거는 자세하고 명확했다. 청거 선생은 "이 책이 친구인 선중책 군의 집안에서 간직해 온 필사본인데 세상에 유포된 것이 희소함으로 내가 만약 인쇄하여 세상에 내놓는다면 반드시 고사에 있는 대로 '낙양의 지가'를 올릴 정도로 독자들의 환영을 받을 것이다"라고 하였다. 그래서 결국 사양하지 못하고 외람되게 이 일을 맡아서 힘닿는 대로 간행刊行해 보기로 하였다.

내용의 순서를 약간 바꿔 보기도 하고 간혹 중요치 않은 내용은 조금 빼버린 것도 있으며 부賦 20편은 곧 논명論命의 정화精華이기에 여기에 주註를 달기도 하여 처음 배우는 이에게는 쉬운 곳부터 어려운 곳으로 들어갈 수 있도록 하였고 공부가 상당히 된 사람들에게는 같은 내용이라도 다르게 생각해 볼 수 있도록 하였는데 사족을 달았다는 비난을 면하기 어려울 것 같다.

원고가 완성되어 청거선생에게 보여 드리고 바로잡아 주실 것을 부탁드렸더니 잘못된 곳을 고쳐 주시고 정선精選이라는 책 이름도 허락해

주시어 『정선명리약언』이라고 명명命名하기로 하였다.

선생께서는 또 "이 책이 세상에서 자취를 감춘 지가 근 삼백 년이나 되었는데 이제야 비로소 그대의 힘을 빌어 세상에 공표하게 되었으니 앞으로 명학命學이 날로 발전할 것이라고 하면서 이제 사람마다 자신의 명命을 알아서 분수를 지키고 위로는 전쟁의 폐해가 사라지고 아래로는 남의 것을 탈취하는 풍조가 사라지게 된다면 이 또한 그대의 공功이 아니겠느냐"라고 하였다. 나는 그냥 예, 예하고 대답은 했지만 감히 말은 잇지 못했다. 이제 출간할 준비가 모두 갖추어졌고, 이에 이 책이 나오게 된 인연이 이와 같음을 적어 두는 것이며 오히려 훌륭한 석학碩學과 이치에 통달한 사람이 나와서 가르침을 준다면 매우 다행이라고 할 것이다.

중화민국 22년 癸酉년(1933년) 봄날에
절강의 가흥 위천리가 호강우차에서 삼가 적다

法

四十八篇

命理約言 卷一

'法'이란?
문학작품 外 일반 기록을 작성하는 한문문체 '記'의 하부분류 중 하나인 法은
현상에 대한 法則을 정리하여 열거하는 기록문 형식이다.

1. 看命總法 一

간명총법1

- 명을 보는 총체적인 법 1 -

【原文】

看命大法, 不過生剋扶抑而已. 列下四柱, 先看日干是何五
간명대법 불과생극부억이이   열하사주   선간일간시하오

行; 隨看月支, 或是生我剋我, 或是我生我剋. 如月支本氣
행   수간월지   혹시생아극아   혹시아생아극   여월지본기

透於天干, 寅透甲, 午透丁, 卽取爲格, 係正官, 食神, 偏
투어천간   인투갑   오투정   즉취위격   계정관 식신 편

財, 偏印, 則宜生之助之; 係偏官, 傷官, 則宜制之化之. 若
재   편인   즉의생지조지   계편관   상관   즉의제지화지   약

本氣未透遭剋, 則寅不用甲, 而用所藏之丙戊; 午不用丁,
본기미투조극   즉인불용갑   이용소장지병무   오불용정

而用所藏之己. 若所藏之神, 又不透遭剋則不用月支, 而用
이용소장지기   약소장지신   우불투조극즉불용월지   이용

別干支之勢盛力旺者爲格. 其祿刃比劫, 無論在干在支, 均
별간지지세성력왕자위격   기록인비겁   무론재간재지   균

不以取格, 但用爲日干之助耳. 總之以日干與財官等較强
불이취격   단용위일간지조이   총지이일간여재관등교강

弱, 强者抑之, 弱者扶之, 局不能扶抑者, 以運扶抑之, 其
약   강자억지   약자부지   국불능부억자   이운부억지   기

必不可扶者則棄之, 必不可抑者則順之. 惟合化格, 一氣兩
필불가부자즉기지   필불가억자즉순지   유합화격   일기양

神格, 暗沖暗合格, 不在此例. 總之淺而易見者小, 淸而難
신격   암충암합격   부재차례   총지천이이견자소   청이난

測者大, 淸而有神者貴, 濁而無氣者賤, 純粹中和者貴而安,
측자대   청이유신자귀   탁이무기자천   순수중화자귀이안

奇怪偏駁者貴而危. 惑謂太平之世取正, 有事之秋取奇, 余
기괴편박자귀이위   혹위태평지세취정   유사지추취기   여
嘗閱古今之命數萬, 承平安樂, 儘多七煞傷官, 開創經綸,
상열고금지명수만   승평안락   진다칠살상관   개창경륜
不少正官正印, 特奇正之命, 世多世少, 氣運偶然, 非奇者
불소정관정인   특기정지명   세다세소   기운우연   비기자
生太平之世必無用, 正者生有事之世必不貴也.
생태평지세필무용   정자생유사지세필불귀야

　　명명을 보는 대법大法이 있다면 생극生剋과 억부抑扶에 불과할 따름이다. 사주四柱를 배열해 놓고 먼저 일간日干의 오행五行이 무엇인가를 본 후에 월지月支의 오행을 보아 상호 관계를 살피는데 월지가 나를 생하는지 剋하는지 혹은 내가 월지月支를 생하는지 극하는지를 보는 것이다.

　　예를 들어 월지月支의 본기本氣가 천간天干에 투출透出했다면, 寅 중의 甲木이나, 午 중의 丁火가 투간透干 했다면 바로 투출한 그것으로 격格을 삼는다. 그런데 정관正官, 식신食神, 편재偏財, 편인격偏印格[5]이라면 생조生助함이 마땅하고 편관偏官, 상관격傷官格이면 마땅히 제화制化시켜야 한다. 만약 본기가 투간하지 않았거나 剋을 당했다면, 월지가 寅이라면 甲木을 쓰지 않고 나머지 지장간地藏干인 丙이나 戊를 쓰는 것이며 午의 경우라면 마찬가지로 丁火를 쓰지 않고 소장되어 있는 己土를 쓰는 것이다. 만일 그마저도 투간하지 않았거나 剋을 당했다면 월지月支에서 격격을 취하지 않고 다른 간지干支에서 세력이 왕성한 자를 찾아 격으로

---

5) 명리약언 원문에는 편재, 편인으로만 기록되어 있어 정재, 정인의 행방이 묘연하다. 진소암은 뒤에서 편재와 정재를 재격으로 편인과 정인을 인수격으로 묶어 설명한다.

삼는다.

녹祿과 인刃·비겁比劫은 천간天干이나 지지地支 중 어디에 있든 상관 없이 격格으로 삼지 않고 다만 일간의 힘을 돕는 데 쓸 뿐이다. 간추려 말한다면 일간日干과 재관財官 등의 그 강약을 서로 비교하여 강한 것은 그 힘을 억제해 주고, 약한 것은 힘을 보태주는 것이 명命을 보는 대법 大法인 것이다.

그러나 원국原局에서 억부抑扶할 수 없다면 운運에서라도 억부抑扶해 주어야 한다. 그렇지만 도와줘도 일어나지 못할 것은 포기해야 하고, 내가 감당할 수 없는 것에는 그 기세氣勢에 순응하여야 한다. 그러나 합화격合化格, 일기양신격一氣兩神格, 암충암합격暗沖暗合格 만큼은 이 예에 해당되지 않는다. 달리 표현한다면 물이 얕아서 속이 쉽게 보이는 것은 그릇이 작은 것이고 청淸하며 그 깊이를 측정할 수 없는 것은 그 그릇이 크다고 할 수 있는 것이다.

청淸하면서 신神[6]을 갖추면 귀貴하게 되는 것이지만, 탁濁하면서 氣가 통하지 아니하면 천賤한 것이다. 순수하면서 중화中和를 이룬 자는 귀하면서도 안정되고 기이奇異하고 괴상하며 편중되고 순수하지 못한 자는 귀하게 되더라도 위태로운 것이다.

어떤 이는 태평한 시대에는 정正을 취하고 유사시에는 기奇를 취해야 한다고 하는데, 내가 일찍이 고금古今의 수많은 명조命造를 본 바에 의하면 평화롭고 안락하게 살아가는 사람들 중에도 칠살七殺, 상관傷官

---

6) 『노자』와 『황제내경』에서 말하는 인간의 생명을 이루는 기본요소 '精, 氣, 神'의 神.

을 갖고 있는 사람이 많이 있었고, 개척과 창업 정신으로 세상을 경륜하며 살아간 사람들 중에서도 정관正官, 정인正印의 명命인 사람이 적지 않았다.

단지 기명奇命과 정명正命은 시대에 따라 어느 때는 기명이, 어느 때는 정명이 많을 수도 있고, 적을 수도 있는데, 그것은 그 시대 기운氣運의 흐름이 우연히 그렇게 된 것뿐이고, 태평시대에 태어난 기명奇命은 쓸모없는 것이라거나 난세에 태어난 정명正命은 귀하게 될 수 없다는 것은 아니다.

2. 看命總法 二
간명총법2
- 명을 보는 총체적인 법 2 -

【原文】

推命先看日干, 或得時, 或失時, 或得勢, 或失勢. 下坐某
支, 緊貼某干, 於日干生剋扶抑何如. 隨看餘三干及四支,
於日干生剋扶抑何如, 此恒法也. 然不特日干而已, 凡柱
中干支皆當如此硏究. 如看年干, 先看得時得勢否? 下坐何
支, 緊貼何干, 於年干生剋扶抑何如? 隨看餘三干及四支, 於
年干生剋扶抑何如, 月干時干亦然. 如看年支, 先看得時得
勢否? 上載何干緊貼何支? 於年支生剋扶抑何如? 隨看餘三
支及四干, 於年支生剋扶抑何如, 月日時支亦然. 如此一一
硏究的確, 然後用之爲官殺, 爲財印, 爲食傷, 其是强是弱,
當用當舍, 自然精當無差, 洞澈不惑矣. 此看命第一要訣也.

명命을 볼 때 먼저 일간日干을 보고 혹 일간이 득시得時했는지, 실시失時했는지, 혹은 득세得勢했는지, 실세失勢했는지, 아울러 좌하座下의 일지日支가 무엇인지 또 일간日干의 옆에 붙어있는 천간天干은 무엇인지를 살펴서 일간과 이들의 관계가 생극生剋 관계인지 억부抑扶 관계인지를 알아보고 다음에 나머지 세 천간天干과 네 지지地支를 보고 일간에 대해 생극生剋과 억부抑扶가 어떠한 것인지를 보는 것, 이를 불변의 법칙이라 한다.

　　그러나 단지 일간日干만 그런 것이 아니고 사주四柱를 구성하는 모든 간지干支를 이런 식으로 연구해야 하는 것이니 예를 들면 연간年干의 경우에도 우선 득시得時, 득세得勢 여부를 살피고 앉은 자리에 있는 지지地支는 무엇이며 바로 옆에 있는 천간은 무엇인가를 살펴서 연간年干과의 생극生剋, 억부抑扶 관계를 알아보는 것이다. 마찬가지로 그 밖의 세 천간天干, 네 지지地支와 연간年干과의 생극生剋, 억부抑扶 관계는 어떠한가를 살펴보아야 한다.

　　이런 방식으로 월간月干, 시간時干 및 다른 지지地支도 보는 것인데 예를 들면 연지年支를 중심으로 본다면 우선 득시得時, 득세得勢 여부를 살피고 연지年支 위에 싣고 있는 연간年干은 무엇인가, 바로 옆에 붙어 있는 지지地支는 무엇이며 그들과의 생극生剋, 억부抑扶 관계는 어떠한지를 밝히는 것이다. 그런 다음에 그 밖의 세 지지地支와 네 천간天干과의 관계, 즉 생극生剋, 억부抑扶를 보는 것이며 월지月支, 일지日支, 시지時支도 같은 방법으로 보아 나가는 것이다.

　　이와 같이 하나 하나 연구 검토를 거쳐서 정확히 파악한 후 (여기에 +

星의 명칭을 붙여) 관살官殺도 되고 재인財印도 되며 식상食傷도 되는 것이다. 거기에 이들의 강약强弱을 살펴서 쓸 것은 쓰고 버릴 것은 버리면 자연히 정확해져서 착오가 없어지게 되고, 그리되면 명命이 뚜렷하게 보여 한 점의 의혹도 있을 수 없게 되니 이것이 간명看命의 첫째 비결인 것이다.

3. 看格局法 一
간격국법1

- 격국을 보는 법 1 -

【原文】

格局有正有變, 正者五行之常理也. 曰正官, 曰偏官, 曰印,
격국유정유변 정자오행지상리야 왈정관 왈편관 왈인

曰財, 曰食神, 曰傷官. 變者亦五行之常理, 而取用則異矣,
왈재 왈식신 왈상관 변자역오행지상리 이취용즉이의

曰從, 曰化, 曰一行得氣, 曰兩神成象, 曰暗衝, 曰暗合.
왈종 왈화 왈일행득기 왈양신성상 왈암충 왈암합

凡正格未有不相兼者, 官殺必兼印財, 印財必兼官殺, 食傷
범정격미유불상겸자 관살필겸인재 인재필겸관살 식상

必兼印財, 推之須詳, 取之須確, 變格更宜精審. 從化須極
필겸인재 추지수상 취지수확 변격경의정심 종화수극

眞, 一行兩神須無難, 暗沖暗合須至當, 俱勿依稀妄取, 開
진 일행양신순무난 암충암합순지당 구물의희망취 개

列於左.
열어좌

격국格局에는 정격正格이 있고 변격變格이 있다. 정격이란 오행五行의 상리常理에 따른 것으로 여기에는 정관격正官格, 편관격偏官格, 인격印格, 재격財格, 식신격食神格, 상관격傷官格 등이 있다. 변격變格 역시 오행의 상리常理에 해당하지만 그 취용법이 다른 것으로 종격從格, 화격化格, 일

행득기격一行得氣格, 양신성상격兩神成象格, 암충격暗衝格, 암합격暗合格 등이 있다.

대개 정격正格은 서로 겸兼하지 않는 경우가 없으니 예를 들면 관살官殺은 재財나 인印과 같이 있고, 재財와 인印은 반드시 관살殺이 있고, 식상食傷은 반드시 인印과 재財가 있으니 사주四柱를 추명할 때는 모름지기 상세해야 하며 취할 때도 모름지기 확실해야 할 것이다.

변격變格 또한 더욱 정밀하게 살펴야 하니 종격從格, 화격化格은 (그 구성이) 지극히 참되어야 하고 일행격一行格, 양신격兩神格 또한 잡雜된 것이 섞여서는 아니 되며 암충격暗衝格, 암합격暗合格 모두 그 격격의 원리에 지극히 합당해야 하므로 희귀한 이치를 함부로 적용해서는 안 되는 것이다. 이상의 내용을 펼쳐 나열해 보면 아래와 같다.

【原文】

正官格
정 관 격

兼印曰 官印格, 兼財曰 財官格.
겸 인 왈　관 인 격　　겸 재 왈　재 관 격

偏官格
편 관 격

兼印曰 殺印格, 兼財曰 財殺格.
겸 인 왈　살 인 격　　겸 재 왈　재 살 격

印格
인 격

兼官曰 官印格, 兼殺曰 殺印格.
겸 관 왈　관 인 격　　겸 살 왈　살 인 격

財格
_{재 격}

兼官曰 財官格, 兼殺曰 財殺格.
_{겸 관 왈 재 관 격   겸 살 왈 재 살 격}

食神格
_{식 신 격}

用殺曰 食神制殺格, 用財曰 食神生財格.
_{용 살 왈 식 신 제 살 격   용 재 왈 식 신 생 재 격}

傷官格
_{상 관 격}

取印曰 傷官用印格, 取財曰 傷官生財格.
_{취 인 왈 상 관 용 인 격   취 재 왈 상 관 생 재 격}

〈정관격 正官格〉

印과 함께 있으면 관인격이라 하고,

財와 함께 있으면 재관격이라 한다.

〈편관격 偏官格〉

印과 함께 있으면 살인격이라 하고,

財와 함께 있으면 재살격이라 한다.

〈인격 印格〉

官과 함께 있으면 관인격이라 하고,

殺과 함께 있으면 살인격이라 한다.

〈재격 財格〉

官과 함께 있으면 재관격이라 하고,

殺과 함께 있으면 재살격이라 한다.

〈식신격食神格〉

殺을 用하면 식신제살격이라 하고,

財를 用하면 식신생재격이라 한다.

〈상관격傷官格〉

印을 取하면 상관용인격이라 하고,

財를 取하면 상관생재격이라 한다.

【原文】

從格
종 격

日主無根 滿局皆官曰 從官格,
일주무근 만국개관왈 종관격

日主無根 滿局皆財曰 從財格,
일주무근 만국개재왈 종재격

日主無根 滿局皆傷曰 從傷格,
일주무근 만국개상왈 종상격

日主無根 滿局皆殺曰 從殺格,
일주무근 만국개살왈 종살격

日主無根 滿局皆食曰 從食格.
일주무근 만국개식왈 종식격

〈종격從格〉

일주가 무근하고 사주가 모두 정관이면 종관격,

일주가 무근하고 사주가 모두 재성이면 종재격,

일주가 무근하고 사주가 모두 상관이면 종상격,

일주가 무근하고 사주가 모두 칠살이면 종살격,

일주가 무근하고 사주가 모두 식신이면 종식격이라 한다.

【原文】

化格
화 격

甲日合己月 或 己時日 化土格,
갑 일 합 기 월 혹 기 시 왈 화 토 격

己日合甲月 或 甲時日 化土格,
기 일 합 갑 월 혹 갑 시 왈 화 토 격

乙日合庚月 或 庚時日 化金格,
을 일 합 경 월 혹 경 시 왈 화 금 격

庚日合乙月 或 乙時日 化金格,
경 일 합 을 월 혹 을 시 왈 화 금 격

丙日合辛月 或 辛時日 化水格,
병 일 합 신 월 혹 신 시 왈 화 수 격

辛日合丙月 或 丙時日 化水格,
신 일 합 병 월 혹 병 시 왈 화 수 격

丁日合壬月 或 壬時日 化木格,
정 일 합 임 월 혹 임 시 왈 화 목 격

壬日合丁月 或 丁時日 化木格,
임 일 합 정 월 혹 정 시 왈 화 목 격

戊日合癸月 或 癸時日 化火格,
무 일 합 계 월 혹 계 시 왈 화 화 격

癸日合戊月 或 戊時日 化火格.
계 일 합 무 월 혹 무 시 왈 화 화 격

〈화격化格〉

甲日干이 己月이나 己時와 합하거나 혹은,

己日干이 甲月이나 甲時와 합하면 화토격이라 한다.

乙日干이 庚月이나 庚時와 합하거나 혹은,

庚日干이 乙月이나 乙時와 합하면 화금격이라 한다.

丙日干이 辛月이나 辛時와 합하거나 혹은,

辛日干이 丙月이나 丙時와 합하면 화수격이라 한다.

丁日干이 壬月이나 壬時와 합하거나 혹은,

壬日干이 丁月이나 丁時와 합하면 화목격이라 한다.

戊日干이 癸月이나 癸時와 합하거나 혹은,

癸日干이 戊月이나 戊時와 합하면 화화격이라 한다.

【原文】

一行得氣格
일 행 득 기 격

木日全寅卯辰木方 或 亥卯未木局曰 曲直格,
목 일 전 인 묘 진 목 방 혹 해 묘 미 목 국 왈 곡 직 격

火日全巳午未火方 或 寅午戌火局曰 炎上格,
화 일 전 사 오 미 화 방 혹 인 오 술 화 국 왈 염 상 격

金日全申酉戌金方 或 巳酉丑金局曰 從革格,
금 일 전 신 유 술 금 방 혹 사 유 축 금 국 왈 종 혁 격

水日全亥子丑水方 或 申子辰水局曰 潤下格,
수 일 전 해 자 축 수 방 혹 신 자 진 수 국 왈 윤 하 격

土日全辰戌丑未局曰 稼穡格.
토 일 전 진 술 축 미 국 왈 가 색 격

〈일행득기격 一行得氣格〉

木日干이 지지地支에 寅卯辰 木方合을 완전하게 갖추거나,

혹은 亥卯未 三合 木局을 이루면 곡직격이라 한다.

火日干이 지지地支에 巳午未 火方合을 완전하게 갖추거나,

혹은 寅午戌 三合 火局을 이루면 염상격이라 한다.

金日干이 지지地支에 申酉戌 金方合을 완전하게 갖추거나,

혹은 巳酉丑 三合 金局을 이루면 종혁격이라 한다.

水日干이 지지地支에 亥子丑 水方合을 완전하게 갖추거나,

혹은 申子辰 三合 水局을 이루면 윤하격이라 한다.

土日干이 지지地支가 모두 辰戌丑未면 가색격이라 한다.

【原文】

兩神成象格
양 신 성 상 격

水木各占 二干二支日 水木相生格,
수 목 각 점   이 간 이 지 왈   수 목 상 생 격

木火各占 二干二支日 木火相生格,
목 화 각 점   이 간 이 지 왈   목 화 상 생 격

火土各占 二干二支日 火土相生格,
화 토 각 점   이 간 이 지 왈   화 토 상 생 격

土金各占 二干二支日 土金相生格,
토 금 각 점   이 간 이 지 왈   토 금 상 생 격

金水各占 二干二支日 金水相生格,
금 수 각 점   이 간 이 지 왈   금 수 상 생 격

木土各占 二干二支日 木土相成格,
목 토 각 점   이 간 이 지 왈   목 토 상 성 격

土水各占 二干二支日 土水相成格,
토 수 각 점   이 간 이 지 왈   토 수 상 성 격

水火各占 二干二支日 水火相成格,
수 화 각 점   이 간 이 지 왈   수 화 상 성 격

火金各占 二干二支日 火金相成格,
화 금 각 점   이 간 이 지 왈   화 금 상 성 격

金木各占 二干二支曰 金木相成格.
금목각점 이간이지왈 금목상성격

〈양신성상격兩神成像格〉

水와 木이 각각 二干 二支를 차지하면 水木 상생격이라 한다.

木와 火가 각각 二干 二支를 차지하면 木火 상생격이라 한다.

火와 土가 각각 二干 二支를 차지하면 火土 상생격이라 한다.

土와 金이 각각 二干 二支를 차지하면 土金 상생격이라 한다.

金과 水가 각각 二干 二支를 차지하면 金水 상생격이라 한다.

木과 土가 각각 二干 二支를 차지하면 木土 상성격이라 한다.

土와 水가 각각 二干 二支를 차지하면 土水 상성격이라 한다.

水와 火가 각각 二干 二支를 차지하면 水火 상성격이라 한다.

火와 金이 각각 二干 二支를 차지하면 火金 상성격이라 한다.

金과 木이 각각 二干 二支를 차지하면 金木 상성격이라 한다.

【原文】

暗衝格
암충격

丙午日午多冲子日冲官格,
병오일오다충자왈충관격

丁巳日巳多冲亥日冲官格,
정사일사다충해왈충관격

庚子壬子二日子多冲午日冲官格,
경자임자이일자다충오왈충관격

辛亥癸亥二日亥多冲巳日冲官格,
신해계해이일해다충사왈충관격

庚日申子辰全沖寅午戌曰暗沖格.
경 일 신 자 진 전 충 인 오 술 왈 암 충 격

〈암충격暗衝格〉

丙午日에 午가 많아 子를 암충하거나 혹은,

丁巳日에 巳가 많아 亥를 암충하면 충관격이라 한다.

庚子, 壬子 二日에 子가 많아 午를 암충하거나 혹은,

辛亥, 癸亥 二日에 亥가 많아 巳를 암충하면 충관격이라 한다.

庚日에 申子辰을 이루어 寅午戌을 충하면 암충격이라 한다.

【原文】

合格
합 격

甲辰日辰多合酉,
갑 진 일 진 다 합 유

戊戌日戌多合卯,
무 술 일 술 다 합 묘

癸卯日卯多合戌,
계 묘 일 묘 다 합 술

癸酉日酉多合辰 皆曰合官格,
계 유 일 유 다 합 진 개 왈 합 관 격

以上正變諸格作用, 或載於賦, 或著於法, 宜通閱之.
이 상 정 변 제 격 작 용   혹 재 여 부   혹 저 어 법   의 통 열 지

〈합격合格〉

甲辰日에 辰이 많아 酉를 암합하거나,

戊戌日에 戌이 많아 卯를 암합하거나,
癸卯日에 卯가 많아 戌을 암합하거나,
癸酉日에 酉가 많아 辰을 암합하면 모두 합관격이라 한다.

이상의 정격, 변격의 작용법은 부賦에 실린 것도 있고, 법法에 실린 것도 있으니 마땅히 통독하기 바란다.

4. 看格局法 二

- 격국을 보는 법 2 -

【原文】

五行之理 祗是生我剋我, 我生我剋, 但不設名目, 不便推
祥, 故古人立官, 殺, 印, 財, 食, 傷之名, 而六格出焉. 然
所謂官者非誠官爵; 所謂印者, 非誠印章; 所謂財者, 非誠
資財; 所謂食者, 非誠祿食; 所謂殺者, 非誠殺害; 所謂傷
者, 非誠損傷. 故得時得局, 殺傷可以富貴; 失時失局, 官
印可以貧賤. 大抵成格則爲上命, 破格則爲下命. 然有初看
甚吉, 而竟不吉, 或吉凶相參者, 初看甚凶, 而竟不凶, 或
吉凶相參者, 此乃柱中有, 暗神助格破格, 而不易見也. 又
有細看仍吉而終不吉, 或吉凶相參者, 細看仍凶而終不凶,
或吉凶相參者, 此乃運中有暗神助格破格, 而未及察也. 且
或卽此一字, 而助格破格亦在此, 是以吉處藏凶, 凶中隱吉,
昔賢諄諄言之, 豈不精審乎. 若人命更有令神無力, 六神皆

輕, 不敢取某神爲格者, 固多下命, 亦有上命, 此亦隨柱斟
酌, 遂運消祥, 不必膠執取格也. 至於諸變格, 亦不外生剋
之理. 從局化局, 則欲生扶其所從所化. 不欲損剋其所從所
化, 一行得氣, 則欲生扶死此一行. 不欲損剋此一行, 兩神
成象, 則或相生, 或相剋, 欲淸不欲混. 暗沖暗合, 則暗取
剋我之神, 欲虛不欲實. 此其大略也. 然變局有時似成矣,
而竟不成, 有時似不成矣, 而竟有成, 此亦吉藏凶, 凶隱吉
耳, 寧求全, 毋姑取可也.

오행五行의 이치는 다만 생아生我, 극아剋我, 아생我生, 아극我剋 관계 뿐이라고 할 수 있지만 그에 해당하는 이름을 지어 놓지 않으면 상세히 추명推命하기에 불편하므로 옛사람들이 관官, 살殺, 인印, 재財, 식食, 상傷 등으로 이름을 붙였으니 여기서 여섯 격格이 나오게 된 것이다. 그런데 이른바 관官이라는 것은 진실로 관작官爵을 말하는 것이 아니며 인印이라는 것도 진실로 인장印章을 말하는 것이 아니며 재財라는 것 역시 진실로 재물財物을 뜻하는 것은 아니다. 이른바 식食이라는 것도 진실로 식록食祿이 아니고 살殺이라는 것도 진실로 살해殺害를 말하는 것이 아니며 상傷도 진실로 손상損傷한다는 뜻이 아니다. 그러므로 득시得時하고 득국得局하면 칠살七殺이나 상관傷官이라도 부귀富貴하고,

실시失時 실국失局하면 비록 관官이나 인印이라도 빈천貧賤해질 수 있는 것이다.

대개 격격을 이룬 사주四柱는 상명上命이 되고 격격을 이루지 못한 사주는 하명下命이 되지만, 처음 보기엔 아주 吉한 사주로 보았는데 결국 불길不吉하게 되거나 혹은 길흉吉凶이 섞여 있는 경우도 있고 이와 반대로 처음엔 매우 凶한 사주로 보았는데 결과적으로는 凶하지 않거나 길흉吉凶이 섞여 있는 경우도 있는 것이다.

이것은 바로 사주 중에 암신暗神이 있어 격을 이루도록 돕기도 하고 파격破格을 만들기도 하기 때문이니 성격成格과 파격破格을 보기가 쉽지 않다.

또 자세히 보아도 여전히 吉한 것으로 보이는데 결과는 불길하게 나오거나 길흉이 섞여 있는 경우도 있고 반대로 세밀하게 감정해 보아도 여전히 凶하게 보이는데 종내 흉하지 않게 되거나 흉길이 섞여 있는 경우도 있다. 이는 운運에서 암신暗神이 작용하여 격격을 이루게도 하고 깨지게도 하기 때문인데 거기까지 안목이 미치지 못하여 살피지 못한 것이다.

이렇게 글자 한 자字 때문에 격격이 성격成格이 되도록 돕기도 하고 파격破格을 만들기도 하는 것이 모두 암신暗神의 작용 때문이다. 그래서 길한 듯한 곳에도 흉함이 숨어 있고 흉함 속에도 길함이 가려져 있는 것이라, 옛 현인들이 간곡히 일러 주셨으니 어찌 자세히 살피지 않을 수 있겠는가.

만약 인명人命에서 사령司令하는 신神이 무력하고 육신六神이 모두 약

弱하여 어떠한 신神도 취하여 격格을 삼기 힘들면 당연히 하명下命이 되는 경우가 많지만 상명上命이 있는 경우도 있으니 이 또한 사주의 특성을 잘 파악하고 운에 따르는 변화도 상세히 추구해야 하는 것이지 원칙에만 집착하여 격을 취할 일이 아니다. 여러 변격變格들도 생극生剋의 이치에서 벗어나지 못하는 것이니 종국從局과 화국化局은 종從하는 것과 化하는 것을 생부生扶하고자 하는 것이지 그 종從하고 化하는 것이 손상되거나 剋당하는 것을 원하지 않는 것이다.

일행득기격一行得氣格 또한 그 한 가지 氣를 필사적으로 생부生扶함을 좋아하고 한 가지 氣를 손극損剋시키는 것을 원치 않는다. 양신성상격兩神成象格도 상생相生하든지 상극相剋하든지 청청淸한 것을 좋아하지만 섞여 혼잡해지는 것은 싫어하는 것이다. 또 암충暗沖, 암합격暗合格이면 암암리에 보이지 않게 극아剋我하는 신神이므로 실實함보다는 허虛함이 좋다.

이상으로 변격變格의 대략을 적어보았지만 변격變格도 어느 때는 성격成格이 된 듯이 보이다가도 결국엔 이루어지지 않고, 어느 때는 파격破格인 듯이 보이다가도 결국엔 성격成格이 되는 경우도 있으니, 이 역시 길한 곳에 흉이 숨어 있거나[吉處藏凶] 흉한 속에 길이 숨어 있음[凶中隱吉]의 이치인 것일 따름이다. 차라리 온전함을 구할지언정 잠깐 (온전해 보이는 것을) 취하지 않는 것이 옳다.

5. 看用神法 _{간용신법}

– 용신을 보는 법 –

【原文】

命以用神爲緊要. 看用神之法, 不過扶抑而已. 凡弱者宜扶,
명이용신위긴요   간용신지법   불과부억이이   범약자의부

扶之者, 卽用神也. 扶之太過, 抑其扶者爲用神. 扶之不及,
부지자 즉용신야   부지태과   억기부자위용신   부지불급

扶其扶者爲用神. 凡强者宜抑, 抑之者卽用神也. 抑之太過,
부기부자위용신   범강자의억   억지자즉용신야   억지태과

抑其抑者爲用神, 抑之不及, 扶其抑者爲用神. 如木弱扶之
억기억자위용신   억지불급   부기억자위용신   여목약부지

以水, 水扶太過, 制水以土, 水扶不及, 生水以金. 木强抑
이수   수부태과   제수이토   수부불급   생수이금   목강억

之以金, 金抑太過, 制金以火, 金抑不及, 生金以土, 至同
지이금   금억태과   제금이화   금억불급   생금이토   지동

類之相助, 財氣之相資, 亦扶也. 生物洩其氣, 克物殺其勢,
류지상조   재기지상자   역부야   생물설기기   극물살기세

亦抑也. 是故有日主之用神焉. 六神之扶抑日主者是也. 有
역억야   시고유일주지용신언   육신지부억일주자시야   유

六神之用神焉. 六神之互相扶抑者是也. 六神之用神, 卽爲
육신지용신언   육신지호상부억자시야   육신지용신   즉위

日主用也, 有原局之用神焉. 局中本具之扶抑是也. 有行運
일주용야   유원국지용신언   국중본구지부억시야   유행운

之用神焉, 運中補足之扶抑是也, 行運之用神, 卽爲原局用
지용신언   운중보족지부억시야   행운지용신   즉위원국용

也. 用神無破爲吉, 有助則更吉, 用神有損爲凶. 無救則更
야   용신무파위길   유조즉갱길   용신유손위흉   무구즉갱

凶, 命譬之身, 用神譬之身之精神, 精神厚則身旺, 精神薄
則身衰, 精神長存則身生, 精神壞盡則身死, 看命者, 看用
神而已矣. 然取用神之法, 雖當專一而不眩, 亦宜變通而勿
拘. 如正偏官格, 有時制化互用, 甚或生制參用, 況行運數
十年, 無俱木俱金之理. 嘗見大富貴之命, 不恃一神爲用,
其專恃一神者, 乃補偏救弊之命耳. 抑更有說焉, 有體以後
有用, 日主六神體也, 扶抑日主六神者, 用也. 苟日主六神,
或强不可制, 或衰不堪扶, 或散漫無倫, 或戰爭不定, 是則
體先不成, 用於何有? 其爲下命決矣.

　명命에는 용신用神이 아주 중요한 것인데, 이 용신用神 보는 법 역시 억부抑扶의 법칙에 벗어나지 않을 따름이니 무릇 약한 것은 마땅히 도와주어야 하는데 이 도와주는 것이 바로 용신인 것이다.

　그렇지만 돕는 힘이 너무 지나치게 되면 그 돕는 힘을 억제해 주는 것이 용신用神이 되고 돕는 힘이 부족한 경우에는 그것을 다시 도와주는 것이 용신이 된다. 또 강强한 것을 마땅히 억제抑制해 주어야 하는데 이 억제해 주는 것이 용신이 되는 것이다. 그런데 억제하는 것이 너무 지나치면 그 억제하는 것을 억제하는 것이 용신이 된다. 억제하는 것이 힘이 약하면 그 억제하는 것을 도와주는 것이 용신이 된다.

예를 들어 木이 약弱해서 水로써 도와 줄 때 水의 기운氣運이 너무 강强하면 土로써 제制하여야 하고 水의 기운이 너무 약하면 金으로 生해 주어야 한다. 반대로 木이 강한 때에는 金으로 이를 억제해 주어야 하는데 이때 金의 힘이 너무 강하면 火로써 金을 억제해 주어야 하고 金의 힘이 너무 약하면 土로써 金을 生해 주어야 한다. 또 같은 성질을 갖는 오행이 서로 돕는 것과, 재기財氣로 생명을 영위하는 바탕이 되는 것은 부扶에 해당하는 것이고 생명이 있는 존재로부터 그 氣를 설기하는 것과 극물剋物에서 그 세력을 제거하는 것도 역시 억抑에 해당한다. 이 때문에 일주日主의 용신用神이 있다고 하는 것은 육신六神이 일주를 억부抑扶하는 것이고 또 육신六神의 용신이 있다고 하는 것은 육신六神 중에서 서로 억부抑扶하는 것을 말하며 육신六神의 용신은 곧 일주日主를 위하여 사용하게 되는 것이다.[7]

원국原局에 용신用神이 있다는 것은 국局 중에 본래부터 억부抑扶하는 것이 갖추어져 있다는 의미이고 행운行運에 용신이 있다고 하는 것은 운에서 들어와 억부를 보충해주는 것이며 행운의 용신도 즉 원국을 위해 소용이 된다는 것이다.

용신用神은 파손되지 않으면 吉한 것이고 또 생조生助까지 받으면 더욱 길해지며 이와 반대로 용신이 손상損傷되면 凶해지는데 이를 구해주는 것이 없다면 더욱 흉해진다.

명命을 몸에 비유한다면 용신用神은 몸의 정신精神에 비유할 수 있으

---

[7] 日主에도 용신(用神)이 있고 육신(六神)에도 필요한 용신이 있는데 육신의 용신이란 결과적으로 日主를 위해서 쓰게 되는 것이다.

니 정신이 튼튼하면 몸이 왕성하고 정신이 미약하면 몸도 쇠약한 것이니 정신이 오래 보존되면 몸도 따라서 사는 것이고 정신이 무너져 없어지면 몸도 따라서 죽는 것이다.

따라서 명命을 본다는 것은 한마디로 용신用神을 보는 것일 뿐이다. 그렇지만 용신을 취取하는 방법은 오로지 일관된 원칙을 유지해서 어지럽지 않도록 해야 하지만 또 변통變通할 줄도 알아야지 외곬으로 한 가지 방법만 고집해서도 아니 된다.

예를 들면 정편관격正偏官格이라면 제制도 쓰고 化도 쓸 때가 있으며 심지어 生과 제制를 함께 쓰는 경우도 있는 것이다. 하물며 운運이 수십 년을 흘러가는 동안에 전부 목운木運이 오거나 전부 금운金運이 올 수는 없는 것이다. 내가 본 크게 부귀한 명命에서도 한 가지 신神으로만 용신을 삼는 것은 아니었으며 오로지 하나의 신神에만 의지하는 명命은 편벽된 것은 보완하고, 폐단이 있는 것은 구제救濟하는 사주였다.

억부抑扶에 대한 다른 설說도 있으니, 체體가 있고 나서 용用이 있는 것이니 일주日主와 육신六神은 체體가 되고 일주를 억부抑扶하는 육신六神이 용用이 되는 것이다. 만약 일주日主와 육신六神이 너무 강해서 제制할 수 없거나 혹은 너무 쇠약해서 도움조차도 수용할 수 없거나 너무 산만하여 구심점이 없거나 다투고 싸워서 안정되지 못한 상태라면 체體가 온전히 갖추어지지 못한 상황이니 어찌 용用을 할 수가 있겠는가, 이것은 하명下命이 분명하다.

6. 看生年法
간생년법

- 생년을 보는 법 -

【原文】

古時以生年干支論命, 後來專主日干, 然生年終爲根本, 年
干重於月干, 年支重於月支, 若得時得勢, 氣力較大, 其干
支力亦相等. 術者多有重年干, 輕年支者, 蓋惑於流年重天
干之說. 謂柱中亦然耳, 無論干支共司一歲之事. 卽如種種
神煞, 從年干起者少, 從年支起者多, 何容妄有軒輊乎. 若
舊書所載歲德扶官扶殺扶財等格, 則又不然, 夫五陽干爲
歲德, 五陰干爲歲德合, 安可混以德稱? 且官殺財可扶, 印
食何不可扶, 況殺非吉神, 方將制之化之, 奈何扶之? 總之
合四柱干支取斷, 斯無弊之道耳.

옛날에는 생년生年의 간지干支로 논명論命하였던 때도 있었으나8) 후에는 오직 일간日干 위주로 논명을 했다. 그렇지만 생년은 결국 근본이 되는 것이니 연간年干은 월간月干보다 중요하고 연지年支도 월지月支보다 중요하다. 만약 득시得時, 득세得勢하게 되면 간지干支의 기력氣力이 커져서 그 干과 支의 힘이 서로 균등해 질 수 있는 것이다. 그런데 술자術者들 중에는 연간을 중요하게 여기고 연지는 가볍게 보는 경우가 많은데 이는 대개 유년流年에서 천간을 중요하게 여기는 학설에 미혹된 까닭이다.

그리고 주중柱中에서도 마찬가지라고 말하고 있는데 干이나 支를 막론하고 모두 일년一年의 일을 같이 담당하고 있는 것이다. 이것은 마치 여러 가지 신살神殺들이 연간年干으로부터 생기는 것은 적고 연지年支로부터 생기는 것이 많다는 것으로 어찌 망령되게 간지干支의 경중(軒輊)9)이 있다고 하겠는가.

또 옛 책들을 보면 세덕부관歲德扶官, 부살扶殺, 부재扶財 등의 격이 있는데 이 또한 잘못된 것이니 오양간五陽干은 세덕歲德이 되고 오음간五陰干은 세덕과 합이 되는 것인데 어떻게 모두 덕德이란 말을 넣어서 부를 수 있단 말인가. 또 어째서 관官, 살殺, 재財에만 세덕이 부扶하고 인印과 식食에는 부扶하지 않는가. 하물며 살殺은 길신吉神이 아니기 때문에 제制하고 化하는 것이 마땅한데 어찌하여 부扶한다고 하는가.

8) 古法사주는 年柱의 天干을 祿, 地支를 命, 年柱의 납음오행을 身이라고 하여 일명 三命學이라고 하였으며 生年의 干支를 위주로 論命했다. 후에 徐子平이 日干 위주의 논명법인 新法사주를 창시했다.
9) 헌지(軒輊) : 헌(軒)은 수레의 앞이 높다는 말이고 지(輊)는 수레의 앞이 낮다는 것을 뜻하며 고저, 상하, 경중이 있음을 일컫는다.

총괄해 말하자면 사주의 간지를 다 종합하여 취단取斷10)해야 잘못됨이 없는 길이 되는 것이다.

---

10) 취단(取斷) : 취한 것을 판단한다.

7. 看月令法 一

− 간월령법1 −

− 월령을 보는 법 1 −

【原文】

格局先取當令, 次取得勢, (詳於賦中) 若日主之爲旺爲弱,
격국선취당령 차취득세   상어부중   약일주지위왕위약

官殺財印食傷之爲旺爲弱, 亦先以月令推之. 如木在春月爲
관살재인식상지위왕위약   역선이월령추지   여목재춘월위

旺, 在驚蟄以後, 穀雨以前, 爲尤旺, 在秋月爲弱, 在白露
왕 재경칩이후   곡우이전   위우왕   재추월위약   재백로

以後, 霜降以前, 爲尤弱. 或黨多援衆, 則秋木亦旺, 勢孤
이후   상강이전   위우약   혹당다원중   즉추목역왕   세고

克衆, 則春木亦弱. 如傚此. 神峯張楠, 爲生本氣之月, 反
극중   즉춘목역약   여방차   신봉장남   위생본기지월   반

不能任剋, 止可一二點剋神, 多剋必倒. 生受剋之月, 而有
불능임극   지가일이점극신   다극필도   생수극지월   이유

生扶者, 反能任剋, 試之屢驗. 以爲理外之見. 余考舊命誠
생부자   반능임극   시지루험   이위리외지견   여고구명성

有之. 此盛衰倚伏亦非理外也. 若令支所藏, 或二神, 或三
유지   차성쇠의복역비리외야   약령지소장   혹이신   혹삼

神, 其取用之法, 如甲生寅月, 先論甲木, 次論丙火戊土,
신   기취용지법   여갑생인월   선논갑목   차론병화무토

或寅字損壞無氣, 則取丙戊, 或寅字雖無損傷, 而丙戊中有
혹인자손괴무기   즉취병무   혹인자수무손상   이병무중유

一透干成象者, 則亦取之, 否則無舍甲而用丙戊者. 餘支皆
일투간성상자   즉역취지   부즉무사갑이용병무자   여지개

然. 舊書謂行運必不可沖月令, 沖必不利, 夫人生六十歲左
연   구서위행운필불가충월령   충필불리   부인생육십세좌

右 不論順逆, 運無不沖令者, 多有安富尊榮, 豈皆不利乎?
우 불론순역 운무불충령자 다유안부존영 기개불리호

且格局有不恃令神者, 又有令神强旺, 不畏沖者, 何可槪論
차 격국유불시령신자 우유영신강왕 불외충자 하가개론

乎? 惟原命止恃此令神而令神本來單弱, 則誠不可沖耳.
호 유원명지시차영신이영신본래단약 즉성불가충이

　

　격국格局은 먼저 월지月支에서 당령當令한 것으로 취하고 다음에 득세得勢한 것에서 취한다. [상세한 것은 賦에서 논함] 또 일주가 旺한가 약弱한가를 보거나 관官, 살殺, 재財, 인印, 식食, 상傷의 旺하고 약弱함도 먼저 월령月令와의 관계를 보고 추론하는 것이다. 예를 들어 木은 춘월春月을 만나면 旺한데 경칩驚蟄 이후부터 곡우穀雨 이전이라면 더욱 旺하다고 할 수 있다. 그러나 추월秋月을 만나면 약弱해지는데 백로白露 이후부터 상강霜降 이전이라면 더욱 약해지는 것이다. 그렇지만 木이 무리를 지어 있거나 木을 도와주는 오행五行이 많다면 가을의 木이라도 旺해 질 수 있는 것이다. 봄의 木이라도 세력이 없어 고립되거나 剋하는 무리가 많으면 반대로 약해지는 것이다. 그 밖의 이치도 이와 마찬가지이다.

　신봉神峯 장남張楠[11]이 말하기를 "본기本氣의 달에 태어나도 오히려 剋을 감당할 수 없는 경우가 있으니 한두 개의 剋은 감당할 수 있으나 극을 많이 당하면 반드시 넘어지게 되는 것이다. 또 剋을 받는 달에 태어나도 생조生扶를 받으면 도리어 극을 감당할 수 있게 된다고 하고 실

---

11) 장남(張楠) : 中國 明代의 術士. 『命理正宗』을 저술하였고 病藥說을 최초로 주장하였다. 神峯은 그의 字이다.

제로 시험해 본 결과 여러 번 그 효험이 입증되었다"라고 하기에 이치에 벗어나는 견해라고 생각했지만, 내가 옛 명조命造들을 궁구해 보니 그런 이치가 정말로 있었다. 그 성쇠盛衰와 의복倚伏12)이 이치에 벗어나는 것이 아니었다.

월령月令의 지장간支藏干은 두 개거나 세 개인 경우가 있는데 그 취용取用하는 방법은 예를 들어 甲木이 寅月에 태어났다면 먼저 지장간 중의 甲木을 논하고 다음으로 丙火와 戊土를 논하는 것이다. 때로는 寅 자字가 상하고 부서져 氣가 끊어진 경우에는 丙, 戊를 취하고 혹은 寅 자字가 비록 손상은 없을지라도 丙이나 戊 중에 하나라도 투간透干하여 상象을 갖추면 이것을 취한다. 그렇지 않은 경우엔 甲을 버리고 丙, 戊를 쓰면 아니 되는 법이다. 그 밖의 지지地支도 모두 마찬가지이다.

옛 서적에서 이르기를 "행운行運은 모름지기 월령月令를 沖해서는 아니 된다. 沖하면 반드시 좋지 않다."라고 하였는데 무릇 인생 육십세 앞뒤로 행운의 순행順行 역행逆行을 불문하고 월령月令이 행운의 沖을 안 만날 수는 없는데도 안락하고 부귀하며 존귀한 자가 많은 것을 보면 월령을 沖하면 어찌 모두 불리하다고 하겠는가.

또 격국格局 중에는 월령月令에 의지하지 않는 경우가 있고 또 월령이 강왕强旺하면 沖을 두려워하지 않는 수도 있으니 어찌 모두 일률적으로 논할 수 있겠는가. 오직 원명原命이 월령에 의지하고 있는데 월령이 본래 약한 경우엔 정말로 沖을 받으면 안 되는 것이다.

---

12) 의복(倚伏) : 화(禍)와 복(福)은 서로 인연이 되어 기복(起伏)한다는 말이다.

8. 看月令法 二

- 월령을 보는 법 2 -

【原文】

舊書十二月支中所藏諸干, 俱分日用事, 相沿旣久, 遵若金
구서십이월지중소장제간 구분일용사 상연기구 준약금

科玉律, 但實理不然, 推本論之, 寅卯只是甲乙木, 巳午只
과옥률 단실리불연 추본논지 인묘지시갑을목 사오지

是丙丁火, 申酉只是庚辛金, 亥子只是壬癸水, 辰戌丑未只
시병정화 신유지시경신금 해자지시임계수 진술축미지

是戊己土. 若亥有甲, 寅有丙, 巳有庚, 申有壬, 蓋木火金
시무기토 약해유갑 인유병 사유경 신유임 개목화금

水生地之故. 未有乙, 戌有丁, 丑有辛, 辰有癸, 蓋木火金
수생지지고 미유을 술유정 축유신 진유계 개목화금

水墓地之故. 辰又有乙, 未又有丁, 戌又有辛, 丑又有癸,
수묘지지고 진우유을 미우유정 술우유신 축우유계

蓋木火金水餘氣之故, 寅巳又有戊, 午又有己, 蓋土隨火母
개목화금수여기지고 인사우유무 오우유기 개토수화모

生旺之故. 總之但有其氣, 非能分諸支之位, 而各得若干日
생왕지고 총지단유기기 비능분제지지위 이각득약간일

也. 惟有其氣, 故論命者必兼取之, 惟不能分其位, 故論命
야 유유기기 고논명자필겸취지 유불능분기위 고논명

者必以本支爲主, 而後及其所藏也. 今列舊例於左, 若果如
자필이본지위주 이후급기소장야 금열구례어좌 약과여

其所分, 則巳有戊, 猶可言也, 亥有戊, 寅申有己, 有是理
기소분 즉사유술 유가언야 해유무 인신유기 유시이

乎? 古今論命, 曾有遇亥月而取戊, 遇寅申月而取己者乎?
호 고금논명 증유우해월이취무 우인신월이취기자호

且又牽於土生申之說, 故於申中混列戊己共七日, 夫諸支皆
차 우 견 어 토 생 신 지 설　고 어 신 중 혼 열 무 기 공 칠 일　부 제 지 개

分某干若干日, 申中何不明分戊若干日, 己若干日乎? 論命
분 모 간 약 간 일　신 중 하 불 명 분 무 약 간 일　기 약 간 일 호　논 명

逢申, 將取戊乎, 取己乎? 舊書陰生於子午卯酉, 則子午卯
봉 신　장 취 무 호　취 기 호　구 서 음 생 어 자 오 묘 유　즉 자 오 묘

酉中, 當亦分乙丁辛癸各若干日, 何以止言長生, 而不分日
유 중　당 역 분 을 정 신 계 각 약 간 일　하 이 지 언 장 생　이 불 분 일

乎? 陽之所墓, 旣能分日, 陰之所墓, 何不亦分日乎? 四時
호　양 지 소 묘　기 능 분 일　음 지 소 묘　하 불 역 분 일 호　사 시

止有三百六十五日, 乃每支中諸干皆共三十一日, 皆非四時
지 유 삼 백 육 십 오 일　내 매 지 중 제 간 개 공 삼 십 일 일　개 비 사 시

共三百七十二日乎? 種種難通, 將何說以處此? 則各干分
공 삼 백 칠 십 이 일 호　종 종 난 통　장 하 설 이 처 차　즉 각 간 분

日, 萬不可拘矣.
일　만 불 가 구 의

　옛 서적에 12개의 월지月支 중에는 여러 개의 지장간支藏干을 갖고 있어 이들이 해당하는 날 수 만큼을 나누어서 맡는다고 하는 분일용사分日用事 개념을 사용하고 있는데 그 역사가 이미 오래되어 이제는 금과옥조金科玉條처럼 받들고 있지만 진실한 이치는 아니다.

　근본을 따져서 추론하면 寅卯는 다만 甲乙 木일 뿐이고, 巳午는 단지 丙丁 火일 뿐이며 申酉는 庚辛 金일 뿐이고, 亥子는 壬癸 水일 뿐이고 辰戌丑未는 단지 戊己 土일 뿐이다. 가령 亥 중에 甲이 있고 寅 중에 丙이 있으며 巳에 庚이, 申에 壬이 있는 것은 모두 木, 火, 金, 水의 생지生地가 되기 때문이다. 또 未 중에 乙, 戌에 丁, 丑에 辛, 辰 중에 癸가 있는 것은 木, 火, 金, 水의 묘지墓地이기 때문이고 辰에 乙, 未에 丁,

戌에 辛, 丑에 癸가 있는 것은 모두 木, 火, 金, 水의 여기餘氣13)가 되기 때문이다. 또 寅과 巳에 戊가 있고 午에 己가 있는 것은 모두 土인 戊己가 모母인 火에 의해서 생왕生旺 되기 때문이다.

총괄적으로 말해 단지 그 氣가 있을 뿐이지 여러 지지地支의 위치를 각기 약간의 일자日字를 며칠씩 얻어 나누어 배정할 수는 없는 것이다. 그러나 그 氣가 존재하는 것은 사실이므로 논명하는 사람은 반드시 겸해서 취해야 하고 분야分野로 나눌 수는 없는 것이므로 본기本氣를 위주로 삼고 그 이후에야 나머지 지장간을 고려해야 할 것이다. 지금 구례舊例를 아래에 열거하지만 만약 그 분야分野 대로라면 巳 중에 戊가 있는 것은 그렇다 하더라도 亥 중에 戊가 있고 寅, 申 중에 己土가 있는 것이 어찌 이치에 맞다고 하겠는가.

고금古今의 논명에서 일찍이 亥月에 戊를 취하고 寅, 申月을 만나서 己를 취한 적이 있었는가, 그것은 土가 申을 生하는 데서 억지로 끌어다 붙인 설인데 그래서 申 중에 戊, 己가 함께 7일을 담당한다고 보았기 때문이다. 그런데 다른 지지地支는 모두 어떤 천간이 담당하는 날짜를 나누어 놓았으면서 申에서는 왜 戊와 己의 날짜를 나누어 놓지 않았는가. 논명할 때 申을 만나면 戊를 써야 하는가 己를 써야 하는가.

옛 서적에 음간陰干은 子午卯酉에서 生한다고 했는데 子午卯酉 중에는 乙丁辛癸에 해당하는 날은 배당을 하고 어찌하여 장생지長生地란 말만 있고 날짜는 배분하지 않는가. 장생지長生地이므로 그에 해당하는

---

13) 여기(餘氣)는 12운성에서 쇠(衰)를 칭하는 것이다.

날짜를 할당해 주어야 하는데 어찌하여 日을 나누어 배당하지 않은 것인가. 또 양간陽干의 묘지墓地에는 날짜를 나누어 놓고 있으면서 음간陰干의 묘지에는 그렇게 하지 않았는가. 또 사시(四時 : 사계절)는 365일인데 모든 지지 속의 여러 천간이 모두 31일을 공유한다면 어떻게 사시四時가 372일이 되지 않겠는가?

이렇게 풀기 어려운 문제들이 있으니 장차 어떤 설로써 이를 해결할 수 있겠는가. 그러니 각 천간별로 날짜를 나누는 것에 절대로 구애받지 않아야 한다.

【原文】

舊 例
구 례

子 : 壬 · 十日三分半 癸 · 二十日六分半 (辛長生).
자　　임　십일삼분반　계　이십일육분반　신장생

丑 : 癸 · 九日三分 辛 · 三日一分 己 · 十八日六分.
축　　계　구일삼분　신　삼일일분　기　십팔일육분

寅 : 丙 · 七日三分半 己 · 七日二分半 甲 · 十六日五分.
인　　병　칠일삼분반　기　칠일이분반　갑　십육일오분

卯 : 甲 · 十日三分半錢 乙 · 二十日六分半 (癸長生).
묘　　갑　십일삼분반잔　을　이십일육분반　계장생

辰 : 乙 · 九日三分 癸 · 三日一分 戊 · 十八日六分.
진　　을　구일삼분　계　삼일일분　무　십팔일육분

巳 : 庚 · 七日二分半 戊 · 七日二分半 丙 · 十六日五分半.
사　　경　칠일이분반　무　칠일이분반　병　십팔일오분반

午 : 丙 · 十日三分半 己 · 九日三分 丁 · 十一日三分半.
오　　병　십일삼분반　기　구일삼분　정　십일일삼분반

未 : 丁 · 九日三分 乙 · 三日一分 己 · 十八日六分.
미　　정　구일삼분　을　삼일일분　기　십팔일육분

申 : 戊己 · 七日二分半 壬 · 七日二分半 庚 · 十六日三分.
　　신　무기　　칠일이분반　　임　　칠일이분반　경　십육일삼분

酉 : 庚 · 十日三分半 辛 · 二十日六分半 (丁長生).
　　유　경　십일삼분반　신　　이십일육분반　　정장생

戌 : 辛 · 九日三分 丁 · 三日一分 戊 · 十八日六分.
　　술　신　구일삼분　정　삼일일분　무　십팔일육분

亥 : 戊 · 七日三分半 甲 · 七日二分半 壬 · 十六日五分.
　　해　무　칠일삼분반　갑　칠일이분반　임　십육일오분

再考曆法, 木火金水, 分旺四時, 各七十二日, 土旺四季,
재고역법　목화금수　분왕사시　각칠십이일　토왕사계

各十八日. 立春日始, 甲木用事三十六日, 驚蟄後六日, 乙
각십팔일　입춘일시　갑목용사삼십육일　경칩후육일　을

木用事三十六日, 淸明後十二日, 戊土用事十八日, 餘仿此.
목용사삼십팔일　청명후삼이일　무토용사십팔일　여방차

是則卯月前六日, 當用甲不用乙, 辰月前十二日, 當用乙不
시즉묘월전육일　당용갑불용을　진월전십이일　당용을불

用戊癸. 然昔人論命, 甲木生卯月前六日, 取卯爲刃, 不以
용무계　연석인논명　갑목생묘월전육일　취묘위인　불이

爲本氣, 生辰月前十二日, 先論季土, 次取透干之乙癸, 未
위본기　생신월전십이일　선론계토　차취투간지을계　미

有竟取乙者, 蓋旣已分建, 卯自當從乙, 辰自當終戊, 且命
유경취을자　개기기분건　묘자당종을　진자당종무　차명

法不同曆法也.
법부동역법야

<구례舊例>[14]

子 – 壬　· 10.35일, 癸 · 20.65일 (辛長生)

丑 – 癸　· 9.3일,　辛 · 3.1일,　己 · 18.6일

[14] 진소암은 『명리정종(命理正宗)』의 地支造化圖를 구례(舊例)로 삼고 있다. 『연해자평』과 『삼명통회』의 지장간 월률 분야 일수와 또 다르니 참고한다.

寅 - 丙 ·7.35일, 己·7.25일, 甲·16.5일

卯 - 甲 ·10.35일, 乙·20.65일 (癸長生)

辰 - 乙 ·9.3일, 癸·3.1일, 戊·18.6일

巳 - 庚 ·7.25일, 戊·7.25일, 丙·16.55일

午 - 丙 ·10.35일, 己·9.3일, 丁·11.35일

未 - 丁 ·9.3일, 乙·3.1일, 己·18.6일

申 - 戊己·7.35일, 壬·7.25일, 庚·16.3일

酉 - 庚 ·10.35일, 辛·20.65일 (丁長生)

戌 - 辛 ·9.3일, 丁·3.1일, 戊·18.6일

亥 - 戊 ·7.35일, 甲·7.25일, 壬·16.5일

역법曆法을 다시 생각해 보니 木火金水가 旺한 때를 사시四時로 나눠서 각 72일씩을 배정하고 土가 왕한 때를 사계(四季 : 季春, 季夏, 季秋, 季冬)로 하여 각 18일씩을 배정해 보면, 입춘일부터 시작하여 甲木이 36일 용사用事하고 경칩 후 6일부터 乙木이 36일간 용사하며 청명 후 12일부터 戊土가 18일간 용사用事한다. 그 외의 다른 오행五行도 이와 같다.

그러나 卯月(2월)의 처음 6일은 마땅히 甲을 쓰고 乙은 쓰지 않으며 辰月(3월)의 처음 12일은 마땅히 乙을 쓰고 戊, 癸를 쓰지 않아야 하거늘 옛사람들의 논명한 것을 보면 甲木이 卯月의 처음 6일에 태어났는데 卯를 취하여 양인陽刃으로 삼고 甲을 취하지 않았으며 辰月의 처음 12일에 태어났는데, 먼저 土로써 취하고 다음으로 투간透干된 乙, 癸를

취하여 마침내 乙木을 취하지 않았으니 이미 분야를 나눠 세워놓고 卯는 乙을 따르게 하고 辰은 戊를 따르게 하니 이는 명법命法과 역법曆法이 서로 맞지 않는 것이 아닌가.

9. 看日主法
간일주법
― 일주를 보는 법 ―

【原文】

舊書論日主, 或專主强旺, 或反尙衰弱, 蓋以太强則得抑有
구서론일주   혹전주강왕   혹반상쇠약   개이태강즉득억유

力, 太弱則得扶立效, 此卽有病方爲貴之說, 皆偏見也. 凡
력   태약즉득부입효   차즉유병방위귀지설   개편견야   범

日主最貴中和, 自然吉多凶少, 日主太强太弱, 自然吉少凶
일주최귀중화   자연길다흉소   일주태강태약   자연길소흉

多. 惟可抑之强, 可扶之弱, 則存乎作用耳. 作用之法, 如
다   유가억지강   가부지약   즉존호작용이   작용지법   여

木日强則用金剋之, 用火泄之, 木日弱則水生之, 用木助之,
목일강즉용금극지   용화설지   목일약즉수생지   용목조지

若得土而殺其勢, 亦所以抑之, 借土而培其根, 亦所以扶之,
약득토이살기세   역소이억지   차토이배기근   역소이부지

其要歸諸中和而已. 舊謂男命日主不嫌於强, 然過强則亦取
기요귀제중화이이   구위남명일주불혐어강   연과강즉역취

咎. 女命日主不嫌於弱, 然過弱則亦受虧. 至於日主所坐之
구   여명일주불혐어약   연과약즉역수휴   지어일주소좌지

支, 較爲親切, 但坐財官等吉神, 亦須四柱透露扶助, 坐傷
지   교위친절   단좌재관등길신   역수사주투로부조   좌상

劫等凶神, 四柱亦能伐而去之, 非坐下一支, 遂定休咎也.
겁등흉신   사주역능벌이거지   비좌하일지   수정휴구야

옛 서적에서 일주日主를 논할 때 일주의 강왕强旺이나 혹은 쇠약衰弱에만 주력하여 태강太强한 것은 억제해 주어야 유력有力해지고 태약太弱한 것은 부축해 주어야 효과가 있다 하여, 이렇듯 병病이 있어야 바야흐로 귀貴하게 된다는 설說이 있는데15) 이것은 모두 편견에 불과하다.

무릇 일주日主는 중화中和가 되어야 가장 귀貴한 것이며 그리되면 자연히 吉은 많고 凶은 적은 법인데 만약 일주가 태강太强, 태약太弱 하다면 자연히 吉은 적고 凶은 많다 할 것이다. 다만 억누를 수 있을 만큼 강하거나 부축할 수 있을 만큼 약한 것은 용신用神을 쓰는 법에 달려 있을 뿐이다. 오행五行을 쓰는 방법은 예를 들면 木 일주가 강하면 金을 써서 剋하는 방법이 있고 火를 써서 설기洩氣시키는 방법도 있으며, 木 일주가 약하다면 水로 生하게도 하고 木으로 돕게도 할 수 있다. 만약 土를 얻으면 (재성을 사용하니) 그 세勢를 꺾어서 억제抑制할 수도 있으며 土의 힘을 빌려서 (辰, 未의 여기와 중기로) 木의 뿌리를 북돋우는 것도 돕는 방법이 될 수 있다. 그 요지는 모두 중화中和로 돌아가는 것일 뿐이다.

옛사람이 이르기를 남자의 명命은 강강함을 싫어하지 않는다고 하였지만 그러나 지나치게 강하면 그 자체가 결함이 되는 것이고 여자의 명命이 지나치게 약해도 꺼릴 것 없다고 하였지만 지나치게 약하면 이 역시 손해가 되는 것이다.

일주日主가 앉아있는 지지地支, 즉 일지日支에 관해서는 타지他支에 비

---

15) 『명리정종』을 지은 장남(張楠)의 병약설(病藥說)을 말함.

하여 친밀한 관계인 것은 맞으나, 재성財星・정관正官 등의 길신吉神이 놓여 있어도 결국엔 사주에 투출된 것을 부조할 것이요, 상관傷官・겁재劫財 등의 흉신凶神이 앉아 있다면 사주四柱 중에서 이를 쳐서 제거할 수 있어야 한다. 그러므로 일지日支 하나만 가지고 사주의 길흉吉凶을 정할 수는 없는 것이다.

10. 看生時法 一

간생시법1
- 생시를 보는 법 1 -

【原文】

自日干而外, 三干四支, 均各關係, 而時尤要緊, 蓋時乃全
자일간이외 삼간사지 균각관계 이시우요긴 개시내전

局之歸宿, 必將日主引至時上, 喜生旺, 惡衰絶. 凡局中喜
국지귀숙 필장일주인지시상 희생왕 오쇠절 범국중희

神, 引至時上, 生旺則愈吉, 衰絶則不吉, 局中忌神, 引至
신 인지시상 생왕즉유길 쇠절즉불길 국중기신 인지

時上, 生旺則愈凶, 衰絶則不凶. 又有喜神過旺, 喜時上剋
시상 생왕즉유흉 쇠절즉불흉 우유희신과왕 희시상극

之泄之, 凶神無制, 喜時上剋之化之, 較爲得力. 若日干筍
지설지 흉신무제 희시상극지화지 교위득력 약일간구

非太過, 未有不喜時上生旺者. 卽日主太過, 亦喜時上剋泄,
비태과 미유불희시상생왕자 즉일주태과 역희시상극설

然死絶非所宜耳. 或曰時旣緊要如此, 則以時取格何不可,
연사종비소의이 혹왈시기긴요여차 즉이시취격하불가

不知歸宿特重生時, 格局須合全柱, 何可槪論乎?
부지귀숙특중생시 격국수합전주 하가개론호

일간日干과 그 밖의 3干 4支는 골고루 관계를 갖고 있지만 특히 時가 더욱 긴요하다. 대체로 時는 사주의 전국全局이 돌아가 머무는 곳이라

할 수 있으며 반드시 일주가 장차 이끌려서 시상時上에 이를 것인데, 생왕生旺함을 기뻐할 것이고 쇠절衰絶함을 싫어할 것이다.

또한 국局 중의 희신喜神이 이끌려서 시상時上에 이르러 생왕生旺하면 더욱 좋고 쇠절衰絶되면 불길한 것이며 국局 중의 기신忌神이 이끌려서 시상時上에 이르러 생왕하면 더욱 흉한 것이요, 쇠절衰絶되면 흉하지 않다고 할 것이다.

또 희신喜神이 지나치게 旺하면 시상時上에서 剋해 주고 설洩해 주는 것을 기뻐하고 흉신을 다스릴 자가 없을 때 시상時上에서 이를 剋해 주거나 化해 주면 기뻐할 것이며 이렇게 되면 비교적 힘을 얻게 된다.

만약 일간日干이 진실로 태과太過한 경우가 아니라면 시상時上에서 생왕生旺 한 것을 기뻐하지 않을 리가 없고, 일주가 태과하면 시상에서 극설剋洩함을 좋아하지만 사절死絶됨은 마땅치 않다.

어떤 사람은 "時가 이렇게 요긴하다면 時로써 격격을 취할 수도 있지 않은가"라고도 하지만 귀숙歸宿[16]에는 생시生時를 특히 중요하게 본다는 말을 알지 못하기 때문이며 격국格局이란 모름지기 사주 전체를 합해서 보아야 하는 것이지 어찌 개괄적으로 다 말할 수 있겠는가.

---

16) 귀숙(歸宿) : 돌아가 머무는 것.

11. 看生時法 二

- 생시를 보는 법 2 -

【原文】

舊有時分上中下刻之說, 謂四柱同, 而窮達不同, 職此故也.

其說似乎精晰, 然昔賢論此者甚少, 遇有及之者, 不過謂時

支分刻用事, 亦若月支分日用事耳. 如寅時一二刻, 則丙火

用事, 三四刻則戊土用事, 後四刻則甲木用事. 夫月支尙無

分日用事之理, 安有一時之間, 某刻金水當權, 某刻木火司

柄者乎? 若時支如是, 則日支亦然, 何不分昧爽以前某神

用事, 日出以後, 某神用事, 日中以後, 某神用事乎? 不知

生於某月, 不拘何日, 月支之氣具備, 生於某時, 不拘何刻,

時支之氣具備. 如生於寅時, 不拘何刻, 甲丙戊之氣具備,

只看三者之中, 何神得時得勢則用之, 何神失時失勢則舍

之. 如是取斷, 於理最當, 勿信分刻虛談可也.

옛 서적에는 時를 상, 중, 하 각刻으로 나누는 설이 있었는데 그들의 주장은 동일한 사주인데도 그 부귀와 빈천이 다른 이유는 오직 이것, 시각時刻의 차이 때문이라고 한다. 그 설이 겉보기에는 아주 정확하고 분명한 것 같지만 옛 선현들 중에 이것을 언급한 사람은 아주 적다. 우연히 언급한 사람은 있어도 시지時支를 각刻으로 나누어 용사用事해야 한다는 주장에 불과하니 이 또한 월지月支를 日로 나누어 용사用事해야 한다는 이론과 같을 뿐이다.

예를 들면 寅時의 1, 2각刻은 丙火로 용사用事하고, 3, 4각刻은 戊土로 용사하며, 나머지 4각은 甲木으로 용사한다는 것이다. 무릇 월지月支도 오히려 日로 나누어 용사用事하는 이론을 적용함이 쓸모 없거늘 어찌 한 시간을 놓고 어느 각刻에는 金水가 당권하고 어느 각刻에는 木火가 권력을 담당할 수 있겠는가.

만약 시지時支가 이와 같다면 일지日支도 그와 같이 하여 어찌 동트기 전에는 어떤 오행이 용사用事하고 일출日出 이후에는 어느 오행이 용사하며 오후午後에는 무슨 신神이 용사用事한다고 나누어서 알아봐야 하지 않겠는가. 그와 같이 주장하는 것은 어느 달에 태어났으면 그 달의 어느 날에 태어났던지 모두 월지의 氣를 갖추고 있는 것이며 어느 時에 태어났다면 그것이 어떤 시각이든지 그 時의 氣를 구비하고 태어난다는 것을 모르기 때문이다. 예를 들면 寅時에 태어났으면 몇 각刻에 태어났든 甲, 丙, 戊의 氣를 다 갖고 태어난 것이다.

다만 이 3자 중에 어느 신神이 득시得時, 득세得勢했나를 살펴서 사용할 것인가, 혹은 어느 신神이 실세失勢, 실시失時했나를 보아서 버릴 것인가를 판단하는 것이 가장 이치에 합당하므로 절대로 각刻으로 나눈다는 허황된 이야기는 믿지 않는 것이 옳은 것이다.

12. 看運法 一
간운법1

- 운을 보는 법 1 -

【原文】

舊書謂一運上干下支, 分管年數, 率謂上下各五年, 又有因
구서위일운상간하지 분관년수 솔위상하각오년 우유인

運重地支之說, 或謂上四下六, 或謂上三下七, 其實皆不然
운중지지지설 혹위상사하육 혹위상삼하칠 기실개불연

也, 蓋行運從月建而起, 順行者, 行未來之月建, 逆行者,
야 개행운종월건이기 순행자 행미래지월건 역행자

行已往之月建, 凡月建干支, 共管一月之事, 無干管上半月,
행이왕지월건 범월건간지 공관일월지사 무간관상반월

支管下半月之理, 乃因以行運, 反分裂干支, 各管幾年, 有
지관하반월지리 내인이행운 반분열간지 각관기년 유

是理乎? 故上干下支, 共管十年爲是. 上下比和, 上下相生,
시리호 고상간하지 공관십년위시 상하비화 상하상생

則其力相同, 上剋下者, 上剋下者, 上之力勝於下, 下剋上
즉기력상동 상극하자 상극하자 상지력승어하 하극상

者, 下之力勝於上, 合之命主, 上下俱喜, 則十年全吉, 上
자 하지력승어상 합지명주 상하구희 즉십년전길 상

下俱忌, 則十年全凶, 上下一喜一忌, 則十年之間, 吉凶參
하구기 즉십년전흉 상하일희일기 즉십년지간 길흉참

半, 此理之最確當者. 但看上干較易, 看下支較難, 蓋干神
반 차리지최확당자 단간상간교이 간하지교난 개간신

甲只是甲, 乙只是乙, 惟支則各有所藏, 須一一硏析. 如行
갑지시갑 을지시을 유지즉각유소장 수일일연석 여행

運寅字, 原柱有或甲或丙或戊, 當察此運, 某干得氣, 再看
운인자 원주유혹갑혹병혹무 당찰차운 모간득기 재간

上干是甲, 則此運純然是木, 上干是丙, 則此運大半是火,
상간시갑 즉차운순연시목 상간시병 즉차운대반시화
上干是戊, 則此運一半是土, 餘支倣此. 又上干與原柱干支,
상간시무 즉차운일반시토 여지방차 우상간여원주간지
止論生剋, 理亦易見, 下支則與原柱干支, 生剋之外, 更有
지론생극 이역이견 하지즉여원주간지 생극지외 갱유
相沖, 相合, 相刑, 相害, 種種道理, 未易草率論斷也.
상충 상합 상형 상해 종종도리 미이초솔논단야

옛 서적에 이르기를 일운(一運 : 대운)의 상간上干, 하지下支는 한 해의 횟수를 나누어서 관장한다고 하면서 상하 각 5년씩 거느린다고 말하기도 하고, 또 운은 지지地支를 중시한다는 설에 입각하여 천간 4, 지지 6이라고 하며 혹은 천간 3, 지지 7이라고도 하나 실제로는 모두 그렇지 않은 것이다.

대개 행운行運은 월건月建에서 시작하므로 순행順行은 미래의 월건月建으로 나아가는 것이고 역행逆行은 월주月柱로부터 이미 지나간 월건月建으로 거꾸로 나아가는 것이다. 무릇 월건月建의 간지干支는 한 달의 일을 함께 관장하는 것이고, 천간天干은 상반(上半 : 첫 보름간)을 관장하고 지지地支는 하반(下半 : 나중의 보름간)을 관장한다는 이치는 없는 것이다. 그런데도 행운行運에 있어서는 오히려 干과 支를 나누어서 각각 몇 년씩 관장한다고 하니 올바른 이치이겠는가, 그러므로 간지가 함께 10년을 관장한다는 말이 맞는 것이다.

간지의 상하上下가 같은 氣이거나, 상하가 서로 상생相生하는 경우에는 그 힘이 서로 같고, 천간天干이 지지地支를 剋하면 천간의 힘이 지지를 이기는 것이고, 지지가 천간을 剋하면 지지의 힘이 천간을 이기는 것인데 이를 명주命主에 결합해 보아서 간지干支가 모두 희신喜神이면 10년이 전부 길하고 간지干支가 모두 기신忌神이면 10년이 전부 흉하며 간지 중에 하나는 희신이고 하나는 기신이면 10년 중에 吉과 凶이 반씩이라고 보는 것이 이치에 가장 합당하다고 하겠다.

다만 천간天干은 비교적 보기가 용이하지만 지지는 비교적 보기가 쉽지 않다. 왜냐하면 천간은 甲이면 바로 甲이고 乙이면 그냥 乙일 뿐이지만, 지지地支는 각기 지장간地藏干을 소장하고 있으므로 반드시 일일이 연구 분석해 보아야 한다.

예를 들면 행운이 寅에 오면 원 사주에 甲이나 丙 또는 戊가 있는가를 살피고 이 행운이 어느 천간天干에 득기得氣하는지를 살펴야 한다. 또 천간을 보아 甲이면 이 운은 순수하게 木이 되는 것이고, 천간이 丙이라면 이 운은 대부분이 火가 되며, 천간이 戊인 경우는 그 운의 반은 土가 되는 것이다. 그 밖의 지지도 이와 같이 보면 된다. 또 행운의 천간과 사주원국의 간지는 상호간의 生과 剋을 논함에 그치므로 이치가 또한 쉽게 보이지만, 행운의 지지는 원 사주의 간지干支와 생극生剋 이외에 다시 상충相沖, 상합相合, 상형相刑, 상해相害 등 여러 가지 이치가 있어서 엉성하고 경솔하게 판단하면 아니 되는 것이다.

13. 看運法 二
간운법2
- 운을 보는 법 2 -

【原文】

初運管少年, 中運管中年, 末運管晚年, 此看運法也. 更有
초운관소년   초운관중년   말운관만년   차간운법야   갱유

舊法可參用者, 即以四柱推論, 年管少年, 月日管中年, 時
구법가참용자   즉이사주추론 년관소년   월일관중년   시

管晚年. 若年爲喜神, 則少年發達, 爲忌神, 則少年迍遭 則
관만년   약년위희신   즉소년발달   위기신   즉소년둔조 즉

少年迍遭, 月日爲喜神, 則中年亨通, 爲忌神, 則中年塞滯,
소년둔전   월일위희신   즉중년형통   위기신   즉중년색체

時爲喜神, 則晚年安樂, 爲忌神, 則晚年零落, 此法屢試有
시위희신   즉만년안락   위기신   즉만년영락   차법루시유

驗, 故附之. 然但可約略少旺老之大槪而已, 若確分年限,
험   고부지   연단가약략소왕노지대개이이   약확분년한

詳斷吉凶, 仍當以看運爲主耳.
상단길흉   잉당이간운위주이

초운初運은 소년시절을 관장하고, 중운中運은 중년을 관장하고, 말운末運은 만년晚年을 관장한다고 하는 것이 운運을 보는 방법이다. 이 밖에 옛 법에도 참고할 만한 것이 있으니 사주원국으로 운을 추론하는 방법이다. 즉 연주年柱는 소년시절을 관장하고, 월月·일주日柱는 중년中

年을 관장하고, 시주時柱는 만년晚年을 관장한다는 이론이다. 만약 연주가 희신喜神이 되면 소년시절에 발전이 있게 되며, 기신忌神이면 소년시절이 닫히고 막혀서 뜻을 펼치지 못할 것이다.

월月·일주日柱가 희신喜神이면 중년中年에 형통하게 되며, 기신이면 중년에 막히고 침체되는 것이며, 마찬가지로 시주時柱가 희신인 경우엔 만년에 평안함과 즐거움이 있으며 기신이 되면 만년에는 세력이나 살림이 보잘 것 없게 된다.

이 법칙을 누차 시험해본 바 잘 맞으므로 여기에 덧붙여 적어둔다. 그러나 이 방법은 소년, 왕년(旺年 : 중년), 노년을 개략적으로 볼 때 쓰는 법이며 연한年限을 확실히 구분하여 길흉을 세밀하게 판단하려면 당연히 운運을 위주로 보아야 한다.

14. 看流年法
_{간유년법}

– 유년을 보는 법 –

【原文】

自少至老之歲, 謂之流年. 誰不若大運之重, 然於原柱及大
_{자소지노지세 위지유년 수불약대운지중 연어원주급대}

運, 亦能抑扶, 其法合上干下支, 先看與原柱干支生剋何如,
_{운 역능억부 기법합상간하지 선간여원주간지생극하여}

次看與大運干支生剋何如, 參伍而窮究之, 柱運喜神相聚,
_{차간여대운간지생극하여 참오이궁구지 주운희신상취}

能助吉乎, 能損吉乎, 柱運忌神交會, 能增凶乎, 能減凶乎,
_{능조길호 능손길호 주운기신교회 능증흉호 능감흉호}

柱運或有不和, 爲解鬪乎, 各佐鬪乎, 柱運或有偏勝, 爲左
_{주운혹유불화 위해투호 각좌투호 주운혹유편승 위좌}

袒, 爲右袒乎, 雖柱與運之所喜憎, 大略相同, 然柱運流年
_{단 위우단호 수주여운지소희증 대략상동 연주운유년}

三項, 干支轉轉生剋, 情理多端, 亦有柱喜而運憎者, 且一
_{삼항 간지전전생극 정리다단 역유주희이운증자 차일}

年之中, 當令不齊, 一支之中, 藏神非一, 其理甚粉甚細,
_{년지중 당령부제 일지지중 장신비일 기리심분심세}

旣須窮精極微, 又須從詳反約, 推斷休咎之難, 全在此處.
_{기수궁정극미 우수종상반약 추단휴구지난 전재차처}

果能了了於心, 則命理思過半矣.
_{과능료료어심 즉명리사과반의}

어릴 때부터 늙을 때까지의 매 해를 유년流年이라고 하는데 비록 대운大運만큼 중요하다고 할 수는 없으나 사주四柱 원국原局과 대운을 능히 억부抑扶할 수 있다. 그 보는 법은 천간天干과 지지地支를 모아서 먼저 원주原柱의 간지干支와 생극生剋 관계가 어떠한가를 보고 다음으로 대운 간지와의 생극이 어떠한가를 살피는 것이다. 이리저리 뒤섞어 놓고 궁리하고 연구해보는 것이니, 원주原柱와 운에서 희신喜神이 서로 모여 있는데 유년流年이 와서 그 吉함을 도울 것인가 아니면 길함을 깎을 것인가, 또 원 사주와 운에 기신忌神이 모여 있는데 유년이 와서 그 凶을 더할 것인가 아니면 감소시킬 것인가를 보아야 한다.

또 사주와 운이 서로 불화不和하는 경우에는 그 투쟁을 해소시킬 것인가 또는 투쟁을 도울 것인가? 사주와 운의 어느 한쪽이 전적으로 우세한 경우에 이에 가담할 것인가 또는 반대할 것인가를 파악해야 한다.[左袒]17) 비록 사주와 운이 좋아하고 싫어하는 바가 대략 비슷하다고 할 수 있지만, 사주四柱와 대운大運과 유년流年의 3가지 항목은 간지干支가 서로 엎치락뒤치락 하며 生하고 剋하여 정황과 이치가 복잡다단하다. 게다가 사주에서는 좋아하는데 운에서 싫어하는 경우도 있고 일 년 중에서도 당령當令함이 다르고 한 지지 중에도 소장된 지장간支藏干이 하나가 아니니 그 이치가 매우 복잡하고도 세밀하다.

그러므로 모름지기 정밀하고 극히 세밀하게 연구해야 하며 또 상세

---

17) 좌단(左袒) : 왼쪽 어깨를 벗는다는 뜻으로 남에게 동의하여 편든다는 뜻이다. 한나라 때 여후(呂后)가 반란을 꾀할 때 주발(周鉢)이 군중에게 여씨(呂氏)를 돕고자 하는 자는 우단(右袒)하고 유씨(劉氏)를 돕고자 하는 자는 좌단(左袒)하라고 명하자 군사들 모두가 좌단(左袒)했다는 고사에서 나온 말.

한 부분에서 그 대략에 이르기까지 따라갈 줄 알아야 한다. 길흉吉凶을 판단하는 어려움이 모두 여기에 있다고 할 수 있어서 결과적으로 마음속에서 확실한 깨달음을 얻는다면 명리命理의 고개를 반은 넘은 것이다.

15. 看正官法

– 정관을 보는 법 –

【原文】

看官之法, 先論日干强弱. 日干强則當扶官, 日干弱則當扶
日, 再看官星得時得勢與否, 適當月令, 又透天干爲止. 如
甲生酉月, 天干透辛, 乙生申月, 天干透庚是也. 次則或當
月令而不透干或不當月令而干官通支, 支官通干, 又次. 則
干有支無, 支有干無, 皆須財以生之, 則官之根茂. 印以衛
之, 則傷官之害遠, 必須正財配偏印, 偏財配正印, 則財印
不相戰, 或財在干, 印在支, 或印在干, 財在支, 雖皆正皆
偏, 各有理會, 亦不相戰也. 若官星太過, 亦須食傷制之,
然不作殺論. 其切忌有二: 一曰沖破, 一曰傷官. 須忌有三:
一曰食衆暗損, 一曰印衆洩氣, 一曰時歸死絶. 大抵官之强
旺者, 遇此五忌, 但減貴氣, 官之 衰弱者, 遇此五忌, 則壞
矣. 至於逢官看財, 雖一定之理, 然官衰倚財, 以多爲貴,

官旺亦不甚倚財, 略見已足. 行運之法, 俱與看官相同. 總
之日干能任財官爲要, 苟日干太衰太旺, 運局中又無生剋
抑扶, 即財官俱有, 亦不免貧賤. 古云, 小人命內, 亦有正
氣官星, 蓋坐是耳. 至於日主無氣, 滿局皆官, 當棄命從之,
與從殺同法, 然自是從官, 非官多作殺也. 若神峯張楠爲年
時虛官可用, 月令官星必無可用之理, 此偏僻之見, 不足深
信. 又舊書有官不見官之說, 謂甲日見丙辛, 則甲得辛爲官,
辛又得丙爲官, 此乃節外生枝, 不足信也.

정관正官을 보는 법은 먼저 일간日干의 강약强弱을 논한 다음에 일간 日干이 강한 경우에는 관官을 도와줘야 하고 일간이 약한 경우에는 일간을 도와줘야 한다. 그리고 다시 관성官星의 득시得時, 득세得勢 여부를 보아야 한다. 월령月令를 얻어서 당령當令하고 또 천간天干에 투출透出하면 최고로 삼는 것이니, 예를 들어 甲木이 酉月에 生하고 천간에 辛이 투출했거나 乙이 申月에 生했는데 천간에 庚이 투출한 것을 말한다. 차순위로 삼는 것이 당령은 했어도 월령月令이 천간에 투출하지 못했거나 당령은 못했지만 천간에 관官이 있고 지지地支에 통근通根했거나 지지에 있는 관官이 천간에 투출한 것이다. 또 그 다음 순위로 천간天干에만 있고 지지地支에는 없거나 지지에는 있는데 천간에 투출하지 못한 것

등이다. 이러한 경우에는 반드시 재財로써 관官을 생조生助해 주어야 관官의 뿌리가 무성해지며 또 인성印星으로 관官을 지켜주어야 상관傷官의 해害를 멀리할 수 있는 것이다.

또 정재正財는 반드시 편인偏印과 배합하고 편재偏財는 정인正印과 배합해야 재財와 인印이 서로 다투지 않게 되는데 재財가 천간에 있고 인印은 지지에 있거나, 인印이 천간에 있고 재財는 지지에 있다면 비록 모두 정正이거나 모두 편偏일지라도 각자 이회(理會 : 이해관계)가 있어서 서로 다투지 않는다. 만약 관성官星이 지나치게 많은 경우에는 식상食傷으로 제制해야 하고 그렇게 되면 살殺로 논하지 않는다.

정관正官이 심히 꺼리는 것이 둘이 있으니 하나는 충파沖破요, 또 하나는 상관傷官이다. 그 다음으로 싫어하는 것이 또 셋이 있으니, 그 하나는 식신食神이 많아서 보이지 않는 손상을 입는 것이고, 그 둘은 인성印星이 많아서 관官이 설기洩氣되는 것이요, 또 하나는 時에서 관官이 사절死絶되는 것이다. 대개 관官이 강하고 왕성하면 이상의 다섯 가지 꺼리는 것들을 만나도 다만 그 귀기貴氣를 감소시키는 선에서 끝나지만 쇠약한 관官이 이 다섯 가지 꺼리는 것들을 만나면 관官이 파괴되는 지경에 이르게 된다. 관官을 만나면 재財를 보아야 한다逢官看財는 말은 비록 확고한 이치라고는 하지만 관官이 쇠약하여 재財에 의지하면 귀하게 되는 경우는 많아도 관官이 旺할 때는 재財에 의지하는 일이 많지 않으니 대략적으로 고찰하면 족하다 하겠다.

행운行運의 법에서도 모두 관官을 보는 법과 같으니 결론적으로 말하면 일간日干이 재관財官을 능히 감당할 수 있느냐가 요체가 된다. 만약 일간이 지나치게 쇠약하거나 지나치게 旺하고 운과 원국에서 생극生剋하고 억부抑扶하는 것이 없으면 재관財官을 다 갖추고 있어도 빈천貧賤함을 면하지 못한다.

옛말에 "소인小人의 명命에도 정기正氣와 관성官星이 있을 수 있지만 대개는 역할을 못하고 그냥 자리만 차지하고 있을 뿐이다."라고 하는 것이 있는데 바로 이 경우를 이른 것이다. 심지어 일주日主가 무기無氣하고 사주가 모두 관官으로 구성되어 있다면 결국엔 자기 명命을 버리고 관官을 따라가야 하니 종살격從殺格과 같은 것이다.

그러나 관官이 많다고 해서 살殺을 만드는 것은 아니다. 만약 신봉神峯 장남張楠의 말처럼 "年과 時의 허관虛官은 쓸 수가 있다."라고 한다면 월령月令의 관성官星은 쓸 필요가 없다는 이치가 되니 이 말은 편벽된 것으로 깊이 믿을만한 것이 못 된다.

또 옛 서책에는 유관불견관(有官不見官 : 관은 관을 보면 안 된다)의 설이 있는데, 예컨대 甲 일주가 丙, 辛을 보면 甲에게 辛이 관官이 되는데 辛에는 丙이 관官이 되어서 이론이 자꾸 가지를 쳐나가는 격이라 믿을 만한 것이 못 된다.

16. 看偏官法
− 편관을 보는 법 −

【原文】

看殺之法, 先論日干強弱, 日干強, 則一點殺星, 亦可不制,
日干弱, 則不問殺之多寡, 必須制之. 再看殺星得時得勢與
否, 當令而又透干, 爲殺旺, 次則或當 令而不透干, 或不當
令而干殺通支, 支殺通干, 又次則干有支無, 支有干無. 制
之用食傷, 食較有力, 合之用刃劫, 刃較有勢, 化之用印,
偏正同功. 殺太旺, 則制化兩用, 但須食神配正印, 傷官配
偏印, 則不相戰也. 或食傷配正印, 干支異處, 各有理會,
亦不相戰也. 若刃劫合殺, 陰日不如陽日, 蓋甲用卯中之乙
合庚, 乃卯之本氣, 乙用寅中之丙合辛, 視本氣有間矣; 甲
用乙合庚, 庚貪合則忘殺, 乙用甲止能幫身, 視合殺又有間
矣, 故陰日以制化爲急. 若殺星太弱, 宜財神滋之, 制神太
過, 宜偏印破之. 至殺星太強而無制, 日主太弱而無根, 宜

棄命從之, 總之日干能任財殺爲要. 苟日干衰絶, 又不能從
기명종지 총지일간능임재살위요 구일간쇠절 우불능종

殺, 則有制有化, 歲運財殺旺地, 必成災禍, 倘更無制無化,
살 즉유제유화 세운재살왕지 필성재화 상경무제무화

歲運財殺旺地, 無不危亡. 若身殺若身殺兩停, 行運寧可扶
세운재살왕지 무불위망 약신살약신살양정 행운영가부

身. 古云: 殺不離印, 印不離殺. 又云: 印無殺不顯, 殺無刃
신 고운 살불이인 인불이살 우운 인무살불현 살무인

不威. 蓋印所以生日主, 刃所以護日主, 雖不言扶身, 而扶
불위 개인소이생일주 인소이호일주 수불언부신 이부

身在其中矣. 又有殺强於主, 行殺運反利者, 此必日主本非
신재기중의 우유살강어주 행살운반리자 차필일주본비

衰絶, 而原局印綬成象有力, 殺生印, 印生身也, 惟忌行財
쇠절 이원국인수성상유력 살생인 인생신야 유기행재

運, 壞印助殺, 則必爲禍矣.
운 괴인조살 즉필위화의

살殺[18]을 보는 법法도 먼저 일간日干의 강약强弱을 논한 다음 일간이 강한 경우에는 살성殺星 하나 정도는 제제制하지 않아도 되지만 일간이 약한 경우에는 살성殺星의 많고 적음을 불문하고 반드시 제制하여야 한다.

그 다음에 살성殺星의 득시得時, 득세得勢 여부를 판단해야 하는데 살성이 당령當令하고 투간하면 살殺이 왕旺한 것이요, 차순위는 당령當令은 했지만 투간透干하지는 못했거나 당령은 못하더라도 천간天干에 있는 살殺이 지지地支에 통근通根한 경우와 지지에 있는 살殺이 천간에 투출한 경우이다. 또 그 다음 순위로 살殺이 천간에만 있고 지지에 뿌리가 없는 것, 지지에만 있고 천간에는 없는 경우이다.

18) 여기에서 殺은 七殺, 곧 偏官을 말한다.

살殺을 제할 때는 식상食傷을 쓰는데 식신食神이 상관보다 비교적 힘이 있고 살殺을 合할 때는 양인陽刃, 비겁比劫을 사용하는데 양인이 비교적 세력이 더 있으며 살殺을 제화制化할 때는 인성印星을 쓰는데 정인正印, 편인偏印 모두 도움이 된다.

살殺이 몹시 왕성할 때는 제법制法과 화법化法을 같이 쓰는데 반드시 식신食神은 정인正印과 짝하고 상관傷官은 편인偏印과 짝해야 서로 다투는 일이 없을 것이다. 혹여 식상食傷이 정인正印과 짝하는 경우라도 干支가 멀리 떨어져 있으면 각자 이해관계가 있어 역시 서로 다투지 아니한다.

만약 양인陽刃과 겁재劫財로 살殺을 합거合去시키는 경우, 음陰 일간과 양陽 일간은 그 작용이 다르다. 예를 들어 甲 일간은 卯(양인)에 있는 乙을 써서 庚(칠살)을 합거할 수 있는데 이때 卯의 본기(本氣 : 乙)를 쓰지만, 乙 일간은 寅(겁재)에 있는 丙(중기)을 써서 辛(칠살)을 합거하는 것이므로 (중기를 쓰고) 본기(甲)는 보고만 있으니 그 차이가 있다. 甲은 乙(양인의 본기)을 써서 庚(칠살)을 합거시키고 庚이 合을 탐하느라 살殺의 작용을 잊게 만들지만, 乙은 甲(겁재의 본기)을 써서 자신을 돕게만 할 뿐이고 합살은 좌시만 하고 있으니 그 차이가 또 있는 것이다. 그러므로 음陰 일간의 경우에는 제화制化가 시급하다.

만약 살성殺星이 지나치게 약하면 마땅히 재성財星으로 힘을 돋아주어야 하고 제制하는 신神이 너무 지나치게 강하면 마땅히 편인偏印으로 식신을 파破해 주어야 한다. 반대로 살성殺星이 태강한데 제制하는 성星이 없거나 일주가 태약하고 뿌리가 없다면 마땅히 자기 명命을 버리고 살殺을 따라가야 한다.

　총괄해 말하자면 일간日干은 능히 재財와 살殺을 감당할 수 있는 것이 가장 중요하다. 진실로 일간이 쇠절지衰絶地에 있고 또 종살從殺도 못할 형편이라면 곧 제制가 있고, 化가 있어도 세운歲運에 재살財殺이 왕한 곳에 오면 반드시 재앙과 화禍가 미친다. 곧 제制도 없고, 化도 없는데 재財, 살殺 왕지旺支로 세운이 오면 위태롭게 되어 망하지 않을 수가 없는 것이다. 만약 일주와 살이 서로 대등하게 균형을 이룬 상태라도 행운行運에서 일간을 도와주는 것이 바람직하다.

　옛말에 이르기를 "살殺은 인印을 떠날 수 없고 인印은 살殺을 떠날 수 없다." 라고 했고, 또 이르기를 "인印은 살殺이 없으면 현달顯達할 수 없고 살殺은 인刃이 없으면 위엄이 있을 수 없다." 라고 하였다. 대체로 인印은 일주日主를 生하고 인刃은 일주를 지켜주는 것이니 비록 그 말 중에 일주日主를 돕는다는 말은 없어도 일주를 돕는다는 의미가 그 속에 있는 것이다.

　또 살殺이 일주日主보다 강한데 운에서 다시 살운殺運이 오면 오히려 좋아지는 경우가 있는데 이것은 반드시 일주가 본래 쇠절衰絶되지 않았으며 원국에서 인수印綬가 상象을 이루어 유력한 상태인데 살殺이 와서 인印을 생하고 인印이 또 일주를 생해주기 때문이다.

　오직 꺼리는 것은 재운財運이 오는 것이니 재財는 인성印星을 파괴하고 살殺을 도와 더욱 강하게 하니 반드시 화禍가 미치게 된다.

17. 看官殺去留法 一

— 관살을 제거하거나 남겨둠을 보는 법 1 —

【原文】

官殺去留, 須審其輕重. 官重殺輕, 必當去殺, 蓋官乃清純
之氣, 不可混也. 殺重官輕, 不必去官, 蓋殺乃雄剛之氣,
不畏混也, 若官殺兩停, 則當分去留, 柱中傷官有力, 則去
官用殺, 柱中食傷有力, 則去殺用官. 舊書云: 陽日食神能
去殺, 又能留官. 如甲日得丙, 能剋庚而去之, 又能合辛而
留之也; 陰日傷官能去官, 又能留殺, 如丁日得戊, 能剋壬
而去之, 又能合癸而留之也. 陽日傷官能去官, 不能留殺,
如甲日得丁, 能剋辛而去之, 不能合庚而留之也, 陰日食神
能去殺, 不能留官, 如丁日得己, 能剋癸而去之, 不能合壬
而留之也. 蓋剋則去, 去則不爲我害, 合則留, 留則可爲我
用. 然舊書又云: 甲以乙妹妻庚, 凶爲吉兆, 豈非合而去之
乎? 蓋庚見乙係我剋, 故去; 辛見丙係受剋, 故留也. 舊又

有貪合忘官, 貪合忘殺之說. 如甲以辛爲官, 遇丙則辛貪合
丙而忘官, 乙以辛爲殺, 遇丙則辛貪合丙而忘殺, 得毋忘則
不留, 留則不忘乎. 蓋官殺獨見, 則因合而忘, 官殺並見,
則得合而留也. 然究竟留者存留也, 非挽留也, 去其一, 則
其一自留而, 豈必有某神挽之使住乎, 若必如舊書所云, 陰
日食神不能留官, 日主自能留之, 則陽日傷官不能留殺, 日
主又不能留, 遂將不留乎. 總之官殺相混, 去留淨盡爲上,
雖不淨盡, 而調劑合宜, 勢歸於一者亦妙. 殺不能歸一, 寧
以官混殺, 勿以殺混官可也. 看運俱同此法.〈千里按: 官殺
並見, 正不必議其留, 祇須議其去, 一者旣去, 一者自留矣.
合者羈絆也, 官殺之逢合, 自應以去論, 舊書以合爲留之說,
恐未妥耳.〉

관살官殺을 제거하거나 남겨둘 때는 반드시 관살의 경중輕重을 살펴야 한다. 관官이 중중하고 살殺이 가벼우면 반드시 살殺을 제거함이 마땅하다. 왜냐하면 관官이란 곧 청순한 氣이기 때문에 혼잡되어서는 안 된다. 살殺이 중중하고 관官이 가벼울 때는 반드시 관官을 제거할 필요는 없다. 왜냐하면 살殺은 사납고 강한 氣이기 때문에 혼잡混雜되는 것을 두려워하지 않는다.

  만약 관官과 살殺이 서로 대등한 경우라면 마땅히 제거하거나 남기는 것을 분별해야 하며 사주 내에 상관傷官이 유력하면 관官을 버리고 살殺을 써야 하고 만약 식신食神이 유력하다면 살殺을 버리고 관官을 써야 한다.

  옛 서적에서 말하길 양陽 일간의 식신食神은 능히 살殺을 제거할 수도 있고 또 능히 관官을 남겨둘 수도 있다. 예컨대 甲 일주가 丙 식신食神을 얻으면 능히 庚金 칠살七殺을 극하여 제거시킬 수 있으며 또한 辛金 정관正官과는 합을 이루어 남게 할 수 있다. 음陰 일간의 상관傷官도 능히 관官을 제거하고 살殺을 남게 할 수 있는데 예를 들면 丁 일주가 戊 상관傷官을 얻으면 능히 壬 정관正官을 剋하여 제거할 수 있으며 또 능히 癸 칠살七殺과 합하여 남게 할 수 있다.

  그러나 양陽 일간에서 상관傷官은 능히 관官을 제거할 수는 있지만 살殺을 남겨 쓸 수는 없는데 예를 들면 甲 일주가 丁 상관傷官을 얻으면 능히 辛 정관正官을 剋하여 제거할 수는 있지만 庚金 칠살七殺을 합하여 남게 하지는 못한다. 또 음陰 일간의 식신食神은 능히 살殺을 제거시킬 수는 있으나 관官을 남게 하지 못한다. 예를 들면 丁 일주가 己 식신食神을 얻으면 능히 癸 칠살七殺을 剋하여 제거시킬 수 있지만 壬 정관正官을 합하여 남게 하지는 못한다고 했다. 대개 剋한다는 것은 제거한다는 뜻과 같고 제거하면 나에게 해를 끼치지 못하게 되는 것이며, 合하면 남는다는 뜻이고 남아서 나에게 유용한 존재가 될 수 있는 것이다.

  그러나 다른 옛 서적에서는 또 이르기를, "甲이 누이동생인 乙로 하여금 庚金 칠살七殺에게 시집보내어 흉을 길조吉兆로 만드니 이것은 습하고도 제거하는 것이 아닌가" 라고 했으니, 대체로 庚金이 乙木을 보면 자신이 剋하는 데 얽매이기 때문에 제거된 것이고, 辛金이 丙을 만나면 剋을 받기 때문에 남게 된 것이다.

옛 서적에서 또 "합을 탐하다 官을 잊는다[貪合忘官], 합을 탐하다 殺을 잊는다[貪合忘殺]"라는 설이 있는데 예를 들어 甲이 辛金으로 정관正官을 삼는데, 이때 丙을 만나면 辛은 丙과의 合을 탐하여 관官으로서의 역할을 잊어버리는 것이고, 또 乙은 辛金으로 칠살七殺을 삼는데 丙을 만나면 辛金이 合을 탐하여 칠살七殺의 역할을 잊는 것이다. 차라리 殺의 본분을 잊으면 살殺이 남아 있지 않고, 살殺이 남아 있으면 殺의 본분을 잊지 말아야 하지 않겠는가.

대개 관살官殺이 홀로 있을 때는 탐합貪合하면 자신의 정체성을 잊어버린다는 말이 맞지만 관官과 살殺이 같이 있을 때는 합을 이루어야 남을[留] 수 있는 것이다. 그러나 궁극적 의미에서는 류留한다는 것을 자연스럽게 남게 된다는 뜻으로 해석해야지 억지로 붙잡아 두는 것으로 새겨서는 아니 될 것이다. 관官과 살殺이 같이 있을 때 그중 하나를 제거시키면 나머지 하나는 자연히 남게 되는 것이지 어찌 꼭 어떤 신神을 당겨서 머무르게 하는 것이 있다고 하겠는가.

만약 옛 서적에서 말한 대로 음陰 일간에 식신食神은 관官을 남게[留]하지 못한다고 해도 일주가 스스로 합하여 관官을 남게 할 수 있는 것이다. 마찬가지로 양陽 일간에 상관傷官은 살殺을 남게 하지 못한다고 하는데 일주日主도 또한 남게 할 수 없으니 드디어 살殺을 남겨두지 못하는 것이 아니겠는가.

총괄해 말하면 관살혼잡官殺混雜의 경우에는 하나는 보내고 하나는 남게 하여 깨끗하게 마무리되면 참으로 상급上級의 명命이고, 비록 가고 남는 것이 깨끗이 정리는 되지 않아도 조절을 적절히 하여 그 세勢를 한 곳으로 모을 수 있다면 그 또한 묘妙하다 하겠다. 살殺을 한 곳으로 돌아가게 할 수 없으니 차라리 관官으로 살殺을 혼잡 시키는 것은 괜찮지만 살殺로써 관官을 혼잡시키는 일은 좋지 않다. 운運을 볼 때도 이 법과 동일하다.

[韋註] 〈나, 위천리韋千里의 생각에는 관살이 함께 있을 때는 꼭 그 존류存留 문제를 거론해야 할 필요는 없다고 보며 다만 그 제거하는 문제만 논하면 된다고 본다. 둘 중에서 하나가 가면 자연히 또 하나는 남는 것이다. 合이란 기반羈絆[19]이다. 관살官殺이 合이 되면 마땅히 제거로 해석을 해야 되는데 옛 서적에서처럼 合하면 제거되지 않고 살아남는다[留]고 해석하는 설은 타당치 않은 것이다.〉

---

19) 기반(羈絆) : 서로 묶여 구속하거나 억압하여 작용을 못함.

18. 看官殺去留法 二

- 관살을 제거하거나 남겨둠을 보는 법 2 -

【原文】

舊書所論官殺去留, 大率言天干耳, 雖言干而支藏之干在
구서소론관살거류 대솔언천간이 수언간이지장지간재

其中, 干支互相去留, 亦在其中, 然使支有官殺, 干無官殺,
기중 간지호상거류 역재기중 연사지유관살 간무관살

則支神相去留之法, 不可不講也, 今補之. :甲乙日見申酉,
즉지신상거류지법 불가불강야 금보지 갑을일견신유

以巳去申, 以午去酉; 丙丁日見亥子, 以辰戌去亥, 以丑未
이사거신 이오거유 병정일견해자 이진술거해 이축미

去子; 戊己日見寅卯, 以申去寅, 以酉去卯; 庚辛日見巳午,
거자 무기일견인묘 이신거인 이유거묘 경신일견사오

以亥去巳, 以子去午; 壬癸日見辰戌丑未, 以寅去辰戌, 以
이해거사 이자거오 임계일견진술축미 이인거진술 이

卯去丑未. 皆用食神去殺, 傷官去官, 雖巳申子丑爲六合,
묘거축미 개용식신거살 상관거관 수사신자축위육합

寅戌卯未爲三合, 然合自合, 剋自剋, 猶之合自合, 刑自刑
인술묘미위삼합 연합자합 극자극 유지합자합 형자형

也, 官殺去一, 則其一自留, 不必更求留之之神. 此外有會
야 관살거일 즉기일자류 불필경구류지지신 차외유회

成他局而去之者, 寅卯遇午戌, 則寅合午戌成火, 而卯獨
성타국이거지자 인묘우오술 즉인합오술성화 이묘독

當權; 巳午遇酉丑, 則巳會酉丑成金, 而午獨當權; 申酉遇
당권 사오우유축 즉사회유축성금 이오독당권 신유우

子辰, 則申會子辰成水, 而酉獨當權; 亥子遇卯未, 則亥會
자진 즉신회자진성수 이유독당권 해자우묘미 즉해회

卯未成木, 而子獨當權; 辰丑遇子申而成水, 戌未遇寅午而
成火, 則丑未當權; 辰丑遇巳酉而成金, 戌未遇亥卯而成
木, 則辰戌當權. 又有隨合入庫而去者, 子隨辰合入庫, 則
亥當權; 午隨戌合入庫, 則巳當權; 卯隨未合入庫, 則寅當
權; 酉隨丑隨辰合入庫, 則申當權. 總之去官 去殺, 必天干
地支合力, 乃能去之. 如庚申辛酉, 去一甲一乙一 寅一卯,
其去必矣. 則如去甲寅乙卯, 亦可去, 若一庚一申一辛一酉,
去甲寅乙卯, 勢必不能, 卽一庚去一甲, 一辛去 一乙, 一申
去一寅, 一酉去一卯, 亦有未可知也. 故官殺相混, 以去爲
主, 留不待議也.

옛 서적에서 논한 관살官殺의 거류법去留法[20]은 대체로[大率] 천간天干에 관한 이론뿐이었다. 그러나 비록 천간만 말했지만 지지地支에 소장되어 있는 干도 포함되므로 干과 支 상호간의 거류 문제도 그중에 언급되었다고 볼 수 있다.

그러나 지지地支에만 관살官殺이 있고 천간天干에는 관살官殺이 없는 경우에는 지지의 신神끼리도 서로 거류去留하는 법이 있음을 말하지 않

---

20) 거류법(去留法) : 하나는 제거하고 하나는 남겨둠.

을 수 없어서 이에 보충하게 되었다.

甲, 乙 일간이 申, 酉를 보면 巳로써 申을 제거하고, 午로는 酉를 제거한다. 丙, 丁 일간이 亥, 子를 만나면 辰, 戌로써 亥를 제거하고, 丑, 未로는 子를 제거한다. 또 戊, 己 일간이 寅, 卯를 보면 申으로써 寅을 제거하고, 酉로는 卯를 제거하며, 庚, 辛 일간이 巳, 午를 만나면 亥로써 巳를 제거하고 子로는 午를 제거한다. 壬, 癸 일간이 辰, 戌, 丑, 未를 만나면 寅으로써 辰, 戌을 제거하고 卯로는 丑, 未를 제거한다. 이는 모두 식신食神을 써서 살殺을 제거하는 것이며 상관傷官으로 관官을 제거하는 법인 것이다.

비록 巳申과 子丑이 육합六合이 되고 寅戌과 卯未가 삼합三合이 되지만 그러나 合을 하면 스스로 合을 하고, 剋을 하면 스스로 剋을 하는 것이 되므로 이와 같이 合을 하면 스스로 合을 하고[自合], 형형을 하면 스스로 형형을 하는 것이다[自刑]. (이렇게 合이나 剋이 되면) 관살官殺 중에 하나가 제거되어 나머지 하나는 자연히 남게 되니 구태여 합류合留시켜서 필요한 신神을 남게 할 방법을 강구할 필요가 없는 것이다.

이 밖에도 서로 모여서 국局을 형성하여 그 결과로 하나를 제거시키는 경우도 있다. 寅卯가 午戌을 만나면 寅은 午戌과 합하여 화국火局을 이루고 卯만 홀로 남아 당권하게 되는 것과 같다. 또 巳午가 酉丑을 만나면 巳가 酉丑과 모여서 금국金局을 형성하고 남은 午가 홀로 당권하는 것과 申酉가 子辰을 만나면 申은 子辰과 합해서 수국水局을 이루고 酉가 홀로 당권하는 것, 亥子가 卯未를 만나면 亥卯未는 목국木局을 이루고 子가 홀로 당권하게 되고, 辰丑이 子申과 만나게 되면 수국水局이 되고, 戌未가 寅午와 만나면 화국火局이 되니 丑이나 未가 당권하게 되며, 辰丑과 巳酉가 만나면 금국金局을 이루고 戌未가 亥卯를 만나면 목국木局을 이루기 때문에 역시 辰이나 戌이 당권한다.

또 合을 따라 입고入庫하여 제거되는 것도 있으니 子가 辰을 따라서 고庫에 들어가면 亥가 당권하게 되고 午가 戌을 따라 합하여 고庫에 들어가면 巳가 당권하며 卯가 未를 따라 합하고 고庫에 들어가면 寅이 당권하게 되고 酉가 丑을 따라 합하고 고庫에 들어가게 되면 申이 당권하게 된다.

총괄해 말하자면 관官을 제거하거나 살殺을 제거할 때 반드시 천간天干과 지지地支가 힘을 합하여야 능히 제거할 수 있는 것이니 예를 들어 庚申, 辛酉가 하나의 甲이나 한 개의 乙, 한 개의 寅, 한 개의 卯를 반드시 제거할 수 있다. 혹 甲寅, 乙卯라도 제거할 수 있다. 그러나 만약 한 개의 庚이나 申, 辛, 酉가 혼자서 甲寅, 乙卯를 제거하기에는 힘이 반드시 부치게 될 것이고 또 庚 혼자서 甲 하나를 제거하려 하거나 辛 혼자 乙 하나를, 酉 혼자서 卯 하나를 제거하려 할 때 또한 알 수 없는 경우가 있다. 그러므로 관살官殺이 혼잡混雜되어 있을 때는 제거制去법을 위주로 삼으면 되고 남겨두는 것에 대해서는 의논할 필요가 없다.

19. 看官殺去留法 三
- 관살을 제거하거나 남겨둠을 보는 법 3 -

【原文】

官殺有眞相混, 有似相混, 而非相混者. 如木爲日主, 庚辛
관살유진상혼 유사상혼 이비상혼자 여목위일주 경신

並露, 申酉兩見者, 是爲相混, 若止露庚而見酉, 止露辛而
병로 신유양견자 시위상혼 약지로경이견유 지로신이

見申, 乃干神乘旺, 非混也. 抑或丙坐午, 丁坐巳, 壬坐子,
견신 내간신승왕 비혼야 억혹병좌오 정좌사 임좌자

癸坐亥, 尤一氣乘旺, 非混也. 又或庚辛甲乙俱露於干, 申
계좌해 우일기승왕 비혼야 우혹경신갑을구로어간 신

酉寅卯俱見於支, 乃各自相剋, 非混也. 又惑四柱之中, 食
유인묘구견어지 내각자상극 비혼야 우혹사주지중 식

神制殺, 自成一勢, 官星生印, 自成一勢, 合之雙美, 非混
신제살 자성일세 관성생인 자성일세 합지쌍미 비혼

也. 此等似混非混, 不一而足, 不去不留亦可. 去一留一亦
야 차등사혼비혼 불일이족 불거불류역가 거일류일역

不可, 且有似去而反留, 似留而反去者, 如甲生申月, 丙辛
불가 차유사거이반류 사류이반거자 여갑생신월 병신

透干, 丙惑無根, 惑坐絶, 則丙不能去當令之申, 而反以丙
투간 병혹무근 혹좌절 즉병불능거당영지신 여반이병

辛之合, 去辛而用申矣. 此等亦不一而足, 不可誤認去留.
신지합 거신이용신의 차등역불일이족 불가오인거류

且陰陽之理, 至深至變, 正惟似混非混, 深厚難見, 再三尋
차음양지리 지심지변 정유사혼비혼 심후난견 재삼심

繹, 乃悟其妙, 斯爲大貴. 至於人命, 又有官殺兩停, 惑俱有
역 내오기묘 사위대귀 지어인명 우유관살양정 혹구유

剋合, 惑俱無剋合, 不分去留, 而亦富貴者, 一則日主旺甚,
극합　혹구무극합　불분거류　이역부귀자　일즉일주왕심

官殺皆輕, 正賴其合力琢削, 一則日主官殺俱强, 喜有旺神
관살개경　정뢰기합력탁삭　일즉일주관살구강　희유왕신

引化. 若純官無殺, 而發於殺年, 純殺無官, 而發於官年者,
인화　약순관무살　이발어살년　순살무관　이발어관년자

此此皆是. 總之去留之法, 只是大槪當然, 亦不必拘執也.
차차개시　총지거류지법　지시대개당연　역불필구집야

舊又謂官殺相連只論殺, 官殺各分爲混雜, 相連者, 謂連年
구우위관살상련지논살　관살각분위혼잡　상련자　위연연

月也, 各分者, 一在年月上見, 一在時上見也. 誠如是, 則止
월야　각분자　일재년월상견　일재시상견야　성여시　즉지

論連與分可矣, 何必辨去留乎? 又謂露官藏殺只論官, 露殺
론연여분가의　하필변거류호　우위로관장살지론관　로살

藏官只論殺, 是則露者必留, 藏者必去矣, 亦非通論也.
장관지론살　시즉로자필류　장자필거의　역비통론야

관살官殺은 진짜 혼잡混雜이 있고 유사 혼잡이 있으며 혼잡이 아닌 것도 있다. 예를 들어 木 일주日主에 庚, 辛이 함께 투간透干되어 있고 지지地支에 申, 酉를 모두 보이면 서로 혼잡인 것이요, 만약 천간天干에 庚만 노출되고, 지지에 酉를 본다거나 천간에 辛만이 노출되고 지지에 申만을 본다면 천간의 신神이 旺한 것이라고 볼 뿐이고 혼잡이 되는 것은 아니다.

또는 丙이 午에 좌坐하거나 丁이 巳에 좌坐하며, 壬이 子에 좌坐하거나 癸가 亥에 좌坐한 경우라면 더욱 일기一氣의 旺함이 곱절이 되었으니 혼잡이라고 할 수 없다. 또 庚辛, 甲乙이 모두 천간에 투간透干하고 申酉, 寅卯가 지지地支에 모두 있으면 각기 서로 상극相剋시켜버리니 이

때도 혼잡이라고 할 수 없다. 또 사주 중에 식신食神이 살殺을 제거하여 [食神制殺] 스스로 하나의 세력을 이루고 관성官星이 인印을 生하여[官星生印] 스스로 한 세력을 이루면 合하여 둘 다 아름답다고 하는 것이지 혼잡이라고는 하지 않는다.

이상에 열거한 예들은 혼잡混雜으로 보여도 사실은 혼잡이 아닌 경우들이라 한 가지 예로써 다 설명할 수 없다. 제거한 것도 아니고 남겨둔 것도 아닌데 가可한 경우가 있고, 하나를 제거하고 하나를 분명히 남겼는데도 불가不可한 경우가 있다. 제거한 것 같은데도 오히려 남아있는 경우가 있고, 남겨둔 것 같은데도 반대로 제거돼 버린 경우도 있다.

예를 들면 甲木이 申月에 生하고 丙辛이 투간透干한 경우에 丙이 뿌리가 없거나 절지絶地 위에 앉아 있으면 丙으로서는 당령當令한 申을 제거할 수 없을 뿐만 아니라 오히려 丙과 辛을 合시켜서 辛을 제거하고 申을 쓰게 되는 것이다.

이것들 또한 한 가지로 만족스러울 수 없으니 거류去留하는 법을 오인하면 안 되며, 또 음양陰陽의 이치가 지극히 깊고도 변화가 많아서 혼잡된 것으로 보이는 것과 혼잡이 아닌 것을 보기는 참으로 힘드니 두 번, 세 번 깊이 그 실마리를 찾아보고 그 묘리를 깨우치면, 곧 크게 귀하게 쓸 것이다.

인명人命을 살핌에 또 관살양정官殺兩停[21]의 경우가 있는데 때로는 剋과 合을 모두 갖춘 경우도 있고 때로는 剋과 合을 갖추지 못한 경우도

---

21) 관과 살의 세력이 균형을 이루고 있는 상태.

있어 관살의 거류去留가 나누어지지 아니한 때에도 또한 부귀富貴한 사람이 있으니, 하나는 일주日主가 매우 왕성하고 관살官殺이 모두 가벼운 상태라 서로 힘을 합하여 다듬고 깎는 데 바로 의지하는 경우가 있다. 또 하나는 일주日主와 관살官殺이 모두 힘이 강한 때에 旺한 신神을 인화引化시킴을 좋아하는 경우이다. 만약 순수하게 관官만 있고 살殺이 없는 경우라면 살년운殺年運에 발복하고 순수하게 살殺만 있고 관官이 없는 경우라면 관년운官年運에 발복하는 것은 이러한 경우들은 모두 옳다.

총괄해 말하자면 관살의 거류去留하는 법은 다만 대략적으로 볼 때 그렇다는 것이니 반드시 거기에 구속받을 필요는 없다.

옛말에 이르기를 "관살官殺이 서로 이어져 있으면 단지 살殺로써만 논하고 관살官殺이 각기 떨어져서 있을 때는 혼잡이 된다."라고 했는데 이어져[連] 있다는 것은 年과 月에 있는 것과 같은 것이고, 떨어져[分] 있다는 것은 하나는 年이나 月에 있고 다른 하나는 시상時上에 있는 것과 같다. 정말로 이와 같다면 연(連 : 이어진 것)과 분(分 : 나누어진 것)만을 가리면 될 일이지 무엇하러 거류去留를 분별하겠는가.

또 "노관장살露官藏殺[22]의 경우에는 다만 관官만을 논하고, 반대로 노살장관露殺藏官[23]의 경우엔 살殺만을 논한다."라고 일렀는데 이 말은 천간에 노출된 것은 반드시 남기고, 지지에 암장暗藏된 것은 반드시 제거한다는 것인데 이는 정통한 사리에 맞는 이론이 아니다.

---

22) 관이 (천간)에 노출하고, 살이 (지지)에 암장되어 있는 상태.
23) 살이 (천간)에 노출하고, 관이 (지지)에 암장되어 있는 상태.

20. 看正偏印法

- 정편인을 보는 법 -

【原文】

舊書取印. 喜正忌偏, 此只論天干耳, 若地支倣此推之, 五
陽干遇寅申巳亥爲梟, 遇子午卯酉又爲敗, 五陰干遇子午卯
酉爲梟遇寅申巳亥又爲死, 則地支竟無印可取矣, 不知五陽
干遇寅申巳亥, 是生印, 非梟也, 遇子午卯酉, 是正印, 非
敗也, 五陰干遇寅申巳亥, 亦正印, 非死也, 惟遇子午卯酉
爲偏印, 然子爲乙貴, 午爲己祿, 何可以梟論乎? 大抵印不
論正偏, 但當月令而取之爲格, 必不可傷, 即不當月令而倚
之爲用, 尤不可傷, 在局在運皆然. 術家往往重財官而輕印,
不知印被傷, 與官被剋, 財被劫相同. 其有時而輕者, 局遇
不用印也, 若局用印, 而無顯印, 則暗印亦可取. 或木日取
申中之壬, 辰丑中之癸; 或火日取亥中之甲, 辰未中之乙,
此須二三處有之, 方可取用. 行運透出爲吉, 克壞爲凶. 僅
止一點, 亦不濟事. 總之局印太輕, 須以官殺運生之, 局印

太多, 須以財運制之. 若太多而強不可制, 竟爲下命. 蓋印
乃生我之神, 旣無棄命從印之法, 又無比劫洩印之法也. 至
於梟印剋食, 惟梟食兩透於干, 或竝見於支, 而無制無化則
忌. 苟制化得宜, 或干支異處, 則亦不忌. 又舊忌印行死地,
亦不盡然, 蓋所貴乎印者, 以扶其身耳, 印之病死, 卽身之
祿旺, 何害之有? 若但取印旺, 則印之祿旺, 卽官之病, 何
利之有乎.〈千里按: 以理衡之, 局中印綬太多, 亦可從印,
蓋七殺爲剋我之神, 尙且可從, 則印爲生我之神, 如子投母,
豈不可從. 任鐵樵所註之滴天髓闡微一書, 載有從强之說,
卽此意也. 印之病死, 卽身之祿旺, 此指陰陽同生同死而言,
若以陽生陰死, 陰死陽生而論, 則又穿鑿不符矣.〉

옛글에서는 인印을 취할 때 정인正印을 기뻐하고 편인偏人을 꺼려한 다 하였다. 이것은 단지 천간天干을 논한 때 이야기지만 지지地支를 논 할 때도 이와 같이 추론할 수 있다. 5양간五陽干이 寅申巳亥와 만나면 효신(梟神: 편인)이 되고 子午卯酉를 만나면 패지(敗地: 沐浴)가 되며 5음 간五陰干이 子午卯酉를 만나면 효신梟神이 되고 寅申巳亥를 만나면 사 지死地가 된다면 곧 지지에서는 마침내 인印으로 취할만한 것이 없다는

말이 된다.24)

그러나 이것은 5양간이 寅申巳亥를 만나면 생인生印이 되는 것이지 효신梟神이 되는 게 아니며 子午卯酉를 만나면 정인正印이 되어 패지敗地가 되는 것이 아니며 또 5음간이 寅申巳亥를 만나면 정인正印이 되고 사지死地가 되지 않음을 알지 못하고 오직 子午卯酉는 편인偏印이 된다고 생각했기 때문이다. 그러나 子는 乙의 귀인貴人이 되고 午는 己의 록禄이 되거늘 어찌 효신梟神으로 논할 수 있겠는가.

대개 인印은 정인正印・편인偏印을 가려서 논하지 않지만 단지 월령月令에 당령當令해서 인격印格으로 삼았으면 반드시 상傷하면 안 되고, 월령에 당령當令하지 않았는데도 그에 의지하여 인印을 용用했다면 더욱 상하면 안 된다. 이것은 원국原局이나 운運에서나 다 마찬가지다.

술가術家들이 종종 재財, 관官은 중히 여기고 인印을 경시輕視하는 경향이 있는데 이는 인印이 상傷하면 (食傷을 制하지 못해) 관官도 剋을 받고 재財도 겁탈劫奪을 당하는 것과 같음을 모르기 때문이다. 그러나 때로 인印을 가볍게 봐도 되는 경우가 있는데 그것은 원국原局 내에서 인印을 쓸 필요가 없을 때인 것이다. 만약 원국에서 인印을 쓰려 하는데 인印이 드러나 있지 않는 경우에는 감추어져 있는 인(印 즉, 지장간에 있는 印)도 쓸 수 있는 것이다. 예를 들어 木 일주日主가 申 중에 있는 壬이나 辰丑 중의 癸水를 취하는 것과 火 일주日主가 亥 중의 甲이나 辰未 중의 乙

---

24) 地支의 흐름을 地藏干 기준 十星으로 보지 않고, 梟神이라는 신살과 敗地(沐浴), 死地 등과 같은 12운성으로 地支를 살피는 논리를 비판하며 언급한 부분이다. 특히 陰干에서 寅申巳亥가 死地라고 한 부분은 陰生陽死 陽生陰死 이치에 따른 것인데 진소암은 12운성을 陰陽同生同死 한다고 생각하고 있으므로 이 부분도 비판적 입장으로 설명한다.

을 취하는 것과 같다. 이는 모름지기 2, 3군데 있어야 바야흐로 취해 쓸 수 있으며 행운行運에서 투출透出하면 吉하고, 剋 당하거나 파괴되면 凶하게 된다. (그러나 이렇게 소장되어 있는 印이) 한 개에 불과하면 또한 활용할 수 없는 것이다.

총괄해 말하자면 원국原局에서 인印이 세력이 지나치게 약하면 관살운官殺運이 와서 生해 주어야 하고, 원국에 인印이 너무 많으면 반드시 재운財運으로 제制制해 주어야 한다. 만약 인印이 지나치게 많아 너무 강하여 제制가 안 된다면 마침내 하명下命이 될 수밖에 없다. 대개 인印은 곧 나를 生해주는 신神이기 때문에 내 명命을 버리고 인印을 따라가는 [棄命從印] 법은 없으며 또 비겁比劫으로 인印을 설기洩氣시키는 법도 없다. 효인梟印(: 편인)이 식신食神을 剋한다는 것은 오직 편인偏印과 식신食神이 둘 다 천간天干에 투간透干하거나 지지에 다 같이 보이는 경우에 제制도 안 되고 化도 되지 않을 때를 꺼리는 것이고, 만약 제화制化가 잘 되거나 干과 支에 분리되어 있으면 꺼리지 않는 것이다.

또 예전에는 인印이 사지死地로 가는 것을 꺼린다 했는데 이 역시 모두 다 그러한 것은 아니다. 대개 인印을 귀중하게 여기는 까닭은 내 몸을 生해주기 때문인데 인印의 병사지病死地는 곧 나의 녹왕지祿旺地가 되니 무슨 해로움이 있겠는가. 만약 인印이 旺한 것만 좋아해서 인印이 녹왕지祿旺支로 가게 되면 관官은 병지病地에 있게 되니 (官이 病이 되면) 무슨 이로움이 있겠는가?

[韋註] 〈내가 이치로 따져보면 원국에 인수印綬가 너무 많을 때는 가히

종인從印할 수도 있다고 생각한다. 대개 칠살七殺은 나를 극하는 신神인데도 오히려 종從을 하는데, 인印은 나를 생해주는 신神이라 자식이 그 어머니에게 안기는 것과 같은 것이니 어찌 종從할 수 없단 말인가. 임철초任鐵樵가 주註한 「적천수천미」에 보면 종강법從强法이 실려 있는데 바로 이와 같은 의미이다. 인印의 병사지病死地가 일주의 녹왕지祿旺支가 된다는 말은, 음陰과 양陽이 生과 사死를 함께한다[陰陽 同生同死說]는 말을 가리키는 것이고, 만약 양陽이 生하는 곳에서 음陰이 사死하거나[陽生陰死] 음陰이 生하는 곳에서 양陽이 사死하는[陰生陽死] 설說로 논하여 천착穿鑿25)한다면 그와 부합하지 않게 될 것이다.〉

---

25) 천착(穿鑿) : 구멍을 뚫는다는 말로 원래 학문을 깊이 연구한다는 뜻이나 여기시는 견강부회(이치에 맞지 않는 것을 억지로 맞추려고 함)한다는 뜻으로 쓰었다.

21. 看正偏財法
간정편재법

- 정편재를 보는 법 -

【原文】

看財之法, 不論正偏, 只取得時得勢, 適當月令而有氣爲得
時, 不當月令而成象爲得勢. 然看日干强弱爲要, 日干强,
則當扶財, 日干弱, 則當扶日. 舊云, 逢財看官者, 不盡然,
凡我剋我生, 一件入格得氣, 皆可取貴, 但恐止此一件, 便
是滯物, 故財如食傷, 又欲其輾轉生化, 非必以生出剋我爲
貴也. 每見用財之命, 或財輕而行生財之運, 或財重而行制
財之運, 一生不行官殺, 往往富貴, 但局中運中見官殺, 亦
其所宜耳. 苟財多身弱, 又加以官殺, 取禍必矣. 舊謂正財
乃分內之財, 遇之非奇, 偏財乃衆人之財, 得之爲美, 夫不
安己之分, 而喜取人之物, 此貪夫之見耳. 特正財能傷正印,
偏財能制梟神, 然不可因此而貴偏賤正也. 舊又有惡露喜藏
之說, 此亦謬認財爲錢幣耳. 卽以錢幣論之, 源遠流長, 揮

霍豈憂睥睨. 力微勢弱, 局鏰何難劫奪乎? 至於財神太旺,
곽개우비예   역미세약   경약하난겁탈호   지어재신태왕
而用比劫, 蓋愛其助主, 非取其分財, 財神太衰而用食傷,
이용비겁   개애기조주   비취기분재   재신태쇠이용식상
雖藉其生財, 亦防其洩主. 若財多而强不可制, 當棄命從之,
수자기생재   역방기설주   약재다이강불가제   당기명종지
行助財運則吉, 行奪財助主運則凶. 他如時上偏財, 時上財
행조재운즉길   행탈재조주운즉흉   타여시상편재   시상재
庫, 日時專財, 夾財拱財等格, 皆多立名目, 不若四柱通融
고   일시전재   협재공재등격   개다립명목   불약사주통융
取用, 較爲簡當也.
취용   교위간당야

재財를 보는 법은 정재正財, 편재偏財를 가리지 않고 다만 득시得時, 득세得勢 여부를 논한다. 즉, 월령月令을 얻어 유기有氣하면 득시得時한 것이고 월령月令을 얻지 못했으나 상象을 이루면 득세得勢라 한다. 그러나 가장 중요한 것은 일간日干의 강약强弱이니 일간이 강强하면 재財를 키워줌이 마땅하지만 일간이 약弱하면 일간을 도와주는 것이 마땅한 도리이다.

옛말에 이르기를 "재財를 만나면 관官을 보라"라고 했는데 모두 다 그러한 것은 아니다. 무릇 내가 生하는 것이든 내가 剋하는 것이든 하나로 격격을 이루어 득기得氣하면 모두 귀貴해질 수 있다. 다만 그 격을 이룬 하나의 기운이 멈추고 또 막혀버릴까 두려운바, 재財와 식상食傷이 잘 유통流通되어 막힘없이 生하고 化하기를 바라는 것이지 반드시 나를 剋하는 관官을 生해주어야 귀貴해진다고는 할 수 없다.

매번 재財를 용用하는 명조命造를 볼 때마다 재財가 약한데 재財를 生하는 운으로 가거나, 또는 재財가 旺한 사주에 재財를 제制하는 운을 만나는 경우에는 일생동안에 관살운官殺運을 한 번도 만나지 않아도 흔히 부귀富貴했다. 다만 원국原局이나 운에서 관살官殺을 만난다면 또한 마땅해야 할 뿐이다. 만약 재다신약財多身弱한데 또 관살官殺이 더해지면 틀림없이 화禍를 취하게 될 것이다.

옛글에 이르기를 "정재正財란 자기 몫 내의 재물이기 때문에 이를 만나도 별로 기이奇異할 것 없지만 편재偏財는 곧 여러 사람들의 재財이기 때문에 이를 얻으면 기쁜 것이다."라고 했는데 대개 자신의 몫만으로 만족하지 못하고 다른 사람의 것을 취해야 기뻐한다면 이는 탐욕스러운 사람의 견해일 뿐이다. 특히 정재正財는 능히 인수印綬를 상傷하게 할 수 있고, 편재偏財는 효신梟神: 편인)을 제制할 수 있다고 하여 이로써 편재偏財를 귀중히 하고, 정재正財를 천시賤視하여서는 아니 된다.

옛글에 "재財는 노출됨을 싫어하고 깊숙이 간직됨을 좋아 한다."는 학설學說이 있는데 이것은 재財를 금전과 화폐라고 생각했기 때문에 생긴 오류일 뿐이다. 곧 금전과 화폐로 재성을 논하여 재성의 근원이 원대하고 끊임없이 흘러갈 정도라면 마음대로 쓰면 되지 어찌 남이 훔쳐보는 것을 걱정할 이유가 있는가?

또한 반대로 재財가 그 힘과 세력이 미약하다면 창고에 넣어 자물쇠를 채운다 해도 겁탈劫奪당하는 것이 어렵겠는가. 또 재신財神이 태왕太旺할 때 비겁比劫으로 용用하는 것은 비겁比劫의 힘으로 일주日主를 도울 수 있기 때문에 좋아하는 것이지 재財를 나누어 갖자는 취지가 아니다.

또 재신財神이 크게 쇠약하여 식상食傷으로 용用하는 것은 비록 식상食傷이 재財를 生하는 능력을 활용하고자 함이지만 일주日主의 기운을 설洩하므로 그것을 방비해야 한다.

만약에 재財가 많아서 강강强하면 이를 제제制하려고 해서는 아니 되며, 이때는 마땅히 나를 버리고 재財를 따라가야 한다[棄命從財]. 이때는 행운行運에서 재財를 돕는 곳으로 가면 吉할 것이나 일주를 돕고 재財를 겁탈劫奪하는 운을 만나면 凶할 것이다.

그 밖에 시상편재時上偏財, 시상재고時上財庫, 일시전재日時專財, 협재공재夾財拱財 등의 여러 격격格들은 모두 이름만 내세우고 있는데 실은 사주四柱의 원리原理에 맞게 취용取用하는 것만 못하며, 또 그렇게 하는 편이 간편하고 타당한 것이다.

22. 看食神法
_{간식신법}

- 식신을 보는 법 -

【原文】

看食神之法, 如用以制殺, 則以食殺相較, 殺重食輕, 當扶
간식신지법 여용이제살 즉이식살상교 살중식경 당부

食抑殺, 食重殺輕, 當扶殺抑食. 如無殺可制, 只以食神取
식억살 식중살경 당부살억식 여무살가제 지이식신취

用, 或當令有援, 或成局有勢, 皆妙. 然須生出財神, 或局
용 혹당령유원 혹성국유세 개묘 연수생출재신 혹국

中有財, 或運行財地, 方爲有用. 此神與正官相似, 性情和
중유재 혹운행재지 방위유용 차신여정관상사 성정화

順, 多吉少凶. 舊云只要一位, 此甚不然. 假令甲日得丙,
순 다길소흉 구운지요일위 차심불연 가령갑일득병

而又見巳, 乙日得丁, 而又見午, 斯爲更美, 即甲日惑遇兩
이우견사 을일득정 이우견오 사위경미 즉갑일혹우양

丙, 或遇兩巳, 乙日或遇兩丁, 或遇兩午, 亦有何礙. 所慮
병 혹우양사 을일혹우양정 혹우양오 역유하애 소려

者, 日主衰弱, 不能任之耳. 故先看日主强弱爲要. 身食兩
자 일주쇠약 불능임지이 고선간일주강약위요 신식양

旺, 加爲貴格. 然謂食神有氣, 勝於財官, 亦一偏之論也.
왕 가위귀격 연위식신유기 승어재관 역일편지론야

此神最忌梟印剋之, 得偏財則亦不畏. 若滿局食神, 日主無
차신최기효인극지 득편재즉역불외 약만국식신 일주무

氣, 亦可從之, 此乃我生之神, 較從殺則並美, 勿泥舊無從
기 역가종지 차내아생지신 교종살즉병미 물니구무종

例也. 或日主太旺, 局中無一可倚, 止有一二點食神, 略成
례야 혹일주태왕 국중무일가의 지유일이점식신 략성

氣象, 則須行食神生旺之運爲妙. 如食傷相混, 用食則宜去
기 상   즉 수 행 식 신 생 왕 지 운 위 묘   여 식 상 상 혼   용 식 즉 의 거
傷, 用傷不必去食, 蓋食純傷駁, 猶之官不容殺混, 殺不畏
상   용 상 불 필 거 식   개 식 순 상 박   유 지 관 불 용 살 혼   살 불 외
官混也. 至於用食見殺, 雖與傷官見官不同, 然剋傷日主,
관 혼 야   지 어 용 식 견 살   수 여 상 관 견 관 부 동   연 극 상 일 주
則任食無力, 抗敵食神, 則養主少氣. 惟柱多比劫, 最喜制
즉 임 식 무 력   항 적 식 신   즉 양 주 소 기   유 주 다 비 겁   최 희 제
殺, 主用印綬, 反喜殺生耳. 否則官亦不宜多見, 況殺乎?
살   주 용 인 수   반 희 살 생 이   부 즉 관 역 불 의 다 견   황 살 호

　식신食神을 보는 법은 만약 식신食神으로 살殺을 제制한다면 곧 식신食神과 살殺을 서로 비교했을 때 살이 중重하고 식신食神이 경輕하다면 당연히 식신食神을 돕고 살殺을 억제해야 하나 반대로 식신食神은 중重하고 살殺이 경輕한 경우엔 당연히 살殺을 도와 식신食神을 억제抑制해야 한다.

　만약 극제剋制할 살殺이 없는데 다만 식신食神으로 용신用神을 취할 경우에는 당령當令하여 월령月令으로부터 지원을 받거나 국국局을 이루어 세력을 형성하고 있는 경우엔 모두 묘妙하다 하겠다. 그러나 반드시 재신財神을 생해야 하는데 원국에 재財가 있거나 운運에서 재財를 만나야 바야흐로 쓸모가 있게 되는 것이다. 이 식신食神은 정관正官과 서로 유사한 점이 있어 성정이 화평하고 유순하며 길이 많고 흉은 적다. 옛글에 이르기를 "식신食神은 다만 하나만 있어야한다."고 했는데 이는 아주 부당한 말이다.

　가령 甲일주가 丙을 얻고, 또 巳를 만나거나 乙일주가 丁을 얻고 또

午를 만나면 이는 더욱 좋은 것일진대 甲 일주가 두 개의 丙을 만나거나 혹은 두 개의 巳를 만나는 것, 乙 일주가 두 개의 丁을 보거나 두 개의 午를 만나는 것이 무슨 장애가 될 것인가. 단지 걱정스러운 것은 일주日主가 쇠약衰弱하여 그 설기를 감당할 수 없을까 할 뿐이다. 그러므로 먼저 일주日主의 강약强弱을 보는 것이 중요한데 일주와 식신食神이 모두 旺하면 가히 귀격貴格이 된다. 또 "식신食神이 유기有氣하면 재관財官보다 낫다"라는 말이 있으나 이 또한 편중偏重된 이론이라 하겠다.

식신食神이 가장 꺼려하는 것은 효인梟印으로부터 剋을 당하는 것인데 다행히 편재偏財를 만나게 되면 두려워하지 않아도 된다. 만약 원국原局이 전부 식신食神으로 가득 차 있고 일주가 氣가 없으면 이 역시 그것(식신)에 종從할 수 있다. 식신食神은 내가 生하는 신神이므로 종살從殺과 비교하면 더욱 순수하고 종재從財와 비교해도 또한 아름다우니 옛말에 "식신食神에 종從한 예가 없다"는 설에 구애받을 필요는 없다 하겠다. 또 일주가 태왕太旺하여 원국原局에 의지할 만한 것이 하나도 없는데, 다만 식신食神이 한두 개 있어서 겨우 기상氣象을 형성하고 있다면 운運이 식신食神이 생왕生旺 하는 곳으로 흘러야 묘妙함이 있게 된다.

만약 식상食傷이 서로 혼잡混雜되어 있는 경우에 식신食神을 용用하려면 상관傷官을 제거하는 것이 타당하지만 상관傷官을 용用하는 경우에는 식신食神을 반드시 제거해야 할 필요는 없다. 왜냐하면 대체로 식신食神은 순수하고 상관傷官은 잡박雜駁[26]하기 때문인데 마치 정관正官은

---

26) 잡박(雜駁) : 여러 가지가 마구 뒤섞여 질서가 없음.

칠살七殺과 혼잡되는 것을 싫어하지만 칠살七殺은 정관正官과 혼잡되는 것을 두려워하지 않는 것과 같다.

　식신食神을 용用할 때 살殺을 보는 것은 비록 상관傷官이 정관正官을 볼 때와는 같지 않다고 하지만 일주가 살殺에 剋되어 상傷하면 힘이 없어져 식신食神을 감당하지 못하게 되어 식신食神을 적으로 삼는 꼴이 되니 일주日主의 소심한 기운만 키우는 셈이 된다. 이때는 오직 사주에 비겁比劫이 많아서 살殺을 제압할 수 있으면 가장 기쁜 일이며, 인수印綬를 용用하면 살殺이 인수印綬를 통하여 일주日主를 生하니 오히려 기쁜 일이 된다. 비겁과 인수를 쓰지 못한다면 정관正官을 많이 보는 것도 마땅치 않은데 하물며 살殺을 보면 어찌되겠는가.

23. 看傷官法

― 상관을 보는 법 ―

【原文】

看傷官之法, 不當月令, 而局成他格, 些小傷官爲害, 則去
之, 不爲害, 則置之. 雖當月令, 而用以敵殺, 當從殺格推
究. 惟局中無足取用, 而傷官或當令有援, 或黨衆有勢, 則
用之. 雖不得令得勢, 而日主旺甚無依, 止一二點傷官略成
氣象, 則亦用之. 用之者何? 以其亦我所生, 雖不如食神之
純粹, 亦我之精氣流通, 英華發外, 亦可取也. 然必生出財
神, 方爲有用, 否則頑而不靈, 徒洩我氣耳. 用傷大法, 日
主强健則喜財, 日主衰弱, 則喜印, 財印俱正俱偏, 則恐其
相爭, 財印一正一偏, 則不嫌並露, 然亦看全局理氣, 及財
印情勢. 有俱正俱偏而相安者, 有一正一偏而相戾者, 此在
舒配地妙. 若必如舊書所云, 用財去印, 用印去財, 則太拘
矣. 舊又以當令爲眞傷官不當令爲假傷官, 夫以不當令而

謂之假, 則不當令之官殺, 爲假官殺乎? 不當令之財印食神, 爲假財假印假食乎? 不知傷官勿論眞假, 當論强弱, 强則制之, 傷官强而復行傷運, 則日愈洩氣矣. 弱則扶之. 傷官弱而復行破傷, 則日愈無依矣. 制傷之法, 印運爲上, 幇身次之. 扶傷之法, 傷食運爲上, 比劫次之. 若傷官不喜見官, 正如先有比劫而見財, 先有梟神而見食, 必有患害. 舊書誓之甌傷官長而又見官, 官必不恕, 則鑿矣. 又謂傷官傷盡, 反喜見官, 將劫財劫盡, 反喜見財, 奪食奪盡, 反喜見食耶. 然官亦有可見者, 身弱傷强而有印綬, 可而見官, 官生印綬 則身能任傷也. 身强財弱而有比劫, 可而見官, 官制比劫, 則財不受奪也. 否則皆不可見官, 見之非惟取傷之害, 而日主受剋, 亦不能任傷爲用. 此必仍行傷運, 剋之爲妙, 次則食運亦可. 若傷官傷盡不見官, 似乎入格, 而乃貧賤者, 必無財之故耳. 舊分五行孰可見官, 孰不可見官, 支離無理, 關於傷官賦中, 至於見殺雖非見官之比, 然無印無比而見殺, 則亦剋主而不能任傷, 不可不去. 若陽刃甚有益於傷官, 以其助主生傷, 又能合殺也. 至於日主無氣, 滿局皆傷, 當棄命從之, 反倚凶神爲用, 行運忌壞傷相主, 又未可以傷多不宜爲論矣.
가 이 상 다 불 의 위 론 의

　상관傷官을 보는 법은 만약 상관傷官이 당령當令하지 않았고 원국原局에서 다른 격격이 성립된 경우 상관傷官의 해해가 사소한 때에는 제거해 버리고, 전혀 해害가 되지 않을 때는 그냥 두어도 괜찮다. 비록 상관傷官이 당령當令하고 이를 써서 살殺과 대적한다고 하더라도 종살격從殺格에 해당하는지는 궁구하여야 한다. 오직 원국原局 중에서 취용取用할 만한 것이 없는데 상관傷官이 당령當令하여 도움을 받거나 무리를 이루어 세력이 있으면 이를 취용한다. 또 비록 상관傷官이 득령得令, 득세得勢는 못했을 지라도 일주日主가 태왕太旺하여 의탁할 데가 없는데 상관傷官이 한 두개 있으며 대략 기상氣象을 이루면 역시 취용할 수 있다.

　용用한다는 것은 무슨 뜻인가?

　상관傷官 또한 내가 生하는 것이므로 비록 식신食神만큼 순수하지는 못할 망정 그대로 역시 나의 정기精氣로부터 흘러나와 밖으로 피어난 꽃과 같은 것이니 또 가히 취용取用할 수 있는 것이다. 그러나 반드시 재신財神을 生해야만 바야흐로 그 쓸모가 있는 것이지 그렇지 못하면 완고하여 뛰어나지 못하니 단지 나에게서 氣만 빼앗아 가는 존재일 뿐이다.

　상관傷官을 쓰는 대법大法은 일주日主가 강건하면 재財를 좋아하는 것이고, 일주가 쇠약衰弱하면 인印을 좋아하며 재財와 인印이 모두 정正이거나 모두 편偏으로 모여 있으면 서로 투쟁鬪爭할까 두려우니 재財와 인印이 하나는 정正이고, 다른 하나는 편偏으로 짜여 있으면 함께 천간天干에 드러내는 것을 꺼리지 않는다. 그러나 이 역시 사주 전국全局의 이기理氣와 재財, 인印의 정세를 살펴볼 때 모두 정正이나 편偏으로 몰려 있어도 평안한 사람이 있는가 하면 일정一正 일편一偏으로 조화가 이루어져 있는데도 서로 어그러지는 관계에 있는 사람이 있으니 이야말로 사주의 구성과 배열의 서배지묘舒配之妙27)라 하겠다.

만약 옛글에서 말한 대로 반드시 "재財를 쓸 때는 인印을 소거하고 인印을 쓸 때는 재財를 소거시켜야 한다"라고 한다면 지나치게 구애받는 것이다. 또 옛글에서 이르기를 "상관이 당령當令하면 진상관眞傷官이고 당령하지 않으면 가상관假傷官이다"라고 한다. 그러나 무릇 당령하지 않은 것을 가假라고 부르기로 한다면 당령하지 않은 관살官殺도 가관살假官殺이라고 해야 하지 않겠는가? 또 당령하지 않은 재財와 인印과 식신食神도 가재假財, 가인假印, 가식신假食神이라고 해야 되지 않는가? 이것은 상관傷官을 논할 때 진가眞假로 나누어서 논할 것이 아니고 강약强弱으로 논해야 함을 몰랐기 때문이다.

따라서 강强하면 누른다는 법칙에 따라야 하니 상관傷官이 강한데 또다시 상관운傷官運으로 가면 일주의 설기洩氣가 더욱 심해지기 때문이다. 또, 약弱하면 부조扶助해 준다는 법에 따라야 하니 상관傷官이 약한데 또다시 상관傷官을 파괴하는 운으로 간다면 일주日主는 더욱 의탁할

---

27) 서배지묘(舒配之妙) : 펼쳐지고 배합되는 묘함.

곳이 없어지게 되기 때문이다.

상관을 제制하는 방법으로는 인운印運을 만나는 것이 최상이고, 비겁比劫으로 방신幇身28)하는 것이 그 다음이다. 상관傷官을 부조扶助하는 방법으로는 식상운食傷運을 만나는 것이 최상이고, 비겁比劫이 그 다음이다. 상관傷官은 관官을 만나는 것을 싫어하는데 이것은 마치 비겁比劫이 재財를 만나는 것과 같고 효신梟神이 있는데 식신食神을 만나는 것과 같아서 반드시 우환憂患과 해로움이 있게 될 것이다.

옛글에서 강조하기를 "관官을 치고 상傷하게 하고 나서 또 관官을 보면 관官이 용서치 않을 것이다."라고 했는데 이는 이치에 맞지 않는 말이다. 또 말하기를 "상관傷官을 상진傷盡시키면 오히려 관官을 보아도 좋다."라고 했는데 그렇다면 겁재劫財가 모두 겁탈劫奪당하면 재財를 보아도 좋으며 탈식奪食하는 것을 탈진시키면 오히려 식신食神을 보아도 좋다고 할 수 있는가. 그러나 관官을 보아도 괜찮은 경우가 있으니 신약身弱한데 상관傷官이 강하고 인수印綬가 있으면 관官을 보아도 괜찮은 것이니 관官이 인수印綬를 生해주고 (인수는 나를 생해주므로) 신身이 능히 상관傷官의 설기洩氣를 감당할 수 있게 되는 것이다. 또 신강身强하고 재財는 약한데 비겁比劫이 있을 때도 관官을 보아서 좋은 경우이니 관官이 비겁比劫을 제압해서 재財가 수탈收奪되는 것을 막아주기 때문이다.

위와 같은 경우가 아니면 모두 관官을 보는 것이 좋지 않으니 만약 관官을 보게 되면 관官이 상傷하는 위험뿐 아니라 일주日主가 剋을 당하

---

28) 방신(幇身) : 사주에서 나(身)를 돕는 것으로 비견, 겁재, 정인, 편인에 의해 日干에 힘을 주는 것.

므로 상관傷官을 쓸 수 있는 힘이 없게 되기 때문이다. 이런 경우엔 반드시 상관운傷官運으로 가야 되는데 그리되면 관官을 극하게 되니 묘妙함을 이루게 되며 그 다음으로 식신운食神運이 와도 괜찮다.

만일 상관傷官이 상진傷盡되었고 관官도 보이지 않으면 격격을 이룬 것처럼 보이지만 그런데도 빈천한 이유는 필시 재財가 없기 때문이다. 옛날에는 "오행五行을 나누어서 어느 것은 관官을 보아도 좋고 또 어느 것은 관官을 보면 안 된다."라고 하였지만 일관성 없이 조잡할 뿐으로 이치에 합당치 않으므로 상관부傷官賦에서 확실히 밝혀 놓았다. 또 칠살七殺을 만나는 것이 비록 정관正官을 만나는 것과 비할 수는 없지만 인印도 없고 비겁比劫도 없는 상태에서 살殺을 만나면 살殺이 일주日主를 극剋하게 되므로 일주가 상관傷官을 감당할 수 없게 하니 살殺을 제거하지 않을 수 없다. 살을 제거하는 데는 양인陽刃이 상관傷官보다 훨씬 유익하니, 왜냐하면 일주日主를 도와서 상관傷官을 생하기도 하고 또 칠살七殺과 합하여 합거合去시킬 수 있기 때문이다.

만약 일주日主가 무기無氣하고 전국全局이 모두 상관傷官으로 채워졌다면 마땅히 자기의 명命을 버리고 상관傷官을 따라가야 하니 오히려 흉신凶神을 의지하고 용신用神을 삼아야 하는 셈이다. 이때는 운運에서 상관傷官을 상傷하게 하고 일주日主를 돕는 운을 꺼리게 되며 또 이런 경우를 두고 "상관傷官이 많아서 마땅하지 않다"라고 말하면 안 되는 것이다.

24. 看食傷法

― 식상을 보는 법 ―

【原文】

食傷格中有尤秀者, 曰木火通明, 曰金白水淸, 曰水木淸奇, 曰土金毓秀, 今略擧取用之法. 木火通明格, 以春三月木日遇火爲妙, 妙在木旺能任火相, 方進也, 四月亦取, 蓋火當令以未燥, 但木須得勢通根耳. 金白水淸格, 以七八月金日遇水爲合, 亦妙在金旺水相. 水木淸奇格, 以二月癸日遇乙, 及卯木爲上. 土金毓秀格, 以八月己日遇辛, 及酉金爲上, 蓋卯酉氣專而淸, 但癸與己亦須得氣通根耳. 凡合此四格者, 皆淸貴上命. 其喜忌之理, 隨格詳審之. 然不特此也, 凡日主强旺, 喜洩甚於喜剋, 局中官殺與食傷並見, 勢均力敵, 照常取斷. 若官殺輕淺, 其情恒向食傷, 不必當時得令, 但透干成象, 卽可取用, 反以官殺爲病神矣. 術家於此等局面, 只泥官殺爲用, 所以往往不驗. 是亦所謂六神通變之端,

不可不知也.
불 가 부 지 야

　　식상격食傷格 가운데서도 더욱 빼어난 것이 있는데 소위 목화통명木火通明[29], 금백수청金白水淸[30], 수목청기水木淸奇[31], 토금육수土金毓秀[32] 등인데 여기서 그 취용법을 대략 열거해 보도록 한다.

　　목화통명木火通明격은 춘삼월春三月[寅卯辰月] 木 일주日主가 火를 만나면 묘妙함을 이루는데 그 묘하다 함은 木이 旺하여 능히 火를 서로 감당할 수 있기 때문이다. 시간이 진행하여 4월[巳月]이 되어도 역시 이 격格을 취할 수 있으니 火가 당령當令하나 아직 그 조(燥 : 마름)함이 심하지 않기 때문인데 이때에도 木은 반드시 득세得勢하고 통근通根해야 한다.

　　다음은 금백수청金白水淸격인데 7, 8월[申酉月]의 金 일주日主가 水을 만나면 이 격격에 합당한 것이며 그 묘함이 금金은 旺하고 수水를 생조[金旺水相]하는 데 있다.

　　또 수목청기水木淸奇격이란 2월[卯月]의 癸 일주日主가 乙과 卯를 만나면 최상으로 친다. 토금육수土金毓秀격은 8월[酉月] 己 일주日主가 辛과 酉를 만나는 것이 최상이다. 이것은 卯와 酉는 그 氣가 전일專一하고 맑기 때문이다. 단, 癸와 己 또한 반드시 득기得氣하고 통근通根해야 한다.

---

29) 木火通明 : 木과 火의 상호관계가 조화되어 있는 상태.
30) 金白水淸 : 金과 水의 상호관계가 좋은 상태로 상생의 관계에 있는 상태.
31) 水木淸奇 : 水와 木의 오행이 균형이 잡혀 있어서 길한 상태.
32) 土金毓秀 : 土와 金의 오행이 생하는 관계가 빼어나게 좋은 상태.

무릇 이들 사격四格에 해당하는 것은 모두 청귀淸貴하므로 상명上命이라고 할 수 있지만 그 희기喜忌를 논하는 이치는 격格에 따라서 상세히 살펴야 한다. 그러나 이러한 이치는 이들에게만 해당되는 것이 아니다. 대개 일주가 강왕强旺하면 剋하는 것보다는 설洩하는 것을 더욱 좋아하며 원국에 관살官殺과 식상食傷이 모두 보이고 그 세력이 비슷하여 힘으로 서로 대적할 만한 상황이면 상리(常理 : 당연한 이치)에 비추어 취단取斷하면 된다.

만약에 관살官殺이 식상에 비하여 가볍고 미약하다면 그 정情이 항상 식상食傷으로 향하게 되는 것이니 반드시 때를 얻어 득령得令할 필요는 없고 다만 투간透干하여 상象을 이루었으면 취용取用할 수 있다. 이렇게 되면 도리어 관살官殺이 병신(病神 : 忌神)이 되는 것이다.

술가術家들은 이러한 국면에서도 어떻게 해서든지 관살官殺로 용신用神을 삼으려고 집착하기 때문에 종종 빗나가고 마는 것이다. 이 또한 이른바 육신六神의 변화變化에 통通하는 것의 단서가 되는 것이니 몰라서는 안 되는 것이다.

25. 看比劫祿刃法

− 비겁녹인을 보는 법 −

【原文】

天干各有比劫, 地支惟戊己遇辰戌丑未爲比劫, 甲乙遇寅
卯, 丙丁遇巳午, 庚辛遇申酉, 壬癸遇亥子, 皆祿刃也. 蓋
本氣純粹爲祿, 本氣剛暴爲刃.〈本字原本作異, 疑有誤, 卽
如甲乙寅卯, 並非異氣也〉凡陰陽之祿刃, 交互取之, 乙丁
己辛癸之刃, 確在寅申巳亥, 向來但知祿前一位爲刃, 而不
知陽以前爲前, 陰以後爲前, 妄爲辰戌丑未爲陰刃, 試以陰
陽同生同死之法推之, 四者皆衰地, 何得有刃? 卽以陽生陰
死之法推之, 四者皆冠帶, 何以成刃, 又有謂陽有刃, 陰無
刃者, 旣非通理, 甚有訛陽爲羊, 謂如以刃刲羊者, 尤屬謬
談. 至於支有刃, 而干見刃, 謂之刃透, 往往以支無劫, 以
干劫當之. 然則支無祿, 可以干比當之耶? 總之比劫祿刃,
異情而同類, 皆助身之神, 特比純而刦駁, 祿和而刃暴耳.

比與劫, 主衰殺旺則用之, 身弱財多則用之. 刃則取以助干,
비여겁　주쇠살왕즉용지　신약재다즉용지　인즉취이조간
尤妙於合殺. 蓋刃殺皆剛暴之物, 相合則如猛將悍卒, 處置
우묘어합살　개인살개강포지물　상합즉여맹장한졸　처치
得宜, 爲我宜威奮武, 人命値之, 貴而有權. 祿則能扶日主,
득의　위아의위분무　인명치지　귀이유권　녹즉능부일주
亦能助諸貴神, 奮謂建祿離祖, 專祿傷妻, 間亦有驗. 然印
역능조제귀신　분위건록이조　전록상처　간역유험　연인
財得時得勢, 此一端未便爲害也.
재득시득세　차일단미편위해야

천간天干에는 각각 비견比肩과 겁재劫財가 있지만 지지地支에서는 오직 戊·己가 辰戌丑未를 만나야 비견比肩과 겁재劫財가 되는 것이다. 甲乙이 寅, 卯를 만날 때나 丙丁이 巳, 午를 만나거나 庚辛이 申, 酉를 만나거나 壬癸가 亥, 子를 만나면 모두 녹인祿刃이라고 한다. 대개 본기本氣가 순수한 것은 록祿이 되는데, 본기가 강포强暴하면 인刃이 된다.

　章註　〈(위 문장 '본기本氣'의) 본자本字가 원문原本에는 이자異字로 되어 있는데 잘못된 것이 아닌가 하는 의문이 든다. 예를 들면 '甲乙에 寅, 卯는 모두 이기異氣가 아니다'라고 되어 있다.〉

무릇 음양陰陽의 록祿과 인刃은 상호 교체하여 취해야 하는 것으로 乙丁己辛癸의 인刃은 寅申巳亥에 있는 것이 확실하다. 이전까지는 다만 록祿 앞에 있는 한 자리가 인刃이라고 알고 있었으나 양陽은 순행하므로 앞으로 나아가는 자리가 전前이 되지만 음陰은 역행하므로 뒤로 나아가는 자리가 전前이 되는 것임을 알지 못하고 辰戌丑未는 음간陰干의 인刃이 된다고 망발妄發을 하는 것이다.

시험 삼아 음양동생동사법陰陽同生同死法[33]을 적용해서 추론해 본다 해도 辰戌丑未는 모두 쇠지衰地가 되니 어떻게 인刃이 될 수 있는 자리라 하겠는가. 또 양생음사陽生陰死의 법으로 추론해 봐도 辰戌丑未는 모두 관대冠帶의 자리가 되니 어떻게 인刃이 될 수 있겠는가. 또 양陽에는 인刃이 있지만 음陰에는 인刃이 없다고 주장하는 자도 있으나 이치에 통하는 말이 아니다. 더욱 심하게는 양陽을 양羊이라고 와전시켜서 인刃의 칼날로 양羊을 찌르는 것과 같다고 하는 자도 있으니 더욱 잘못된 말을 하는 경우라 하겠다.

또 지지地支에 인刃이 있는데 천간天干에 또 인刃을 보면 이것을 인刃이 투출했다고 하고, 종종 지지地支에 겁재劫財가 없을 때 천간天干에 있는 겁재劫財로 대신할 수 있다고 하는데 그렇다면 지지에 록祿이 없을 때도 천간의 비견比肩으로 록祿을 대체할 수 있단 말인가.

총괄해 말하자면 비比·겁劫·록祿·인刃은 그 성정은 다르지만 같은 류類에 속하므로 모두 일주日主를 돕는 신神인 것이다. 다만 비견比肩은 그 성정이 순수하고 겁재劫財는 뒤섞여 잡스러우며 록祿은 온화하고 인刃은 사납다. 비견比肩과 겁재劫財는 일주가 衰하고 살殺이 旺할 때 사용하고, 또 신약身弱하고 재다財多할 때 사용한다.

그리고 인刃을 취용取用함은 일간을 돕자는 뜻인데 더욱 묘한 쓰임은 살殺을 합거合去시킴에 있다. 대체로 인刃과 살殺은 모두 힘세고 사나운 것들인데 서로 합을 시켜버리면 마치 사납고 거친 장수將帥와 병졸兵卒

---

33) 음양동생동사법(陰陽同生同死法) : 음양은 함께 생하고 함께 죽는다는 법칙.

을 적절히 다루어서 나를 위해 위엄을 떨치고 무술을 펼치게 하는 것과 같으니 명조命造에서 이들을 만나게 되면 귀貴와 권權을 아울러 갖게 될 것이다.

또 록祿은 능히 일주日主를 도울 뿐 아니라 여러 귀한 신神들을 돕는다. 옛글에서 이르기를 "건록建祿이면 조상이 떠나고 또 전록專祿이면 아내를 다치게 한다."라고 하였는데 때때로 증험이 있기도 하지만 인印과 재財가 득시得時, 득세得勢한 경우에는 꼭 그렇게 해롭게만 되는 것도 아니다.

26. 看拱夾法
간공협법

- 공협을 보는 법 -

【原文】

舊書取日時二干相同, 日時二支中間虛一位, 或祿或貴, 以
구 서 취 일 시 이 간 상 동 일 시 이 지 중 간 허 일 위 혹 록 혹 귀 이

二支拱夾之, 祿者, 日祿也, 貴者, 正官也, 二支拱夾, 則不
이 지 공 협 지 록 자 일 록 야 귀 자 정 관 야 이 지 공 협 즉 불

走失, 二干相同, 則無乖異. 然舍四柱干支, 止取虛位一字
주 실 이 간 상 동 즉 무 괴 이 연 사 사 주 간 지 지 취 허 위 일 자

爲格, 其理豈待爲確哉? 或局中需祿而無祿, 需官而無官,
위 격 기 리 기 대 위 확 재 혹 국 중 수 록 이 무 록 수 관 이 무 관

適値有此虛神, 則用之亦爲巧合. 然拱夾雖有二十餘日, 而
적 치 유 차 허 신 즉 용 지 역 위 교 합 연 공 협 수 유 이 십 여 일 이

合宜者不多, 除拱殺傷劫刃, 雖藏有財官印, 而虛神原屬殺
합 의 자 불 다 제 공 살 상 겁 인 수 장 유 재 관 인 이 허 신 원 속 살

傷劫者, 俱不用外. 如甲寅日甲子時, 拱夾貴丑字, 癸亥日
상 겁 자 구 불 용 외 여 갑 인 일 갑 자 시 공 협 귀 축 자 계 해 일

癸丑時, 拱夾祿子字, 癸酉日癸亥時, 拱夾貴戌字, 俱日干
계 축 시 공 협 록 자 자 계 유 일 계 해 시 공 협 귀 술 자 구 일 간

之旬空. 甲子日甲戌時, 乙亥日乙酉時, 壬子日壬寅時, 酉
지 순 공 갑 자 일 갑 술 시 을 해 일 을 유 시 임 자 일 임 인 시 유

戌寅先落旬空亡, 俱爲無用. 又如甲戌日甲子時, 僅拱亥
술 인 선 락 순 공 망 구 위 무 용 우 여 갑 술 일 갑 자 시 근 공 해

字長生, 亦無足取. 甲申日甲戌時, 拱夾酉字, 乙未日乙酉
자 장 생 역 무 족 취 갑 신 일 갑 술 시 공 협 유 자 을 미 일 을 유

時, 拱夾申者, 豈有舍顯露之日殺時殺, 不行處置, 而反用
시 공 협 신 자 기 유 사 현 로 지 일 살 시 살 불 행 처 치 이 반 용

虛拱之官者. 故拱夾止有八日可用: 戊辰日, 戊午時, 拱巳
祿; 癸丑日, 癸亥時, 拱子祿; 丁巳日, 丁未時, 己未日, 己
巳時, 俱供午祿; 庚寅日, 庚辰時, 拱卯財; 丁酉日, 丁未
時, 拱申財兼壬官; 癸丑日, 辛卯時, 拱寅財, 兼丙官, 辛巳
日, 辛卯時, 拱辰印, 兼乙財, 無正拱官者. 凡虛神忌塡實,
忌沖破, 拱夾虛神之二支, 亦忌沖, 行運亦然. 其他舊說諸
忌, 俱不必論, 又嘗推廣其義, 取日時拱夾, 再加年月拱來,
如戊辰戊午, 戊辰戊午, 四支中間俱供巳字, 癸丑癸亥, 癸
丑癸亥, 四支中間, 俱拱子字, 可名之曰四拱, 餘日倣此.
然凡遇拱夾, 終須辯論財官諸神, 勿因拱夾合法, 而遂取爲
格局, 斷其榮貴也. 又舊書有夾邱拱財格, 取癸酉日癸亥時,
拱夾戌中丁火爲財, 夫戌乃癸酉旬中之空亡, 何取空財, 亥
亦癸酉旬之空亡, 何能拱夾. 故附論 於此而削之.

옛 서적에서는 일간日干과 시간時干 두 천간天干이 서로 같고 일지日支
와 시지時支 두 지지地支 중간에 빈자리가 하나 있다고 하고, 이 자리가
록祿이거나 귀貴이면 일지日支, 시지時支 두 지지가 공협拱夾34)이라고 하

---

34) 공협(拱夾) : 글자 사이에 끼어 들어온다는 뜻으로 暗沖, 暗合과 더불어 대표적인 허자론(虛字論)의
하나.

였다. 이때 록祿은 일록日祿이며 귀貴는 정관正官이다.

이지二支가 공협拱挾하고 있으면 달아나거나 잃어버릴 수가 없으며 이간二干이 서로 같으면 그 사이에 어그러짐이나 이질적인 것이 있을 수 없기 때문이다. 그러나 사주四柱의 간지干支를 제쳐놓고 단지 빈자리의 한 글자를 취하여 격격으로 삼으니 그것을 어찌 확고한 이치라고 하겠는가.

혹은 원국原局에서 록祿이 필요한데 록이 없거나 관官이 필요한데 관이 없을 때 마침 이러한 허신虛神을 만나서 이를 취용取用한다면 또한 교묘하게 맞아 떨어진 경우라고 하겠다.

그러나 공협拱挾이 비록 20여 일이 있다고 해도 쓰기에 적합한 것은 많지가 않다. 왜냐하면 공협拱挾 중에서도 살상겁인殺傷劫刃을 공협拱挾한 것은 제외해야 하고 비록 재관인財官印을 간직하고 있다 해도 허신虛神이 원래 살상겁殺傷劫에 속하는 것이라면 외부적으로 쓰지 말아야 하기 때문이다.

예를 들면 甲寅日 甲子時라면 귀貴가 되는 丑 자字를 공협拱挾한 것이며 癸亥日 癸丑時라면 子 자字가 공협되고 癸酉日 癸亥時라면 귀貴가 되는 戌 자字를 공협한다.

이들은 모두 일간의 순공旬空이며 예를 들면 甲子日에 甲戌時, 乙亥日에 乙酉時, 壬子日에 壬寅時 등에서와 같이 酉戌寅이 먼저 순공망旬空亡에 떨어져서 모두 쓸모없게 되는 경우도 있다.

또 甲戌日에 甲子時와 같이 亥 자字를 공협拱挾하여 겨우 장생長生이 되는데 불과하여 역시 취함에 부족한 경우도 있다.

더구나 甲申日에 甲戌時는 酉 자字를 공협拱挾하고 乙未日에 乙酉時는 申 자字를 공협拱挾하니 어찌 뚜렷하게 드러난 일살(日殺 : 甲申日)과 시살(時殺 : 乙酉時)을 버려서 사용하지 않고 오히려 있지도 않은 관官을 공협拱挾해다 쓸 수 있단 말인가.

그러므로 공협拱挾으로 가용可用할 수 있는 날은 단지 8일에 불과하다 하겠다. 즉 戊辰日 戊午時에서 巳를 록祿으로 공협拱挾하고 癸丑日 癸亥時에서 子를 록祿으로 공협하며 丁巳日 丁未時와 己未日 己巳時에서 午를 록祿으로 공협하는 경우, 庚寅日 庚辰時에서 卯을 재財로 공협하는 경우, 丁酉日 丁未時에서 申을 재財로 공협하면서 申 중의 壬은 관官도 겸하는 경우, 辛丑日35) 辛卯時에서 寅을 재財로 공협하면서 寅 중의 丙火는 관官도 겸하는 경우, 辛巳日 辛卯時에서 辰을 인印으로 공협하면서 辰 중의 乙은 재財도 겸하는 경우 등의 8일을 말한다.

이들 중에서 관官을 정식으로 공협하는 경우는 없다. 대개 허신虛神은 전실塡實36)됨을 꺼리며, 충파沖波됨도 꺼리는데 허신을 공협한 양쪽의 지지地支 또한 沖을 꺼리고 행운行運에서도 역시 그러하다.

그 밖에 옛 서적들에서 말하는 꺼린다는 것들은 반드시 논해야 하는 것은 아니고 또 일찍이 그 뜻을 넓게 추론해보니 일시日時에서 취한 공협의 논리를 다시 연월年月에도 확대 적용한다는 것이다.

예를 들면 戊辰年 戊午月 戊辰日 戊午時의 경우엔 사지四支의 중간

---

35) 원문에 癸丑日로 되어 있으나 이치상 오기로 추정되므로 辛丑日으로 수정하였다.
36) 전실이란 비어있는 자리를 실제로 채워 넣는 것으로, 예컨대 辰과 午 사이에 巳의 자리가 허신의 자리이며 공협하여 巳를 모셔온 것인데 실제로 運에서 巳가 들어와 이 자리를 채우는 것을 말한다.

에 巳 자字를 공협하고 있고, 또 癸丑年 癸亥月 癸丑日 癸亥時라면 사지四支의 중간에 子 자字를 공협하고 있어서 가히 사공四拱이라고 부를 수 있을 것이다. 그 밖의 경우에도 이와 같다.

그러나 대체로 공협拱挾을 만나는 경우에도 끝까지 재관財官 등의 제신諸神을 분별하여 논해야 하며 공협에 맞는 법이라고 하여 마침내 그것으로 격국格局을 삼아서 부귀富貴와 영화榮華를 판단하면 아니 된다.

또 옛 서적에서 말하는 협구공재격夾邱拱財格[37]이란 것이 있는데 癸酉日 癸亥時에서 戌이 공협되면 그중에 丁火가 재財가 된다는 것이다. 그러나 戌은 癸酉 순旬 중에서 공망空亡이 되니 공망空亡이 된 재財를 어찌 취할 수 있겠는가. 그리고 亥 또한 癸酉 순旬 중에서 공망이 되니 어떻게 공협을 해올 수 있단 말인가.

그러므로 여기에 덧붙여서 공협은 맞지 않으므로 없애야 함을 논하는 것이다.

---

37) 협구공재격(夾邱拱財格) : 일지와 시지에서 財를 공협하여 이루어진 격.

27. 看雜氣墓庫法

− 잡기묘고를 보는 법 −

【原文】

舊書生辰戌丑未月爲雜氣格, 其說以天地不正之氣, 舊蓄於
四季墓庫之中, 故謂之雜. 夫十干之氣, 分布於十二支, 皆
正氣也, 何以布於辰戌丑未者, 獨爲不正? 若謂所蓄者雜,
則寅巳亦各藏三支, 何獨不雜? 況正氣必益於人, 雜而不正
之氣, 必損於人, 何取此損人之氣爲格耶? 且動稱墓庫, 取
必刑沖, 夫戊之在辰戌, 己之在丑未, 乃本氣用事, 非墓也.
乙辛之在辰戌, 癸丁之在丑未, 乃本方分正, 亦非墓也. 特
辰中之癸, 戌中之丁, 丑中之辛, 未中之乙, 乃誠墓耳. 故
生於四月, 如用辰戌中之戊, 丑未中之己, 猶之用餘八支中
之本氣. 如用辰戌中之乙辛, 丑未中之癸丁. 猶之用餘八支
中之所藏, 皆不待刑沖而後得力也. 惟用辰戌中之癸丁, 丑
未中之辛乙, 慮其閉藏, 當求其透出, 天干苟得透出, 亦不

待刑沖而後得力也, 不能透出, 乃講刑沖, 然墓神强旺, 遇
刑則動, 遇沖則發, 是爲開庫, 墓神衰弱, 遇刑則敗, 遇沖
則拔, 是爲剋倒. 又或日主. 或六神, 屬水火, 而生辰戌之
月, 屬金木, 而生丑未之月, 恐其入墓, 亦宜刑沖, 然須看
本神强弱, 强則欲脫墓而出, 固利疏通, 弱則須依墓以存,
深嫌破壞. 是亦有開庫剋倒之別歟, 要皆未可槪取刑沖也.
若土則本無墓庫, 愈不待言矣. 至於命理多變更, 有日主六
神, 過於發揚振動, 而用此季庫以歛之者, 則翕闢亦隨其宜
耳. 或曰, 向傳季支所藏, 皆爲庫中物, 今者之論, 無乃强
爲分別否? 余曰, 信如舊說, 是乙不特墓於未, 而又墓於辰,
辛不特墓於丑, 而又墓於戌, 癸不特墓於辰, 而又墓於丑,
丁不特墓於戌, 而又墓於未, 戊則墓於辰, 而又墓於戌, 己
則墓於丑, 又墓於未, 是則木火金水, 各增一墓, 而土竟有
四墓矣, 豈不大可怪乎? 是故生月遇辰戌丑未, 只照寅申巳
亥等支, 一例取用, 先以土論, 後及所藏, 其或用所藏之墓
神, 或爲日主六神之墓地, 則斟酌宜否刑沖可也.

옛글에서 말하기를 "辰戌丑未月에 태어나면 잡기격雜氣格이 된다."라고 했는데 그 설은 천지天地의 바르지 않은 氣는 사계四季의 묘고墓庫 중에 모여서 쌓여있다고 여겨서 잡雜하다고 부른 데서 나온 말이다.

무릇 10干의 氣가 12支에 분포되면 모두 정기正氣가 되는 것인데 어떻게 辰戌丑未에 분포된 것은 별도로 부정不正하다고 할 수 있는가.

만약 모여서 쌓여 있는 것을 잡雜이라고 부른다면 寅과 巳는 각각 3支를 내장하고 있는데도 어찌해서 잡雜이라고 하지 않는가. 하물며 정기正氣는 반드시 사람에게 이로운 것이고 잡雜하고 부정한 氣는 반드시 사람에게 손해를 끼치는 법인데 하필이면 사람에게 해를 끼치는 이것을 취하여 격격을 삼는단 말인가.

또 묘고墓庫가 동작하려면 반드시 형충刑沖을 시켜야 한다고 하는데, 대개 戊가 辰戌에 있고, 己가 丑未에 있는 것은 그 본기本氣를 용사用事하는 것이지 묘墓이기 때문이 아니다. 또 乙, 辛이 辰, 戌 중에 있고 癸, 丁이 丑, 未 중에 있는 것도 본래 방위方位의 오행五行에 속하는 것이지 역시 묘墓이기 때문이 아니다. 다만 辰 중의 癸水, 戌 중의 丁火, 丑 중의 辛金, 未 중의 乙木은 정말로 묘墓라고 할 수 있다.

그러므로 이 4개의 달[辰戌丑未月]에 태어나서, 예를 들어 辰戌 중의 戊를 용用하고 丑未 중의 己를 용用하는 것은 나머지 8개의 지지地支에서 그 본기本氣를 취하여 쓰는 것과 다름이 없고, 또 辰戌 중의 乙, 辛과 丑未中의 癸, 丁을 쓰는 것은 나머지 8개의 지지地支 중에서 그 소장된 지장간支藏干을 쓰는 것과 같아서 모두 형충刑沖을 기다린 이후에 힘을 얻는 것이 아니다.

그러나 辰, 戌 중의 癸, 丁과 丑, 未 중의 辛, 乙은 묘墓에 폐장(閉藏: 닫히고 숨김)되어 있는 것을 고려해야 하므로 마땅히 투출透出되기를 강구해야 되는 것이다. 하지만 만약 천간天干에 이들이 투출透出되어 있다면 이 경우 또한 형충刑冲을 기다린 이후에 힘을 얻는 것은 아니다. 그러나 투출할 수가 없는 상황이라면 바로 형충刑冲시킬 방도를 강구해야 한다.

이때 묘신墓神이 강왕强旺하면 형刑을 만나서 동動할 것이요, 冲을 만나면 발發할 것이니 이것이 개고開庫가 되는 것이다. 그러나 묘신墓神이 쇠약한 경우에는 형刑을 만나면 깨지는 것이요, 冲을 만나면 뽑히는 것이니 이것은 극도(剋倒: 극이 거꾸로 작용함)가 되는 것이다.

혹 일주日主나 육신六神이 水, 火에 속하는데 辰戌月에 태어나거나, 金, 木으로서 丑未月에 태어나면 입묘入墓되는 것이 두려우니 형충刑冲시키는 것이 마땅하다. 그러나 반드시 본신本神의 강약强弱을 살펴야 하니 강하면 묘墓에서 벗어나 나가려 하므로 진실로 소통을 이롭게 여기나, 본신本神이 약한 경우에는 반드시 묘墓에 의지하여 생존하여야 하니 묘墓가 파괴되는 것을 몹시 꺼리게 된다. 이것 또한 개고開庫와 극도剋倒의 차이가 있으니, 요컨대 형충刑冲의 이론을 개괄적으로 취할 것은 아닌 것이다. 또 土의 경우에는 본래 묘고墓庫가 없으므로 더욱 말할 것도 없는 것이다.

명리命理에는 변경이 많아서 일주日主나 육신六神 중에는 발양(發揚: 펼쳐 일어남)하고 진동振動함이 과하고 이 계고(季庫: 辰戌丑未)를 이용해서 수렴收斂해 두어야 할 것이 있는 경우에는 그 고庫를 열고 닫음이 마땅하다.

혹자가 이르기를 "예전에는 사계四季의 지지[辰戌丑未] 중에 소장되어 있는 것은 모두 고庫 속에 있는 물건과 같다 라고 했는데 지금 사람들은 억지로 분별할 필요가 없지 않느냐고 한다."라고 하니, 내 생각을 말하자면 진실로 옛 학설과 같다면 예컨대 乙은 未에서만 묘墓가 될 뿐만 아니라 辰에서도 묘墓가 되며, 辛은 丑에서만 묘墓가 될 뿐만 아니라 戌에서도 묘墓가 되고, 癸도 辰에서만 묘墓가 될 뿐만 아니라 丑에서도 묘墓가 될 것이고, 丁도 戌에서만 묘墓가 될 뿐만 아니라 未에서도 묘墓가 될 것이며, 戊은 辰에서 묘墓가 될 뿐만 아니라 戌에서도 묘墓가 되며, 己는 丑에서 묘墓가 될 뿐만 아니라 未에서도 묘墓가 되니 이렇게 되면 木火金水에 묘墓가 하나씩 더 늘어난 셈이 되고 土에도 4개의 묘墓가 있게 되는 것이니 어찌 크게 괴이하지 않은가.

그러므로 태어난 달이 辰戌丑未月에 해당되면 그냥 寅申巳亥의 예에 비추어서 취용取用하되, 먼저 土를 논하고 후에 소장所藏된 것으로 논하는데 혹시 그 소장된 묘신墓神을 취용하거나 또는 일주日主 육신六神의 묘지墓地가 되는 경우에는 그 마땅한지의 여부와 형충刑沖을 참작해야 옳을 것이다.

28. 看從局法

- 종격을 보는 법 -

【原文】

凡看日主無根, 滿柱皆官, 則當從官, 滿柱皆殺, 則當從殺,
범 간 일 주 무 근　만 주 개 관　즉 당 종 관　만 주 개 살　즉 당 종 살

滿柱皆財, 則當從財, 滿柱皆食, 則當從食, 滿柱皆傷. 則
만 주 개 재　즉 당 종 재　만 주 개 식　즉 당 종 식　만 주 개 상　즉

當從傷, 若滿柱皆印綬, 則無從理, 蓋皆生助日主, 旺甚無
당 종 상　약 만 주 개 인 수　즉 무 종 리　개 개 생 조 일 주　왕 심 무

依決矣. 凡從何神, 只要此神生旺則吉. 若從神受剋, 日主
의 결 의　범 종 하 신　지 요 차 신 생 왕 즉 길　약 종 신 수 극　일 주

逢根, 則凶. 其不同者, 從官從殺, 只喜生官生殺, 及官殺
봉 근　즉 흉　기 부 동 자　종 관 종 살　지 희 생 관 생 살　급 관 살

運. 從財從食傷, 固喜生財食傷, 及財食傷運, 卽財再生官
운　종 재 종 식 상　고 희 생 재 식 상　급 재 식 상 운　즉 재 재 생 관

殺, 食傷復生財, 皆可, 此其定理也. 然又須看日主情勢何
살　식 상 부 생 재　개 가　차 기 정 리 야　연 우 수 간 일 주 정 세 하

如, 所從之神, 意向安在, 而變通推測之, 無不驗矣. 或曰
여　소 종 지 신　의 향 안 재　이 변 통 추 측 지　무 불 험 의　혹 왈

舊但取從殺從財, 今復取從官從食從傷, 其理何出? 蓋不知
구 단 취 종 살 종 재　금 복 취 종 관 종 식 종 상　기 리 하 출　개 부 지

命理惟取生剋, 剋我之殺可從, 則剋我之官何不可從? 我剋
명 리 유 취 생 극　극 아 지 살 가 종　즉 극 아 지 관 하 불 가 종　아 극

之財可從, 則我生之食傷何不可從? 古今命如是者甚多, 術
지 재 가 종　즉 아 생 지 식 상 하 불 가 종　고 금 명 여 시 자 심 다　술

家未之遍考耳. 至於從局動云棄命, 豈有命而可棄者乎? 蓋
가 미 지 편 고 이　지 어 종 국 동 운 기 명　기 유 명 이 가 기 자 호　개

從神强甚, 譬之馬馳峻阪, 舟佈疾風, 非人力所及制, 若强
종신강심　비지마치준판　주포질풍　비인력소급제　약강
欲收頓, 必有顚墜覆溺之憂. 不若縱其所如, 而駕馭得宜,
욕수돈　필유전추복익지우　불약종기소여　이가어득의
則馬與舟仍爲我用耳. 此棄乃不棄也. 或曰, 不可强制信矣,
칙마여주잉위아용이　차기내불기야　혹왈　불가강제신의
行運生扶日主, 何以不可, 不知身在峻阪之上, 疾風之中,
행운생부일주　하이불가　부지신재준판지상　질풍지중
棄馬與舟而自求全, 豈不速敗乎?
기마여주이자구전　기불속패호

무릇 일주日主가 뿌리가 없고 사주四柱가 전부 관官으로 채워져 있으면 마땅히 종관從官해야 하고, 사주가 전부 칠살七殺로 이루어졌으면 마땅히 종살從殺해야 하며, 전부 재財로 되어 있으면 종재從財해야 하고, 전부 식신食神이면 종식從食해야 하며, 전부 상관傷官으로 되어 있으면 마땅히 종상從傷해야 한다. 만약 사주가 모두 인수印綬로 가득 차 있다면 종從하는 법이 없는데 그것은 모두가 일주를 생조生助하면 너무 旺해져서 의탁하여 해결할 데가 없게 되기 때문이다.

대개 어떤 신神을 종從한다고 할 때 그 신神이 생왕生旺하면 곧 吉한 것이고, 만일 종從하는 신神이 剋을 당하거나 일주가 뿌리를 만나게 되면 곧 凶한 것이다. 이 중에도 차이점이 있으니, 종관從官, 종살從殺은 단지 생관生官, 생살生殺과 관살官殺운으로 가는 것을 좋아할 뿐이지만, 또 종재從財, 종식從食, 종상從傷은 일차적으로 생재식상生財食傷을 좋아하고 재식상財食傷운도 좋아하는데 더불어 재財가 관살官殺을 生하고 식상食傷이 재財를 생하는 것도 가능하다. 이 모두 정해진 이치이다.

그러나 또 반드시 살펴야 할 것이 있으니 일주日主의 정세가 어떠한가 하는 것과 종從하는 신神의 의향이 어디에 있는지를 살펴서 변통과 추측을 한다면 그 증험이 없을 수 없다.

혹자는 "옛날에는 다만 종살從殺과 종재從財만을 취했었는데 이제는 다시 종관從官, 종식從食, 종상從傷까지 취하니 그 이론이 어디서 나왔는가"라고 하는데 이것은 대체로 명리命理란 오직 생극生剋의 이치를 취하는 것임을 모르는 탓이다.

즉 나를 剋하는 살殺에 종從할 수 있다면서 나를 剋하는 관官에는 어찌 종從할 수 없다고 하겠는가. 내가 剋하는 재財에게는 종從할 수 있는데 내가 生하는 식상食傷에게는 어찌 종從할 수 없는가. 옛날이나 지금이나 이와 같은 명命이 아주 많지만 술가術家들이 두루 고찰하지 않을 따름이다. 심지어는 종국從局이 되면 곧잘 기명棄命[38] 한다고 하는데 어찌 명命이란 것을 가히 버릴 수 있단 말인가.

대개 종從하는 신神이 몹시 강하면 비유컨대 말이 가파른 비탈길을 달리는 것이고 배가 질풍에 맞닥뜨린 것이어서 인력人力으로는 제압할 수 없는 것과 같다고 하겠다.

만약 억지로 멈추거나 수습하려고 한다면 반드시 전복되거나 추락하거나 익사하는 우환이 있을 것이지만 만약 그 가는 대로 맡겨두고 타고 조종함을 적절히 한다면 곧 말과 배가 그대로 나에게 쓸모가 있는 이치이니 이것이 바로 버리면서도 버리지 않는 것이다.

---

38) 기명(棄命) : 자기 원명(原命)을 버리고 다른 오행(五行)을 따라 종(從)함.

또 혹자는 "종신從神을 억지로 제압하는 것이 불가하다는 말은 믿을 수 있지만 행운行運에서 일주日主를 생부生扶하는 것이 불가不可하다는 말은 왜 그런가?"라고 묻는다. 이것은 자기 몸이 가파른 비탈길 위에 있고 사나운 바람 가운데 있음을 모르고 말과 배를 버리고 스스로 안전하기를 바라는 것과 같으니 어찌 빨리 패망敗亡하지 않겠는가.

29. 看化局法

― 화격을 보는 법 ―

【原文】

凡看命先看有無合化, 若日干或與月干相合, 或與時干相
合, 化作他神, 則生剋俱變矣. 化木以木論生剋, 化火以火
論生剋, 雖己合甲仍是土, 庚合乙仍是金, 然單己之土, 丁
壬兩見, 自以印財論, 合甲之土, 丁壬兩見, 卽以木論矣,
獨庚之金, 戊癸兩見, 自以印傷論, 合乙之庚, 戊癸兩見,
卽以火論矣. 凡化局之成否, 化神之喜忌, 皆詳合化賦中.
若舊書所載, 某局生某月則化, 不生某月則不化, 亦不盡然.
如云甲乙生辰月不化, 中有木氣也, 見戊字有損, 亦爲妬合
也. 乃又云, 甲己得戊辰時, 化土方眞, 旣取辰又取戊, 不
自相矛盾也. 若柱中辰戌丑未全見, 此反不能化, 蓋四支雖
皆土氣, 然互相沖擊, 不成化局矣. 要之化局看天干易, 看
地支難. 不特化神貴生旺, 忌死絶, 更須字字理會, 孰能助

化, 孰能破化, 孰助化而反伏破損, 孰損化而仍可調停. 至
於行運, 又須細看日主情勢, 化神意向, 而變通推測之. 總
不可粗心率略也. 更有柱中化局不眞, 而行運一路助化, 亦
能榮達, 但此運過後, 依然不利耳. 若世術於日干之外, 餘
干見甲己二字, 輒云化土, 可作土用, 見丁壬二字, 輒云化
木, 可作木用, 夫化局以日爲主, 合月時乃化, 卽合年亦不
在化例, 若餘干自相合, 亦以化氣取用, 則四柱五行, 俱無
一定, 不甚粉紜矣乎, 此雖通根得時, 必無化理, 勿因柱缺
某神, 勉强借湊也.

무릇 사주四柱를 볼 때는 우선 합화合化가 있는지 없는지를 살펴보아야 한다. 만약에 일간日干이 혹시 월간月干과 상합相合하던지 시간時干과 상합하여 다른 신神으로 化하게 되면 생극生剋도 모두 변變하게 된다. 化해서 木이 되면 木으로 생극生剋을 논하게 되며 化하여 火가 되면 火로 생극生剋을 논하게 된다.

그렇지만 己는 甲과 합해도 여전히 土가 되며 庚은 乙과 합해도 여전히 金이 된다. 그러나 己土가 혼자일 때는 丁과 壬을 보면 인印과 재財로 논하지만 己土가 甲과 합한 土로서 丁, 壬을 모두 보면 木으로 논해야 한다. 또 庚金이 혼자일 때 戊와 癸를 보면 인印과 상관傷官으로 논하지만 乙과 합한 庚으로서 戊, 癸를 모두 보면 곧 火로 논한다. 무릇 화국化局을 이루는가 아닌가, 또 화신化神의 희기喜忌에 관해서는 모두 뒤의 합화부合化賦에서 상세히 설명할 것이다.

옛 서적에 "어떤 국국은 어느 달에 태어나서 化가 되고 어느 달에 태어나지 못해서 化가 안 된다고 했는데 다 그런 것은 아니다. 예를 들어 甲, 乙이 辰月에 태어나면 불화不化한다고 하는데 가운데에 목기[木氣辰中乙木]가 있어 戊 자字가 손상을 입고 또 투합妬合이 되기 때문이다." 라고 실려 있다. 또 이르기를 甲, 己가 戊辰時를 얻으면 진짜로 土로 化하게 된다고 하는데 이미 辰을 취하고 또 戊를 취하면 스스로 상호 모순이 되지 않는가?

만약 사주四柱 중에 辰戌丑未가 모두 보이면 오히려 화토化土가 될 수 없게 되는데, 대체로 사지四支가 모두 토기土氣라 하나 서로 沖이 되어 타격을 가하기 때문에 화국化局을 이루지 못하는 것이다. 요컨대 화국化局에서는 천간天干을 보기는 쉬우나 지지地支를 보기는 지극히 어렵다.

화신化神은 생왕生旺함을 귀하게 여길 뿐 아니라 사절死絶됨을 꺼리고 또 모름지기 매 글자마다 그 의미를 알아야 되니, 즉 어느 것이 化를 돕는가, 어느 것이 化를 깨뜨리는가, 또 어느 것이 化를 도우면서 오히려 보이지 않는 곳에서 파손破損하고 있는가, 어느 것은 化를 손상損傷시키면서도 또 조정이 가능한가를 살펴야 된다. 게다가 행운行運에 이르러서도 또 일주日主의 정세를 자세히 살펴야 하고 화신化神의 의향을 알아서 변통하고 추측해야 하니 이 모두는 거친 마음과 가볍게 대충해서는 안 되는 것이다. 또 사주四柱에서의 화국化局이 진화국眞化局이 아니더라도 행운行運에서 한길로 화국化局을 도와주면 이 역시 영달할 수 있지만 이 운運이 가버린 후에는 지난 시절時節과 같이 불리한 세월이 될 것이다.

세상의 술사術士들은 일간日干 외에 나머지 천간天干에서도 甲, 己의 두 글자를 보면 곧바로 화토化土라고 하여 土로 용用할 수 있다고 하고, 丁과 壬의 두 글자를 보면 문득 화목化木이니 木으로 용用할 수 있다고 하는데 무릇 화국化局이란 것은 일주日主를 중심으로 하여 월간月干이나 시간時干과 합하여 化가 되는 것이고 연간年干과 합이 된다고 해서 화국化局의 예에 속한다고 볼 수 없는 것이다.

만약 나머지 천간天干끼리 스스로 상합相合하고 그 변화된 氣를 취용取用한다면 곧 사주四柱의 오행五行이 모두 일정치 않게 되어 그 무질서가 어찌 심하게 되지 않겠는가.

이러한 것(일주 외의 干끼리 상합한 것)들은 비록 통근通根하고 득시得時했다 하더라도 절대로 化할 리가 없는 것이니 사주四柱에 없는 신神을 무리하게 빌려올 필요는 없는 것이다.

30. 看一行得氣法

- 일행득기격을 보는 법 -

【原文】

命理率取五行, 然一行得氣, 自成局面, 亦可取用. 有占一
方秀氣者, 木日全寅卯辰, 爲曲直格; 火日全巳午未, 爲炎
上格; 金日全申酉戌, 爲從革格; 水日全亥子丑, 爲潤下格;
土日全辰戌丑未, 爲稼穡格, 土合四方爲方也. 有占一局秀
氣者, 木日全亥卯未, 亦爲曲直格; 火日全寅午戌, 亦爲炎
上格; 金日全巳酉丑, 亦爲從革格; 水日全申子辰, 亦爲潤
下格; 土日同前. 木火金水, 或方或局, 必三方俱全方取,
土則得二三亦可用. 凡入此格, 一則須通月氣, 得時令; 二
則須時上引至生旺, 勿引至死絶; 三則須柱中無剋無破. 但
蠢然頑木, 燥火, 剛金, 蕩水, 濁土, 亦不足取. 須帶食, 帶
財, 帶印, 有生動之機爲妙, 惟不喜見官殺耳, 行運亦如之,
然細推逆行順行, 未有不遇剋運者, 則看元格, 所帶何神,

如有理會, 有情致, 剋亦不畏. 若分某格畏剋, 某格不畏剋,
_{여유리회 유정치 극역불외   약분모격외극   모격불외극}
亦不盡驗也. 至於方局較論, 得方爲優, 蓋方專一氣, 格易
_{역부진험야 지어방국교론 득방위우 개방전일기 격이}
成而難破, 局兼他神, 格難成而易破耳.
_{성이난파 국겸타신 격난성이이파이}

  명리命理에서는 오행五行을 거느리고 취하는데 일행득기격一行得氣格에서는 스스로 자신의 氣로 국면局面을 이루는데 이 또한 취용取用이 가능하다.

  어느 한 방위方位의 빼어난 기운氣運을 차지하고 있는 경우가 있는데 木日이 寅卯辰을 전부 갖추고 있으면 곡직격曲直格이 되고, 火日이 巳午未를 전부 갖추고 있으면 염상격炎上格이 되고, 金日에 申酉戌이 전부 갖추고 있으면 종혁격從革格이 되고, 水日에 亥子丑을 갖추고 있으면 윤하격潤下格이 되며, 土日이 辰戌丑未를 전부 갖추고 있으면 가색격稼穡格이 되는데 土는 4방위四方位를 합한 방위方位가 되는 것이다.

  또 하나의 국국局이 빼어난 기운을 차지하고 있는 것도 있으니 木日이 亥卯未 木局을 전부 갖추고 있는 경우에 또 곡직격曲直格이 되고, 火日에 寅午戌이 전부 갖추고 있으면 또한 염상격炎上格이 되며 金日이 巳酉丑을 전부 갖추고 있으면 또한 종혁격從革格이 되고, 水日에 申子辰이 전부 갖추고 있으면 역시 윤하격潤下格이 되며 土日은 앞에서와 같다.

  木火金水日에서는 방방方이든 국국局이든 반드시 3방方이 모두 갖추어져야 취할 수 있지만 土日에서는 (辰戌丑未 중) 2~3개만 갖추어도 취용取用

할 수 있다. 대개 이 격격格에 들면 첫째로 반드시 월령月令의 氣에 통근通根하여 시령時令을 얻어야 하고 둘째로 반드시 시상時上에 이르러서 생왕生旺 해야지 사절死絶되어서는 안 되며 셋째로 반드시 사주四柱 내에 극파剋破가 없어야 한다.

단지 고분고분하지 않고 완고한 木이나 조열燥熱한 火나 강인强靭한 金과 범람汎濫하여 제어할 수 없는 水와 탁濁한 土인 경우에도 역시 취取하기에 부족한 경우이니 반드시 식신食神이나 재財, 혹은 인印과 같이 있어서 생동生動하는 기운氣運이 있어야 묘妙해지는 것이며 오직 관살官殺을 보는 것은 좋아하지 않을 뿐이다.

행운行運에서도 이와 같지만 역행逆行과 순행順行을 자세히 살펴야 한다. 剋하는 운運을 만나지 않는 경우가 있으니 원격原格을 보아서 같이 있는 신神이 무엇인지를 보고 이치에 맞게 구성되어 있거나 유정有情하면 또한 剋을 두려워하지 않는다.

만약 어떤 격격은 剋을 두려워하고 어떤 격은 두려워하지 않는다고 나눈다면 징험徵驗을 다할 수 없을 것이다.

방方과 국局을 비교하여 논하자면 방합方合을 얻는 것이 우월하다. 대개 방方은 순수한 일기一氣로 이루어져서 격격을 이루기는 쉬우나 깨뜨리기는 어렵다. 국局은 다른 신神과 함께 구성되므로 격격을 이루기는 어렵고 깨지기는 쉬울 따름이다.

31. 看兩神成象法

― 양신성상격을 보는 법 ―

【原文】

兩神成象格, 如雙飛蝴蝶, 兩干不雜, 俱不同. 雙飛二格等,
_{양신성상격 여쌍비호접 양간부잡 구부동 쌍비이격등}

所得五行, 或三或四, 無一定之理, 故不足憑. 兩神成象者,
_{소득오행 혹삼혹사 무일정지리 고부족빙 양신성상자}

八字五行之二, 而又均停, 如相生, 則金水各半, 不遇火土
_{팔자오행지이 이우균정 여상생 즉금수각반 불우화토}

混之; 木火各半, 不遇金水混之. 相剋, 則金木各半, 不遇
_{혼지 목화각반 불우금수혼지 상극 즉금목각반 불우}

火混之; 火金各半, 不遇水混之. 只是兩神淸徹, 所以可取.
_{화혼지 화금각반 불우수혼지 지시양신청철 소이가취}

若一字不均停, 卽偏於一, 而不入格. 此等四柱不少, 須詳
_{약일자불균정 즉편어일 이불입격 차등사주불소 수상}

審無偏無混方取, 又須有情理, 無刑沖, 行運一路淸徹爲妙.
_{심무편무혼방취 우수유정리 무형충 행운일로청철위묘}

勿見柱止兩神, 遽稱上格也.
_{물견주지양신 거칭상격야}

양신성상격兩神成象格은 쌍비호접격雙飛蝴蝶格 혹은 양간부잡격兩干不雜格과 같은 것이 아니다. 쌍비 2격(쌍비호접격, 양간부잡격)은 얻은 오행五

行이 셋이거나 넷으로 되어 있어 일정한 이치가 없기 때문에 신빙성이 부족하다. 양신성상격은 팔자八字의 오행五行이 두 가지로 되어 있고 또 서로 균형을 이룬 상태에 있다.

만약 그 둘이 서로 상생相生관계라면, 예컨대 金과 水가 각 반반이며 火土가 섞여 있지 않고, 木과 火가 각각 반씩으로 金水의 혼잡을 만나지 않는 것을 말하고, 또 서로 상극相剋관계로 되어 있다면 예컨대 金과 木이 각기 반씩으로 火가 섞여들지 말아야 하고, 火와 金이 각 반반이라면 水의 섞임을 만나지 않는 것을 말한다.

단지 양신兩神만이 맑고 깨끗해야 가히 취取할 수 있는 것인데 만약 한 글자라도 균형均衡을 이루지 못하고 한 쪽으로 치우치게 되면 이 격格에 들지 못하게 되는 것이다.

이와 같은 사주四柱가 적지 않으니 반드시 자세히 살펴서 한쪽으로 기울지 않았는지 또 다른 것이 섞여서 혼잡混雜되지는 않았는지를 보고 나서야 비로소 취할 수 있는 것이다. 또 반드시 정리情理는 있어야 하고 형충刑沖은 없어야 하며 행운行運이 한결같이 맑고 깨끗해야 묘妙함을 이루게 되는 것이니 사주가 양신兩神으로 구성되어 있는 것만 보고 성급하게 상격上格이라고 칭해서는 아니 될 것이다.

32. 看暗冲法 一

- 암충을 보는 법 1 -

【原文】

凡局中原無官星, 又無他秀氣可取, 始以日支相同多者, 暗冲對宮之官, 其力與本局官星無異, 倘止二支相同, 則力薄而不能冲, 必須三支或四支方妙. 法取丙午日, 午多冲子爲官; 丁巳日, 巳多冲亥爲官, 生於夏月, 其力尤大. 又取庚子壬子二日, 子多冲午中丁己爲官, 辛亥癸亥二日, 亥多冲巳中丙戊爲官, 生於冬月, 其勢更雄. 若冲子午而局有子午, 或干透癸丁己, 冲巳亥而局有巳亥, 或干透丙戊壬, 皆爲破格, 行運亦然. 更須生助其官, 勿値七殺相混, 傷官相破, 此爲緊要. 其舊說諸喜忌, 不必太拘, 若飛天倒冲之名, 既無其義, 且費解說, 故不用之. 或曰, 凡支神同類者多, 俱可冲官, 何獨取此六日? 不知六日所冲官星的確, 內有兼冲財印者, 絶無兼冲殺傷梟劫者, 故足貴耳. 且先以日支爲主,

故甲日卯多, 亦可沖酉, 乙日寅多, 亦可沖申, 綠不是日支,
고 갑 일 묘 다　역 가 충 유　을 일 인 다　역 가 충 신　녹 불 시 일 지
皆不取用也.
개 불 취 용 야

　무릇 원국原局 안에 관성官星이 원래부터 없고 또 다른 빼어난 氣도 취할 만한 것이 없으며 일지日支와 같은 지지가 많으면, 암충暗沖하여 대응하는 궁의 관官을 가져오는데 그 힘이 원국原局에 본래 있는 관官과 다를 바 없는 것이다. 그렇지만 그 서로 같은 것이 이지二支에 불과하면 그 힘이 약해서 암충暗沖을 할 수 없는 것이니 반드시 삼지三支나 사지四支는 되어야 비로소 묘妙한 것이다.

　취하는 방법은 丙午日에서 午가 많으면 子를 암충暗沖하여 丙의 관官으로 삼는다. 또 丁巳 일주日主가 巳가 많은 경우에 亥를 암충暗沖하여 관官으로 삼는데 이때 여름에 태어났다면 그 힘이 더욱 클 것이다. 또 庚子日과 壬子日에서 子가 많아서 午를 암충暗沖하여 午 중에 있는 丁과 己를 庚과 壬의 관官으로 삼는다. 辛亥와 癸亥의 이일二日에서 亥가 많아서 巳를 암충暗沖하여 巳 중에 소장된 丙, 戊를 관官으로 삼는데 겨울에 태어나면 그 세력이 더욱 커질 것이다.

　그런데 만약 子午沖 하는데 원국原局에 이미 子나 午가 있는 경우거나 천간天干에 癸, 丁, 己가 투출해 있거나 巳亥沖 하는데 원국에 이미 巳, 亥가 있거나 혹은 천간에 丙, 戊, 壬이 투간透干해 있으면 모두 파격破格이 된다.

　행운行運에서도 역시 마찬가지이니 모름지기 그 관官을 생조生助해야

하고 칠살七殺과 서로 혼잡되거나 상관傷官에 의해서 관官이 상상하면 아니 되는데 이것이 참으로 중요한 점이다.

그리고 옛날 학설들 중에 여러 가지로 희기喜忌를 말한 것이 있는데 크게 구애받을 필요는 없다. 비천飛天[39]과 도충격倒沖格[40]의 이름은 이미 그 의미가 없어진 것으로 장차 해체될 쓸데없는 학설이므로 사용하지 않는다.

혹자가 말하기를 "대개 지지地支에 같은 신神이 많이 있으면 모두 관官을 암충暗沖할 텐데 어찌 이 육일六日만 한정해서 취取하는가" 라고 하니, 그것은 이 육일六日이 암충暗沖하는 관성官星이 정확하고, 안으로 재財와 인印을 동시에 沖해 오지만, 절대로 칠살七殺, 상관傷官, 효인梟印과 겁재劫財는 동시에 沖하지 않는다는 것을 모르기 때문이다. 그러므로 족히 귀貴하다고 할 수 있다.

또 일지日支를 위주로 하는 것이 가장 우선이 되므로 甲日에 卯가 많아서 酉를 암충暗沖할 수 있고, 乙日에 寅이 많아서 역시 申을 암충暗沖할 수 있을 것 같지만, 녹祿은 일지日支에 기준을 둔 것이 아니므로 모두 취용取用하지 않는 것이다.

---

39) 비천녹마격 : 암충격의 일종으로 사주에 녹마(祿馬), 즉 官財가 없는 경우 암충이 가능하면 불러와 쓰는 오랜 변격의 하나.

40) 도충격 : 넘어질 도(倒)자를 써서 같은 오행이 여러 개 있는 경우 반대편에 있는 沖하는 글자를 가져온다는 뜻으로 암충격의 다른 명칭.

33. 看暗冲法 二

- 암충을 보는 법 2 -

【原文】

舊有井欄叉格. 蓋取庚日逢申子辰全, 柱中原無官星, 用申子辰, 暗沖寅午戌, 則財官印俱備, 得三庚尤妙, 此與暗沖格相似, 不爲無理. 但命名不經, 遂開鄙謬之論. 孰爲井田, 孰爲欄, 孰爲叉? 種種取駁, 故去其舊名, 而附之暗沖, 舊說生子月是傷官, 生申時是歸祿, 皆不取, 然則生申月爲建祿, 亦不應取, 夫以水沖火, 利在寒肅之令, 其沖有力, 若水神無氣之月, 何足貴乎? 故此格生秋冬爲美, 不必拘定時月, 但柱中無丙丁己, 及寅午戌字, 卽爲入格, 有之卽爲破格. 若干透戊己, 則能損水局, 透壬癸, 則引作傷官, 格亦不眞. 故舊取三庚, 蓋以其純而不雜耳, 行運亦不可拘其方, 只以原局斟酌之, 喜忌自見矣.

예전에 정란차격井欄叉格41)이라고 있었는데 그것은 庚 일주日主가 申子辰을 전부 만나고 사주四柱 중에 원래부터 관성官星이 없는 경우에 申子辰을 사용하여 寅午戌을 암충暗沖하면 곧 재관인財官印을 구비하게 되고 여기에 三庚을 얻으면 더욱 묘妙한 것이라고 하였다. 이것은 암충격과 유사하여 전혀 이치가 없는 것은 아니다.

다만 이 격격의 명칭을 정함에 경전經典 등에 근거함이 없이 마침내 천박하고 오류에 빠진 이론을 전개하기에 이른 것이다. 무엇이 정전井田이고 무엇이 란欄이며 무엇이 차叉인가? 여러 가지로 섞여서 순수하지 못하게 되었으니 그 옛 이름[井欄叉]을 버리고 암충법暗沖法에 합친다.

옛 학설에서 이르기를 庚日이 子月에 生하면 상관傷官이고 申時에 生하면 귀록歸祿인데 모두 취取하지 않는다고 했다. 그러한즉 申月에 生하면 건록建祿이 되는데 또한 취하지 않음이 마땅하나 대개 水로써 火를 암충暗沖해오는 것은 그 이로움이 추운 계절에 있기 때문에 (따뜻한 기운을 불러와) 沖이 유력한 것인데 만약 水의 기운이 무력한 계절이라면 어찌 귀貴하다고 할 것이 있겠는가.

그러므로 이 격격은 가을, 겨울생이어야 아름답다고 할 것이지만 반드시 고정된 時나 月에 구속받을 필요는 없다. 다만 사주四柱 중에 丙, 丁, 己나 寅, 午, 戌이 없어야 격격에 드는 것이고 이들이 있으면 파격破格이 되는 것이다. 만약 천간天干에 戊, 己가 투출되어 있으면 능히 수

---

41) 정란차격(井欄叉格) : 정란은 고대 공성전에 등장하는 망루모양의 바퀴가 달린 차로써 정란을 성에 가깝게 이동시키고 병사들이 정란상부의 망루 속에서 궁도를 쓰게 하기 위한 것인데 그 망루가 우물의 난간과 닮아서 정란이라 한다. 叉는 삼지창과 같은 무기로써 申子辰 삼합에서 3개의 지지가 모였음을 이르는 표현.

국水局을 손상시킬 수 있고 또 壬, 癸가 투출하면 곧 상관傷官의 작용을 하게 되니 (암충된 官을 상하게 하니) 진격眞格이 되지 못한다. 그러므로 예전에 三庚을 취한 의미는 그것이 순수純粹하고 잡雜되지 않아야 하기 때문이다. 또 행운行運에서도 그런 것에 너무 구애받을 것 없으니 다만 원국原局으로만 보아도 희기喜忌가 스스로 드러날 것이다.

34. 看暗合法
간암합법

- 암합을 보는 법 -

【原文】

支神六合, 其氣相關, 局無官星, 則以日支相同多者, 暗激
지신육합 기기상관 국무관성 즉이목지상동다자 암격

合宮之官. 其力稍遜於暗沖, 然合之精當者, 亦可取用, 法
합궁지관 기력초손어암충 연합지정당자 역가취용 법

取甲辰日, 辰多暗合酉中辛金爲官. 戊戌日, 戌多暗合卯中
취갑진일 진다암합유중신금위관 무술일 술다암합묘중

之乙木爲官. 癸卯日, 卯多暗合戌中戊土爲官. 癸酉日, 酉
지을목위관 계묘일 묘다암합술중무토위관 계유일 유

多暗合辰中戊土爲官. 必須三四支相同, 其合方眞. 甲辰癸
다암합진중무토위관 필수 삼사지상동 기합방진 갑진계

卯日, 喜生春令, 戊戌癸酉日, 喜生秋冬, 其合有力. 亦忌
묘일 희생춘령 무술계유일 희생추동 기합유력 역기

塡實沖破. 餘日或入他格, 或不合法, 俱不取. 或曰, 凡舊
전실충파 여일혹입타격 혹불합법 구불취 혹왈 범구

格遙合, 合祿, 刑合, 皆不用, 何以復立暗合之格? 不知遙
격요합 합록 형합 개불용 하이복입암합지격 부지요

合諸格, 皆迂廻附會, 理不自然. 暗合則以此支合彼支, 直
합제격 개우회부회 이부자연 암합즉이차지합피지 직

接的當, 豈可論乎?
접적당 기가론호

지지地支의 육합六合은 그 氣가 서로 연관되어 있으므로 원국原局에 관성官星이 없고 日支와 같은 지지가 여럿 있으면 그와 합궁合宮이 되는 관官을 암합暗合으로 격동시키는데 그 힘이 암충暗沖한 관官보다는 좀 못하지만 合의 이치에 정확히 맞는 것은 또한 가히 취용取用할 수 있는 것이다.

그 취하는 법은 甲辰日에 辰이 많으면 酉를 암합暗合하여 酉 중 辛金으로 관官을 삼고 戊戌日에 戌이 많으면 卯를 암합暗合하여 卯 중 乙木으로 관官을 삼고 癸卯日에서 卯가 많으면 戌을 암합暗合하여 戌 중 戊土로 관官을 삼으며 癸酉日에 酉가 많으면 辰을 암합暗合하여 辰 중 戊土로 관官을 삼는데 반드시 지지地支 중에 서로 같은 것이 3, 4개는 있어야 진짜 암합暗合이 되는 것이다.

甲辰日과 癸卯日은 봄에 태어남을 좋아하고 戊戌日과 癸酉日은 가을, 겨울에 태어나서 그 합이 강력해지는 것을 좋아한다. 또 전실塡實되거나 충파沖破되는 것도 싫어한다. 그 밖의 日들이나 다른 격格에 해당하거나 이 법칙에 맞지 않는 것은 모두 취하지 않는다.

혹자는 말하기를 무릇 예전에 쓰던 격格들 중에서 요합遙合, 합록合祿, 형합刑合 등은 모두 쓰지 않으면서 어찌하여 암합暗合만큼은 다시 사용하느냐고 하는데 이는 요합遙合 등 제격諸格이 모두 우회적이고 억지로 끌어다 붙이고 한 것이라 이치가 부자연스럽지만 암합暗合만큼은 이 지지地支와 저 지지地支가 합하여 바로 접접接하니 마땅한 것으로 어찌 그렇게 논할 수 있겠는가.

35. 看六親法 一

- 육친을 보는 법 1 -

【原文】

舊取正印生我爲母, 偏財尅正印爲父, 我所尅之財爲妻, 財
所生之官殺爲子. 命家奉爲定法, 實則悖戾多端, 請一一論
之. 人由父母共生, 止以正印屬母, 豈母獨能生耶? 其悖戾
一也. 偏財固正印之配, 然財乃我之所尅, 安能生我? 其悖
戾二也. 夫有制妻之道, 子無制父之理, 偏財係我所尅, 是
爲以子制父, 其悖戾三也. 財爲妻妾, 又可爲父, 是翁與婦
共矣, 其悖戾四也. 子亦夫妻共有, 至取財生官殺, 將妻能
獨生耶, 其悖戾五也. 官殺尅我之神, 豈肯爲我之子, 其悖
戾六也. 爲人子則制父, 爲人父又爲制於子, 可謂聚逆矣,
其悖戾七也. 父之於母, 旣以尅取, 兒之於婦, 亦應以尅推,
官殺所尅者卽日主, 是又婦與翁共矣, 其悖戾八也. 爲日之
父者, 則爲日生者之祖, 爲日之子者, 則爲生日者之孫, 偏

財實生官殺, 是孫從祖生? 其悖戾九也. 考其憑據, 不過曰 有夫婦然後有父子耳, 若依夫婦父子之例, 輾轉推之, 三黨 男女, 錯綜無極, 其悖戾十也. 今定男以印爲父母, 食神傷 官爲子, 我剋之財爲妻, 女以印爲父母翁姑, 食神傷官爲 子, 剋我之官殺爲夫. 印不論偏正, 但不遭冲剋, 則父母俱 全, 扶抑合宜, 則父母雙壽, 更帶貴氣, 則父母榮顯. 食神 傷官不遭冲剋, 則有子, 扶抑合宜, 則多子, 更帶貴氣, 則 有貴子. 財不遭劫奪, 官殺不遭冲剋, 則夫妻偕老, 扶抑合 宜, 則夫妻賢淑, 更帶貴氣, 則夫顯妻榮. 反是則父母或不 全, 或不貴, 子或無或少, 或有而不肖, 夫妻或剋, 或不賢 不顯, 此亦得其大略耳. 人命常有無印而父母貴壽者矣, 無 食神傷官, 而子息繁昌者矣, 無財官殺而夫妻安榮者矣. 但 就日主及全局觀之, 知其有無根氣, 則知其父母, 知其有無 生氣, 則知其子息, 知其有無和氣, 則知其夫妻. 卽顯露財 印官殺食傷, 亦須以此意消息之. 總之中和完好者, 家門必 多福慶, 偏枯缺陷者, 骨肉不免刑傷, 此自然之理也, 若兄 弟但看同類干支氣勢何如, 粹美者或多或貴, 虧損者或寡或 賤, 相洽者得力, 偏駁者相乖, 如無同類干支, 卽看日主氣

勢何如, 或生扶有情, 或孤干無輔, 可以知其兄弟矣.
세 하 여　혹생부유정　혹고간무보　가 이 지 기 형 제 의

예로부터 정인正印은 나를 生하니 모母가 되고, 편재偏財는 정인正印을 剋하니 부父가 되고, 내가 剋하는 재財는 처妻가 되고, 재財가 生하는 관살官殺은 자子가 된다고 하였다. 이를 명리命理하는 사람들은 불변의 법칙으로 떠받들고 있지만 실은 이치에 어긋나는 점이 많으니 그것을 하나하나 논의해 볼 것을 청하는 바이다. 그것을 하나하나 논해 보면,

사람은 부모 두 분으로 말미암아 태어나거늘 정인正印만으로 모母라고 하니 어찌 어머니 혼자 나를 낳을 수 있겠는가 하는 것이 그 이치에 어긋나는 첫 번째이다.

편재偏財는 본래 정인正印의 배우자라고 하는데 그러나 편재偏財는 곧 내가 剋하는 자이니 (내가 극하는 자, 즉 아비가) 어찌 나를 낳겠는가 하는 것이 그 이치에 어긋나는 두 번째이다.

무릇 처妻를 제制하는 법은 있어도 자식子息이 아버지를 제制하는 이치는 없는 법인데 편재偏財는 내가 剋하는 것이고 이는 자식으로서 아비를 제制하는 셈이 되니 이치에 어긋나는 세 번째이다.

또 재財는 처첩妻妾이 되는데 또 부父도 된다. 이것은 시아버지와 며느리가 같다는 말이 되니 이치에 어긋나는 네 번째이다.

자식 또한 부부가 공동으로 생육生育하는 것인데 재생관살론財生官殺論을 취하게 되면 처妻만 혼자서 자식을 낳게 되는 셈이니 이 또한 이

치에 어긋나는 다섯 번째이다.

또 관살官殺은 나를 剋하는 신神인데 어찌 기꺼이 나의 자식이 되겠는가. 이것이 이치에 어긋나는 여섯 번째이다.

이것은 또 사람의 자식이 된다는 것은 아비를 제制하는 것이 되고 사람의 부父가 된다는 것은 자식으로부터 제制를 당하는 것이 되니 모두 인륜을 거스르는 것이 되니 이치에 어긋나는 일곱 번째이다.

부父가 모母를 剋하는 이치를 취했고 자식과 며느리와의 관계 역시 자식이 며느리를 극하는 이치로 추론해야 하며 관살官殺이 극하는 것은 일주日主이니 이로써 보면 며느리와 시아버지가 모두 일주에 해당하여 같게 된다. 이것이 그 이치에 어긋나는 여덟 번째이다.

일주日主의 부父는 곧 일주가 낳은 자식의 할아버지가 되고, 일주의 자子는 일주를 낳은 사람의 손자가 된다. 편재偏財는 실제로 관살官殺을 生하는데 이는 손자가 할아버지로부터 태어난 셈이 되어 이치에 어긋나는 아홉 번째이다.

친관계를 결정하는 근거를 고찰해 보면 부부夫婦가 있은 다음에 부자父子가 있다고 하는 것에 불과하다. 그러나 만약 부부·부자 관계의 예에 의거하여 이리저리 추론해 나가다 보면 3대代의 남녀의 관계가 잘못 얽키고 설킴이 끝이 없게 된다. 이것이 이치에 어긋나는 열 번째이다.

이제 정리하여 바로 잡으면 남자는 인印으로 부모父母를 삼고, 식신食神 상관傷官으로 자식子息을 삼으며, 내가 剋하는 재財는 처妻로 삼아야 한다. 여자는 인印으로 부모와 시부모로 삼고, 식신食神 상관傷官은 자식으로 하고, 나를 剋하는 관살官殺로 남편을 삼아야 한다.

인印은 정인正印, 편인偏印을 논하지 않고, 다만 인印이 충극沖剋을 만나지 않으면 곧 부모가 모두 계시고, 도와주고 억누르는 것이 적절히 되어 있으면 부모父母가 모두 수壽를 누릴 것이며 그 위에 귀貴한 기운까지 갖추고 있으면 부모가 영달하실 것이다.

식신食神, 상관傷官이 충극沖剋을 만나지 않으면 곧 자식이 있는 것이고 도와주고 억누르는 것이 적절히 되어 있으면 자식이 많을 것이며 더욱이 귀貴한 기운氣運을 띠고 있으면 귀한 자식을 두게 될 것이다.

또 재財가 겁탈劫奪을 만나지 않고 관살官殺이 충극沖剋을 만나지 않으면 부부夫婦 해로하며 그 도와주고 억누르는 것이 적절히 되어 있으면 부부가 현숙하고 그 위에 귀한 기운을 갖추고 있으면 남편은 출세하고 부인은 영화로운 것이다.

이와 반대가 되면 부모父母 양친兩親 모두 계시기는 힘들 것이며 또는 부모의 신분身分이 귀하지 않을지도 모르며 자식은 없거나 극히 적을 것이고 혹은 있어도 변변치 못할 것이며 부부가 서로 싸우거나 혹은 현숙치 않거나 출세하지 못할 것이다. 이것은 육친六親을 보는 그 대략일 뿐이다.

인명人命에는 인印이 없는데도 부모가 부귀富貴하고 장수長壽하는 경우가 자주 있다. 또 식신食神 상관傷官이 없음에도 자식이 번창하는 경우도 있으며 재財와 관살官殺이 없으면서도 부부가 안락하고 번영하는 사람도 있다. 이러한 경우에는 일주日主와 사주 전체를 보아서 日主의 뿌리 기운의 유무有無를 알면 부모에 관해 알고 일주日主의 생기生氣 유무有無를 보면 그 자식을 알게 되며 또 화기和氣의 유무를 알게 되면 그 부부에 관해서도 알게 될 것이다. 이는 곧 재財, 인印, 관官, 살殺, 식食, 상傷이 뚜렷이 드러나 있어도 이러한 방식으로 그 내용을 알아야 하는 것이다.

총괄해 말하자면 사주四柱가 중화中和되어 완전하게 좋은 사람은 가문이 반드시 다복하고 경사가 많은 것이요, 편고偏枯되거나 결함缺陷이 있으면 골육骨肉이 형상刑傷을 면치 못할 것이니 이는 자연적인 이치라 하겠다.

형제兄弟에 대해서 볼 때는 동류同類의 간지干支[비겁]의 기세가 어떠한가를 살펴서 순수하고 아름다우면 형제가 많거나 부귀하게 되고, 이지러지거나 손상損傷되어 있으면 형제가 적거나 미천한 것이다. 또 동류同類의 간지干支가 서로 합하면 힘을 얻고, 치우쳐서 다투는 형국이면 서로 융합融合치 못한다. 만약 동류同類의 간지干支가 없을 때는 일주日主를 보고 그 기세氣勢를 살피는데, 일주가 생부生扶를 받아서 유정有情한지 혹은 고립되어 아무 도움도 받지 못하는 상황인지를 보면 가히 그 형제에 관해서 알 수 있다 하겠다.

36. 看六親法 二

− 육친을 보는 법 2 −

【原文】

看六親之法, 舊又以年爲祖上, 月爲父母, 日支爲妻, 時爲
子息, 同類爲兄弟, 此立法之有理者. 如吉神居年, 則祖上
顯榮, 亦主受祖上之蔭; 凶神居年, 則祖上寒薄, 亦主不受
祖上之蔭. 如吉神居月, 則父母貴盛, 主受父母之蔭; 凶神
居月, 則父母衰殘, 亦主不受父母之蔭. 如吉神居日支, 則
妻室偕老, 主受妻室之力; 凶神居日支, 則妻室喪亡, 主不
得妻室之力. 如吉神居時, 則子息繁衍, 主得子息之力; 凶
神居時, 則子息凋零, 主不得子息之力. 若兄弟則無定位,
但看同類爲吉神, 則兄弟繁昌, 主得兄弟之力; 同類爲凶神,
則兄弟衰寡, 亦主不得兄弟之力. 此法雖難盡拘, 然大概不
遠, 與前法參看可也. 若舊書更有以月爲兄弟者, 夫月尊於
日, 兄弟安能當之? 柱無兄弟位, 猶之干無妻位, 豈可强乎?

육친六親을 보는 법에 대해서 예로부터 또 年을 조상祖上이라고 하고 月은 부모父母가 되고 일지日支는 처妻가 되고 時는 자식子息이 되고 일주日主와 동류同類가 되는 것은 형제兄弟라고 했는데 이것은 이치에 맞는 것을 법칙화한 것이다.

예를 들어 길신吉神이 연주年柱에 임하고 있으면 조상이 영달하는 것이고 그래서 조상의 음덕陰德을 받게 되지만 흉신凶神이 연주年柱에 있으면 조상이 한미寒微하고 궁박窮迫하여 일주日主는 조상의 음덕을 받지 못하게 된다.

마찬가지로 길신吉神이 월주月柱에 있으면 부모의 부귀가 번성하고 일주日主는 부모의 음덕陰德을 받을 것이지만 흉신凶神이 월주月柱에 있으면 부모가 쇠잔衰殘하여 그 음덕陰德을 못 받게 된다.

또 길신吉神이 일지日支에 있게 되면 처妻와 해로하고 처덕妻德을 보게 되지만 흉신凶神이 일지日支에 있으면 상처喪妻하게 되고 처덕도 보지 못하게 된다.

또 길신吉神이 시주時柱에 있으면 자식子息이 번창하고 자식의 덕을 보게 되지만, 흉신凶神이 시주時柱에 있으면 자식이 시들고 영락하여 자식의 조력助力도 없게 된다.

형제兄弟는 사주四柱 중에 정해진 위치가 없지만 동류(同類 : 비겁)가 길신吉神이면 형제가 번창하고 형제의 조력을 보지만 동류同類가 흉신凶神이면 형제가 쇠미하거나 적을 것이므로 그 형제의 조력 또한 없다. 이 법이 비록 모든 것을 포함하기는 어렵지만 대략의 개요概要만은 진리眞理에서 멀리 벗어나지는 않았으니 앞에서 언급한 법을 참고하여 보면 좋겠다.

  옛글에는 또 月이 형제兄弟가 된다고 하는 설說이 있는데 무릇 月이란 日보다 높은 자리이니 형제가 어찌 그 자리를 감당하겠는가. 주柱 중에 형제의 자리가 없는 것은 천간天干에 처妻의 자리가 없는 것과 같은데 어찌 견강부회牽强附會[42]한단 말인가.

---

42) 견강부회(牽强附會) : 이치에 맞지 않는 말을 억지로 끌어대어 자기에게 유리하게 함.

37. 看貴賤法

- 귀천을 보는 법 -

【原文】

陰陽有淸氣有貴氣, 人命兼得之, 方享功名爵祿. 凡日主高朗秀異, 有拔俗出塵之象, 所用格局, 純粹淸徹, 修理井然, 此淸氣也. 日主尊嚴端重, 有居高臨衆之象, 所用格局, 整肅宏遠, 規模煥然, 此貴氣也. 得七八分淸貴之氣, 上則公侯, 次則宰相卿貳. 得五六分淸貴之氣, 內則京堂, 外則方面. 得三四分淸貴之氣, 內則郎官, 外則郡邑. 得一二分淸貴之氣, 亦一命之榮, 儋石之祿. 淸氣勝者, 多居翰苑; 貴氣勝者, 屢據要津; 淸而不貴, 歷任只在閒曹; 貴而不淸, 出身或非科目. 淸貴之氣, 無混無破者, 終身榮顯. 淸貴之氣, 有傷有雜者, 幾度升沈. 此文命之大略也. 武命亦兼淸貴二氣, 但淸而剛, 貴而威, 爲少異耳. 爵位高下, 亦以分數斷之, 若武命中有一段秀雅處, 必能橫槊賦詩. 文命中有

一段英武處, 定主擁旄開閫. 或疑武不取淸, 人命安有濁而
貴者乎. 至舊書論貴, 每云任某官, 司某事, 夫任官者或文
武換職, 或中外改官, 或一歲之內, 周歷錢穀兵刑, 或數十
年之間, 廻翔臺閣卿寺, 安得以一官一事定之. 至於卑賤之
命, 必禀濁氣賤氣, 滿柱混亂單寒, 入眼易見. 其有似淸而
實濁, 似貴而實賤者, 亦猶堪輿家假地, 初視則美, 細看則
種種僞形畢露矣. 其貴賤諸格, 另詳於後.

    음양陰陽에는 청기淸氣도 있고 귀기貴氣도 있는데 사람이 명命에서 이 모두를 겸해서 얻는다면 공명功名과 작록爵祿43)을 누리게 될 것이다.

    무릇 일주日主가 높고도 맑은 기품이 무리와 달리 빼어나고 세속풍진에서 초탈超脫하는 기상을 갖고 있으며 사용되는 격국格局이 순수하여 맑고 깨끗하며 조리가 정연하게 되어 있으면 이것을 청기淸氣라고 하는 것이다.

    또 일주日主가 존귀하여 위엄이 있고 단정하며 장중하면 뭇 사람의 위에 높이 거居하는 상象이며 사용되는 격국格局이 정돈되어 엄숙하고 웅장하며 심원하고 규모 잡혀 광채가 나면 이를 귀기貴氣라고 한다.

    70~80%의 청귀淸貴한 氣를 얻는다면 잘되면 공후公侯요, 그 다음이

---

43) 작록(爵祿) : 벼슬과 녹봉

라도 재상宰相이나 2품 벼슬이다.

　50~60%의 청귀淸貴한 氣로 태어나서 내직內職이면 경당京堂에 오를 것이요, 외직外職이면 지방장관에 해당할 것이다.

　30~40%의 청귀淸貴한 氣를 갖추었다면 내직으로 낭관郎官44)에 오르고 외직이면 군읍郡邑의 수령守令을 맡을 것이다.

　10~20%의 청귀淸貴한 氣를 갖추었으면 또한 자기 일신一身의 영예와 얼마 되지 않은 몇 섬의 녹[擔石]45)을 받을 것이다.

　청기가 뛰어난 자는 한림원翰林苑46)에 거처하는 경우가 많고 귀기貴氣가 빼어난 자는 거듭하여 중요한 자리에 발탁된다.

　청淸하지만 귀貴를 갖추지 못한 자는 다만 한직閑職에 머물며, 귀貴하나 청淸을 갖추지 못한 자는 출세를 해도 과거科擧를 통해서 되지 않는 경우가 있다.

　청귀淸貴한 氣가 혼잡混雜되지 않고 깨지지 않으면 평생에 걸쳐 영달할 것이고, 상傷하고 혼잡混雜되면 몇 번에 걸쳐 오르고 내리는 부침이 있을 것이다. 이것이 문관文官의 명을 대략적으로 살펴본 것이다.

　무관武官의 명命 역시 청淸과 귀貴의 두 가지 氣를 갖추어야 하는데 다만 청하면서도 강해야 하고 귀하면서도 위엄이 있어야 하니 이점에

---

44) 낭관(郎官) : 각 관아의 당하관(堂下官)을 이르는 말. 주로 육조(六曹)의 정랑(正郞)·좌랑(佐郞)이나 그 밖의 실무를 담당하는 6품의 관원을 이른다.
45) 담석(擔石) : 擔은 두 항아리, 石은 한 항아리로 곧 얼마 되지 않는 곡식(적은 분량).
46) 한림원(翰林苑) : 중국 당나라 현종(玄宗) 초기에 설치된 관청으로 한(翰)은 깃털로 만든 붓이고 림(林)은 모인다는 듯으로 한림원은 문장에 능한 선비들과 한 가지 재주가 뛰어난 사람들이 뽑혀 모인 곳.

서 문관文官의 명命과 조금 다를 뿐이다. 그 직위의 높고 낮음 또한 운수運數를 나누어 판단해야 한다.

만약 무관武官의 명命인데도 그중에 일단의 수려하고 우아함이 배어 있다면 반드시 창을 옆에 끼고서도 능히 시詩를 지을 수 있다[賦詩]47).

또 문관文官의 명命임에도 그중에 일단의 빼어난 무인武人의 기질이 묻어 있다면 반드시 깃대를 안고[擁旄]48) 왕궁의 문을 열 것이다.

혹자는 의문을 제기하기를 무관武官의 명命이 꼭 청淸해야 될 필요가 있느냐고 하는데 인명人命에 탁濁함이 있으면서 어떻게 귀貴한 사람이 될 수 있겠는가.

옛글에서 귀貴에 대하여 논한 것을 보면 매번 "어떤 관직에 임명되었으며 무슨 일을 맡았었다"라고 하는데 무릇 어떤 관직에 임명되어도 후에 문무文武의 직책이 교체되기도 하고 혹은 중앙의 관직이 외직으로 관직이 고쳐지기도 하고 어느 때는 일 년 동안에도 전곡錢穀49)에 대한 업무, 군사, 형벌에 관한 업무 등을 두루 역임하는 경우도 있으며 또는 수십 년 동안에 대각臺閣50), 경사卿寺51) 등의 높은 자리에서만 맴돌고 있는 수도 있으니 어찌 하나의 관직官職, 한 가지 사무事務로 고정할 수 있겠는가.

또 비천卑賤한 명命을 보면 반드시 탁기濁氣와 천기賤氣를 가지고 태

---

47) 부시(賦詩) : 시를 지음.
48) 옹모(擁旄) : 천자의 깃대로 지휘봉을 말함.
49) 전곡(錢穀) : 궁중 안의 재정을 맡은 일.
50) 대각(臺閣) : 상서성
51) 경사(卿寺) : 중앙 관서

어나서 사주四柱 전체가 혼잡混雜하고 산란하며 얄팍하고 온기溫氣가 없음이 눈에 쉽게 들어온다.

또한 겉보기엔 청청淸한 듯해도 그 실은 탁濁하며 귀貴한 듯 보이나 사실은 천賤한 것이 있는데 이것은 마치 감여가(堪輿家 : 풍수가)52)들이 말하는 참되지 않은 땅과 같아서 처음에 볼 때는 아름답지만 자세히 살펴보면 여러 가지의 거짓된 형상形象이 드러나는 것과 같다. 이 귀천貴賤에 관한 여러 격格들에 관해서는 별도로 나중에 상세히 설명하겠다.

---

52) 감여가(堪輿家) : 堪은 받아들이는 것으로 하늘을 의미하고 輿는 수레로 싣는 것으로 땅을 의미하는 것으로 堪輿는 천지의 신으로 감여가는 음양오행설에 의해 묘지나 집터의 좋고 나쁨을 가리는 풍수가를 이름.

38. 看貧富法

- 빈부를 보는 법 -

【原文】

陰陽之氣, 有厚薄, 有聚散, 人命禀之. 凡日主及所用格局,

氣體充足爲厚, 精神翕藏爲聚, 氣體單寒爲薄, 精神虛脫爲

散. 得氣之厚而聚者, 上富之命也. 厚而不甚聚, 聚而不甚

厚者, 中富之命也. 厚中有薄, 聚中有散者, 下富之命也.

薄中微厚, 散中微聚者, 亦云衣食足給, 囊篋不空. 若薄而

無以培之, 散而無以斂之, 有一必貧, 兼之必極貧. 又須看

行運何如, 或始終厚而聚, 或始終薄而散, 或始厚終薄, 始

聚終散, 或始薄終厚, 始散終聚, 貧富固萬有不齊耳. 總之

饒乏之理多端, 勿專泥財神取斷, 自無不驗矣. 其貧富諸格,

詳列於後.

음양陰陽의 氣에는 후厚하거나 박薄한 氣가 있으며 모이거나 흩어지는 氣가 있어 사람의 명命은 이를 갖고 태어나는 것이다. 무릇 일주日主와 쓰여지는 격국格局에서 그 氣의 본체本體가 충실하고 풍족하면 후(厚 : 두텁다)라고 하는 것이고, 정신精神이 모여서 저장됨을 취(聚 : 모이다)라고 하는 것이다.

氣의 본체本體가 빈약하고 온기가 없는 것은 박(薄 : 얇다)이라 하고 정신精神이 공허하고 이탈되는 것을 산(散 : 흩어지다)이라 하는 것이다.

氣를 얻되 두텁고 모이는 氣를 갖춘 자는 상부上富의 명命이다. 두텁기는 하지만 그다지 모이지 않거나 모여드나 별로 두텁지 않은 사람은 중부中富의 명命이다. 또 두터운 가운데 얇음이 섞여 있거나 모인 중에 흩어짐이 섞여 있으면 하부下富의 명命이다.

얇은 가운데 두터움이 희미하게 있거나 흩어진 중에 모여듬이 어렴풋이 있어도 의식衣食이 족하고 주머니와 궤짝이 비어있지는 않다고 할 수 있다. 만약에 얇은데도 이를 두텁게 북돋아줄 것이 없거나 흩어지면서도 모아줄 것이 없는 명命이 그중에 하나라도 있으면 반드시 가난하고 둘을 모두 가졌으면 반드시 극히 가난한 사람이다.

또 반드시 행운行運이 어떠한가를 보아야 하는데 행운의 처음부터 끝까지 두텁고 모이거나 혹은 반대로 처음부터 끝까지 얇고 흩어지거나, 혹은 처음은 두터웠는데 끝이 얇거나 처음은 모여들었는데 나중은 흩어짐으로 끝나거나 처음은 얇았는데 끝은 두텁거나 처음은 흩어졌다가 끝은 모이거나 하여 빈부貧富라는 것이 진실로 만 사람이면 만 사람이 모두 다른 것이다.

총괄해 말하자면 풍요豊饒와 빈곤貧困의 이치가 참으로 다양하니 오로지 재신財神에만 전적으로 구애되어 빈부貧富를 단정 짓는 일을 하지 말아야 하는데 그러면 자연히 징험함이 있을 것이다. 그 빈부貧富에 관한 여러 격格은 후에 상세히 밝히겠다.

39. 看吉凶法
간길흉법

- 길흉을 보는 법 -

【原文】

陰陽之氣, 有善惡, 有順逆, 人命稟之. 凡日主及所用格局,
음양지기 유선악 유순역 인명품지 범일주급소용격국

神理和平爲善, 情勢安靜爲順, 神理剛暴爲惡, 情勢戰剋爲
신리화평위선 정세안정위순 신리강포위악 정세전극위

逆. 得氣之善而順者, 一生無患, 五福咸臻, 吉無不利. 善
역 득기지선이순자 일생무환 오복함진 길무불리 선

之中未盡善, 順之中未盡順者, 獲福則厚, 遇咎則輕, 吉多
지중미진선 순지중미진순자 획복즉후 우구즉경 길다

凶少, 善惡互見, 順逆不一者, 吉凶參半. 惡勝於善, 逆勝
흉소 선악호견 순역불일자 길흉참반 악승어선 역승

於順者, 凶多吉少. 苟惡而且逆, 大則取禍不測, 小則作事
어순자 흉다길소 구악이차역 대즉취화불측 소즉작사

多乖. 然又看行運何如, 局善而運惡, 局順而運逆, 則化吉
다괴 연우간행운하여 국선이운악 국순이운역 즉화길

爲凶. 局惡而運善, 局逆而運順, 則轉凶爲吉. 或善或順有
위흉 국악이운선 국역이운순 즉전흉위길 혹선혹순유

一端, 則凶中微吉. 或惡或逆有一端, 則吉中微凶. 至於應
일단 즉흉중미길 혹악혹역유일단 즉길중미흉 지어응

吉而凶, 應凶而吉, 則存乎其人, 不在命與運矣. 或曰, 善
길이흉 응흉이길 즉존호기인 부재명여운의 혹왈 선

與順, 惡與逆, 有何分別, 而兼論之? 不知人命有大勢和平,
여순 악여역 유하분별 이겸논지 부지인명유대세화평

而忌神相擾, 不得安靜者; 有大勢安靜, 而主氣失中, 不得
이기신상요 부득안정자 유대세안정 이주기실중 부득

知平者; 有大勢剛暴, 而局無沖激, 不至戰剋者; 有大勢戰
지평자   유대세강포   이국무충격   부지전극자   유대세전

剋, 而主頗恒常, 不至剛暴者, 倘不兼論, 理安得而全乎.
극   이주파항상   부지강폭자   당불겸론   이안득이전호

其吉凶諸格. 另詳於後.
기길흉제격   영상어후

　음양陰陽의 氣에는 선善과 악惡이 있고 또 순順과 역逆이 있어 사람의 명命은 이를 갖고 태어나는 것이다. 무릇 일주日主와 그 쓰여지는 격국格局에서 신神의 이치가 화평和平하면 선善이 되고 정세情勢가 안정되고 고요하면 순順이 되며, 신神의 이치가 강포強暴하면 악惡이 되고 정세가 싸우고 투쟁하는 형국이면 역逆이 되는 것이다.

　그중에서 선善하고 순順한 氣를 얻은 자는 일생을 통하여 근심이 없고 오복五福이 모두 모여드니 吉만 있고 불리不利함이 없으며, 선善하지만 완벽하게 선하지는 못한 자와 순順하지만 완벽하게 순하지는 못한 자는 복福을 얻을 때는 듬뿍 얻고 화禍를 만나면 가볍게 만나니 吉이 凶보다 많은 편이다. 선善과 악惡이 비슷하게 보이고 순順과 역逆이 한결같지 아니한 자는 吉과 凶이 반반일 것이며, 악惡이 선善보다 많고 역逆이 순順보다 우세한 자는 凶은 많고 吉은 적다. 만약 악惡한데 또 역逆하다면 크게는 화禍를 당함에 예측불허요, 작게는 하는 일마다 되는 일이 없을 것이다.

　그러나 또 행운行運이 어떠한지를 보아야 하는데 원국原局이 선善한데 운이 악惡으로 흐르거나 원국原局은 순順한데 운運은 역逆으로 가면

곧 吉이 변해 凶이 되는 것이다. 반대로 원국은 악惡하지만 운運은 선善으로 가거나 원국原局이 역逆이지만 운은 순順으로 흐르면 凶이 바뀌어 吉로 되는 것이다.

　(악惡과 역逆한 중에) 혹간 선善과 순順한 氣의 한 부분이라도 있으면 凶한 가운데에도 미미하지만 吉함이 있는 것이고, (선善과 순順한 중에) 혹간 악惡과 역逆한 氣의 한부분이라도 있으면 吉한 중에도 미미한 凶이 있는 것이다. 또 응당 吉하여야 할 텐데 凶으로 나타나거나, 凶이어야 하는데 吉로 나타남은 그 원인이 그 사람됨에 있는 것이지 그 명命과 운運에 있는 것이 아니다.

　혹자는 "선善과 순順, 악惡과 역逆에 무슨 분별이 있기에 모두 논해야 하는가."라고 말한다. 그러나 이는 인명人命에는 대세大勢로 보아서는 화평和平한 듯 하나 기신忌神이 서로 흔드는 바람에 안정을 얻지 못하는 자가 있는 것과 대세大勢는 안정되었으나 일주日主의 氣가 중도를 잃어 화평을 얻지 못한 자가 있는 것, 대세가 강포强暴하나 원국에 충격衝激이 없어 싸우고 상극相剋하는 지경에 이르지는 않는 자도 있고, 또 대세가 전극戰剋53)판이지만 일주日主가 자못 항상심恒常心54)을 유지하여 강폭한 상태에 이르지 않는 자 등이 있음을 알지 못하여 하는 말이고, 만약 (선善과 순順, 악惡과 역逆을) 전부 논하지 않는다면 이치를 어찌 얻을 수 있으며 온전하겠는가? 그 길흉吉凶에 관한 여러 격국格局은 후에 상세히 살펴보겠다.

---

53) 전극(戰剋) : 싸우고 극하는
54) 항상심(恒常心) : 변치 않는 일정한 마음

40. 看壽夭法
간수요법
— 수명의 장단을 보는 법 —

【原文】

陰陽之氣, 有生死, 有永促, 人命禀之. 凡日主及所用格局,
神理暢茂爲生, 意象悠長爲永, 神理枯悴爲死, 意象短嗇爲
促. 得氣之生與永者, 必壽. 而生與永之分數不齊, 或至上
壽, 或至中壽, 或至下壽. 得氣之死與促者, 必夭. 而死與
促之分數亦不齊, 或弱而夭, 或壯而夭, 或强而夭. 然又看
行運何如, 格本應壽, 而運逢窮凶之地, 則生者死, 永者促.
局本應夭, 而運逢力救之神, 則死者生, 促者永. 又或雖壽
而一生蹭蹬, 或遇夭而多病纏綿, 皆運爲之也. 嘗考人命富
貴貧賤, 驗者頗多, 惟壽夭驗者較少, 蓋一念之善, 可以延
年, 一事之惡, 足以奪算. 苟恃命之生與永, 而多行惡事;
知命之死與促, 而廣積陰功, 此則愛之不能使生, 惡之不能
使死, 區區八字干支, 何足道乎? 其壽夭諸格, 另詳於後.

음양陰陽의 氣에는 생기生氣와 사기死氣가 있으며 또 길고[永] 짧은[促] 氣가 있어 사람의 명命은 이를 갖고 태어나는 것이다. 무릇 일주日主와 쓰여지는 격국格局에서 신리神理가 잘 통하고 무성하면 생生이 되고, 뜻과 형상이 유유히 멀리 뻗치면 길게[永] 되며 신리神理가 말라서 시들해지면 사死가 되고, 뜻과 형상이 짧고 여유가 없으면 짧게[促] 되는 것이다.

이 중에 생기生氣와 영기永氣를 얻은 자는 반드시 장수長壽를 하게 된다. 그러나 생기生氣와 영기永氣의 크기를 수치로 나누면 전부 고를 수는 없으니 어떤 이는 상수上壽에 이르고 어떤 이는 중수中壽에 이르며 어떤 이는 하수下壽에 이른다. 또 사기死氣와 촉기促氣를 얻은 자는 반드시 요절한다. 그러나 사기死氣와 촉기促氣의 크기를 수치로 나누면 전부 고를 수는 없으니 혹은 약관에 요절하고 혹은 장년에 죽고 혹은 건강하다가 일찍 죽기도 하는 것이다.

그러나 또 행운行運이 어떻게 흘러가는가를 보아야 한다. 격格으로 보면 마땅히 장수長壽해야 할 텐데 운運에서 궁벽窮僻하고 흉험凶險한 곳을 만나면 살아 있는 기운氣運이 죽게 되고 오래 사는 기운이 요절하는 것으로 변하게 된다.

또 원국原局이 본래 마땅히 단명短命할 상황인데 운에서 힘써 구해주는 신神을 만나게 되면 사死가 생生이 되고 촉促이 영永으로 된다.

또 어떤 이는 비록 장수長壽는 해도 평생을 고생하며 살고 어떤 이는 요절夭折할 것인데 갖은 병치레를 하며 오래 사는 것도 모두 운運의 작용인 것이다.

일찍이 사람의 운명運命을 볼 때 부귀富貴 빈천貧賤에 관해서는 적중률이 높았으나 수명壽命의 장단長短 만큼은 적중률이 비교적 떨어졌으니 이는 대개 사람이 한 생각이라도 착한 마음을 먹으면 수명을 연장할 수 있는 것이며 한 가지라도 나쁜 일을 하면 수명을 단축시키기에 족한 것이기 때문이다.

  만약 명命의 생生과 영永을 믿고서 악행惡行을 많이 하는 것과 명命이 사死와 촉促으로 되어 있는 것을 알아서 음덕陰德을 널리 쌓는다면 그런 기운氣運을 사랑해도 능히 생生을 유지할 수 없고, 그런 기운을 미워해도 능히 죽일 수는 없는 것이니 구구히 팔자의 간지干支로 어찌 족히 다 말할 수 있겠는가. 그 수요壽夭에 관한 제격(諸格 : 모든 격)은 뒤에 따로 상세히 적는다.

41. 看富貴吉壽貧賤凶夭總法

− 부귀 길수 빈천 흉요를 보는 총체적인 법 −

【原文】

術家看命, 必取何局爲貴, 何局爲富, 何局爲吉, 何局爲壽,
以及何局爲貧賤凶夭, 此未嘗悖理也. 然往往有驗, 有不驗,
是有故也, 局當貴而得富, 局當富而得貴, 富貴之美一也,
足以相準矣. 局當賤而得貧, 局當貧而得賤, 貧賤之不美一
也, 足以相準矣. 不寧惟是, 吉壽富貴, 可相準也. 凶夭貧
賤, 可相準也. 富貴而凶夭, 貧賤而吉壽, 可相準也. 故今
統富貴吉壽, 列上局六十, 統貧賤凶夭, 列下局六十, 人命
合上局多者備美, 少者次之. 合下局多者窮凶, 少者次之.
雖然, 汎而無定如此, 何取推命乎? 法當取上下諸局. 融會
貫通於胸中, 而證以古人之命, 學以今人之命, 則相準之故
徹, 而有定之理出矣. 卽分孰富貴, 孰吉壽, 孰貧賤, 孰凶
夭, 亦無不可耳.

술가術家가 명명을 볼 때 반드시 취하는 것이 있으니, 즉 어떤 국局이 귀貴하며 어떤 국局이 부富한가, 어떤 국局이 길吉하고 어떤 국局이 수壽한가, 또 어떤 국局이 빈천貧賤하고 어떤 국局이 흉요凶夭한가 하는 것인데 이들이 이치에 벗어난 것은 아니지만 자주 맞을 때도 있고 맞지 않을 때도 있으니 반드시 까닭이 있을 것이다.

국局으로 보면 마땅히 귀貴하게 될 국局인데 부富하게 되거나 국局은 마땅히 부富할 국인데 귀貴하게 된 경우는 왜 그런가 하면 부귀富貴란 모두 좋은 것이므로 서로 족히 통할 수 있는 것이기 때문이다. 또 국局으로 보면 마땅히 천賤할 것인데 빈貧해진 경우와 마땅히 빈貧할 국局인데 결과는 천賤으로 나타났다면 그 이유는 빈천貧賤은 모두가 좋지 않은 것이라는 의미에서 서로 족히 통通한다고 할 수 있다. 또 이것들뿐만 아니라 길수吉壽, 부귀富貴는 서로 통할 수 있는 것이요, 또 흉요凶夭, 빈천貧賤도 서로 통할 수 있다. 또 부귀富貴하면서도 흉요凶夭한 것과 빈천貧賤하지만 길수吉壽한 것도 서로 통할 수 있는 것이다.

그러므로 이제 부귀富貴 길수吉壽한 국局을 모아서 상국上局 육십六十으로 열거하고 빈천貧賤 흉요凶夭한 국局을 모아서 하국下局 육십六十으로 열거해 보겠다.

만일 인명人命이 상국上局에 열거한 것과 합치되는 것이 많으면 아름다운 것이고 그보다 적으면 그 다음이며 하국下局에 열거한 것과 합치되는 것이 많으면 곤궁困窮하고 흉凶한 것이며 그보다 적으면 그 다음인 것이다. 무릇 이와 같다 한들 정함이 없으면 무엇을 가지고 추명을 하겠는가.

그러므로 법法은 마땅히 상하上下의 여러 국局 중에서 취해서 마음속으로 자세히 이해하여 관통貫通하는 이치를 찾아 옛사람의 명命으로 실증實證해 보고 그 위에 지금 사람의 명命을 배우면 서로 통通하는 이치가 투철해져서 그 정해지는 이치가 나오게 될 것이다. 그리되면 누가 부귀富貴하며 길수吉壽한가, 누가 빈천貧賤하고 누가 흉요凶夭한지를 나누는 것 또한 못할 것이 없는 것이다.

【原文】

富貴吉壽諸局
부 귀 길 수 제 국

日主朗健, 弱日逢生, 正官佩印, 正官得祿, 正官馭刃, 財
일주낭건   약일봉생   정관패인   정관득록   정관어인   재

官兩旺, 純殺有制, 獨殺乘權, 殺印相生, 殺刃相輔, 身殺
관양왕   순살유제   독살승권   살인상생   살인상보   신살

兩停, 食殺兩停, 財資權殺, 去官留殺, 去殺留官, 財印相
양정   식살양정   재자권살   거관유살   거살유관   재인상

濟, 令印無傷, 旺財成局, 旺食生財, 傷官用財, 傷官用印,
제   영인무상   왕재성국   왕식생재   상관용재   상관용인

刃傷相輔, 從官官旺, 從殺殺旺, 從財財旺, 從食有財, 從
인상상보   종관관왕   종살살왕   종재재왕   종식유재   종

傷有財, 合化無破, 一行得氣, 兩神無雜, 暗沖得用, 暗合
상유재   합화무파   일행득기   양신무잡   암충득용   암합

得用, 五行遞生, 二德扶身, 二德扶官, 二德化殺, 二德扶
득용   오행체생   이덕부신   이덕부관   이덕화살   이덕부

印, 二德扶財, 二德扶食, 二德化傷, 日主坐貴, 官星遇貴,
인   이덕부재   이덕부식   이덕화상   일주좌귀   관성우귀

殺星遇貴, 印綬遇貴, 財星遇貴, 食神遇貴, 月將扶身, 月
살성우귀   인수우귀   재성우귀   식신우귀   월장부신   월

將扶官, 月將化殺, 月將扶印, 月將扶財, 月將扶食, 月將
장부관   월장화살   월장부인   월장부재   월장부식   월장

化傷, 吉神遇馬, 凶刃逢空, 水木相涵, 木火相輝, 金水雙
화상   길신우마   흉인봉공   수목상함   목화상휘   금수쌍
淸, 金木相成, 水火旣濟.
청   금목상성   수화기제

〈부귀길수제국富貴吉壽諸局 : 부귀길수의 60국〉

日主朗健일주낭건 : 일주가 밝고 건강한 격국

弱日逢生약일봉생 : 약한 일주가 생을 만나는 격국

正官佩印정관패인 : 정관이 정인을 지니고 정관을 보호하는 격국

正官得祿정관득록 : 정관이 지지에 뿌리를 내린 격국

正官馭刃정관어인 : 정관이 월지의 겁재를 제어하는 격국

財官兩旺재관양왕 : 재성과 정관이 모두 旺한 격국.

純殺有制순살유제 : 순수한 칠살을 제어하는 격국

獨殺乘權독살승권 : 칠살이 홀로 권세를 잡고 있는 격국

殺印相生살인상생 : 칠살이 인성을 생조하는 격국

殺刃相輔살인상보 : 칠살과 양인이 서로 도와주는 격국

身殺兩停신살양정 : 일주와 칠살이 서로 비등하게 균형을 이루는 격국

食殺兩停식살양정 : 식신과 칠살이 서로 비등하게 균형을 이루는 격국.

財資權殺재자권살 : 재성이 권세있는 칠살을 도와주는 격국

去官留殺거관류살 : 정관을 제거하고 칠살을 남기는 격국

去殺留官거살류관 : 칠살을 제거하고 정관을 남기는 격국

財印相濟재인상제 : 재성과 인성이 서로 구제하며 목적을 이루는 격국

令印無傷영인무상 : 아름다운 인성을 손상시키지 않는 격국

旺財成局왕재성국 : 旺한 재성이 국을 이루는 격국.

旺食生財왕식생재 : 旺한 식상이 재성을 생조하는 격국

傷官用財상관용재 : 상관이 재성을 사용하는 격국

傷官用印상관용인 : 상관이 인성을 사용하는 격국

刃傷相輔인상상보 : 양인과 상관이 서로 도와주는 격국

從官官旺종관관왕 : 정관을 종하는데 정관이 旺한 격국

從殺殺旺종살살왕 : 칠살을 종하는데 칠살이 旺한 격국.

從財財旺종재재왕 : 재성을 종하는데 재성이 旺한 격국

從食有財종식유재 : 식신을 종하는데 재성이 있는 격국

從傷有財종상유재 : 상관을 종하는데 재성이 있는 격국

合化無破합화무파 : 합하여 화하는데 화하는 것을 파괴하는 것이 없는 격국

一行得氣일행득기 : 하나의 오행으로만 이루어진 격국

兩神無雜양신무잡 : 두 가지 오행으로 이루어지고 혼잡이 없는 격국.

暗沖得用암충득용 : 암충하여 용신을 얻는 격국

暗合得用암합득용 : 암합하여 용신을 얻는 격국

五行遞生오행체생 : 오행이 번갈아 가면서 생조하는 격국

二德扶身이덕부신 : 천덕귀인과 월덕귀인이 일주를 도와주고 있는 격국

二德扶官이덕부관 : 천덕귀인과 월덕귀인이 정관을 도와주고 있는 격국
二德化殺이덕화살 : 천덕귀인과 월덕귀인이 칠살을 변화시켜 주고 있는 격국.

二德扶印이덕부인 : 천덕귀인과 월덕귀인이 인성을 도와주고 있는 격국
二德扶財이덕부재 : 천덕귀인과 월덕귀인이 재성을 도와주고 있는 격국
二德扶食이덕부식 : 천덕귀인과 월덕귀인이 식신을 도와주고 있는 격국
二德化傷이덕화상 : 천덕귀인과 월덕귀인이 상관을 변화시켜 주고 있는 격국
日主坐貴일주좌귀 : 일주가 귀한 기운에 앉아 있는 격국
官星遇貴관성우귀 : 관성이 귀한 기운을 만나는 격국.

殺星遇貴살성위귀 : 칠살이 귀한 기운을 만나는 격국
印綬遇貴인수우귀 : 정인이 귀한 기운을 만나는 격국
財星遇貴재성우귀 : 재성이 귀한 기운을 만나는 격국
食神遇貴식신우귀 : 식신이 귀한 기운을 만나는 격국
月將扶身월장부신 : 월주를 장악한 장수가 일주를 도와주는 격국
月將扶官월장부관 : 월주를 장악한 장수가 일주를 도와주는 격국.

月將化殺월장화살 : 월주를 장악한 장수가 칠살을 변화시키는 격국
月將扶印월장부인 : 월주를 장악한 장수가 인성을 도와주는 격국
月將扶財월장부재 : 월주를 장악한 장수가 재성을 도와주는 격국

月將扶食월장부식 : 월주를 장악한 장수가 식신을 도와주는 격국

月將化傷월장화상 : 월주를 장악한 장수가 상관을 변화시키는 격국

吉神遇馬길신우마 : 길신이 역마를 만나는 격국.

凶刃逢空흉인봉공 : 흉한 양인이 공망을 만나는 격국

水木相涵수목상함 : 水와 木이 서로 받아들이는 격국

木火相輝수화상휘 : 水와 火가 서로 빛나는 격국

金水雙淸금수쌍청 : 金과 水가 모두 맑은 격국

金木相成금목상성 : 金과 木이 서로 이루어 주는 격국

水火旣濟수화기제 : 水와 火가 서로 잘 되어 가는 격국.

【原文】

貧賤凶夭諸局
빈천흉요제국

日主扶凶, 主旺無依, 正官破損, 官多無印, 官弱無財, 官
일주부흉　주왕무의　정관파손　관다무인　관약무재　관

輕印重, 殺重身輕, 殺多無制, 殺輕制重, 官殺混雜, 印綬
경인중　살중신경　살다무제　살경제중　관살혼잡　인수

被傷, 滿局印綬. 滿局比劫, 貪財壞印, 梟神奪食, 財多身
피상　만국인수　만국비겁　탐재괴인　효신탈식　재다신

弱, 財扶惡殺, 財遭沖劫, 食多無財, 傷多無財, 傷多無印,
약　재부악살　재조충겁　식다무재　상다무재　상다무인

傷官見官, 刃星重疊, 刃星逢沖, 祿神沖破, 從官不眞, 從
상관견관　인성중첩　인성봉충　녹신충파　종관부진　종

殺不眞, 從財不眞, 從食不眞, 從傷不眞, 化局被破, 一行
살부진　종재부진　종식부진　종상부진　화국피파　일행

被剋, 兩神被混, 暗局破損, 暗貴塡實, 滿局刑沖, 多合羈
피극　양신피혼　암국파손　암귀전실　만국형충　다합기

絆, 三刑破吉, 三刑助凶, 滿局驛馬, 滿局空亡, 滿局劫殺,
반   삼형파길   삼형조흉   만국역마   만국공망   만국겁살
劫殺破吉, 劫殺助凶, 官落空亡, 印落空亡, 財落空亡, 食
겁살파길   겁살조흉   관락공망   인락공망   재락공망   식
落空亡, 貴落空亡, 年月對沖, 月日對沖, 日時對沖, 五行
락공망   귀락공망   년월대충   월일대충   일시대충   오행
乖戾, 五行偏枯, 木火燥烈, 火土混濁, 水木浮沉, 金水寒
괴려   오행편고   목화조열   화토혼탁   수목부침   금수한
凝, 水火交戰, 金水相戰.
응   수화교전   금수상전

〈빈천흉요제국貧賤凶夭諸局 : 빈천 흉요의 60국〉

日主扶凶일주부흉 : 일주가 흉한 기운을 도와주는 격국

主旺無依주왕무의 : 일주가 旺해서 의지할 데가 없는 격국

正官破損정관파손 : 정관이 파손된 격국

官多無印관다무인 : 정관은 많은데 인성이 없는 격국

官弱無財관약무재 : 정관은 약한데 재성도 없는 격국

官輕印重관경인중 : 정관은 가벼운데 인성이 무거운 격국.

殺重身輕살중신경 : 칠살은 무거운데 일주가 가벼운 격국

殺多無制살다무제 : 칠살은 많은데 제어함이 없는 격국

殺輕制重살경제중 : 칠살은 가벼운데 제어함이 무거운 격국

官殺混雜관살혼잡 : 정관과 칠살이 혼잡되어 있는 격국

印綬被傷인수피상 : 인수가 손상을 입은 격국

滿局印綬만국인수 : 원국 전체가 인수로 가득 차 있는 격국.

滿局比劫만국비겁 : 원국 전체가 비겁으로 가득 차 있는 격국
貪財壞印탐재괴인 : 재성을 탐하려다 인성을 파괴하는 격국
梟神奪食효신탈식 : 효신편인이 식신을 겁탈하는 격국
財多身弱재다신약 : 재성은 많은데 일주는 신약한 격국
財扶惡殺재부악살 : 재성이 나쁜 칠살은 도와주는 격국
財遭沖劫재조충겁 : 재성이 충이나 겁재를 만나는 격국.

食多無財식다무재 : 식신은 많은데 재성이 없는 격국
傷多無財상다무재 : 상관은 많은데 재성이 없는 격국
傷多無印상다무인 : 상관은 많은데 인성이 없는 격국
傷官見官상관견관 : 상관이 정관을 보는 격국
刃星重疊인성중첩 : 양인이 많은 격국
刃星逢沖양성봉충 : 양인이 충을 만난 격국.

祿神沖破녹신충파 : 녹신이 충을 만나 깨진 격국
從官不眞종관부진 : 정관을 종했으나 참되지 않는 격국
從殺不眞종살부진 : 칠살을 종했으나 참되지 않는 격국
從財不眞종재부진 : 재성을 종했으나 참되지 않는 격국
從食不眞종식부진 : 식신을 종했으나 참되지 않는 격국
從傷不眞종상부진 : 상관을 종했으나 참되지 않는 격국.

化局被破화국피파 : 화하여 국을 이룬 것이 파괴된 격국

一行被剋일행피극 : 하나의 오행으로 된 사주가 극을 당하는 격국

兩神被混양신피혼 : 양신 이외에 다른 오행이 혼잡된 격국

暗局破損암국파손 : 암국이 파손된 격국

暗貴塡實암귀전실 : 암충격이나 암합격에서 사주에 정관이 있는 격국

滿局刑沖만국형충 : 사주에 형이나 충으로 가득 차 있는 격국.

多合羈絆다합기반 : 합이 많아서 오히려 구속이나 억압을 당하는 격국

三刑破吉삼형파길 : 삼형이 길신을 파괴하는 격국

三刑助凶삼형조흉 : 삼형이 흉신을 돕는 격국

滿局驛馬만국역마 : 사주 전체가 역마인 격국

滿局空亡만국공망 : 사주 전체가 공망인 격국

滿局劫殺만국겁살 : 사주 전체가 겁살인 격국.

劫殺破吉겁살파길 : 겁살이 길신을 파괴하는 격국

劫殺助凶겁살조흉 : 겁살이 흉신을 돕는 격국

官落空亡관락공망 : 정관이 공망에 떨어진 격국

印落空亡인락공망 : 인성이 공망에 떨어진 격국

財落空亡재락공망 : 재성이 공망에 떨어진 격국

食落空亡식락공망 : 식신이 공망에 떨어진 격국.

貴落空亡귀락공망 : 귀한 기운이 공망에 떨어진 격국

年月對沖연월대충 : 年과 月이 서로 충한 격국

月日對冲월일대충 : 月과 日이 서로 충한 격국

日時對冲일시대충 : 日과 時가 서로 충한 격국

五行乖戾오행괴려 : 오행이 어그러진 격국

五行偏枯오행편고 : 오행이 치우친 격국.

木火燥烈목화조열 : 木과 火가 조열한 격국

火土混濁화토혼탁 : 火와 土가 혼탁한 격국

水木浮沉수목부침 : 水와 木이 뜨거나 가라앉는 격국

金水寒凝금수한응 : 金과 水가 차고 얼어붙어 있는 격국

水火交戰수화교전 : 水와 火가 서로 싸우는 격국

金水相戰금수상전 : 金과 水가 서로 싸우는 격국.

42. 看富貴吉壽貧賤凶夭要法

– 부귀 길수 빈천 흉요를 보는 중요한 법 –

【原文】

富貴吉壽貧賤凶夭諸局, 相準之故旣徹, 有定之理旣得
矣. 然以推人命不盡驗, 是有己身之善惡焉, 有家世之善惡
焉, 福善禍淫, 必然之理. 如爲惡之人, 命應一品之貴, 而
減至四五品. 命應百萬之富, 而減至六七十萬. 命應百歲之
壽, 而減至六七十歲. 命應五福全備, 而減其一二. 又如爲
善之人, 命應極賤, 而得一命之榮. 命應極貧, 而得中人之
產. 命應早世, 而得數十歲之壽. 命應諸凶畢集, 而免其什
三. 世俗之見, 將謂爲惡者, 何嘗不福, 爲善者, 何嘗不禍,
豈知福之已損, 禍之已滅乎? 知禍福者, 非知命也. 知善惡
之爲禍福者, 則誠知命耳. 雖然, 徒知之何益, 是有轉移之
道焉? 昔袁了凡先生, 遇術士推命, 止於貢士而無子, 因詳
列將來履歷, 始則一一神驗. 後遇高僧, 導以造命之學, 積

若干善求科第, 積若干善求子息, 善數旣積, 果登兩榜而擧
子. 術士所推, 毫不驗矣. 故凡欲求富貴吉壽, 而免貧賤凶
夭者, 當以積善爲要. 每日自記功過, 必期念念皆仁, 事事
皆善, 久必如其所愿. 若恃命之善, 而敢於爲惡, 咎命之薄,
而不思挽回, 此爲天下至愚之人, 無志之士矣, 諸命法皆末
耳. 是乃要法也.

    부귀富貴, 길수吉壽, 빈천貧賤, 흉요凶夭의 여러 국局은 서로의 기준이 원래 이미 관통된 바 정해진 이치를 이미 얻은 것이다. 그런데도 인명人命을 추단推斷함에 전부 맞히지 못하는 경우가 있으니 이는 그 사람 본인의 선악善惡에 있거나 그 집안의 선악에 그 원인이 있는 것이다. 선善하면 복福이 되고 음淫하면 화禍가 되는 것은 필연의 이치이다.

    예를 들면 악행惡行을 하는 자는 그 명命이 마땅히 일품一品의 귀함을 타고 났어도 사오품四五品에 그치고 말 것이며, 백만의 부富한 명命이라도 감소되어 육칠십만의 부에 머물고 말 것이다. 또 백 세의 명命으로 태어나도 육칠십 세로 감소될 것이며 또 명命은 오복五福을 모두 갖출 팔자라도 그중 한둘은 감소하게 되는 것이다.

    또 만약 선행善行을 실천하는 자라면 명命은 응당히 지극히 천賤해야 하는데 일신의 영예를 얻기도 하고 명命으로 보아 가난한 팔자인데 중간 정도의 재산을 이룬 경우도 있고 타고난 명命이 일찍 죽을 팔자인데도 수십 년의 수명壽命을 누리기도 한다. 명命으로 보아서는 마땅히 모든 凶이 다 집합할 것이지만 그중 열에 셋은 면제를 받는다. 세속世俗의 견해로 보면 "악惡을 행하는 자라고 어찌 복福을 받지 않겠는가, 선善을 행하는 자라고 어찌 화禍를 당하지 않겠는가"라고 말하겠지만 그 복福은 이미 손상된 복이고 그 화禍는 이미 소멸된 것이라는 것을 어찌 알겠는가?

화禍와 복福을 아는 것만 가지고 명命을 안다고 할 수 없고 선善과 악惡이 화禍와 복福으로 되는 이치를 알아야 진실로 명命을 안다고 할 수 있다. 비록 그렇다고 해도 그냥 알기만 하는 것이 무슨 이익이 있겠는가. 여기에는 변화變化해서 옮겨가는 도道가 있으니 예전에 원료범袁了凡 선생이 술사를 만나 자신의 명命을 보았는데 선생이 공사貢士[55])에 그칠 것과 자식子息 없는 것을 말하고 이어서 장래에 겪을 일을 상세히 열거했는데 처음에는 하나하나 신기하게 맞아나갔다.

그 후 어떤 고승高僧을 만나서 운명運命을 개조하는 학문을 지도받았는데 적선積善을 어느 정도 하고 과거科擧 합격을 바라고 선善을 어느 정도 쌓고 나서 자식 얻기를 구하라고 하여 과연 선善을 쌓기를 얼마를 하였더니 정말로 과거 양과에 합격하고 자식까지 얻으니 이전에 술사가 예언한 것이 털끝만치도 맞지 않았다.

그러므로 무릇 부귀富貴와 길수吉壽를 바라고 빈천貧賤과 흉요凶夭를

---

55) 지방(地方)에서 서울로 뽑아 올린 재주가 뛰어난 선비.

면하고 싶은 사람은 마땅히 적선積善으로 요체를 삼아서 매일 자신의 잘한 일과 잘못한 일을 기록하여 생각마다 모두 인仁을 기대하고, 하는 일마다 모두 선善을 실천하기를 바라야 된다. 이렇게 하기를 오래하면 반드시 바라는 대로 되어질 것이다.

  만약 자기의 명命이 좋은 것만 믿고 감히 악행惡行을 저지르거나 명命이 나쁘다고 원망만 하고 만회挽回할 생각을 하지 않는다면 이는 천하에 가장 어리석은 사람이 될 것이며 가슴에 아무 뜻도 품지 않고 사는 사람에 그칠 것이다. 이것이 명命을 보는 법法의 마지막으로 가장 중요한 법인 것이다.

43. 看科第法

- 과거급제를 보는 법 -

【原文】

看科第之法, 不外淸貴, 但於淸貴中尋其秀氣, 是爲科目,
간과제지법 불외청귀 단어청귀중심기수기 시위과목

或秀之極, 或秀而奇, 則廷對及第, 闈試掄元. 舊取木秀火
혹수지극 혹수이기 즉정대급제 위시윤원 구취목수화

輝, 金白水淸等格, 往往有驗. 然五行生剋合法, 皆可以掇
휘 금백수청등격 왕왕유험 연오행생극합법 개가이철

巍科. 舊又取最吉之運, 方發科第, 不知大貴之人, 卽及第
외과 구우취최길지운 방발과제 부지대귀지인 즉급제

掄元, 不必遇最吉運始貴, 次吉之運, 可以得之, 最吉之運,
윤원 불필우최길운시귀 차길지운 가이득지 최길지운

及其乘大權躋極品時也. 若科第必登於最吉之運, 則其成就
급기승대권제극품시야 약과제필등어최길지운 즉기성취

有限矣. 至於人之博學能文, 亦從淸氣秀氣推之, 然未嘗有
유한의 지어인지박학능문 역종청기수기추지 연미상유

確然之理. 舊又取木火金水等, 不足盡憑, 若學堂逢驛馬等,
확연지리 구우취목화금수등 부족진빙 약학당봉역마등

則又誕妄矣.
즉우탄망의

과거科擧에 급제하는 법을 보는 것도 청淸과 귀貴를 벗어나지 않는다. 다만 청귀淸貴한 가운데서도 그 빼어난 기운을 찾아내어야 이것이 과거의 명목이 되는데 혹 빼어남이 지극하던지 혹 빼어남이 기이奇異하면 조정의 과거 시험에 급제하거나 과거에서 장원으로 뽑히는 것을 예전에는 목수화휘격木秀火輝格과 금백수청격金白水淸格 등에서 취했는데 종종 증명됨이 있었다. 그러나 오행五行의 생극生剋법에 맞으면 모두 높은 시험에 뽑힐 수 있다.

또 옛글에서는 가장 길한 운에서 과거에 급제한다고 했는데 이는 대귀할 사람, 즉 급제하고 장원하는 사람은 반드시 최고로 길한 운運이라야 비로소 귀하게 되는 것이 아니라 그 다음으로 길한 운에서 장원을 한 것임을 모르고 하는 말이다. 이러한 사람은 빼어남이 지극하든지 혹 빼어남이 기이奇異하면 오를 때이다. 만약에 최고로 길한 운에서 과거에 급제해야 한다면 그 사람의 성취는 한계가 있는 것이다.

다음으로 사람이 박학博學하고 문장에 능한가는 역시 청기淸氣와 수기秀氣를 보아서 추론해야 한다. 그렇지만 아직까지 확고한 이치가 있는 것은 아니다. 또 옛글에서 木火 金水 등을 취하는 것은 신빙성이 부족하고 학당學堂이 역마를 만나서 어떻다는 식의 말도 또한 허탄하고 망령되다 하겠다.

44. 看性情法
간성정법

- 성정을 보는 법 -

【原文】

舊分五行論人性情. 此不可拘. 如木主仁壽慈, 然有成局入
구분오행논인성정 차불가구 여목주인수자 연유성국입

格之木而不仁者矣. 金主肅殺, 然又有得時乘勢之金而不殺
격지목이불인자의 금주숙살 연우유득시승세지금이불살

者矣. 須先看柱中神情氣勢, 或正大, 或光顯, 或純厚, 或
자의 수선간주중신정기세 혹정대 혹광현 혹순후 혹

英發, 皆賢人也. 或偏駁, 或晦昧, 或剛戾, 或卑瑣, 皆不賢
영발 개현인야 혹편박 혹회매 혹강여 혹비쇄 개불현

人也. 又看取格取用, 或中正顯白, 無所貪戀包藏, 或奇巧
인야 우간취격취용 혹중정현백 무소탐연포장 혹기교

隱曲, 多所牽合攘取, 則性情大端可覩矣. 然後以五行推之,
은곡 다소견합양취 즉성정대단가도의 연후이오행추지

深則見其肺腑, 淺則得其梗槪. 其有始正而終邪, 始駁而終
심즉견기폐부 천즉득기경개 기유시정이종사 시박이종

粹者, 則行運使然耳. 至於二德多善, 貴人多賢, 空亡多虛,
수자 즉행운사연이 지어이덕다선 귀인다현 공망다허

劫殺多暴, 理之所有. 然執一端取斷, 亦不驗也.
겁살다폭 이지소유 연집일단취단 역불험야

옛글에서 오행五行으로 분류하여 사람의 성정性情을 논했지만 이에

구애받아서는 안 된다. 예컨대 木은 어짊[仁]과 수명[壽]과 자애慈愛를 주관한다고 하지만 국局을 이루고 격격에 들어맞는 木인데도 어질지 않은 경우가 있다. 또 金은 숙살지기肅殺之氣를 주관한다고 하지만 득시得時하고 세력을 갖춘 金이면서도 살생殺生하지 않는 자도 있는 것이니 모름지기 사주四柱 중에 있는 신神의 정황과 기세氣勢를 먼저 살펴보아야 한다. 그래서 그것이 혹은 정대正大하거나 빛이 뚜렷이 나타나거나 순수純粹하고 두텁거나 꽃이 피어나듯 하면 모두 현인賢人이지만 혹은 편벽偏僻되고 순일純一하지 않거나 혹은 흐려서 어둡거나 혹은 사납기만 하거나 혹은 비천卑賤하여 구질구질하거나 하면 모두 현인이 아닌 것이다.

또 격격과 용用을 취해 볼 때 혹은 속이 바르고 환하게 밝으면 탐심이나 연연하는 마음이 없어 가리고 감추는 것이 없는 사람이고 혹은 기이奇異하고 꾸미며 감추고 굽어졌다면 끌어다 합하고 억지로 취取하는 바가 많은 사람이라 이로써 성정性情의 대강을 볼 수 있다.

그런 다음에 오행五行으로 추론한다면 깊으면 그 폐부肺腑까지 볼 것이고 얕게는 그 대강의 윤곽은 보게 될 것이다.

또 그중에는 처음에는 정도正道이다가 나중에는 사도邪道로 빠지는 자와 처음에는 순일純一하지 않지만 끝에는 순수해지는 자가 있기도 한데 이는 행운行運에서 그렇게 되도록 할 뿐이다. 또 "이덕(二德 : 천덕과 월덕귀인)이 많으면 선善하고, 귀인(貴人 : 천을귀인)이 많으면 어질고, 공망空亡이 많으면 헛되고, 겁살劫煞이 많으면 포악하다."라는 이치가 있지만 그러한 한 가지 이치에만 매달려 취단取斷하면 징험이 있을 수 없는 것이다.

45. 看疾病法
_{간질병법}

— 질병을 보는 법 —

【原文】

舊分五行, 論人疾病, 未嘗不合於理. 但人身臟腑經絡五行
_{구 분 오 행   논 인 질 병   미 상 불 합 어 리   단 인 신 장 부 경 락 오 행}

俱全, 人命柱中運中, 五行未必俱全, 必以某行斷其病, 亦
_{구 전   인 명 주 중 운 중   오 행 미 필 구 전   필 이 모 행 단 기 병   역}

不盡驗. 須看日主及所用格局, 或朗健, 或中和, 或平順,
_{부 진 험   수 간 일 주 급 소 용 격 국   혹 낭 건   혹 중 화   혹 평 순}

皆無疾之命也. 或晦弱, 或駁雜, 或乖戾, 皆有疾之命也.
_{개 무 질 지 명 야   혹 회 약   혹 박 잡   혹 괴 려   개 유 질 지 명 야}

又看其神理氣勢, 或太過或不及, 兼取柱中運中五行參合論
_{우 간 기 신 이 기 세   혹 태 과 혹 불 급   겸 취 주 중 운 중 오 행 참 합 논}

之. 卽無木而就生木, 剋木, 木生, 木剋, 之神, 亦可推木之
_{지   즉 무 목 이 취 생 목   극 목   목 생   목 극   지 신   역 가 추 목 지}

受病與否. 至於干支配頭目手足等類, 皆當以意消息之, 若
_{수 병 여 부   지 어 간 지 배 두 목 수 족 등 류   개 당 이 의 소 식 지   약}

必盡取諸病而擬議之, 則名醫所論. 孰非五行, 恐須摘取醫
_{필 진 취 제 병 이 의 의 지   즉 명 의 소 론   숙 비 오 행   공 수 적 취 의}

書數十百種, 列於命書矣.
_{서 수 십 백 종   열 어 명 서 의}

예전에는 오행五行으로 분류하여 사람의 질병疾病을 논하였는데 이치

상으로는 합당하지 않은 바는 아니지만 인간人間의 신체身體에는 장부臟腑와 경락經絡 등 오행五行을 다 갖추고 있는데 비하여 사람의 사주四柱나 운運에는 오행五行이 반드시 다 갖추어진다고 할 수 없다. 그래서 어떤 오행으로 그 병病을 판단하는 것은 또한 다 맞출 수 없는 법이다.

그러므로 반드시 일주日主와 그 쓰여지는 격국格局을 보고 그것이 밝고 건강하거나 중화中和되었거나 평순平順하거나 하면 모두 질병疾病 없이 살아갈 명命이지만 어둡고 약하거나, 뒤섞여 어지럽고 어그러지고 사나우면 모두 병病이 있는 명命이다. 또 그 오행五行이 가지고 있는 이치의 기세氣勢가 너무 지나치거나 부족하면 사주四柱 내에 있는 오행과 운에서 오는 오행을 합해서 논해야 한다.

예컨대 木이 없을 때는 生木, 剋木, 木生, 木剋하는 여러 신神들로써 木이 병病이 들 것인지 아닌지를 추단해 볼 수 있는 것이다. 또 간지干支를 인체의 각 부분, 즉 머리, 눈, 손발 등에 배정하는 것은 모두 마땅히 그 뜻이 정보를 담고 있기 때문이다.

만약에 반드시 모든 병病을 그것에 견주어서 의논해야 한다면 명의名醫가 논한 것이 어느 것인들 오행五行이 아님이 없으니 모름지기 의서醫書 수십, 수백 종에서 뽑아내어서 열거해야 명서命書가 되지 않겠나 걱정될 뿐이다.

46. 看女命法 一

― 여명을 보는 법 1 ―

【原文】

凡看女命, 喜柔不喜剛, 喜靜不喜動, 夫子喜旺不喜衰, 喜
生不喜絶, 財印喜和不喜戾, 貴合喜少不喜多, 傷刃比劫,
沖戰刑害, 喜無不喜有, 此大法也. 然日主過弱, 亦宜生之
助之, 夫子太旺, 亦宜損之洩之. 有時用財制印, 用梟制食,
用傷制官, 用殺制劫, 用劫制財, 用合邀吉神, 用刑沖去忌
神, 用之切當, 凶反用吉. 又有局無夫星而夫貴者, 局無子
星而子多者, 此必暗生暗會. 有夫星透露而夫賤者, 有子星
顯明而子少者, 此必暗損暗破. 若夫多無夫, 子多無子, 則
不剋不化之故也. 至於富貴貧賤吉凶壽夭, 亦於諸格推之.
但中有剛健威武之局, 及暗沖暗合, 用刃用馬之類, 女命不
宜耳. 若分別或貞或邪, 或順或戾, 須看日主, 及所用格局,
純靜者爲貞, 剛强者爲戾. 亦只就五行取斷, 勿泥舊書, 妄

造神煞可也. 至舊論女命, 止許一官, 不宜重見, 此殆兩干
조 신 살 가 야   지 구 논 여 명   지 허 일 관   불 의 중 견   차 태 양 간

兩支, 重見非宜耳. 若甲官帶寅而得祿. 乙殺帶卯而有制,
양 지   중 견 비 의 이   약 갑 관 대 인 이 득 록   을 살 대 묘 이 유 제

此乃吉而有力, 即官殺兩遇, 去留合法, 亦自無害, 凡印財
차 내 길 이 유 력   즉 관 살 양 우   거 유 합 법   역 자 무 해   범 인 재

食傷皆然.
식 상 개 연

　

무릇 여자의 명命을 볼 때는 부드러움을 좋아하고 강강强한 것을 기뻐하지 않으며 고요함을 좋아하고 동적動的인 것을 싫어한다. 또 지아비와 자식은 旺함을 좋아하고 衰함을 싫어하며 生함을 좋아하고 절絶됨을 싫어한다. 재財와 인印은 화평和平한 것을 좋아하고 어그러짐을 싫어한다. 귀貴가 합됨은 적은 것을 좋아하고 많으면 싫어한다. 상관傷官, 양인陽刃, 비겁比劫 등과 충전형해沖戰刑害 등은 없는 것을 좋아하고 있으면 싫어한다. 이상이 여명女命을 보는 대법大法이다.

그러나 일주日主가 지나치게 약약弱한 경우에는 역시 생조生助함이 마땅한 법이며 부夫와 자子가 태왕太旺하면 또한 그 힘을 덜거나 설기洩氣시킴이 마땅하다.

또 재財로써 인印을 제제制할 때가 있고 효인梟印으로 식신食神을 제제制할 때도 있고 상관傷官을 써서 관官을 제제制하기도 하고, 칠살七殺로 비겁比劫을 제압하기도 하고 비겁比劫으로 재財를 제제制하기도 하고 암합暗合으로 길신吉神을 맞아오기도 하며 기신忌神을 형충刑沖시켜 제거하기도 하니 쓰는 법이 적절하고 타당하면 凶이 도리어 吉로 작용할 수

도 있다.

또 원국原局에는 부성夫星이 없는데도 지아비가 훌륭하게 되는 사람도 있고 원국에는 자성子星이 없는데 자식子息이 번성하는 사람이 있으니 이는 반드시 암暗으로 생生하고 회會함이 있는 사람이며 또 부성夫星이 투간透干하여 뚜렷이 드러나 있는데도 지아비가 비천卑賤하거나 자성子星이 밝게 나타나 있는데도 자식子息이 드문 사람이 있는데 이는 반드시 몰래 덜어내거나 몰래 파괴되었기 때문이다.

만약 원국에는 부夫가 많은데 실제로 지아비가 없거나 원국에는 자子가 많은데 자식이 없는 사람은 그 많은 것을 剋하거나 化시키지 못한 까닭이다.

또 부귀富貴와 빈천貧賤과 길흉吉凶과 수요壽夭는 앞에 열거한 제격諸格으로 추론한다. 다만 그중에 강건剛健, 위무威武[56]한 국국과 암충暗沖, 암합暗合의 국국과 용인用刃, 용마用馬하는 국국은 여명女命으로는 적당하지 않다.

만약 곧음과 간사함, 유순함과 사나움 등을 분별하려면 반드시 일주日主를 보고 쓰여지는 격국格局을 보아서 순수하고 고요하면 곧다고 하고 굳세고 강인하면 사납다고 하는데 또한 오행五行에 근거해서 취단取斷해야지 옛글에 지나치게 빠져서 함부로 신살神煞을 날조해서는 안 된다.

또 옛글에서 논하기를 여명女命에는 관官이 다만 하나가 있어야지 거

---

56) 위무(威武) : 위풍당당함.

듭 나타남은 좋지 않다고 하는데 이는 거의 양간兩干에 양지兩支로 거듭 나타날 때에 그렇다는 것이다. 만약 甲이 관官인데 寅이 있으면 관官이 록祿을 만난 것이며, 乙이 살殺인데 卯가 있어도 제制가 되면 이는 吉하며 관살이 유력해지는 것이다.

즉, 관官과 살殺이 함께 만난다 해도 제거하고 남기는 것이 법에 맞으면 자연히 해害가 없어지는 것이다. 무릇 인印, 재財, 식食, 상傷도 모두 이치가 이러하다.

47. 看女命法 二

- 여명을 보는 법 2 -

【原文】

舊書女命, 子辰巳年生, 四月爲大敗, 八月爲八敗. 丑申酉年生, 七月爲大敗, 五月爲八敗. 寅卯午年生, 十月爲大敗, 十二月爲八敗. 未戌亥年生, 正月爲大敗, 三月爲八敗. 又巳午未年生三月, 申酉戌年生六月, 亥子丑年生九月, 寅卯辰年生十二月, 俱爲寡宿. 皆每年取一月, 夫一月之中, 生女幾千萬億, 安有皆敗皆寡者. 况不論四柱, 而獨論一字, 有是理乎? 嘗考富貴偕老女命, 犯敗與寡者甚多, 其爲謬說決矣. 若不亟闢之, 或婚姻將諧而被破, 或夫婦已配, 而相怨, 或翁姑因此而憎棄, 其誤人豈少哉. 世俗父母, 往往託星家合婚, 遂造種種謬說, 如三元男女幾宮, 雖載於歷, 然理亦不確. 乃以男幾宮女幾宮配成生氣福德天醫爲上, 配成游魂歸魂絶體爲中, 配成五鬼絶命爲下, 又有胞胎沖, 骨髓破, 鐵掃帚, 及益財, 退財, 守鰥, 守寡, 相厄, 相妨等凶.
皆以生年月取之, 尤爲誕妄. 卽女命亦有値敗寡及諸凶而驗
者, 嘗取而推之, 其四柱本自不美, 安可借之以實謬說乎.
總之男家擇女, 女家擇夫, 只照四柱常理, 取其中和平順者
而已, 婚後吉凶, 聽之於天可也.

    옛글에서 말하기를 여명女命의 子辰巳년생이 4월이면 대패大敗가 되고 8월이면 팔패八敗가 된다. 또 丑申酉년생이 7월이면 대패大敗가 되고, 5월이면 팔패八敗가 되며, 寅卯午년생이 10월이면 대패大敗가 되고 12월이면 팔패八敗가 된다. 未戌亥년생이 정월正月이면 대패大敗가 되고 3월이면 팔패八敗가 되고, 또 巳午未년생 3월과 申酉戌년생 6월, 亥子丑년생 9월, 寅卯辰년생 12월은 모두 과부寡婦가 된다고 했다.

    이는 매년에서 각 한 달을 취한 것인데, 무릇 한 달에 태어나는 여자가 몇 천 만억이나 될 텐데 어떻게 모두 패敗가 되고 과부가 될 수 있단 말인가. 하물며 사주를 논하지 않고 다만 글자 한 자만 가지고 논하니 옳은 이치가 되겠는가.

    내 일찍이 부귀富貴하고 해로偕老[57]한 여명女命을 연구해보니 패敗를 범하고 과부가 되어야 할 자가 매우 많았으니 그 설說이 잘못된 것임이 분명하다 하겠다. 만약 이러한 것을 빨리 바로잡지 않으면 혼인

---

57) 해로(偕老) : 부부가 일생동안 함께 지내며 함께 늙음.

婚姻하여 장차 해로해야 할 사람들이 파국破局을 맞이할 수도 있고, 이미 부부로 맺어진 사람들이 서로 원망하는 경우도 있고, 시부모가 이로 인해 증오하고 버리려 할 것이니 이로써 잘못될 사람이 어찌 적다고 하겠는가.

세속世俗에서 부모들이 종종 점술가占術家에 의탁하여 결혼하는 경향이 있는데 마침내 가지가지로 잘못된 설들이 지어져 나오게 되었다.

예컨대 삼원三元 남녀는 어떤 궁宮이니 하는 식으로 비록 역서歷書에 실려 있다 해도 그 이치가 불확실한 것이니 곧 남자는 어떤 궁宮, 여자는 어떤 궁宮이 짝이 되어 생기生氣, 복덕福德, 천의天醫를 이루면 상上이라 하고, 유혼游魂, 귀혼歸魂, 절체絶體와 배합이 이루어지면 중中이라 하고, 오귀五鬼, 절명絶命과 배합이 이루어지면 하下라고 한다. 또 포태충胞胎沖, 골수파骨髓破, 철소추鐵掃帚와 익재益財, 퇴재退財, 수환守鰥58), 수과守寡59), 상액相厄, 상방相妨 등이 있으면 凶이라 하는데 모두 生年月日로 취하는 바 더욱 허탄虛誕하고 망령된 것이다.

곧 여명女命에서 패배敗의 수치와 과寡 등 여러 凶을 만나서 실제로 흉해지는지를 내 일찍이 추명推命해본 바 그 사주四柱 자체가 본래 아름답지 못했기 때문인데 어찌 이러한 잘못된 설들을 빌려서 진실된 것으로 삼을 수 있겠는가.

총괄해 말하자면 남자 측에서 여자를 택할 때나 여자 쪽에서 지아비

---

58) 수환(守鰥) : 홀아비.
59) 수과(守寡) : 과부.

를 택할 때에 사주四柱를 그 상리常理⁶⁰⁾에 비추어 보고 중화中和되고 평순平順한 자를 택하면 그만이고 그리고 나서 혼인婚姻한 후에 길흉吉凶은 하늘에 물어보면 알 것이다.

---

60) 상리(常理) : 일정한 이치.

48. 看小兒命法

- 소아명을 보는 법 -

【原文】

人命自一歲至百歲, 遇吉則吉, 遇凶則凶, 少之所喜所畏,
老亦喜之畏之, 老之所喜所畏, 少亦喜之畏之. 術家有少怕
死絶, 老怕長生之說, 不知長生收藏, 時序則然, 少壯老耄,
年齡則然, 自量年齒, 而取法時序, 爲人之道則然, 以之論
命則不然. 太旺而復遇長生, 穉年可夭. 太衰而復行死絶,
晩歲亦亡. 命之當抑者, 孩提亦喜琢削. 命之當扶者, 黃耈
亦喜滋生. 故古來談命名家, 少兒老人, 未嘗別立法則, 不
知何人, 妄造小兒關煞, 傳世旣久, 狡獪之徒, 借以恐人父
母, 增造日多, 名目不啻數十, 考其起例大率生於某年某月,
遇某字爲關, 其理毫無所出. 夫合觀四柱, 尙多難決, 安有
據一字而可斷生死者. 及偶合則曰果然某關某煞爲害, 不合
則曰好命非關煞所能傷. 又或以有關無煞, 有煞無關爲解,

嘗考小兒命, 有犯種種關煞, 而成立者, 有不犯關煞, 而夭
상고소아명 　유범종종관살 　이성립자 　유불범관살 　이요

殀者, 總之只照生剋定理取斷可也. 或疑小兒之與成人, 畢
몰자 　총지지조생극정리취단가야 　혹의소아지여성인 　필

竟有不同處, 此法殆不可廢. 然則老人之與少壯, 亦畢竟有
경유부동처 　차법태불가폐 　연즉노인지여소장 　역필경유

不同處, 何不更立一老人命法耶.
부동처 　하불경립일노인명법야

　　사람의 명命이란 한 살에서 백 살에 이르도록 吉을 만나면 吉할 것이고 凶을 만나면 凶한 것이다. 어려서 기쁘고 두려워하는 것은 늙어서도 기쁘고 두려워할 것이며, 늙어서 기쁘고 두려워하는 것은 어려서 기쁘고 두려워했던 것이다.

　　술가術家들 중에는 어렸을 때는 사절死絶이 두렵고 늙어서는 장생長生이 겁난다는 말을 하는 사람이 있는데 이는 장생長生, 수장收藏은 시간의 순서로 보아 그렇다는 것이고 젊어서는 건장하고 늙어서는 노쇠老衰해진다고 함은 연령상으로 볼 때 그렇다는 표현임을 모르는 소치이다.

　　그래서 나이를 따져서 그 시간의 서열(즉, 나이순)로 법을 취하는 것은 사람의 도리를 행할 때 그러한 것이고 나이로써 명命을 추론할 때는 그렇지 않다.

　　즉, 태왕太旺한데 다시 장생長生을 만나면 어린 나이에도 요절夭折할 수 있는 것이고 태쇠太衰한데 다시 사절지死絶地로 가면 늙은 나이라도 또한 죽는 것이다.

　　그 명命이 마땅히 눌러주어야 할 명命이라면 어린 아이라도 깎아서

덜어주어야 하고 그 명이 부조扶助를 받아야 마땅한 경우라면 노인이라도 자양滋養으로 생조生助해 주는 것을 좋아한다.

그러므로 옛날부터 담명談命으로 유명한 사람들도 어린이와 노인을 구별하여 법칙을 따로 만들지 않았다. 그런데 누군지는 모르지만 망령되게도 소아관살小兒關殺이라는 것을 만들어 세상에 전한 지가 이미 오래되었고 교활한 무리들이 이를 빌어 남의 부모父母된 자들을 두려워하게 만들며 게다가 이러한 것들을 날이 갈수록 많이 만들어내니 그 이름만도 수십 개뿐만이 아니다. 그 예들을 살펴보면 대체로 무슨 해, 무슨 달에 태어나서 무슨 자字를 만나면 관關이 된다는 식인데 그 이치가 나온 출처가 터럭만큼도 없다.

무릇 사주 전체를 놓고 감정해 보아도 오히려 해결하기 어려운 것이 많은 법인데 어떻게 글자 하나에 의지해 생사生死를 추단할 수 있겠는가. 그런데도 이렇게 해서 우연히 맞아 떨어지면 과연 무슨 관關, 무슨 살煞이 정말로 해롭다고 하고, 맞지 않을 때는 명命이 좋으면 관關, 살煞로도 상傷하게 할 수 없다고 한다.

또 혹자는 관關이 있고 살煞이 없거나, 살煞이 있고 관關이 없는 것이 그 해답이라고 한다. 내가 일찍이 소아小兒의 명命을 고찰한 바에 의하면 여러 가지 관살關煞을 범해도 무사히 성인이 된 자가 있는가 하면 관살關煞을 범한 바 없는데도 요절夭折한 자가 있었다.

총괄해 말하자면 단지 生과 剋의 이치에 정해진 바에 비추어서 판단을 취하기만 하면 되는 것이다. 혹자는 의심하기를 어린이와 성인의 명命은 반드시 다른 점이 있지 않을까 하고 이 법法은 폐廢하면 안 된다고 한다. 그러나 그렇게 생각하기로 한다면 노인의 명命과 젊은이의 명命은 필경 다른 점이 있을 터이니 노인 명命을 보는 법도 따로 만들어야 하지 않겠는가.

賦
二十篇

命理約言 卷二

'賦'란?
詩보다는 길고 文보다는 짧은 형식으로 작가의 생각을
축약된 미사여구로 표현하는 문체를 일컫는다.

1. 總綱賦 (총강부)

【原文】

年月日時, 列爲四柱, 天干地支, 辨其五行, 以月令爲提
綱, 得時者榮, 而失時者悴, 取日干爲主宰, 益我者喜, 而
損我者憎.〈我字指日干.〉爰察諸神之區別, 皆因命主之
剋生. 剋我者, 陽剋陰, 陰剋陽, 爲正官, 反是則有七殺之
號.〈七殺亦爲偏官, 反是. 指陰陽, 非指生剋, 下倣此.〉
我剋者, 陽剋陰, 陰剋陽, 爲正財, 反是則有偏財之名. 生
我者, 陽生陰, 陰生陽, 爲正印, 反是則有梟神之目.〈梟
神亦稱偏印.〉我生者, 陽生陽, 陰生陰, 爲食神, 反是則
有傷官之稱. 同我者, 陽見陽, 陰見陰, 是爲比肩而可用.
異我者, 陽見陰, 陰見陽, 是爲劫財而起爭. 古分六格兮,
六, 未足以盡干之理.〈官殺財印食傷. 及是六格.〉舊取
一用兮, 一, 豈能盡喜忌之情?〈舊以用神專一爲貴, 然

用神之力不逮, 亦當再取相神助之.〉爲印爲官, 爲食爲
財, 雖正而有時不貴. 曰梟曰殺, 曰傷曰劫, 雖凶而間亦有
禎. 有病方是奇, 然究竟議抑議扶, 仍歸純粹.〈八字有偏
倚者, 得補救之神, 仍爲英奇, 補救者何, 即强者抑之, 弱
者扶之, 是也.〉無格可取用, 若大端有禮有用, 亦主光亨.
格局紛紜, 是者宜從, 而妄者必闢. 神煞雜亂, 多則無主,
而簡則可從. 總之命貴中和, 偏枯終於有損, 理求平正, 高
遠不足爲精.

年月日時를 차례로 배열해 놓으면 사주四柱가 되고 천간天干과 지지地支는 그 오행五行을 구별하며 월령月令으로 제강提綱을 삼으니 때를 얻은 자得時者는 번영하나 때를 잃은 자失時者는 쇠퇴한다.

일간日干을 취하여 사주四柱의 주재主宰로 삼으니 나를 돕는 것을 좋아하고 나에게 손해를 끼치는 것을 싫어한다.

韋註 〈'나'란 일간日干을 가리킨다.〉

이에 여러 신神들을 살펴서 구별해야 하니 모두 명주命主에게 剋이 되거나 生이 되거나 하기 때문이다. 나를 剋하는 것은 양陽이 음陰을 극하거나 음陰이 양陽을 剋하는 관계이면 정관正官이 된다. 이와 반대의 경우를 칠살七殺이라고 부른다.

> [韋註] 〈칠살七殺은 또 편관偏官이라고도 한다. 여기서 반대라고 하는 것은 음양陰陽이 반대라는 말이지 생극生剋이 반대라는 말이 아니다. 아래도 같다.〉

내가 剋하는 것은 양이 음을 剋하거나 음이 양을 剋하는 관계이면 정재正財가 된다. 이와 반대의 경우를 편재偏財라고 한다.

나를 생하는 것은 양이 음을 生하거나 음이 양을 生하는 관계이면 정인正印이 된다. 이와 반대의 경우를 효신梟神이라고 한다.

> [韋註] 〈효신梟神은 또 편인偏印이라고도 부른다.〉

내가 生하는 것은 양이 양을 生하거나 음이 음을 生하는 관계이면 식신食神이 된다. 이와 반대의 경우를 상관傷官이라 부른다.

나와 동격이 되는 것은 (오행이 같으며) 양이 양을 보거나 음이 음을 보는 관계로 비견比肩이 되며 가히 내가 쓸 수 있는 것이다. 나와 조금 다른 것은 (오행은 같으나) 양이 음을 보거나 음이 양을 보는 관계로 겁재劫財가 되며 쟁투爭鬪가 일어나는 관계이다.

예전에는 격格을 여섯으로 나누었는데 여섯으로 干의 이치를 다 나타내기에는 부족한 것이다.

> [韋註] 〈관官·살殺·재財·인印·식食·상傷이 곧 육격六格이다.〉

옛글에서는 용신用神을 하나만 취하라 했는데 그 하나로서 어찌 희기희忌의 정을 다 나타낼 수 있겠는가.

章註 〈옛글에서는 용신用神은 오직 하나라야 귀한 것으로 보았다. 그러나 용신用神의 힘이 미치지 못할 때는 다시 상신相神[61]을 취하여 돕는 것이 마땅하다.〉

정인正印, 정관正官, 식신食神, 정재正財 등은 비록 '정正'이지만 때로는 귀하지 않을 수도 있고 효신梟神, 칠살七殺, 상관傷官, 겁재劫財는 비록 '흉凶'이라 하지만 때로는 상서롭게 쓰이기도 하는 것이다.

사주에 병病이 있어야 바야흐로 기奇한 것이라 하지만 이것도 결국에 가서는 억抑과 부扶를 논해서 순수함에 돌아가는 것에 불과한 것이다.[62]

章註 〈팔자八字가 편중偏重되어 있을 때는 보충해 주거나 구제해 주는 신神을 만나면 뛰어나며 보통과 달라진다. 보충하고 구제하는 것은 무엇인가? 이미 강한 자는 억누르며 약한 자는 부조扶助해 주는 것이다.〉

격格이 없어도 취용取用할 수 있으며 만약 크게 보아서 예禮가 있고 용用할 것이 있다면 또한 빛남을 주관할 수 있을 것이다.

격국格局이 많아 어지러운 듯 하나 옳은 것은 마땅히 따르고 망령된 것은 반드시 물리쳐야 한다. 신살神煞은 혼란하고 어지러운데 많으면 주된 것이 없지만 간단하면 따를 수도 있을 것이다.

---

61) 상신(相神)은 자평진전(子平眞全)에서 사용한 용어로 희신(喜神)과 유사한 의미이고 두 번째 용신 혹은 상용신(相用神)이라고 부른다.
62) 장남(張楠)의 병약설(病藥說)에 대한 비판적 의견을 피력하고 있다.

총괄해 말하자면 명命이란 중화中和에 그 귀貴함이 있으니 편고偏枯하면 마침내 손실이 있을 것이며 명命의 이치는 평의하고 바른 것을 구해야 하므로 높고 먼 것은 정밀함이 부족하다.

2. 格局賦 _{격국부}

【原文】

總綱旣定, 格局宜詳, 月令所得何支, 依之取斷, 柱神所有
何類, 參以酌量. 偏正不必甚分者, 曰財星, 曰印綬, 陰陽
必應各取者, 曰官殺, 曰食傷. 月遇祿神, 未可推爲領袖,
月逢刃曜, 又何取此凶狂. 格從司令而來.〈司令卽月令.〉
此實依經順理. 格由他神而取, 蓋爲捨弱用强.〈詳參卷一
看命總法.〉逢官看殺, 逢殺看印爲要〈用官最忌殺混, 故
必須看七殺何如. 用殺最忌身衰, 故必須看印綬何如.〉用
財畏劫, 用食畏梟其常〈劫能奪財, 奪食, 故畏.〉若全局無
官星可言, 則暗格亦取, 或日主配他干而變, 則化局可商.
其餘外格多端, 半皆誕妄, 更有納音諸法, 益以洸洋. 總之
先定何格以推, 則喜忌自見, 隨取何神爲用, 則休咎彌章.
或止恃一神, 始終相託, 或兼求他用, 變化無方. 至於氣象

茫茫, 論格旣無可取, 神情汎汎, 言用亦無足當, 此則深求
망망   논격기무가취   신정범범   언용역무족당   차즉심구

反鑿, 淺論爲長.
반착   천론위장

총강總綱을 앞에서 정하였으니 격국格局에 대하여 마땅히 설명해야 한다. 월령月令이 어떤 지지地支를 얻었는지 보고 그에 따라 격국 판단을 취하며 각 사주의 육신들이 어떤 류類인지 보고 이를 참작하여 격국을 가늠한다.

편偏, 정正을 꼭 나눌 필요가 없는 것은 재성財星과 인수印綬이며 음陰과 양陽을 반드시 적용하고 나누어 취해야 하는 것은 정관正官, 칠살七殺 그리고 식신食神, 상관傷官이다.

월령月令에서 녹신(祿神 : 건록)을 만나도 가장 중요한 것[領袖 : 옷깃과 소매]이라 추론하여 쓰기 어려운데, 월령月令에서 인요(刃曜 : 양인)을 만난다고 어찌 그 흉포와 광기[凶狂]를 취할 수 있겠는가.[63]

격格은 사령司令를 따라 오는 것이다.

[韋註] 〈사령司令은 곧 월령月令이다.〉

위 사실은 경(經 : 불변의 법칙)에 따르고 이치에 순응하는 것이다. 만약 격格을 (월령에 따르지 않고) 다른 신神에 따라 취할 때는 대개 약한 것은 버리고 강한 것을 쓰는 법이다.

---

63) 월령이 비겁일 때는 格을 삼지 않는다는 뜻이다.

[韋註] 〈자세한 것은 권1의 간명총법看命總法을 참고하라.〉

관官을 만나면 살殺을 보고[逢官看殺], 살殺을 만나면 인印을 보라[逢殺看印]고 한 말이 중요하다.

[韋註] 〈관官을 쓸 때 가장 꺼리는 것이 관살혼잡官殺混雜되는 것이다. 그래서 반드시 칠살七殺의 상황을 살피라는 것이다. 또 살殺을 쓸 때는 가장 꺼리는 것이 신약身弱이라 반드시 인수印綬의 상황을 보라는 것이다.〉

재財를 쓸 때는 겁재劫財를 두려워하며, 또 식신食神을 쓸 때는 효신(梟神 : 편인)을 두려워함이 상리이다.

[韋註] 〈겁재劫財는 능히 탈재奪財하고 효신梟神은 능히 탈식奪食하므로 두려워한다.〉

만약 사주四柱 원국原局에 관성官星이 없어도 괜찮다고 말할 수 있으니 곧 암격暗格으로 취할 수 있기 때문이다.

때로는 일주日主가 다른 천간天干과 합하여 변變하면 화국化局도 생각해 볼 수 있다.

그 밖의 외격外格은 복잡다단하지만 거의가 허탄하고 망령된 것들이다. 게다가 납음納音을 사용하는 여러 법칙들이 있는데 이들은 심원深遠하여 헤아릴 수 없을 정도이고 넘쳐흐를 정도로 많다.

총괄하여 말하자면 먼저 어떤 격국格局인지 추리하여 정하고 그러면 곧 희기喜忌가 자연스럽게 나타나니, 어떤 신神을 용신하든지 간에 곧

휴구(休咎 : 길흉)가 조리 있게 채워져 알게 될 것이다.

때로는 이 하나의 신神만 믿고 처음부터 끝까지 서로 의탁하고, 때로는 다른 용신用神을 아울러 구해 쓰는 변화를 부려도 무방하다.

그러나 기상氣象이 망망茫茫64)하여 격을 논해서는 취용取用할 수 없거나 신정神情이 범범汎汎65)하여 용신用神을 말하기에도 적당치 않을 때가 있는데 이때는 깊이 찾으면 오히려 착오가 생기니 얕은 곳에서 찾는 것이 제일이다.

---

64) 넓고 아득하여 포착할 수 없음.
65) 두루 존재하여 맺힘이 없음.

3. 行運賦 _{행운부}

【原文】

格局旣分, 榮枯之槪已具, 運途參考, 否泰之理斯完, 從生
격국기분 영고지개이구 운도참고 비태지리사완 종생

月而推, 遞行前月後之建, 以男女爲別, 乃分順行逆行之端,
월이추 체행전월후지건 이남여위별 내분순행역행지단

男生陽年, 女生陰年, 則以未來取用. 男生陰歲, 女生陽歲,
남생양년 여생음년 즉이미래취용 남생음세 여생양세

則從已往詳觀. 計生辰之離節, 凡有幾日, 知人命之交運,
즉종이왕상관 계생신지이절 범유기일 지인명지교운

應在何年. 一日則爲四月, 雖片時而必扣, 三日則爲一歲,
응재하년 일일즉위사월 수편시이필구 삼일즉위일세

苟缺月而勿寬. 一運管十年, 榮枯有準, 五行配四柱, 休戚
구결월이불관 일운관십년 영고유준 오행배사주 휴척

相連, 宜與不宜, 全憑格局, 利與不利, 但問日干, 破格者,
상연 의여불의 전빙격국 이여불리 단문일간 파격자

值之爲戚, 助格者, 遇之爲歡, 日弱者扶之而氣盛, 日强者
치지위척 조격자 우지위환 일약자부지이기성 일강자

抑之而美全, 旺日復到旺鄕, 必罹悔吝. 衰日再行衰地, 定
억지이미전 왕일부도왕향 필리회린 쇠일재행쇠지 정

主摧殘. 吉若財官印食, 喜於相見.〈行運中固喜見財官印
주최잔 길약재관인식 희어상견 행운중고희견재관인

食, 然亦須看日主之氣勢何如, 能否應付.〉凶若刑沖梟劫,
식 연역수간일주지기세하여 능부응부 흉약형충효겁

多主不安〈行運中固忌刑沖梟劫, 然果日主氣勢有餘, 亦有
다주불안 행운중고기형충효겁 연과일주기세유여 역유

凶反爲吉者, 所謂刑沖梟劫, 應分四項而論, 非梟與劫, 逢
흉반위길자 소위형충효겁 응분사항이론 비효여겁 봉

刑沖也.〉但吉而無情, 亦難吉論, 苟凶而有用, 不作凶言.
형충야   단길이무정   역난길론   구흉이유용 부작흉언

運固重支, 須合干神兼論. 運雖計歲, 亦難上下截看. 火若
운고중지 수합간신겸론   운수계세   역난상하절간   화약

在天, 下有水流而減曜, 金如處地, 上逢火灼而失堅. 木火
재천 하유수류이감요   금여처지   상봉화작이실견   목화

同來, 十年並暖. 水金相濟, 一運皆寒.〈所謂一運者, 一干
동래 십년병난   수금상제   일운개한   소위일운자   일간

一支是也, 雖不能截斷分論, 然果干害支, 支害干, 其吉凶
일지시야 수불능절단분론   연과간해지 지해간   기길흉

之力, 未嘗不減輕, 干助支. 支助干, 其吉凶之力, 亦未嘗
지력 미상불감경   간조지   지조간   기길흉지력   역미상

不加重耳.〉取神殺以評, 視實在干支而較緩. 交接必咎, 豈
불가중이   취신살이평   시실재간지이교완   교접필구   기

行運福利而亦然.〈俗謂交運脫運之際, 必主不利, 豈其然
행운복리이역연   속위교운탈운지제   필주불리   기기연

乎.〉言凶運旣去爲殃, 是離任之官. 猶能行令. 言吉運未來
호   언흉운기거위앙   시이임지관   유능행령   언길운미래

作福, 將候選之職, 遂可操權.〈凶運旣去, 自無禍害, 吉運
작복   장후선지직   수가조권   흉운기거   자무화해   길운

未來, 安有瑞祥.〉命吉運凶, 若良馬堅車, 阻險道而難進.
미래 안유서상   명길운흉   약량마견차   조험도이난진

命凶運吉, 若破帆敝楫, 乘順風而亦前. 行運此其大略, 通
명흉운길 약파범폐즙   승순풍이역전   행운차기대략   통

變難以言宜.
변난이언의

격국格局이 이미 나뉘었으면 번영과 쇠퇴의 개략이 이미 갖추어 드

러난 것이고, 운運이 흐르는 길[運途 : 대운]을 참고하면 비태(否泰 : 행복과

불행)66)의 이치가 이에 완성되는 것이다.

운運은 생월生月을 좇아 추산해서 앞, 뒤 월건月建으로 번갈아 나아가되 남녀의 구별이 있으니 순행順行과 역행逆行의 단서가 된다.

즉, 남자가 양년陽年에 태어나고 여자가 음년陰年에 태어나면 미래로 취용하고 남자가 음년陰年에 태어나고 여자가 양년陽年에 태어나면 과거로 돌아가서 자세히 보는 것이다.

그리고 태어난 날에서 절기節氣와 떨어진 날이 며칠인가를 계산하면 인명人命에서 운이 바뀌는 때가 어느 해에 있는지를 알게 된다.

일일一日은 4개월이 되는데 비록 자투리 시간이라도 반드시 빼야 하고 삼일三日은 1년이 되는데 혹시 달이 부족하더라도 관대할 정도로 어림 계산하지 말아야 한다.

일운一運은 10년을 관장하여 영고성쇠의 기준이 되며 그 오행을 사주와 짝지어 보면 길흉吉凶이 서로 연결됨을 알 수 있다.

사주四柱가 마땅하고 마땅치 않음은 전적으로 격국格局에 달려있고 이로움과 불리함은 다만 일간日干과 관련된 문제이니 격格을 파破하는 것이 일간日干을 만나면 근심이 되고 격을 돕는 것이 일간을 만나면 기쁨이 된다.

일간日干이 약한 것은 부조扶助하면 氣가 왕성해지고 일간日干이 강한 것은 억제抑制해주면 완전히 아름다워진다.

또 旺한 일주가 다시 旺한 운으로 가면 반드시 뉘우쳐 한탄할[悔吝]

---

66) 비태(否泰) : 막힌 운수와 터진 운수. 不幸, 幸福 · 주역의 괘명 천지비(天地否)괘와 지천태(地天泰)에서 유래함.

재난을 당할 것이요, 쇠약한 일주日主가 다시 쇠약한 운으로 가면 반드시 심하게 손상을 입을 일[摧殘]이 예견되는 것이다.

재財・관官・인印・식食 같은 길신吉神이면 서로 보는 것이 기쁘다.

[章註] 〈행운行運 중에 원래 재財, 관官, 인印, 식食을 만나는 것을 좋아하는 것이지만 또한 반드시 일주日主의 기세가 어떠한가를 살펴서 능력에 따라 대처하도록 한다.〉

형刑・충沖・효梟・겁劫 같은 흉신凶神이면 일주日主에 불안함이 많다.

[章註] 〈행운行運 중에는 원래 형刑, 충沖, 효梟, 겁劫을 꺼리지만 일주의 기세가 대처할 만한 여력이 있으면 흉이 변해서 길이 되는 수가 있다. 여기서 말하는 형, 충, 효, 겁이란 이것을 4개로 나누어서 따로 논해야지 효梟와 겁劫이 형충刑沖을 만나는 것은 아니다.〉

단, 吉이라도 무정無情한 경우에는 吉로 논하기 어려우며 凶이라도 용用할 데가 있으면 凶이라고 말하지 않는다.

운運은 본래 지지地支를 중히 여기지만 모름지기 천간天干의 신神과 함께 논해야 하며 운은 비록 햇수를 헤아리긴 해도 역시 干支의 상하를 떼어서 보기는 어렵다.

火가 만약 천간天干에 있는데 지지地支에 물이 흐르고 있는 상황이면 그 火의 빛이 감소될 것이며 金이 지지에 있는데 천간에 火가 불타고 있다면 그 견고함을 잃게 될 것이다.[67]

---

67) 장남(張楠)의 개두설(蓋頭說)을 설명하고 있다.

또 木火가 상하로 같이 오면 10년이 모두 따뜻할 것이고 水金이 같이 오면 일운一運이 내내 한냉寒冷할 것이다.

> 韋註 〈소위 일운一運이라는 것은 일간一干, 일지一支를 합해서 말하는 것이다. 그러나 비록 끊어서 따로따로 논할 수는 없지만 만약 천간天干이 지지地支를 해害하고 지지가 천간을 해害하는 경우엔 그 吉과 凶의 힘은 감경될 수밖에 없고 천간이 지지를 돕고 지지가 천간을 돕는 경우에는 그 길흉의 힘은 또한 가중될 수밖에 없다.〉

신살神殺을 취해 평하는 것은 실제로 간지干支로 보는 것보다 비교적 늦게 온다. 한편 대운大運이 교접(交接 : 대운 끝나고 바뀜)하는 시기에는 필히 불상사가 생긴다 하나 어찌 행운이 복리福利로 갈 때에도 그러하겠는가.

> 韋註 〈속俗에서 이르기를 운이 바뀌거나 벗어날 때는 반드시 불리함이 주관한다고 하는데 어찌 그러하겠는가.〉

또 말하기를 흉운凶運은 지나가고 나서도 재앙災殃이 된다고 하는데 비유하자면 이는 비록 직무를 떠나는[離任] 관리라도 오히려 명령을 내릴 수 있는 것과 같고 또 길운은 아직 도래하지 않아도 복福이 된다고 말하는데 이는 앞으로 선임될 관리가 미리 그 권한을 행사할 수 있다는 말과 같다.

> 韋註 〈흉운이 이미 지나갔으면 화禍와 해로움은 스스로 없어지는 것이고 길운이라도 아직 도래하지 않은 것이면 어찌 상서로움이 있을 수 있겠는가.〉

명命은 吉한데 운運이 凶한 것은 좋은 말과 견고한 마차가 험한 길에 막혀서 나아가기 힘든 것과 같고 명命은 凶한데 운運이 吉한 것은 돛은 찢어지고 노도 부러진 배가 순풍을 타고 전진하는 것과 같다.

행운行運을 보는 법은 이상이 그 대략이나 말로 통변하기는 어렵다.

4. 流年賦 (유년부)

【原文】

大運司十載之休咎, 流年菅一歲之窮通. 歲干如君, 固應從
대운사십재지휴구 유년관일세지궁통 세간여군 고응종

重, 歲支爲輔, 實則同功. 先觀歲與日干, 或爲利, 或爲害,
중 세지위보 실즉동공 선관세여일간 혹위리 혹위해

次詳歲與大運, 或相順, 或相攻, 問其有無會合, 考其宜否
차상세여대운 혹상순 혹상공 문기유무회합 고기의부

刑沖. 大抵命之所喜者, 自非運所忌見, 命之所惡者, 亦非
형충 대저명지소희자 자비운소기견 명지소오자 역비

運所樂逢. 歲與運戰爭, 須憑原局之中, 有神救解, 歲與運
운소낙봉 세여운전쟁 수빙원국지중 유신구해 세여운

和睦, 若係主干之吉, 加倍興隆. 或謂犯歲而致災必重. 或
화목 약계주간지길 가배흥융 혹위범세이치재필중 혹

謂合歲而引悔成凶, 夫犯必日之財年, 非正卽偏, 有何不
위합세이인회성흉 부범필일지재년 비정즉편 유하불

利? 合必日之正配, 非官卽財, 正喜相逢, 惟衰干不任財官,
리 합필일지정배 비관즉재 정희상봉 유쇠간불임재관

反罹其禍, 非太歲每逢剋合, 必害厥躬.〈凡日干犯太歲者,
반리기화 비태세매봉극합 필해궐궁 범일간범태세자

如甲見戊, 乙見己之類, 皆爲偏財. 太歲合日干者, 如甲見
여갑견무 을견기지류 개위편재 태세합일간자 여갑견

己, 乙見庚之類, 非正財, 卽正官, 非惟不可槪作凶言, 倘
기 을견경지류 비정재 즉정관 비유불가개작흉언 당

日主氣勢有餘, 得此反主奮發.〉先遇是物而安, 後遇是物
일주기세유여 득차반주분발 선우시물이안 후우시물

而危, 由運途亨蹇之異. 初見斯神而喜, 復見斯神而畏, 因
歲建上下不同. 上來降祥, 而爲支所生, 則彌增福力, 下欲
逞虐, 而受干之制, 則半減凶鋒.〈流年干支, 固不能截斷
分論, 而以上半年屬干, 下半年屬支. 然果歲干爲喜神, 而
又得歲支生之, 未嘗不可彌增福力. 歲支爲忌神, 得歲干制
之, 未嘗不可半減凶鋒.〉木若司年, 至金月而蔭淺. 水如秉
歲, 涉冬而波洪. 歲運並臨, 災祥更大. 干支同類, 勢力尤
雄. 殺年而局食先強, 豈能相難.〈日主雖衰, 而原柱食神得
勢, 卽歲逢七殺, 亦不爲害, 蓋食先殺後, 食可制殺也.〉劫
歲而運財方盛, 亦止得中.〈運行財地, 其財方盛, 雖遇劫財
流年, 亦不致損失.〉擧此爲例, 其類可充. 至本年每月之吉
凶, 倣此推究, 若遂歲小運之謬妄, 不必硏窮.

대운大運은 10년간의 길흉吉凶을 관장하고 유년流年은 1년간의 궁통窮通[68]을 주관한다. 세운歲運의 천간天干은 군주와 같으니 마땅히 따르고 중重하게 여겨야 하고 세운의 지지地支는 보좌하는 역할이라 하나 실제로는 그 공功은 같은 것이다.

---

68) 궁통(窮通) : 빈궁(貧窮)과 영달(榮達), 궁달(窮達)이라고도 한다.

먼저 세운歲運과 일간日干을 살펴서 이로움이 될지 해로움이 될지를 보고 다음으로 세운과 대운大運을 상세히 살펴서 서로 순응하는지 혹은 서로 다투는지를 보며 모이고 합하는 유무를 따져 보고 형충刑沖이 마땅한지의 여부를 연구해 보아야 한다.

대개 명命에서 좋아하는 것은 운運에서도 만나기를 꺼려하지 않으며 명命이 싫어하는 것은 운에서도 역시 만나기를 즐거워하지 않는다.

세운歲運과 대운大運이 전쟁戰爭하는 상황이면 반드시 원국原局 중에 해결하는 신神에 기대야 한다. 세운歲運과 대운大運이 화목和睦한 상태이고 만약 주된 干과의 관계가 吉하면, 그 흥興하고 융성隆盛함이 곱절이나 증가할 것이다.

어떤 사람은 말하기를 "세운歲運을 범하면 그 재앙의 닥침이 반드시 무겁다."라고 하고, 또 어떤 이는 "세운과 합하면 과오를 불러 凶이 된다."라고 말하는데 여기서 범犯한다는 것은 반드시 일간의 재財가 되는 세운에 해당되고 정재正財 아니면 편재偏財일텐데 무슨 불리함이 있겠는가. 또 세운과 합한다는 것은 반드시 일간日干의 배필로 정관正官이 아니면 정재正財가 되는데 '정正'의 관계는 서로 만나기를 기뻐하는 관계이다. 오직 쇠약한 일간日干은 재財, 관官을 감당치 못하여 오히려 화禍를 당하는 것이지 태세太歲가 剋과 합이 될 때마다 반드시 그 자신을 해치는 것은 아니다.

[韋註] 〈무릇 일간이 태세를 범한다고 하는 것은 예컨대 甲이 戊를 볼 때나 乙이 己를 보거나 하는 부류로 모두 편재가 되며 태세가 일간과 합한다고

하는 것은 예컨대 甲이 己를 보거나 乙이 庚을 만나는 부류로 정재正財가 아니면 정관正官이 되는데 이들을 흉하다고 몰아서 말하면 아니 된다. 이런 경우에도 만약 일주日主의 기세가 넘쳐나면 이러한 경우를 만나도 오히려 분발할 수 있다.〉

또 "먼저 만난 이러한 경우에는 평안했는데 나중에 만난 이러한 경우는 위태로워졌다."라고 하는 것은 운도(運途 : 大運, 운의 길)가 형통亨通하거나 막힘이 있거나 하는 그 차이 때문이고 "처음에 이 신神을 만났을 때는 좋았는데 다시 그 신神을 만났을 때는 좋지 않았다."라고 하는 원인은 세운의 상하[干支]가 같지 않기 때문이다.

위[干]에서 상서로움이 하강하고 지지에서 그것을 받아 生한 바가 되면 복력福力이 더욱 크게 증진할 것이며, 아래에서 제멋대로 포학暴虐[69]하고자 해도 천간天干으로부터 규제를 당하니 흉하고 날카로움은 반감될 것이다.

韋註 〈유년流年의 간지는 원래 상하上下를 절단해서 논할 수 없으니 1년의 상반년上半年은 천간天干에 속하고 하반년下半年은 지지地支에 속한다고 말할 수 없는 것이다. 만약 세운歲運과 천간天干이 희신喜神이고 세운과 지지地支가 또 이를 生해주면 복력福力이 크게 증진하지 않을 수 없으며 세운과 지지가 기신忌神이라도 세간에서 이를 제해주면 그 흉하고 날카로움을 반감시켜줄 것임에 틀림없다.〉

---

69) 포학(暴虐) : 몹시 잔인하고 난폭함.

木운이 그 해의 세운이라면 金월에 이르러서는 木의 그늘이 빈약해질 것이고 水운이 그 해를 장악하고 있을 때 겨울을 지나는 동안에 물이 크게 불어나게 되리니 세운이 월건月建과 함께 임하게 되어 그 재앙이나 상서로움이 더욱 커질 것이며, 간지干支가 동류에 속하면 그 세력이 더욱 웅대하게 될 것이다. 또 칠살년七殺年이라도 원국에 식상食傷이 먼저 강한 형상이면 어찌 어려울 일이 있겠는가.

[韋註] 〈일주日主가 비록 쇠약하나 원국에 식신食神이 득세하고 있는 상황이면 세운에서 칠살七殺을 만나더라도 해害를 당하지 않는다. 대개 식상食傷이 선점하고 있는데 칠살七殺이 후에 들어오면 식신食神은 살殺을 제압하는 법이다.〉

세운歲運이 겁재劫財이고 대운에서 재성財星이 바야흐로 왕성하면 역시 중간 정도에서 그치게 될 것이다.

[韋註] 〈대운이 재財의 지지地支로 운행하여 그 재財가 기운을 떨치려고 할 때는 비록 유년流年에서 겁재劫財운을 만나더라도 손실에 이르지는 않는다.〉

이러한 것을 예로 삼아서 나머지도 유추하면 충분할 것이다.

또 그해 매월每月의 길흉吉凶은 이와 유사하게 미루어 연구하면 되며 세운을 볼 때 소운小運의 잘못된 방법을 따르면 오류에 빠지게 되니 연구할 필요가 없는 것이다.

5. 正官賦 (정관부)

【原文】

陽剋陰日, 陰剋陽神, 類官民之受治, 固理順而勢馴. 甲見
干辛支酉, 乙遇天庚地申, 或辛藏丑戌, 取爲甲配, 或庚生
巳地, 扶作乙君.〈假如甲木日干, 以辛金爲正官, 酉丑戌三
支, 所藏辛金, 亦正官也. 乙木日干, 以庚金爲正官, 申巳二
支, 所藏庚金, 亦正官也.〉旺相而榮華分定, 清純而富貴無
倫. 佩印爲榮, 印過多亦虞洩氣, 得財取貴, 財遇劫先恐傾根.
〈如甲木以辛金爲官, 癸水爲印, 若癸水重逢, 盜洩辛金元氣,
其官豈能爲我用乎? 若得己土之財, 以制癸水, 仍可取貴,
假使己土又爲乙木劫去, 則根本傾危矣.〉深惡傷官爲累, 更
嫌失令不尊. 陽日食神, 貪合而忘官可慮.〈陽日正官, 怕食
神來合, 合則官力微矣.〉陰日食神, 成當亦損貴不眞.〈食神
雖不能剋官, 然與官究屬不利.〉逢沖破兮, 貴元必壞. 值刑

害兮, 秀氣不純. 若七殺之相混, 尤四柱之最嗔, 唯剋合之有力, 斯能去病.〈殺來混官, 如有合殺剋殺之神, 其殺亦不能害官.〉苟氣勢之相抗, 無不傷身.〈官殺之勢均力敵, 則去留兩難, 其身能不受傷乎.〉至於行運之愛憎, 仍同取格之喜忌, 臨財向旺, 起白屋以凌霄. 遇殺逢傷, 自青雲而墜地. 行死絶兮, 重則職奪, 而輕則秩卑. 見刑沖兮, 大則災來, 而小則病至. 食印得力, 雖殺運不至奇殃.〈食能制殺, 印能護身, 雖行殺運無妨.〉官貴輕微, 即印鄉亦爲未濟.〈官輕再逢印洩, 其力更輕, 安有濟乎.〉官根太弱, 食神運亦有剝官之. 官勢太强, 財旺運豈無欺主之幣.〈官旺再行財運, 則日主更弱矣.〉要皆因時令爲屈伸, 先當辨日干之隆替, 若乃滿柱皆官, 衰干無氣, 當委命以從官, 勿抗衝以强制, 財官旺地, 遇之而一路皆宜. 食印兩神, 逢之而多端不利. 傷官之運, 立見傾危. 身旺之鄉, 必多災異.〈此指從官格言.〉總之官只是官, 縱重疊不應作殺. 官又見官, 乃枝節無容多議. 眞官正印, 實命格之上流. 貴殺賤官, 特後生之妄意.

정관正官은 양陽이 음陰 일간日干을 剋하거나 음陰이 양陽의 신神을 剋하는 경우로 관官이 백성을 다스리는 것과 같은 것이며 본디 이치에 순응하고 세력에 길들여지는 것을 말한다.

甲이 천간天干에서 辛을 보거나 지지地支에서 酉를 보는 경우, 乙이 천간에서 庚을 만나거나 지지에서 申을 만나는 경우, 혹은 丑, 戌 속에 소장된 辛으로 甲의 짝을 만드는 것, 혹은 庚이 巳지地에서 生하게 되니 乙의 낭군으로 만들어 주는 것 등이다.

[韋註]〈가령 甲木 일간日干이라면 辛金이 정관正官인데 酉丑戌 세 개의 지지에는 辛金이 들어있으므로 이 또한 정관正官이 된다. 또 乙木 일간日干은 庚金으로 정관正官을 삼는데 申과 巳의 2개의 支에는 庚金이 소장되어 또한 정관正官이 되는 것이다.〉

정관正官이 왕상旺相하면 영화榮華가 정해진 것이나 다름없고 청순하면 부귀가 무륜(無倫 : 최고로 뛰어남)하다. 인수印綬가 있으면 좋지만 인수가 과다하면 관官이 설기될 우려가 있다.

또 재財를 얻으면 귀함까지 얻으나 재財가 겁재劫財를 만나면 우선 걱정되는 것은 뿌리가 다치지 않을까 하는 것이다.

[韋註]〈예컨대 甲木은 辛金이 관官이 되며 癸水는 인수가 된다. 만약 癸水를 거듭 만나게 되면 辛金이 원기元氣를 빼앗기게 되니 그 관官이 어찌 나를 위해서 소용이 될 수 있겠는가. 만약 己土 재성을 얻어서 이 재財로써 癸水를 제制하면 마침내 귀貴를 취할 수 있다. 만약 이 己土가 乙木 겁재를 만

나서 제거되면 관官의 뿌리가 다치게 되니 즉 관官의 뿌리의 근본이 기울어져 위태롭게 된다.〉

정관正官은 상관傷官이 자신의 우환거리가 되는 것을 매우 싫어하며 실령失令하여 존엄성을 잃는 것을 더욱 혐오한다.
양일陽日의 식신食神은 합을 탐하여 관官의 염려를 망각한다.

[韋註] 〈양일陽日의 정관正官은 식신이 와서 합할까 두려워하는데 합이 되면 관官의 힘이 미약해지기 때문이다.〉

음일陰日의 식신食神이 무리를 지으면 또한 정관의 귀함을 손상시키나 그 정도가 심하지는 않다.

[韋註] 〈식신食神이 비록 관官을 극하지는 못하나 관官과 함께 있으면 결국 관官에게는 불리함에 속한다.〉

충파沖破를 만나면 귀함의 근원도 반드시 파괴될 것이며 형해刑害를 만나면 그 빼어난 기운이 순수함을 잃게 될 것이다.
만약 칠살七殺과 혼잡이 되면 사주에서 관官이 가장 싫어하는 것이지만 살殺을 극剋하고 합하는 방법이 있으면 이는 그 병病을 능히 제거할 수 있는 것이다.

[韋註] 〈살殺이 와서 관官과 혼잡이 되어도 합살合殺하거나 극살剋殺시키는 신神이 있다면 살이 관을 해害하지 못한다.〉

그렇지 않고 기세로 서로 대항하면 몸을 다치지 않을 수 없을 것이다.

[章註] 〈관살의 세력이 균등하고 힘이 서로 대적할 만하여 제거와 잔류가 모두 어려우면 그 몸[日主]이 어찌 상하지 않을 수 있겠는가.〉

행운行運에서의 좋아하고 미워함은 격격을 취할 때의 좋아하고 꺼리는 것과 동일하다.

재운財運에 임해서 旺한 곳을 향하면 평범한 집[白屋]에서 태어나 원대한 뜻[凌霄]을 세워보는 운이지만, 칠살을 만나고 상관을 마주치면 청운靑雲70)으로부터 지상地上으로 추락할 것이다.

정관正官이 사절지死絶地로 흐르는데 중重하면 직책을 박탈당할 것이요, 가벼우면 지위가 낮아질 것이다.

형충刑沖을 당할 때는 크게는 재앙災殃이 닥치게 되고, 작으면 질병疾病을 겪을 것이다.

식신食神과 인수印綬가 힘을 얻으면 비록 살운殺運이 오더라도 특별한 재앙은 닥치지 않는다.

[章註] 〈식신食神은 살殺을 제압할 능력이 있고 인수印綬가 일주日主 자신을 보호할 수 있으므로 비록 살운殺運이 온다 해도 무방하다.〉

관귀官貴가 경미하면 인수印綬운에 무사히 지나가기 어렵다.

[章註] 〈관官이 경輕한데다 인印을 또 만나면 그 힘이 설기되어 더욱 경미해지니 어찌 무사히 지나갈 수 있겠는가.〉

---

70) 청운(靑雲) : 높은 이상이나 벼슬.

관官의 뿌리가 아주 약하다면 식신食神운에 또한 관직을 박탈당할 우려가 있고, 관官의 세력이 아주 강한데 재財가 旺한 운이 오면 어찌 일주日主를 기만하는 폐단이 없을 수 있겠는가.

韋註 〈관官이 旺한데 또다시 재운財運으로 가면 일주日主가 더욱 약해지는 까닭이다.〉

요컨대 모두가 시령時令에 따라서 굴신屈伸[71]해야 하는 것이니 먼저 일간日干의 성쇠盛衰를 판단함이 마땅하다. 만약 사주가 전부 관官으로 되어 있고 쇠약한 일간은 기력이 없는 상황이라면 자신의 명命을 버리고 종관從官하는 것이 마땅하니 억지로 제압하여 균형을 이루겠다고 대항하지 말라.

종관격從官格에서 재관財官이 旺한 곳으로 가면 한결같이 좋고 식신食神과 인수印綬의 양신兩神을 만나면 할 일이 많이 바쁘고 불리하게 되며 상관傷官의 운에서는 곧 기울고 위태로워질 것이고 일주日主가 旺해지는 운에서는 반드시 이상한 재앙이 많아질 것이다.

韋註 〈이상은 모두 종관격從官格의 경우를 가리켜 한 말이다.〉

결론적으로 말하면 관官은 그냥 관이며 관官이 중첩했다고 살殺로 보아서는 아니 되니 관官이 또 관官을 본 것은 부차적인 문제일 뿐 다양한 논의를 용납할 수 없다.

---

71) 굴신(屈伸) : 몸을 굽히고 펴는 행동, 즉 융통성있게 대처함.

또 진관정인眞官正印은 실로 명격命格의 상류라고 하거나 살殺은 귀貴하게 여기고 관官은 천淺하게 여긴다는 것 등은 다만 후생後生들의 망령된 의견일 뿐이다.

6. 偏官賦 (편관부)

【原文】

陽爲陽剋, 陰與陰爭, 從日干而數去, 蓋居七位, 處同流而
相賊, 故號殺星. 壬與亥而剋丙, 癸及子而傷丁, 申內有壬,
丙逢必害, 丑辰伏癸, 丁遇無情.〈假如丙火日干, 以壬水
爲偏官, 亥申二支, 所藏壬水, 亦偏官也. 丁火日干, 以癸
水爲偏官, 子丑辰三支, 所藏癸水, 亦偏官也.〉斯神先須
處置, 他物方可推評, 或食神制之, 而馴其强暴; 或印綬化
之, 而變作和平; 或傷官敵之, 而兩凶俱解; 或刃星合之,
而一將成功. 駕馭得宜, 取作偏官之用, 威權不亢, 乃爲
大貴之徵. 正印食神, 化與制何妨並見, 偏財梟印, 生與化
未免相櫻,〈偏財能生殺, 梟印能化殺, 互相抵觸, 並見非
宜.〉日主甚强, 卽無制不爲殺困, 正官相雜, 但無根亦從
殺行.〈如正官無力, 雖與七殺混, 仍從殺行.〉去官不過兩

端, 用食用傷皆可.〈去官留殺, 必須食神傷官.〉合殺總爲
美事. 合來合去宜淸. 獨殺成權, 職居淸要. 衆殺有制, 身
掌權衡.〈衆殺有制, 要日主强旺則吉, 主弱不顯達.〉殺生
印而印扶身, 龍墀高步. 身任財而財滋殺, 雁塔題名. 若殺
重而身輕, 非貧即夭.〈殺重身輕而無制, 即貧夭矣.〉苟殺
微而制過, 雖學無成. 在四柱總宜伏降, 誰謂年逢勿制.〈
俗謂年干七殺, 不須制伏者, 非是.〉以一位取爲權貴, 何
必時上專稱.〈一殺純淸, 只要日干有氣, 無論在年在月在
時皆妙.〉至運途欲辨吉凶, 必身殺兩相審察, 殺旺於身者.
扶身抑殺爲佳, 身旺於殺者, 遇殺臨財方發. 殺旺復行殺
地, 立見凶災. 制重再行制鄕, 必然窮乏. 若乃滿盤剋我,
强不可降, 日主無依, 棄而從殺, 行助剋而彌亨, 遇滋根而
反拔.〈此指從殺格言, 滋根, 即扶身也.〉陰日之從爲順,
終無變更. 陽日之從爲逆, 間參窮達.〈陰日從殺最佳, 陽
日從殺, 未必盡善.〉亦有殺會生我之局, 功藉裁培. 迨乎
運行破印之鄕, 卒遭剋伐.〈殺會印, 乃化剋爲生也, 故曰
功藉裁培, 及至運入財鄕, 破印生殺, 有不卒遭剋伐者乎.〉
總之, 制凶作吉, 全憑調伏之功. 借殺爲權. 妙有中和之法.

〈身能任殺, 殺卽爲權.〉但見殺凌衰主. 究必傾危, 勿謂格
　신능임살　살즉위권　　단견살릉쇠주　구필경위　물위격

得殺神, 遂誇軒豁.
득살신　수과헌활

편관偏官은 양陽이 양陽에게 剋을 당하고 음陰과 음陰이 서로 다투는 것으로 일간日干으로부터 세어가다 보면 일곱 번째에 있으면서 같은 종류끼리 처형하고 서로 적이 되므로 살성殺星이라고 부른다.

壬과 亥가 丙을 剋하고 癸와 子가 丁을 상傷하게 하고, 申 안에 壬이 있어 丙을 만나면 반드시 해害를 끼치고 丑, 辰에 잠복한 癸水가 丁을 만나면 무정無情하게 되는 경우 등이다.

韋註〈가령 丙火 일간은 壬水가 편관이 되며 亥와 申의 두 支에는 壬水가 소장되어 있어 이 역시 丙火의 편관이 된다. 丁火 일간은 癸水가 편관偏官이 되는데 子, 丑, 辰 세 支에 소장되어 있는 癸水도 또한 편관偏官이 된다.〉

이 신神[七殺]은 반드시 우선적으로 살펴야 하는데 그래야 다른 것들을 미루어 평할 수 있는 것이다.

때로는 식신食神으로 이것[칠살]을 제제制하여 그 강포함을 순화시키거나 때로는 인수로써 이것[칠살]을 化하여 화평하게 변화시키거나 혹은 상관으로 이것[칠살]을 대적시켜서 두 흉신을 모두 해소시켜 버리거나 또는 양인陽刃으로 이것[칠살]과 합을 만들어 한 장수[양인]가 공功을 이루어 마음대로 다스릴 수 있으면 편관偏官을 용신으로 삼을 수 있는 것이다. 편관偏官의 위엄과 권세가 자만하지 않으면 곧 대귀의 징조가 있는 것이다.

정인正印과 식신食神은 化와 제제制의 역할을 하니 함께 보인다고 무슨 방해가 되겠는가. 그러나 편재偏財와 효인梟印은 편관을 生하고 化하게 하여 서로 꼬이게 만든다.

韋註 〈편재는 살을 生할 수 있고 편인은 화살化殺할 수 있으니 서로 서로 거스리어 범하므로 서로 보는 것은 좋지 않다.〉

일주日主가 아주 강하면 살殺을 제제制해 주는 것이 없어도 곤란함을 겪지 않겠으나 정관正官과 혼잡되어 있고 일주가 뿌리가 없다면 역시 종살從殺로 가야 한다.

韋註 〈만약 정관正官이 무력하면 칠살七殺과 혼잡되어 있어도 종살從殺로 가야 한다.〉

관살 혼잡에서 관官을 제거하는 것은 두 가지 방법뿐이니, 즉 식신食神과 상관傷官을 사용하여 거관去官하는 것이 모두 가능하다.

韋註 〈정관正官을 제거하고 칠살七殺을 남길 때에는[去官留殺] 반드시 식신食神, 상관傷官으로 하여야 한다.〉

살殺과 合시키는 것은 어느 경우라도 좋은 일이니 合하여 오거나 合하여 가면 마땅히 사주가 맑아진다.

살殺이 하나이면 권(權 : 권력)을 이루고, 높은 직에 있으려면 (혼잡되지 말고) 청清해져야 한다. 살殺이 많아도 이를 규제하는 바가 있으면 일주日主가 권력을 장악한다.

[韋註] 〈많은 살殺을 제압하려면 일주日主가 강왕强旺해야 하며 그래야 吉하다. 일주日主가 쇠약하면 현달顯達할 수 없다.〉

살殺이 인印을 生하고 인이 일주日主를 도우면 대궐의 섬돌 위를 활보하고 신身이 재財를 감당할 수 있는데 또 재財가 살殺을 키워주면 과거 급제하여 안탑雁塔에 이름을 걸게 될 것이다. 그러나 만약 살殺이 중重한데 신身이 가벼우면 빈천하거나 일찍 죽게 될 것이다.

[韋註] 〈살殺이 중重하고 신身은 경輕한데 살을 제하지 못하면 가난하거나 요절한다.〉

만약 살殺이 미약한데 억제함이 과도하면 비록 배움이 있다 해도 성취함이 없을 것이다.

칠살은 사주의 어디에 있든지 제복 당함이 마땅한데 누가 연간年干에 있는 살殺은 제압하지 않는 것이 좋다고 한단 말인가.

[韋註] 〈속俗에서 말하기를 연간年干의 칠살七殺은 반드시 제복制伏할 필요는 없다고 하는데 이는 옳지 않다.〉

칠살이 일위一位만 있으면 취하여 권귀權貴가 된다고 하는데 어찌하여 시상時上에 있는 살殺만 일위一位라고 칭하는가.

[韋註] 〈일살一殺이 순수하고 맑으며 단지 일간日干이 유기有氣하기만 하면 되는 것이니 年, 月, 時 어디에 있든지 논할 것 없이 묘妙한 것이다.〉

운運이 행行하는 것을 보고 길흉吉凶을 판단하고 싶으면 반드시 일주日主와 살殺의 상태를 깊이 살펴서 살이 일간日干보다 旺하면 일간을 돕고 살을 억제함이 좋고, 일간이 살보다 왕하면 살殺이 재財의 방향에 임함을 만나야 발복한다.

살殺이 旺한 상태에서 다시 살지殺地로 가면 즉시 흉한 재앙을 당할 것이고 살殺을 제制함이 무거운 판에 거듭 제하는 운運으로 가면 궁핍해질 것이 틀림없다.

만약 사주四柱가 전부 나를 剋하는 것으로 가득 차 있을 때 내가 강하면 항복할 수 없지만 일주日主가 의지할 곳이 없으면 나를 버리고 종살從殺해야 한다. 이때 살殺을 돕는 운으로 가면 크게 형통할 것이나 만약 일주日主의 뿌리를 돕는 운을 만나면 오히려 일주의 뿌리가 뽑히는 화를 당할 것이다.

[韋註] 〈이것은 종살격從殺格을 가리켜 한 말이다. 뿌리를 돕는다는 것은 일주日主를 부조扶助한다는 것이다.〉

음陰 일주가 종從하는 것은 순順이 되어 끝까지 변경이 없지만 양陽 일주가 종從하는 것은 역逆이 되므로 그 빈궁과 영달을 따져봐야 한다.

[韋註] 〈음陰 일주日主가 종살從殺함이 가장 좋고 양陽 일주가 종살從殺함은 반드시 다 좋은 것은 아니다.〉

또한 살살殺이 나를 생하는 국局을 만나면 비록 일간을 배양하는 공功이 있더라도 운이 인印을 파괴하는 곳으로 행하는 것에 이르면 졸지에 방벌放伐[72]을 당할 것이다.

[韋註] 〈살살殺이 인印을 만나면 훼훼를 化해서 나를 生하게 한다. 그러므로 비록 일간을 배양하는 공이 있다고 하더라도 운이 재운財運으로 들어가면 인印을 파하고 살살殺을 생하게 되니 졸지에 극벌尅伐[73]을 당하지 않겠는가.〉

총괄해 말하자면 凶을 제거하여 吉을 만들려면 전적으로 조복調伏[74]의 공功에 달려 있다.

이렇게 하는 것을 차살위권借殺爲權[75]이라하니 그 묘妙한 바는 바로 중화中和의 법에 있는 것이다.

[韋註] 〈신身이 능히 살살殺을 감당하면 살은 곧 권세가 된다.〉

다만 살살殺이 쇠약한 일주日主를 능멸하는 경우에는 반드시 위태로운 지경에 될 것인데, 격격格이 살신殺神을 얻었으니 탁 트여 풀려나갈 것[軒豁]이라고 허풍떨지 말 것이다.

---

72) 방벌(放伐) : 중국(中國)의 역성 혁명적(革命的) 관점(觀點)에서 임금은 절대적(絶對的)인 것이 아니라 악정을 베풀면 내쫓아서 죽여도 거리낄 바가 없다는 뜻을 나타내는 말.
73) 극벌(尅伐) : 억지로 자신에게 복종시킴.
74) 조복(調伏) : 사나운 것을 굴복시켜 조종함.
75) 차살위권(借殺爲權) : 흉포한 칠살을 잘 다루면 오히려 훌륭한 권력이 된다.

7. 正印賦 (정인부)

【原文】

陽生陰日, 陰生陽干, 譬居官而受印, 爰亨祿而持權. 甲逢
亥子而神旺, 乙遇壬亥而根堅, 申中之壬得氣, 而乙邀培植,
丑辰之癸透干, 而甲藉生全.〈假如甲木日干, 以癸水爲正
印, 子丑辰三支, 所藏癸水, 亦正印也. 乙木日干, 以壬水
爲正印, 亥申二支, 所藏壬水, 亦正印也.〉助正官而彌增榮
顯, 化凶殺而妙有周旋. 倚以扶身, 印旺兮不愁衰弱. 取之
爲格, 印破兮立見迍邅. 子衆母虛.〈子字, 指比劫, 非食神
也.〉蓋因比劫重疊, 母多子病. 只爲梟正連綿, 印得力兮,
切忌貪財而壞. 印太過兮, 反以見現爲歡.〈財能壞印, 取印
爲用之命, 不宜見財. 老印多之命, 又必須財制之也.〉陰干
死處實生, 不以死論, 陽干敗地卽印, 豈作敗看.〈以陽死陰
生, 陰死陽生論, 如乙木雖死於亥, 亥中有壬水正印, 故曰,

陰干死處實生. 如甲木衰敗於辰, 辰中有癸水正印, 故曰,
음간사처실생   여갑목쇠패어진   진중유계수정인   고왈
陽干敗地卽印〉. 至推究乎運途, 須先審乎格局, 入他格兮,
양간패지즉인   지추구호운도   수선심호격국   입타격혜
不盡以印爲重輕. 取印格兮, 斯專以印爲榮辱. 官殺之地.
부진이인위중경   취인격혜   사전이인위영욕   관살지지
喜其相生, 財食之鄕, 慮其反覆. 當生印重, 喜逢財而得中.
희기상생   재식지향   려기반복   당생인중   희봉재이득중
原局財多, 恐見印而不祿. 苦日干旺地, 固印死而非宜.〈如
원국재다   공견인이불록   고일간왕지   고인사이비의   여
甲日而行卯運, 乃日干之帝旺, 卽癸水正印之死地, 此以陰
갑일이행묘운   내일간지제왕   즉계수정인지사지   차이음
陽同生同死論, 水長生於申, 死於卯也.〉然印綬旺鄕. 亦官
양동생동사론   수장생어신   사어묘야   연인수왕향   역관
死而何福.〈如甲日而行子運, 乃癸水正印之旺鄕, 卽辛金
사이하복   여갑일이행자운   내계수정인지왕향   즉신금
正官之死地, 此亦陰陽同生同死論, 水長生於甲, 旺於子,
정관지사지   차역음양동생동사론   수장생어갑   왕어자
金長生於巳, 死於子也.〉故論印財之先後, 不必拘隅, 惟問
금장생어사   사어자야   고론인재지선후   불필구우   유문
日主之旺衰. 庶無偏曲.
일주지왕쇠   서무편곡

정인正印은 양陽이 음陰 일주日主를 生하거나 음陰이 양陽 일주를 生하는 것인데 이를 비유해서 말하자면 관직에 있는 사람이 직인을 받고 봉록을 향유하며 권력을 유지하는 것과 같다.

또 甲이 亥, 子를 만나면 신神이 왕성해지고 乙이 壬, 亥를 만나면 뿌리가 견고하게 되고 申 중의 壬水로 득기得氣하면 乙로서는 나무가 심어 자라도록 돌봐지는 것과 같고 丑, 辰 중에 癸水가 투간透干하면 甲으로서는 이에 의지하여 성장하는 것과 같다.

[韋註] 〈가령 甲木 日干은 癸水가 정인正印이 되는데 子, 丑, 辰 三支에 소장된 癸水 또한 정인正印이 된다. 乙木 日干은 壬水가 정인正印이 되는데 亥, 申의 二支에 소장된 壬水도 역시 정인正印이 된다.〉

정관正官을 도우면 영화榮華와 현달顯達이 더욱 증가할 것이며 흉살을 제화制化하여 일이 잘 되도록 보살펴 주는[周旋]76) 묘妙함이 있다.

의지하여 몸을 지탱하니 인수印綬가 旺하다면 일주日主가 쇠약할까 근심할 것이 없다. 인印을 취해 격格을 삼았는데 인印이 파괴되면 즉시 잘나가지 못하고 어려울 것이며[迍邅]77) 자식이 많으면 그 어미가 허虛해진다.

[韋註] 〈여기서 자식이라 함은 비겁比劫을 가리키며 식신食神을 말함이 아니다.〉

이것은 비겁比劫이 중첩되기 때문이다. 어미가 많으면 오히려 자식에게 병病이 되는데 이는 다만 효신(梟神 : 편인)과 정인正印이 공통적인 면이다.

인印이 득력得力하면 탐재괴인貪財壞印되는 것을 절대로 기피하는 것이지만 인印이 지나치게 강하면 오히려 재財가 나타남을 반가워하는 것이다.

[韋註] 〈재財는 능히 인성印星을 파괴하는 것이니 인印을 취해서 용신하는

---

76) 주선(周旋) : 일이 잘 되도록 보살펴줌.
77) 둔전(迍邅) : 길이 험하여 잘 나가지 못하는 모양.

명命은 마땅히 재財를 보지 말아야 한다. 부모인 인印이 많은 명命은 반드시 재財가 있어 억제해주어야 한다.〉

음간陰干의 사지死地는 사실은 생生이 되니 사死로 논하지 않으며, 양간陽干의 패지敗地는 곧 인印이 되니 어찌 패敗로 볼 수 있는가.

[韋註] 〈양이 죽으면 음이 생기고[陽死陰生], 음이 죽으면 양이 생긴다는 말[陰死陽生說]로 논하면, 예컨대 乙木이 비록 亥에서 사死가 된다 하나 亥 중에는 壬水가 있어 정인正印이 되므로 음간陰干의 사지死地는 사실은 生하는 곳이 된다고 한 것이며, 또 甲木은 辰에서 쇠패衰敗가 되지만 辰 중에는 癸水가 있어 정인正印이 되므로, 그래서 양간陽干의 패지敗地는 곧 인印이라고 말한 것이다.〉

운도運途에 대해 지극히 꾸미지 않고 연구하려면 반드시 격국格局 살피기를 우선해야 한다. 만약 인격印格이 아니라 다른 격격에 해당되면 인印만 가지고 사주의 경중을 다 판단할 수는 없지만, 인印으로 격격을 삼았다면 오로지 인印으로 사주의 영욕榮辱을 판단해야 한다.

운運이 관살官殺 운에 들었으면 상생相生이 되니 기쁠 것이나 재財, 식食의 운에 들어가면 인印과 치고 뒤집혀지니 근심이 된다. 그러나 인印을 생하는 것이 많으면 재財를 만나서 중화中和를 이루어야 좋은 것이다. 또 원국原局에 재財가 많은 상황이면 인印을 보고 불록지객(不祿之客 : 죽음)이 되는 것이 두렵다. 일간日干의 왕지旺地는 진실로 인印의 사지死地이므로 마땅치 않음과 같다.

> 韋註 〈예를 들어 甲日이 卯운으로 들어가면 곧 일간日干의 제왕지帝旺地가 되고 이는 癸水 정인正印의 사지死地가 된다. 이것은 음양陰陽이 함께 생하고 함께 죽는다는 설[陰陽 同生同死說]로 논한 것으로 水는 申에 장생長生하고 卯에서 사死한다.〉

인수印綬의 왕지旺地는 또한 관官이 사死하는 곳인데 어찌 복福이 된다고 할 수 있겠는가.

> 韋註 〈예를 들어 甲日이 子운運으로 가면 곧 癸水 정인正印의 왕지旺地가 되나 또 辛金 정관正官의 사지死地가 된다. 이것 또한 음양동생동사설陰陽同生同死說로 논한 것이며 水는 申에서 장생長生하고 子에서 왕지旺地가 된다. 金은 巳에서 장생長生하고 子에서 사死한다.〉

그러므로 재財와 인印의 선후先後를 논해서 그에 구애받을 것이 아니고 오직 일주日主의 왕쇠旺衰를 따져 본다면 치우치거나 곡해하는 폐단이 거의 없을 것이다.

8. 偏印賦(편인부)

【原文】

陰來生陰, 陽來生陽, 是乃偏氣之養育. 非同正印之慈祥.
음래생음 양래생양 시내편기지양육 비동정인지자상

丙遇甲寅兮, 及亥中之甲, 皆賴之以生燄. 丁逢乙卯兮, 及
병우갑인혜 급해중지갑 개뢰지이생염 정봉을묘혜 급

辰未之乙, 均倚之以發光.〈假如丙火日干, 以甲木爲偏印,
진미지을 균의지이발광 가여병화일간 이갑목위편인

寅亥二支, 所藏甲木, 亦偏印也, 丁火日干, 以乙木爲偏印,
인해이지 소장갑목 역편인야 정화일간 이을목위편인

卯辰未三支, 所藏乙木, 亦偏印也.〉惟剋食最凶, 故有梟神
묘진미삼지 소장을목 역편인야 유극식최흉 고유효신

之號. 倘生身有用, 亦爲佐主之良. 惡殺得之而化其暴悍.
지호 당생신유용 역위좌주지량 악살득지이화기폭한

傷官用之而禦其强梁. 身旺食輕, 逢之而必遭呑啗. 官多印
상관용지이어기강량 신왕식경 봉지이필조탄담 관다인

缺, 借之而亦致榮昌. 若甲丙生亥寅之月, 庚壬產巳申之方,
결 차지이역치영창 약갑병생해인지월 경임산사신지방

理取長生, 不以偏論, 根同眞母, 豈亦梟詳. 日干太旺兮,
이취장생 불이편론 근동진모 기역효상 일간태왕혜

有梟愈增其亢厲. 比劫爲患兮, 得梟益助其猖狂. 求以制梟,
유효유증기항려 비겁위환혜 득효익조기창광 구이제효

偏財勝於正財, 較爲有力. 依之爲命, 偏印同於正印, 不可
편재승어정재 교위유력 의지위명 편인동어정인 불가

遭傷. 食神入格兮, 見梟深愁損害. 梟神結黨兮, 得食立見
조상 식신입격혜 견효심수손해 효신결당혜 득식입견

災殃. 原局固若斯取斷, 運途亦如此酌量.
재앙   원국고약사취단   운도역여차작량

편인偏印은 陰陰으로 陰陰을 生하고 陽陽으로 陽陽을 生하니 이는 곧 한쪽으로 치우친 기운이 자식을 양육하는 것이어서 정인正印의 자상함과는 다른 것이다.

丙이 甲, 寅 및 亥 중의 甲을 만나면 이들에 의지하여 화염火焰을 발할 수 있고, 丁이 乙, 卯 및 辰, 未 중의 乙을 만나면 이들에 의지하여 빛을 발할 수 있는 것이다.

> **韋註** 〈가령 丙火 일간이면 甲木이 편인偏印이 되며 寅과 亥 두 지지에 소장된 甲木도 역시 편인偏印이 되는 것이다. 丁火 일간은 乙木이 편인이 되는데 卯辰未 세 지지에 소장되어 있는 乙木 역시 편인偏印이 된다.〉

편인은 식신食神을 극하므로 가장 흉하게 여겨 효신梟神이라는 이름이 붙었다. 그러나 신身을 생조生助하는 데에는 유용함이 있어 일주日主를 보좌하는 좋은 신神이다.

악한 칠살七殺이 편인偏印을 얻으면 그 포악함을 제화制化시키고, 상관傷官을 쓸 때면 그 강하게 날뜀을 제어해준다.

신왕身旺하고 식신食神이 가벼운데 편인偏印을 만나면 틀림없이 먹히는 신세가 될 것이다. 그러나 관官이 많고 인印이 부족할 때 편인偏印의 힘을 빌어 쓰면 또한 번창하게 될 것이다.

만약 甲과 丙이 亥月이나 寅月에 태어나고 庚과 壬이 巳나 申의 방향[月]에 태어났다면 장생長生의 논리를 취하고 '편偏'으로 논하지 않는다. 그 뿌리가 친어머니와 같으니 어찌 효신(梟神 : 편인)으로 취급할 수 있겠는가.

일간日干이 지나치게 旺할 때 효신梟神이 있으면 화禍가 치솟는 것을 더욱 증가시키며, 비겁이 우환거리가 될 때 효신梟神을 보면 그 미친 듯 날뜀을 더욱 조장하게 된다.

효신梟神을 제어하는 방법을 구하려면 정재正財보다는 편재偏財가 나은데 이는 비교적 힘이 더 강하다고 보기에 그러하다.

편인偏印에 의지하는 명命이 되면 편인偏印도 정인正印과 마찬가지로 극상剋傷을 당하는 것은 좋지 않다. 식신食神으로 격격格을 이루었을 때는 효신梟神을 보면 손해가 있을까 깊이 근심된다.

또 효신梟神이 무리를 지어 당黨을 이루고 있는데 식신食神을 만나면 즉시 재앙을 당하게 된다.

원국原局에서는 진실로 이와 같이 취단取斷하는 것이니 운로運路에서도 또한 이와 같이 짐작하여 헤아리면 될 것이다.

9. 正財賦
정재부

【原文】

陽日剋陰, 陰日剋陽, 譬己財之聽我享用, 若正供之應得輸
양일극음 음일극양 비기재지청아향용 약정공지응득수

將. 甲見己與丑未兮, 及午中之己, 皆堪取用. 乙逢戊與辰
장 갑견기여축미혜 급오중지기 개감취용 을봉무여진

戌兮, 幷寅巳之戊, 亦可推詳.〈假如甲木日干, 以己土爲
술혜 병인사지무 역가추상 가여갑목일간 이기토위

正財, 丑未午三支, 所藏己土, 亦正財. 乙木日干, 以戊土
정재 축미오삼지 소장기토 역정재 을목일간 이무토

爲正財, 辰戌二支, 所藏戊土, 亦正財.〉淸而入格兮, 貴顯
위정재 진술이지 소장무토 역정재 청이입격혜 귀현

不須官殺. 濁而成局兮, 富饒亦甲鄕邦. 無破無沖爲美, 得
불수관살 탁이성국혜 부요역갑향방 무파무충위미 득

時得位彌昌. 生官而廟廊赫弈. 滋殺而台閣軒昂. 奪財兮劫
시득위미창 생관이묘랑혁혁 자살이대각헌앙 탈재혜겁

凶於比. 生財兮食勝於傷. 財喜藏兮, 無氣之藏, 不如顯露.
흉어비 생재혜식승어상 재희장혜 무기지장 불여현로

財愛庫兮, 失時之庫, 無異凶亡. 官殺疊逢兮, 財輕易洩.
재애고혜 실시지고 무이흉망 관살첩봉혜 재경역설

刃祿得力兮, 財衆無妨. 身旺財微, 須藉食傷生發. 財多身
인록득력혜 재중무방 신왕재미 수자식상생발 재다신

弱, 反資比劫相幫. 夏月旺火遇多金, 豐盈異衆. 春時衰土
약 반자비겁상방 하월왕화우다금 풍영이중 춘시쇠토

臨衆水, 聚散無常. 財帶凶神, 或因財而禍殃突至. 財居空
임중수 취산무상 재대흉신 혹인재이화앙돌지 재거공

絶.〈一空亡, 二絶地.〉縱有財而受用不長. 財喜殺兮, 蓋
절 일공망 이절지 종유재이수용불장 재희살혜 개
喜其剋降比劫. 財妬印兮, 蓋妬其損害食傷. 至推運道之榮
희기극강비겁 재투인혜 개투기손해식상 지추운도지영
枯, 全看日干而探索. 日旺兮喜財運以爲榮, 日衰兮臨財鄕
고 전간일간이탐색 일왕혜희재운이위영 일쇠혜임재향
而彌弱. 多財而運逢兄弟, 衰主蒙安.〈四柱財多, 而運逢比
이미약 다재이운봉형제 쇠주몽안 사주재다 이운봉비
劫, 轉危爲安矣.〉貪財而運幷煞官, 羣凶肆虐.〈四柱財多,
겁 전위위안의 탐재이운병살관 군흉사학 사주재다
而運逢官殺, 似安實危矣.〉財神結黨, 行印運而災來. 比劫
이운봉관살 사안실위의 재신결당 행인운이재래 비겁
成羣, 遇財鄕而亂作. 故知財雖養命, 總非弱主能勝. 印卽
성군 우재향이난작 고지재수양명 총비약주능승 인즉
扶身, 勿與枉財相角. 若滿局之皆財, 乃棄命而相託, 行旺
부신 물여왕재상각 약만국지개재 내기명이상탁 행왕
財之運, 倍見榮華. 遇生身之鄕, 立看彫落.〈此指棄命從財
재지운 배견영화 우생신지향 입간조락 차지기명종재
而言.〉大抵從殺者殺生印綬, 卽嫌命主萌芽. 從財者財生
이언 대저종살자살생인수 즉혐명주맹아 종재자재생
煞官, 反喜日干剝削. 故從煞之運, 僅生殺與殺地宜行. 而
살관 반희일간박삭 고종살지운 근생살여살지의행 이
從財之運, 凡生財與財生皆樂. 正財偏財無異, 皆可相從.
종재지운 범생재여재생개락 정재편재무이 개가상종
陽從陰從較殊, 貴乎斟酌. 總之, 借財爲喩, 原非專指金銀.
양종음종교수 귀호짐작 총지 차재위유 원비전지금은
用財多端, 不必侈談囊槖.
용재다단 불필치담낭탁

정재正財는 양陽 일주日主가 음陰을 剋하고 음陰 일주日主가 양陽을 剋하는 관계인데, 자신의 재財를 자신이 누리고 쓰는 것으로 받아들임과 같으니, 만약 바르게 이바지할 수 있다면 물건을 날라다 주는 장수를 얻는 것으로 응답할 것이다.

甲이 己를 보거나 丑, 未, 午 중의 己를 보면 모두 정재正財로 취용取用할 수 있으며 乙이 戊를 볼 때나 辰, 戌와 寅, 巳 중에 있는 戊를 볼 때도 역시 그러하다.

> **章註** 〈가령 甲木 日干이 己土로써 정재正財를 삼는데 丑, 未, 午 3지지에 소장되어 있는 己土도 역시 정재正財가 될 수 있다. 또 乙木 日干은 戊土로써 정재正財를 삼는데 辰, 戌 2지지에 소장되어 있는 戊土 역시 정재正財가 된다.〉

정재正財가 청청淸하며 격격에 들면 이미 귀貴하고 현달하므로 반드시 관살官殺이 있을 필요는 없다. 그리고 탁탁濁하나마 국국局을 이루고 있다면 그 부富와 풍요함이 한 고을에나마 최고가 될 것이다.

또 정재正財는 파破와 沖이 없어야 아름답다 하고 득시得時하고 득위得位하면 크게 창성할 것이고 재생관財生官하면 조정에 들어가 혁혁한 이름을 빛낼 것이며 재가 약한 관살을 자양財滋弱殺하면 조정에 입각하여 드높은 기세를 떨칠 것이다.

재財를 겁탈함에는 겁재가 비견보다 더 흉악하고 생재生財에는 식신이 상관보다 좋다.

재財는 드러난 것보다 감추어져 있는 것이 좋다고 하지만 氣가 통하지 않으면서 감추어져 있는 것은 오히려 드러나 있는 것만 못하고 재財가 고고庫를 좋아한다지만 실시失時한 고庫는 흉망凶亡과 다를 바 없다.

관살官殺을 거듭 만나는 경우에 재財가 가벼우면 쉽게 설기洩氣되지만 인刃과 록祿이 있어 힘을 얻으면 재財가 많아도 꺼릴 것이 없다.

신왕身旺한데 재財가 미약하면 반드시 식상食傷에 의지하여 생조生助 받아야 발전한다. 그러나 재財가 많고 신身이 미약하면[財多身弱] 오히려 비겁比劫에 의지하여 서로 도와야 한다.

여름의 火가 旺한데 많은 金을 만나면 그 풍요함이 무리 중에서 뛰어나며, 봄철[木]의 쇠약한 土가 많은 水를 만나면 재물이 모이고 흩어짐이 일정치 않다.

재財가 흉신凶神과 함께 있으면 재財로 인하여 화禍와 재앙이 갑자기 이르고, 재財가 공망空과 절지絶地이면 비록 재財가 있다 해도 오래 누리지 못한다.

재財가 살殺을 좋아하는 까닭은 살이 비겁比劫을 극해서 항복시킬 수 있기 때문이다. 또 재財가 인印을 미워하는 까닭은 그것印이 (財를 生하는) 식상食傷을 손상시켜 해롭게 하기 때문이다.

운로運路의 영고성쇠榮枯盛衰를 추측하여 판단할 때는 전적으로 일간日干을 보고 탐색해야 하니 일간이 旺하면 재운財運이 와서 번영케 될 것이요, 일간日干이 쇠약하면 재운財運에 이르러 더욱 쇠약해질 것이다.

재財가 많아서 걱정인데 운에서 형제[비겁]들을 만나면 쇠약한 일주日主가 편안해질 것이다.

韋註 〈사주에 재財가 많은데 운에서 비겁比劫을 만나면 위험한 상황을 전환하여 평안해진다.〉

재財를 탐내고 있는데 운에서 관살官殺이 나란히 오면 때 지은 흉함이 멋대로 해를 끼친다[肆虐].

[韋註] 〈사주에 재財가 많은데 운에서 관살官殺을 만나면 겉으론 안정되어 보이나 실은 위험한 것이다.〉

재신財神이 무리지어 있을 때 인印운으로 가게 되면 재앙이 오고 비겁比劫이 무리를 지어 있는데 재향財鄉을 만나면 어려움이 생긴다. 그러므로 재財라는 것이 비록 생명을 양육하는 데 꼭 필요한 것이지만 또한 약한 일주日主로서는 감당할 수 없는 것이며 인印은 신身을 생부生扶하는 것이라 旺한 재財와 서로 각축하게 해서는 안 되는 것을 알아야 한다.

만약 사주 원국에 가득 찬 것이 모두 재財라면 자신의 명命을 버리고 상대 재성財星에 의탁해야 하며 재財를 旺하게 하는 운으로 가면 그 영화가 곱절이나 될 것이지만 만약 일주日主를 生하는 운으로 가게 되면 바로 시들어 떨어지는 나뭇잎을 보게 될 것이다.

[韋註] 〈이는 기명종재격棄命從財格을 말하는 것이다.〉

대체로 종살從殺의 명命인 자는 살殺이 인수를 생하여 일주日主의 싹이 돋아날 기미가 보이는 것을 싫어하며 종재從財하는 자는 재財가 관살官殺을 생하여 일간이 더욱 무력해짐을 좋아한다.

그러므로 종살격從殺格의 운은 대부분 살殺을 生하거나 살지殺地로 가는 것이 마땅하며 그리고 종재격從財格의 운運은 무릇 재財를 생하거나 재財가 生하는 것을 모두 좋아한다.

정재正財, 편재偏財 구별 없이 모두 종從할 수 있으나 양종陽從과 음종陰從 간에는 비교적 특수한 점이 있으니 그 귀함을 짐작케 한다.

총괄해 말하자면 여기서는 재財를 빌어 비유적으로 말한 것이고 재財가 금은金銀만을 지칭한 것은 아니다. 또 용재用財 방법이 수 없이 많은데 주머니와 자루 속에 있는 재물만 가지고 난잡하게 말해서는 안 된다.

10. 偏財賦(편재부)

【原文】

陽剋陽類, 陰剋陰儕, 乃借他干之正配, 故稱日主之偏財.
丙見庚申兮, 巳地亦生庚可取. 丁逢辛酉兮, 丑戌皆挾辛以
來.〈假如丙火日干, 以庚金爲偏財, 申巳二支, 所藏庚金,
亦偏財也. 丁火日干, 以辛金爲偏財, 酉戌丑三支, 所藏辛
金, 亦偏財也.〉爲忌爲宜, 略與正財無異, 在格在運, 亦愁
比劫爲災. 惟剋制梟神, 最爲切當. 如遭逢正印, 喜不相乖.
干遇兮, 只是財神, 更無他理. 支藏兮, 每兼他物, 貴在取
裁. 正與偏俱美兮, 不嫌雜見. 財與命相停兮,〈日干之勢
力, 與財相仿, 謂之財命相停.〉乃謂和諧. 至棄命之喜忌,
依正例以推排, 羨爲橫財, 非理之妄談當闢, 專尊時上, 相
沿之錮見宜開.

양陽이 양陽을 극剋하는 부류와 음陰이 음陰을 극剋하는 부류는 타인[他干]의 배필을 빌린 것으로 일주日主의 편재偏財라고 부르는 것이다.

예를 들면 丙이 庚, 申을 보고 巳 중에서 庚을 生하니 편재偏財로 삼을 수 있고, 또 丁이 辛, 酉를 만나고 丑, 戌 모두 辛을 끼고 오니 편재偏財가 될 수 있다.

韋註 〈가령 丙火 日干이 庚金으로 편재偏財를 삼는데 申과 巳의 두 지지에는 庚金이 소장되어 있으니 역시 편재偏財가 될 수 있으며, 또 丁火 日干은 辛金으로 편재偏財를 삼는데 酉, 戌, 丑의 세 지지地支에는 辛金이 소장되어 있으므로 또한 편재偏財가 될 수 있는 것이다.〉

편재偏財 또한 그 꺼리는 것과 좋아하는 것은 대략 정재正財의 경우와 다름이 없다.

격格에서나 운運에서나 비겁比劫은 재앙이 되는 것이 근심이 되지만 효신梟神을 극제剋制하는 데는 편재偏財가 가장 적당하다. 만약 정인正印을 만나더라도 서로 어그러지지 않아야 좋다.

천간天干에서 편재를 만나면 그냥 재신財神일 뿐이며 다른 이론이 있을 수 없지만 지지에 소장되어 있을 때는 항상 다른 것과 겸해 있으므로 귀貴함은 분별하여 취해야 한다.

정재正財나 편재偏財나 모두 아름다운 것이어서 서로 혼잡됨을 싫어하지 않으며 재財와 명命이 서로 균형을 이루어 상정相停하면 화해和諧[78]라고 한다.

---

78) 화해(和諧) : 화목하고 조화를 이루다.

[韋註] 〈일간日干의 세력과 재財의 세력이 서로 비슷하면 재명상정財命相停79)이라고 한다.〉

자신의 명命을 버리고 편재偏財를 따라갈 때는 기명종재격棄命從偏財인데 정재正財의 예에 따라서 그 희기喜忌를 미루어 판단하며, 또 편재偏財를 횡재로 보아 선망하는 경향이 있는데 이는 이치에 맞지 않는 허망된 말이므로 마땅히 물리쳐야 하며, 또 시상時上에 있는 편재偏財만 귀중하게 여기는 이론은 계속해서 꽉 막힌 견해이므로 마땅히 열어놓고 생각해야 한다.

---

79) 재명상정(財命相停) : 재(財)와 일주(日主)가 서로 합하여 머물러 있는 격국.

11. 食神賦 (식신부)

【原文】

陽自陽生, 陰從陰育, 譬人子賴親以生, 猶人親食子之祿,
양자양생 음종음육 비인자뢰친이생 유인친식자지록

甲逢丙巳兮, 寅位丙生. 乙逢丁午兮, 未戌丁伏.〈假如甲
갑봉병사혜 인위병생 을봉정오혜 미술정복 가여갑

木日干, 以丙火爲食神, 寅巳二支, 所藏丙火, 亦食神也.
목일간 이병화위식신 인사이지 소장병화 역식신야

乙木日干, 以丁火爲食神, 午未戌三支, 所藏丁火, 亦食神
을목일간 이정화위식신 오미술삼지 소장정화 역식신

也.〉有氣兮, 不減財官. 成格兮, 可兼壽福. 殺星相遇, 寇
야   유기혜 불감재관 성격혜 가겸수복 살성상우 구

焰頓衰. 日主受傷, 母仇能復.〈七殺爲日干之寇讎, 食神爲
염돈쇠 일주수상 모구능복 칠살위일간지구수 식신위

日干之子息, 七殺太盛, 日主受傷, 得食神以制之, 寇焰頓
일간지자식 칠살태성 일주수상 득식신이제지 구염돈

衰. 卽子復母仇之義.〉陰日得之兮, 最能降殺, 而定國安
쇠 즉자복모구지의   음일득지혜 최능강살 이정국안

邦. 陽日見之兮, 兼可佐官, 而秉鈞當軸. 子如無子, 祿坐
방 양일견지혜 겸가좌관 이병균당축 자여무자 녹좌

空鄕. 兒又生兒, 方成美局.〈食神坐於空亡之地, 故曰子如
공향 아우생아 방성미국 식신좌어공망지지 고왈자여

無子. 食神復自生財, 故曰兒又生兒.〉蓋食神取貴, 須觀財
무자 식신부자생재 고왈아우생아   개식신취귀 수관재

氣通源. 若食格遭梟, 全爲梟神肆毒. 印官多見, 亦屬非宜.
기통원 약식격조효 전위효신사독 인관다견 역속비의

比劫疊兮, 還愁不足.〈官印重逢, 其食神必致力薄, 故曰亦
비겁첩혜 환수부족 관인중봉 기식신필치역박 고왈역

屬非宜. 比劫疊見, 還愁不足者, 卽徐大升所謂木多火熾,
속비의 비겁첩견 환수부족자 즉서대승소위목다화치

火多土焦, 土多金埋, 金多水濁, 水多木漂之義.〉正當月
화다토초 토다금매 금다수탁 수다목표지의 정당월

令, 不慮空虛. 略雜傷官, 便成混濁. 主强食寡兮. 貧罄瓶
령 불려공허 약잡상관 변성혼탁 주강식과혜 빈경병

罍. 主弱食多兮, 災生口腹. 至行運之美惡, 亦準此以推求.
뢰 주약식다혜 재생구복 지행운지미악 역준차이추구

患食之多, 卽遇梟亦爲有用. 慮食之寡, 惟制梟乃可無憂.〈
환식지다 즉우효역위유용 여식지과 유제효내가무우

食神旣多, 勢必盜洩日干元氣, 故喜梟神以制之. 食神旣少,
식신기다 세필도설일간원기 고희효신이제지 식신기소

又見梟神以剋之, 其食神必難存在, 故喜逢財以制梟也.〉
우견효신이극지 기식신필난존재 고희봉재이제효야

有食不見財來, 何異塵羹土飯. 用食忽逢梟至, 正如絼臂扼
유식불견재래 하이진갱토반 용식홀봉효지 정여진비액

喉. 若乃曼局食神, 亦依棄命之例. 一線孤主, 宜爲從食之
후 약내만국식신 역의기명지례 일선고주 의위종식지

謀. 行其旺相之方, 不待滿簋致祝. 遇其死絶之地, 定知覆
모 행기왕상지방 부대만구치축 우기사절지지 정지복

餗貽羞. 最喜財鄕順生, 而歡如酬酢. 切嫌印强運制, 而禍
속이수 최희재향순생 이환여수작 절혐인강운제 이화

起仇讎. 行官殺兮, 雖所剋而宜酌. 逢比劫兮, 似得生而有
기구수 행관살혜 수소극이의작 봉비겁혜 사득생이유

尤.〈指從食格言.〉總之, 食之黨類雖多, 不作傷論. 食之
우 지종식격언 총지 식지당류수다 부작상론 식지

性情本粹, 豈與傷侔.
성정본수 기여상모

식신食神은 양陽이 양陽을 생하고 음陰이 음陰을 따라서 양육하는 관계인데, 비유컨대 사람의 자식이 부모 덕분에 태어날 수 있고, 사람의 부모가 자식의 록祿으로 먹고 사는 것과 같다. 예를 들자면 甲이 丙, 巳를 만나거나 寅도 丙의 생지生地에 위치하니 그러하고, 乙이 丁, 午를 만나거나 未, 戌 중의 丁火가 숨어 있으니 그러하다.

> 章註〈가령 甲木 일간日干이 丙火를 식신食神으로 삼고, 寅, 巳 두 지지地支에 소장되어 있는 丙火를 역시 식신食神이 되는 것이다. 乙木 일간日干이 丁火로 식신食神을 삼는데 午, 未, 戌 의 세 지지地支에도 丁火가 소장되어 있어 역시 식신食神이 되는 것이다.〉

식신食神이 유기有氣하고 재관財官을 감소시키지 않으며 식신으로 격格을 이루면 가히 수복壽福[80]을 겸할 수 있다.

살성殺星을 만나면 그 원수의 불길을 순식간에 잠재우고 상처받은 일주日主를 구출하니 능히 어미의 원수를 갚을 수 있는 것이다.

> 章註〈칠살七殺은 일간日干의 원수이고 식신食神은 일간日干의 자식이라, 칠살七殺이 너무 강하면 일주가 상傷하게 되니 식신食神을 얻어 이를 제제制하면 원수의 기세가 순식간에 쇠퇴하게 되는 것이므로 곧 자식이 어미의 원수에게 복수하는 의미이다.〉

음陰 일주가 식신食神을 얻게 되면 살殺을 항복시키는 데 최고이니 나라를 안정시키게 되는 것이고 또 양陽 일주가 식신食神을 만나는 것은 관官을 돕고 아울러 나라의 주요한 임무를 담당할 수 있는 것과 같다.

---

80) 수복(壽福) : 장수하는 복을 의미하지만 내용상 장수와 복을 의미함.

자식子息이 있어도 없는 것과 같은 경우가 있으니 공망空亡의 자리에 앉았을 때이다. 자식이 또 자식을 낳으면 바야흐로 그 국局이 아름다워지는 것이다.

韋註 〈식신食神이 공망空亡의 지지地支에 앉으면 자식이 있어도 없는 것과 같게 된다고 하며 또 식신이 다시 스스로 생재하게 되면 자식이 또 자식을 보는 경우라고 한다.〉

대개 식신食神에서 그 귀貴함을 찾으려면 반드시 재기財氣와 근원이 통하는지를 살펴보아야 하며 또 식신격食神格으로서 손상을 입게 되는 것은 전적으로 효신梟神의 방자한 독에 의한 것이다.

인印과 관官을 많이 보게 되는 것도 좋지 않은 경우에 속하며 비겁比劫이 중첩되면 오히려 식신의 부족함이 근심거리가 된다.

韋註 〈관官과 인印을 거듭 만나게 되면 반드시 식신食神이 약해지게 되므로 좋지 않다고 하는 것이며 비겁比劫을 거듭 만나면 오히려 부족한 것이 근심거리가 된다는 것은 서대승徐大升이 말한 것으로 이른바 목다화치木多火熾[81], 화다토초火多土焦[82], 토다금매土多金埋[83], 금다수탁金多水濁[84], 수다목표水多木漂[85]를 뜻한다.〉

---

81) 木이 많으면 火가 세차게 타오른다.
82) 火가 많으면 土가 그을린다.
83) 土가 많으면 金이 묻힌다.
84) 金이 많으면 水가 탁해진다.
85) 水가 많으면 木이 떠다닌다.

일주日主가 월령月令을 얻어 바르면 공허해질 염려가 없으나 식신食神이 상관傷官과 혼잡을 이루면 곧 혼탁해진다.

일주日主가 강하고 식신食神이 부족하면 가난하여 쌀항아리와 술독이 텅 비게 될 것이며 일주日主가 약한데 식신이 많으면 입과 배에 재앙災殃이 생기는 것과 같다.

행운의 좋고 나쁨에 이르러서도 역시 이에 준하여 유추한다. 식신食神이 많은 것이 근심이 될 때는 효신梟神을 만나면 쓸모가 있게 되고 반대로 식신이 적어서 고민이면 오직 효신梟神을 제거해야만 근심이 없어진다.

韋註 〈식신食神이 많을 때는 그 세력이 반드시 일간日干의 원기元氣를 설기洩氣시키므로 효신梟神으로 제제하는 것을 좋아하는 것이고, 식신食神이 적을 때 또 효신梟神을 보고 그것(식신)을 훼하면 식신食神은 반드시 존재 자체가 힘들므로 재財를 만나야 효신梟神을 제제할 수 있으므로 기뻐한다고 한 것이다.〉

식신食神만 있고 재財가 오는 것을 보지 못하면 먼지로 국을 끓이고 흙으로 밥을 짓는 것과 무엇이 다르겠는가.

식신食神을 용用하는데 갑자기 효신梟神을 만나게 되면 마치 팔을 비틀고 목을 잡아 누르는 것과 같게 된다.

만약 사주四柱 전국全局이 식신食神으로 되어 있으면 앞에서와 같이 기명棄命하는 예에 따라야 할 것이니 혈혈단신 외로운 일주日主는 식신食神에 종從하는 계책을 세움이 마땅하다. 이때는 식신食神이 왕상旺相한 곳으로 운이 흘러가면 곧 집안에 축복할 일이 생길 것이나 운이 식신食神의 사절지死絶地를 만나면 틀림없이 솥 안에 든 음식을 엎고 음식물을 버리게 될 것이다. 가장 좋은 것은 운이 재향財鄕[86]으로 흘러 순생順生[87]하는 것인데 기쁘기가 술잔을 주고받는 것 같다. 그러나 가장 꺼리는 것은 강한 인운印運이 와서 식신을 제압하는 것이니 이때는 화禍가 원수같이 일어날 것이며 또 관살운官殺運으로 가게 되면 비록 剋이 되나 生함을 참작하여 헤아려 봄이 마땅하고 운에서 비겁比劫을 만나면 生을 얻은 듯 하나 허물이 생기게 된다.

[章註] 〈이것은 종식격從食格을 두고 말한 것이다.〉

총괄해 말하자면 식신食神이 무리지어 많아도 상관傷官으로 논하지 않는 것은 식신食神의 성정이 본래 순수하여 상관傷官과 더불어 섞이지 않기 때문이다.

---

86) 재향(財鄕) : 재(財)의 운 또는 방향.
87) 순생(順生) : 순행하며 生하는 것으로 식신생재(食神生財)를 말함.

12. 傷官賦 (상관부)

【原文】

陽由陰毓, 陰自陽生, 原非氣類, 專剋官星. 丙逢己與丑未
양유음육 음자양생 원비기류 전극관성 병봉기여축미

兮, 午中之己, 亦能盜丙. 丁見戊及辰戌兮, 寅巳之戊, 均
혜 오중지기 역능도병 정견무급진술혜 인사지무 균

可病丁.〈假如丙火日干, 以己土爲傷官, 丑未午三支, 所
가병정 가여병화일간 이기토위상관 축미오삼지 소

藏己土, 亦傷官也. 丁火日干, 以戊土爲傷官, 辰戌寅巳四
장기토 역상관야 정화일간 이무토위상관 진술인사사

支, 所藏戊土, 亦傷官也.〉竊命主之元神, 旣非良善, 傷
지 소장무토 역상관야 절명주지원신 기비량선 상

日干之貴氣, 更肆縱橫.〈此言傷官之弊, 旣洩日干, 又剋
일간지귀기 갱사종횡 차언상관지폐 기설일간 우극

正官.〉然善惡何常, 但須駕馭. 而英華發外, 多主聰明. 遇
정관 연선악하상 단수가어 이영화발외 다주총명 우

殺而議合留, 或資其用, 需財而求生發, 亦賴其能.〈此言
살이의합류 혹자기용 수재이구생발 역뢰기능 차언

傷官之利, 旣可合殺, 又能生財.〉稍雜食神, 祇以傷論, 旣
상관지리 기가합살 우능생재 초잡식신 지이상론 기

成傷格, 當以日評. 日正者用財, 兼以洩其凶暴, 日弱者用
성상격 당이일평 일정자용재 겸이설기흉폭 일약자용

印, 俾其服我使令. 月令之傷爲深, 深而且强, 當制之而勿
인 비기복아사령 월령지상위심 심이차강 당제지이물

縱. 他處之傷爲淺, 淺而可用, 宜扶之使勿傾, 若見官之可
종 타처지상위천 천이가용 의부지사물경 약견관지가

否, 須就局以權衡. 或有印, 或多比, 官見不爲大害.〈傷
官太旺, 固嫌洩氣, 正官再見, 更虞剋身, 若得多數比肩以
助之, 自無大害.〉或少印, 或無比, 官逢詎是休徵. 乃有輕
看四柱, 强別五行, 謂火土, 土金, 宜傷盡者, 以水木之官
爲無益. 謂水木, 木火, 可見官者, 以土金之官爲相成. 夫
以理言之, 有用則皆有用. 以勢論之, 無情則皆無情. 卽金
水之傷, 惡寒, 或因得火而溫煖. 乃火土之傷, 畏燥, 何不
借水以澄淸. 固宜因命干以取舍, 更須隋時令爲重輕.〈此
乃闢舊載火土傷官宜傷盡, 金水傷官喜見官之說.〉行運亦
然. 取裁貴當, 傷重復行傷運, 主氣盡而彫枯. 傷輕復到剋
鄕, 用神殘而愴怛. 或先財後印, 必印之不與財戰者, 乃能
扶吉而抑凶. 或先印後財, 必財之不爲印害者, 始爲有得而
無喪. 多比多劫之旺主, 因遇官而傷乃彌淸. 失時失勢之衰
干, 豈加官而身能無恙. 總之首以見財爲要, 無財兮, 雖巧
慧而究必賤貧. 雖以得印爲佳, 用印兮, 能均停而自然榮
暢. 若乃滿局皆傷, 逞凶無狀. 亦須棄命以相從, 必宜順勢
而勿抗. 惟財神相遇, 可曲引其性情. 苟印運忽來, 必相爭
而傾蕩.〈此指從傷格言.〉較食神終非善類, 不喜多逢, 用

傷官究屬偏鋒, 無庸深尙.
상관구속편봉 무용심상

상관傷官은 양陽이 음陰으로 말미암아 길러지고 음陰이 양陽으로부터 生하는 것인데 원래 氣가 다른 것으로 전적으로 관官을 剋한다.

丙이 己와 丑, 未를 만나고 午 중의 己 또한 丙의 氣를 훔칠 수 있으니 그러하고, 丁이 戊와 辰, 戌을 보거나 寅, 巳 중에 있는 戊를 만나도 균등하게 丁의 상관傷官이 된다.

[章註] 〈가령 丙火 일간日干이 己土로써 상관傷官을 삼는데 丑, 未, 午 세 지지地支에 소장되어 있는 己土 또한 상관傷官이 된다. 또 丁火 일간日干은 戊土를 상관傷官으로 삼으며 辰, 戌, 寅, 巳의 네 지지에 소장된 戊土 또한 상관傷官이 된다.〉

상관傷官은 일주日主의 원신元神을 훔쳐가기 때문에 원래 선량하지 않은 것이고 일간日干의 귀기貴氣를 손상시키므로 더욱 방자하여 종횡으로 날뛴다.

[章註] 〈이것은 상관傷官의 폐해를 말하는 것으로 일간을 설기시키고 또 정관正官을 剋하기 때문이다.〉

그러나 선善과 악惡이 어찌 일정하다 하겠는가.

다만 모름지기 다스리고 부려서 그 영화가 외부로 발산하면 총명함을 주관하게 되니 살殺을 보면 살殺의 합류를 의논하고, 그 용用을 바탕으로 재財를 기다려 생발生發88)을 구할 수 있으니 이 또한 상관傷官의 능력에 의지한 것이다.

> 章註 〈이는 상관傷官의 이로움을 말한 것으로 칠살七殺을 合할 수도 있고 재財를 生할 수도 있는 것이다.〉

식신食神과 조금 섞여 있어도 단지 상관傷官으로 논하며 일단 상관격傷官格이 이루어졌으면 일주日主를 보아 평하는 것이 마땅하다.

일주日主가 바르면(강하면) 재財를 용用하여 상관의 흉포함을 설기시키고, 일주가 약하면 인印을 용用하여 상관을 나에게 복종시켜서 명령을 따르게 한다.

월령月令의 상관傷官은 뿌리가 깊은 것이니, 깊고 강한 것은 제制함이 마땅하고 풀어놓지 말아야 한다. 다른 곳의 상관傷官은 뿌리가 얕은 것이니, 얕아도 쓸 수 있으면 그것을 부조함이 마땅하고 쓰러지지 않도록 해야 한다.

만약에 상관傷官이 관官을 보았을 때는 그 가부를 판단하기 위해서는 반드시 사주의 국局에 나아가 균형을 따져보아야 하니 인印이 있거나 비견比肩이 많으면 관官을 보아도 크게 해롭지는 않다.89)

> 章註 〈상관傷官이 태왕하면 일주日主는 본래 설기洩氣 당함을 싫어하는 것인데 다시 정관正官을 만나면 또 극신剋身 할까 걱정하는 것이다. 만약 비

---

88) 생발(生發) : 생(生)이 발생하는 것.
89) 인성이 상관을 극제하여 균형을 이루면 정관을 보아도 크게 해롭지 않을 수 있다. 그러나 비견은 상관을 생하므로 비견이 많은 경우는 사주원국의 균형을 자세히 살펴야 한다.

견비肩을 많이 얻어서 도움을 받으면 큰 해害를 받지는 않게 된다.〉

인印이 적을 때나 혹 비겁比劫이 없을 때에 관官을 만나는 것이 어찌 상서로운 징조가 되겠는가. 경솔하게 사주를 보는 사람들 중에는 무리하게 오행五行을 구별하여 火土, 土金 상관은 상진傷盡시켜야 마땅하다고 하는 자도 있고 水木의 관官은 이로울 게 없으므로 水木, 木火의 상관官은 관官을 만나도 괜찮다고 하는 자도 있고 土金의 관官은 상성相成이 된다고 하는 자도 있다.

무릇 이치로써 말하자면 쓸모가 있는 것은 모두 유용한 것이며, 또 기세氣勢로써 논하자면 정情이 없는 것은 모두 무정無情한 것이다. 예를 들면 金水 상관傷官은 추운 것을 싫어하므로 火를 얻어 따뜻하고 덥게 해야 한다면 火土 상관傷官에서는 건조함을 싫어할 텐데 어째서 水를 빌려서 맑고 안정되게 하지 않는가?

참으로 마땅한 방법은 일간日干을 보고 취사선택하는 것이며 그 위에 반드시 시령時令에 따라서 경중輕重을 살펴야 할 것이다.

[韋註] 〈이는 옛글에 있는 火土 상관傷官은 마땅히 상진傷盡시켜야 하고 金水 상관은 관官을 만나도 좋다는 설說을 깨뜨려야 한다는 말이다.〉

행운行運에서도 또한 마찬가지로 분별함을 취하는 것이 귀貴하고 마땅하다. 상관傷官이 중중한데 다시 상관운傷官運으로 가면 일주日主의 기운氣運이 다하여 시들고 마른 나뭇잎처럼 될 것이며 상관傷官이 가벼운데 다시 상관傷官을 剋하는 곳으로 간다면 용신用神이 쇠잔衰殘하여 슬

프고 근심스러울 것이다.

혹은 선재후인先財後印[90]의 경우에는 반드시 인印이 재財와 다투지 않아야 길을 돕고 凶을 억제할 수 있으며 혹 선인후재先印後財[91]의 경우라면 반드시 재財가 인印을 해치는 존재가 되지 않을 때만 비로소 득得을 얻고 상실함이 없게 될 것이다.

비견比肩, 겁재劫財가 많아서 旺해진 일주日主가 관官과 상관傷官을 만남으로써 더욱 청淸해지지만 실시失時, 실세失勢해서 쇠약해진 일간이 그 위에 관官까지 또 만난다면 어찌 근심이 없겠는가?

총괄해 말하자면 재財를 보는 것이 가장 중요하니, 재財가 없으면 비록 교묘한 지혜가 있어도 마침내는 반드시 빈천해질 것이다. 비록 인印을 얻어서 아름답다고 하는 것은 인印을 쓰더라도 능히 상관과 균형을 이루어야만 자연히 번영하고 창성할 수 있을 것이다.

만약 전국全局이 모두 상관傷官으로 채워져 있으면 흉함은 넘쳐나고 무엇이라 표현할 현상이 없으니 반드시 자기의 본명本命을 버리고 상대를 종從해야 하는 것이며 필히 대세大勢를 따르고 항거抗拒하지 않는 것이 마땅하다.

오직 재신財神을 만나야만 그 거친 성정性情을 부드럽게 인도해 낼 수 있는데 만약에 인印 운을 갑자기 만나게 되면 서로 싸워서 쓰러지고 격랑에 휩쓸리게 될 것이다.

---

90) 선재후인(先財後印) : 재(財)르 우선으로 하고 인(印)을 뒤로 함.
91) 선인후재(先印後財) : 인(印)을 우선으로 하고 재(財)를 뒤로 함.

[韋註] 〈이는 종상관격從傷官格을 가리켜 한 말이다.〉

식신食神과 비교하면 상관은 마침내 선善한 부류가 아니므로 많이 만나서 좋을 것은 없으며 또한 상관을 구해서 용用한다는 것은 부득이 에둘러서[偏鋒] 쓰는 것이니 너무 깊이 사용할 필요는 없다.

13. 比劫賦 _{비겁부}

【原文】

陽逢陽類, 陰逢陰類, 是名爲比. 陽逢陰朋, 陰逢陽朋, 是名爲劫. 其氣雖同, 其情不協. 皆取天干以推, 不爲天干而設. 甲憎甲乙兮, 亥生寅祿及卯刃, 安可同科. 丁忌丙丁兮, 午祿巳旺幷未衰. 各自有說.〈甲木見甲木爲比肩, 見乙木爲敗財, 見亥爲長生, 見寅爲祿, 見卯爲刃. 丁火見丁火爲比肩, 見丙火爲劫財, 見午爲祿, 見巳爲帝旺, 詳見券一看比劫祿刃法.〉比則輔主之力勝, 而見財亦侵. 劫則相主之義輕, 而奪財尤切. 衰干失令, 比可仗而劫亦堪依. 亢主乘權, 比增威而劫亦加烈. 惟合殺, 於陽日有功.〈陽日之敗財皆可 合殺.〉而敵殺, 使陰干不怯.〈陰日之劫財, 皆可敵殺.〉正印見之而榮分. 眞官遇之而貴竊.〈比劫能洩印氣, 故曰分榮. 比劫能抗官威, 故曰竊貴.〉食神遭之而致養不

專. 傷官倚之而逞凶難折.〈比劫爲資生食神之神, 亦爲資
전   상관의지이영흉난절   비겁위자생식신지신 역위자
生傷官之神, 資生食神猶可, 若資生傷官, 則流弊多矣.〉不
생상관지신 자생식신유가 약자생상관 즉류폐다의   불
問藏財露財, 並受其殃, 惟有正官偏官, 可除其孽. 論局兮,
문장재로재 병수기앙 유유정관편관   가제기얼 논국혜
但依此理. 斷運兮, 亦無他訣. 總之四柱排推, 六親取用,
단의차리   단운혜 역무타결   총지사주배추   육친취용
不須多見斯神. 卽使兩干不雜.〈如甲年甲月乙日乙時.〉一
불수다견사신   즉사양간부잡   여갑년갑월을일을시   일
氣相連,〈如丁年丁月丁日丁時.〉未必便堪欣悅.
기상연   여정년정월정일정시   미필편감흔열

양陽이 같은 종류의 양陽을 만나고 음陰이 같은 종류의 음陰을 만나는 것을 비견比肩이라고 명명하고 양陽이 음陰인 친구를 만나고 음陰이 양陽인 친구를 만난 것을 겁재劫財라 명명한다.

그 氣는 비록 서로 같다고 해도 그 성정性情은 서로 맞지 않는다. 모두 천간天干에서 취하여 그 관계를 추론하는 것이지만 천간天干에만 비겁이 설정되는 것은 아니다.

甲이 甲乙을 미워한다지만 亥에서 生이 되고 寅에서는 녹祿이 되며 묘卯에서는 양인陽刃이 되니 어찌 동일하게 미워한다고 단정 지을 수 있겠는가. 또 丁은 丙丁을 꺼린다고 하지만 午에서 녹祿이 되고 巳에서 旺이 되어 모두 쇠하지 않는 자리니 각각 따로 살펴서 말해야 하는 것이다.

韋註〈甲木이 甲木을 보면 비견比肩이 되고 乙木을 보면 패재敗財 : 겁재)

가 되며 亥를 만나면 장생長生이 되며 寅을 만나 록祿이요, 卯를 본즉 인刃이 된다. 丁火가 丁火를 보면 비견比肩이 되며 丙火를 보면 겁재劫財가 되며 午를 보면 녹祿이 되고 巳를 보면 제왕帝旺이 된다. 자세한 것은 일권一卷의 비겁녹인법比劫祿刃法을 보라.〉

비견比肩은 일주日主를 보좌하는 힘이 뛰어나지만 재財를 보면 역시 침탈하려고 한다. 겁재劫財는 일주日主를 도우려는 의리는 가볍고 재財를 탈취하려는 의도는 더욱 심하다.

쇠약한 일간日干이 실령失令하면 비견에 기댈 수 있고 겁재劫財 또한 기댈 수도 있다. 일주日主가 힘이 넘쳐 권세를 장악한 때는 비견比肩은 더욱 위력을 보태고 겁재劫財 또한 맹렬함을 더한다.

칠살七殺과 합하는 데는 양일陽日이라야 공功이 있다.

韋註 〈양일陽日의 겁재劫財는 모두 합살合殺이 가능하다.〉

칠살七殺을 대적하는 데는 음간陰干이라야 겁怯을 내지 않는다.

韋註 〈음일陰日의 겁재劫財는 모두 살殺을 대적하는 것이 가능하다.〉

정인正印이 비겁比劫을 보면 영화가 분산되고 참된 정관正官이 비겁比劫을 만나면 귀함을 도난당한다.

韋註 〈비겁比劫은 인수印綬의 氣를 설기시키므로 영화를 분산시킨다고 한 것이며 비겁比劫은 관官의 위엄에 항거하므로 귀貴함을 도난당한다고 한 것이다.〉

식신食神을 만나면 양생(養生 : 길러짐)이 온전할 수 없고, 상관傷官을 의지하면 凶함이 끊어지지 않는다.

韋註 〈비견比肩·겁재劫財는 식신食神을 자생資生하게 하는 신神이며 역시 상관傷官도 자생한다. 그런데 식신食神을 자생하는 것은 그래도 괜찮지만 만약 상관傷官을 자생시키면 그 폐해가 많게 된다.〉

감춰진 재財든 노출된 재財든 불문하고 비겁比劫에게 모두 재앙을 당하지만 정관正官이나 편관偏官이 있으면 그 화禍를 제거할 수 있다.

사주四柱의 원국을 논할 때는 다만 이와 같은 이치에 의하면 되고, 운을 판단할 때도 역시 다른 비결이 있는 것은 아니다.

총괄해 말하자면 사주四柱를 배열하고 추론할 때나 육친六親을 취용함에 있어서 이러한 신神들[비견, 겁재]을 많이 보아서는 안 되니 설사 양간부잡兩干不雜[92]) **韋註** 〈예를 들면 甲年 甲月 乙日 乙時〉이나 일기상연一氣相連 **韋註** 〈예컨대 丁年 丁月 丁日 丁時〉일지라도 곧바로 기뻐하면 필시 아니 된다.

---

92) 천간에 두자로 되어있고 다른 것과 섞이지 않음.

14. 祿刃賦
녹인부

【原文】

陰陽諸干, 祿刃互例, 祿是本氣, 入命以爲喜神. 刃則異情,
음양제간 녹인호례 녹시본기 입명이위희신 인즉이정

劫財故張殺勢. 祿泥月日時支取格, 遂有此喜彼忌之殊. 刃
겁재고장살세 녹니월일시지취격 수유차희피기지수 인

兼辰戌丑未推詳, 蓋昧陰後陽前之義. 〈詳見卷一看比劫祿
겸진술축미추상 개매음후양전지의 상견권일간비겁록

刃法.〉夫一字之祿, 可以格言, 豈四柱之神, 盡從閒廢. 祿
인법 부일자지록 가이격언 기사주지신 진종한폐 녹

得力兮, 不過扶日有功. 祿太多兮, 亦恐傷財不利. 謂日祿
득력혜 불과부일유공 녹태다혜 역공상재불리 위일록

歸時, 憎官愛傷者, 固謬妄之談. 謂建祿專祿, 離祖刑妻者,
귀시 증관애상자 고류망지담 위건록전록 이조형처자

亦拘攣之議. 至陽刃在子午卯酉, 陰刃在巳亥寅申, 皆劫財
역구연지의 지양인재자오묘유 음인재사해인신 개겁재

之惡曜. 誠害物之凶神. 惟陰日取以帮身, 變衰成旺. 而陽
지악요 성해물지흉신 유음일취이방신 변쇠성왕 이양

日用之合殺, 轉害爲恩. 殺刃相須兮, 一缺而威權不振. 殺
일용지합살 전해위은 살인상수혜 일결이위권부진 살

刃相濟兮, 兩停而勢位彌尊. 陰刃傳訛, 禍福故無確驗. 陽
인상제혜 양정이세위미존 음인전와 화복고무확험 양

刃取斷, 喜忌亦多妄分. 凡支均不宜逢, 何獨時逢切忌. 在
인취단 희기역다망분 범지균불의봉 하독시봉절기 재

局旣云喜合, 豈應歲合偏嗔. 〈俗謂刃忌時逢, 亦忌歲合, 毫
국기운희합 기응세합편진 속위인기시봉 역기세합 호

無義理, 殊不足言.〉多見兮定能爲禍, 遇沖兮必至遭迍. 總
무의리 수부족언   다견혜정능위화 우충혜필지조둔 총
之祿之與刃, 一德同心助諸格皆爲有益. 刃之爲物, 多凶少
지록지여간 일덕동심조제격개위유익   인지위물 다흉소
吉, 必弱主方喜相親.
길   필약주방희상친

음陰이든 양陽이든 모든 천간에게 있어 녹인祿刃은 서로 비슷한 예例에 속하지만, 녹祿은 본기本氣로 명조命造에 들어 있으면 희신喜神으로 여기지만 인刃은 그 성정性情이 다른 것이어서 겁재劫財가 되기 때문에 살殺의 세력을 펼치게 된다.

녹祿[93]에 구애되어 月, 日, 時 지지地支에서 격격格을 취하는데 마침내 이것은 좋고 저것은 좋지 않다는 구별이 생기게 되었다.

또 인刃은 辰戌丑未와 더불어 자세히 살피라고 하는데 이는 대개 음陰은 뒤로 가고 인刃이 되고 양陽은 앞으로 가는 인刃이 되는 의미에 어두워서 그런 것이다.

韋註 〈자세한 것은 일권一券에 있는 비겁녹인법比劫祿刃法을 보라.〉

무릇 한 글자의 녹祿으로 격격格을 말할 수 있다고 하는데 그렇다면 어찌 녹祿을 제외한 다른 신神 모두가 한가하고 쓸모없는 존재가 되겠는가.

녹祿이 힘을 얻으면 일주日主를 돕는 공功이 있는 것에 불과하며, 녹

---

93) 녹(祿) : 건록(建祿), 전록(專祿), 귀록(歸祿) 등을 말함.

祿이 지나치게 많으면 재財를 상傷하게 하는 불리함이 걱정된다.

일록귀시日祿歸時[94]는 관官을 미워하고 상관傷官을 좋아한다고 하는데 잘못되고 망령된 말이다. 또 건록建祿과 전록專祿은 조상을 떠나고 아내를 형刑한다고 하는 말은 역시 융통성 없이 얽매인 의견이다.

양인陽刃은 子午卯酉에 있고 음인陰刃은 巳亥寅申에 있어 모두 겁재劫財에 해당하는바 악성惡星이 되니 진실로 물건을 해치는 흉신凶神이다. 그러나 음일陰日에 있어서는 이를 취하여 신身을 도울 수 있으니 衰한 일주를 旺하게 변화시키며, 양일陽日은 이를 이용하여 합살合殺할 수 있으니 해로운 것을 은혜로운 것으로 변화시키는 힘도 있다. 이 경우 살殺과 인刃이 함께 해야지 한 쪽이라도 빠지는 경우엔 위엄과 권세를 떨칠 수 없게 되며 살殺과 인刃이 서로 구제할 때에는 양쪽이 자리를 잡으면[兩停] 그 권세의 위치가 더욱 높아지게 되는 것이다.

음인陰刃에 관한 학설은 와전된 것으로 화복禍福에 관하여 확실하게 검증된 바가 없다. 또 양인陽刃으로 취단取斷[95]할 때도 그 희기喜忌에 대하여 망령되게 나눈 것이 많다. 무릇 지지에서 양인陽刃을 만나는 것은 모두 좋지 않은 것인데 어찌해서 時에서 만나는 것을 특히 더 꺼리는 것이며 또 사주 원국에서는 양인陽刃은 合하는 것이 좋다고 말하고서는 어찌 마땅히 세운歲運과 合하는 것은 지나치게 성내는 것인가?

韋註 〈속俗에서 말하기를 인刃은 時에서 만나는 것을 꺼리고 또 세운歲運

---

94) 시지에 녹(祿)이 있는 경우로 귀록(歸祿)이라 한다.
95) 취단(取斷) : 판단하여 취함.

과 合하는 것도 꺼린다고 하는데 추호도 이치에 맞지 않는 것으로 특별히 말할 것도 못 된다.〉

인刃을 많이 보게 되면 틀림없이 화禍가 되고 沖을 만나면 앞으로 나아가지 못한다.

총괄해 말하자면 녹祿은 일간日干과 한마음으로 덕德을 같이 하여 제격(諸格 : 모든 격)을 도우니 유익한 것이지만 인刃이란 물건은 凶은 많고 吉은 적으니 반드시 일주日主가 약할 때만 가까이 함이 좋다.

15. 從局賦 _{종국부}

【原文】

日主無根, 勢屈不堪培植, 他神滿局, 黨多難以伏降, 貴達
權以通變, 宜捨弱以從强. 從殺其常, 正官理應同例, 從財
固美, 食傷力亦相當.〈舊書謂日主無根, 可以從殺從財,
其實日主果系無根, 官亦可從, 食傷亦可從耳.〉惟印多則
無從理, 蓋母衆反作子殃. 凡所從之神, 被剋則爲破局. 此
已棄之命, 逢根卽屬不祥.〈從局旣成, 最忌行反對從神之
運. 如從財之土, 則忌行水木運, 從官殺之金, 則忌行木火
運. 從食傷之水, 則忌行土木運, 餘倣此.〉從神遭遇資扶,
知福力之深厚. 從神輾轉生育, 喜秀氣之發揚. 從之上者,
則貴登台閣. 從之次者, 亦富擁倉箱. 若歲運不齊, 豈終身
能無少馭. 苟制化有道, 則大局伋自無妨.〈如從土之財,
行火土運最好, 倘歲運竟逢水木, 與所從之神, 極端反對,

得其他土金調劑之, 或干支合冲化解之, 亦可無妨.〉更有
득 기 타 토 금 조 제 지   혹 간 지 합 충 화 해 지   역 가 무 방   경 유
主帶微根, 直雜假而未淨, 運行棄局, 假成眞而亦昌. 但運
주 대 미 근   직 잡 가 이 미 정   운 행 기 국   가 성 진 이 역 창   단 운
過還防凶發, 必局純乃得福長.〈日主衰弱, 達於極點, 雖
과 환 방 흉 발   필 국 순 내 득 복 장   일 주 쇠 약   달 어 극 점   수
畧有奧援, 稍帶微根, 亦可作從局論, 但不眞切耳, 然必須
약 유 오 원   초 대 미 근   역 가 작 종 국 론   단 부 진 절 이   연 필 수
運行所從之神, 始可得志, 過此仍防凶發. 較之純粹從局,
운 행 소 종 지 신   시 가 득 지   과 차 잉 방 흉 발   교 지 순 수 종 국
究遠遜也.〉
구 원 손 야

일주日主가 뿌리가 없고 세력이 약하여 키워주고 밀어줘도 감당할 수 없는 상황에서 다른 신神들이 사주四柱를 다 차지하고 무리가 많아 항복降伏시키기 어려울 때는 변화에 능통하여 권세에 이르는 것이 중요하니 마땅히 약弱한 것을 버리고 강强한 것을 따라야 할 것이다.

종살從殺하는 것이 그 대표적인 예이며 정관正官도 이치상 같은 방식으로 적용된다. 종재從財는 원래 좋은 것이라 여겨졌고, 식상食傷도 또한 그와 같은 힘이 있다.

韋註 〈옛글에 이르기를 일주 무근無根이면 가히 종살從殺, 종재從財할 수 있다고 하였는데 그 실질은 일주日主가 뿌리가 없다는데 있는 것이므로 관官에도 종從할 수 있고 식상食傷에도 종從할 수 있는 것이다.〉

다만 인印이 많을 때는 종從하는 이치가 없으니 대개 어미가 많은 것은 오히려 자식에게 재앙이 되기 때문이다.

무릇 종從하는 신神이 극剋을 당하면 파국破局이 되며, 이미 자기가 버린 본명本命이 뿌리를 만나는 것은 좋지 않은 것에 속한다.

> 章註 〈종從하는 국국이 이미 성립된 후에는 종從하는 신神에 반하는 운으로 가는 것을 가장 싫어하는 것이니 예를 들면 종재從財가 土인 경우 水木 운으로 가는 것을 꺼리며 종살從殺이 金인 경우 木火 운을 꺼리며 종식從食이 水인 경우 土木 운을 꺼리는 것이며 그 외도 마찬가지다.〉

반대로 종신從神을 도우는 운을 만나면 복력福力이 깊고 두터워질 것을 알 수 있는 것이고 또 종신從神이 생육生育되는 곳으로 운이 굴러가면 수기秀氣가 떨쳐 일어나게 되는 것을 기뻐한다.

종국從局이 상급인 사람은 그 귀함이 태각台閣[96]에 오르게 되고 종국從局이 차순위인 사람은 그 부富함이 창고와 궤짝을 끌어안고 있는 형상이다. 만약 세운歲運이 고르지 못하더라도 어찌 평생토록 쓸 것이 없겠는가. 만약 제화制化하는 길이 있으면 대국大局은 스스로 무방할 것이다.

> 章註 〈예컨대 土로 종從하는 재財는 火土 식재운으로 가는 것이 가장 좋은데 만일 세운에서 水木 인비운을 만난다면 종從하는 신神과 극단적으로 반대가 되니 土金을 써서 조절해 주거나 간지干支에서 합충合沖으로 제화시켜 해소하면 또한 해로움이 없게 된다.〉

또한 일주日主가 미약한 뿌리를 지니고 있다면 진짜와 가짜가 혼잡混

---

96) 태각(台閣) : 한대(漢代) 상서(尙書)의 호칭.

雜되어 있는 것과 같아서 깨끗하지 못하므로 이때 운運이 원국原局을 버리는 방향方向으로 가게 되면 가짜 종국從局이 진짜로 종국從局을 이루게 되므로 창성하게 될 것이다.

단, 그 운運이 지나가면 다시 凶이 발발할 것을 방비해야 하니 반드시 원국原局이 순수해야 오래도록 복福을 누릴 수 있는 것이다.

〔韋註〕〈일주日主의 쇠약함이 극에 달하면 비록 조금의 도움이나 미약한 뿌리가 있다 해도 역시 종국從局으로 논할 수 있다. 다만 뿌리가 완전히 근절된 것이 아닐 뿐이다. 그렇지만 반드시 종從하는 신神의 방향으로 운이 흘러야 비로소 뜻을 얻게 되고 또 이 운이 다하면 여전히 凶이 일어남을 방비해야 하니 순수하게 구성된 종국從局에 비하면 결국에는 훨씬 멀리 벗어난 것이다.〉

16. 化局賦 (화국부)

【原文】

四柱取格爲眞, 固宜審酌, 十干遇合而化, 尤貴推尋. 甲己
合而化土, 乙庚合而化金, 丙辛合而化水流濕, 丁壬合而化
木成林, 幷戊癸合而化火, 皆陰陽配而同心, 甲遇兩己, 己
遇兩甲兮, 凡見二則爭而非化. 甲畏庚剋, 己畏乙剋兮, 但
遇一則妬而相侵.〈一甲遇二己, 一己遇二甲, 乃是爭化, 蓋
二者爭一也, 甲己聯合, 遇庚遇乙, 乃是妬化, 蓋甲畏庚剋,
己畏乙剋也.〉有丁有壬雙露, 則其局必敗. 或丁或壬單見,
則爲害不深.〈甲己化土格, 單逢壬字, 或單逢丁字, 爲害尙
淺, 若丁壬並見, 聯合化木, 與甲己化土, 極端反對, 則爲
害深矣.〉總之剋我我生之木金, 忌其相見. 生我我剋之水
火, 喜其加臨.〈此指甲己化土格言, 故忌化木剋我, 化金
洩我, 若化水潤土, 化火暄土, 此皆爲化土所最喜者, 餘類

推.〉若辨化局之假眞, 全察地支之情勢, 先觀月氣, 乃化神
根本之鄕. 更重時支. 必化神生旺之地. 時趨絶處. 化必不
成. 月屬他神, 化尤難冀. 年支稍遠, 亦須與化無乖, 日支
較親, 更求於化有濟. 迨行運之吉凶, 同原柱之則例, 遇助
化之物, 則氣勢加隆. 値破化之神, 則程途不利.〈如甲己化
土格, 行火土運, 與化土聲應氣求, 固爲助化, 卽行戊運而
命中有癸, 癸運而命中有戊, 化火暄土, 行丙運而命中有辛,
辛運而命中有丙, 化水潤土, 亦爲助化, 其益無方, 故氣勢
卽加隆也. 若行丁運而命中有壬, 壬運而命中有丁, 化木剋
土, 行乙運而命中有庚, 庚運而命中有乙, 化金洩土, 卽是
破化. 故曰程途不利.〉化神一路如意, 通顯無疑. 化神一
字還原, 災危立至.〈旣無剋破刑沖之運, 亦無爭合妬化之
途, 卽是一路如意. 如丙辛化水格, 逢丙運或辛運, 爭合妬
化, 致丙辛化水不純, 仍是丙火辛金, 謂之還原, 災殃立至,
自屬不可免矣.〉然而局多變化, 卽假格兮, 得運亦可成眞.
理實圓通. 雖剋神兮, 合宜亦非深忌.〈化局眞假不一, 然有
眞格變假, 假變眞者, 當於原柱及所行之運消息之, 果所化
之神, 氣勢有餘, 雖原深行運也, 畧見剋洩之神, 亦不得謂

爲忌柱與.〉至於取必辰字, 謂龍飛方是化神, 則凡遭遇寅
위 기 주 여   지 어 취 심 진 자   위 용 비 방 시 화 신   즉 범 조 우 인
支彼虎變寧無化意. 況五愛憎各行, 異且一庫有何情致, 若
지 피 호 변 녕 무 화 의   황 오 애 증 각 행   이 차 일 고 유 하 정 치   약
此荒唐, 亟宜廢置.〈舊謂逢龍則化, 龍, 辰也, 甲己得戊辰,
차 황 당   극 의 폐 치   구 위 봉 용 즉 화   용   진 야   갑 기 득 무 진
戊屬土, 故化土. 乙庚得庚辰, 庚屬金, 故化金. 丙辛戊癸
무 속 토   고 화 토   을 경 득 경 진   경 속 금   고 화 금   병 신 무 계
丁壬皆然. 非謂原柱見辰, 始言化局也.〉
정 임 개 연   비 위 원 주 견 진   시 언 화 국 야

사주四柱에서 격격을 취하는 것은 본질이므로 상세히 고려함이 마땅하고, 십간十干이 합을 만나 화국化局을 이루는 것은 그 원리를 규명함이 특히 중요하다.

甲己합하여 土로 化하고 乙庚합하여 金으로 化하고 丙辛합하여 水로 化하니 흐르는 물이 되고 丁壬합하여 木으로 化하니 숲을 이루고 戊癸는 합하여 火로 된다.

이는 모두 음양陰陽이 짝을 이뤄 한 마음이 되는 것이다. 그러나 甲이 두 개의 己를 만나거나 己가 두 개의 甲을 만나는 것과 같이 대개 하나가 둘을 만나면 다툼이 일어나 化가 되지 않는다. 또 이 甲己합의 경우 甲은 庚金의 剋을 두려워하고 己는 乙의 剋을 겁내니 乙, 庚 중에 다만 하나만 만나는 경우에는 질투를 하므로 서로 침범하게 된다.

章註 〈하나의 甲이 두 개의 己를 만나거나 하나의 己가 甲 두 개를 만나면 쟁화爭化가 되는데 대개 같은 것이 둘이면 하나를 놓고 다투는 것이다.

또 甲己가 연합하는데 庚이나 乙을 만나면 合化하는 것을 질투하는데 대개 甲은 庚에게 剋을 당할까 두려워하고 己는 乙에게 剋 당할까 두려워한다.〉

또 갑기합화토격甲己合化土格에서는 丁과 壬이 모두 나타나면 반드시 패국敗局이 되지만 혹 丁이나 壬 중에 하나만 보게 되면 그 해害가 심하다고는 할 수 없다.

章註 〈갑기화토격甲己化土格에서 壬 자字 하나만 만나거나 丁 자字 하나만 만나는 경우에는 그 해가 오히려 깊지 않다고 할 수 있지만, 만약 丁壬이 같이 보여서 연합되어 木으로 化하면 갑기화토와 극단적으로 반대가 되니 그 해로움이 심각하게 된다.〉

결론적으로 말하자면 합화合化된 나(土)를 剋하는 木과 내가 生하는 金끼리는 서로 만나는 것을 꺼리며 나를 生하는 火와 내가 剋하는 水는 겹쳐서 오는 것을 좋아한다.

章註 〈이는 갑기화토격甲己化土格을 가리켜 한 말이다. 그러므로 木으로 되는 것은 나를 剋하므로 꺼리게 되고 金으로 化한 것이 나를 누설시키는 것을 꺼리며 水로 化한 것은 土를 윤습하게 하고 火로 化한 것은 土를 따뜻하게 하니 이 모든 것은 土를 化하게 하는 가장 기쁜 것이다. 나머지도 이에 기준하여 유추한다.〉

만약 화국化局의 진가眞假를 분별하려고 하면 전적으로 지지의 정세를 살펴야 하는데 먼저 화신化神의 근본 고향인 월지月支의 기운을 보아야 한다. 그리고 다음에 시지時支가 중요한데 반드시 화신化神에 생왕生

旺하는 곳이어야 한다. 時가 절처絶處로 달리면 분명히 화국化局을 이루지 못하게 된다.

월지月支가 타 신神에 해당되면 化는 더욱 기대하기 어려우며 년지年支는 영향력이 조금 멀기는 하지만 그래도 역시 化와 괴리됨이 없어야 하며 일지日支는 비교적 친밀한 지위에 있으니 더욱 化에 도움이 될 것이 요구된다.

행운行運의 길흉吉凶에 이르러서는 사주四柱 원국에서의 법칙과 같아서 化에 조력하는 물(物 : 運)을 만나면 기세가 융성해질 것이고 化를 깨뜨리는 신(神 : 運)을 만나면 나아가는 길이 불리할 것이다.

韋註〈갑기화토격甲己化土格을 가지고 예를 들어보면, 火土 운으로 갈 때는 변화된 土와 더불어 소리가 서로 응하고 氣가 서로 구하는 상황이므로 참으로 화격化格을 돕게 되는 것이고 또 戊 운으로 갈 때 명命 중에 癸가 있거나 癸 운으로 가는데 명命 중에 戊가 있어 火로 化하여 土를 돕고 행운行運이 丙인데 명命 중에 辛이 있거나 辛 운으로 가는데 명命 중에 丙이 있으면 水로 化하여 土를 윤습하게 하여 이 또한 化를 돕는 것이 되니 그 이로움은 어느 방위에서도 그러하여 이때는 그 기세가 더욱 커지게 되는 것이다.

그러나 丁 운으로 가는데 명命 중에 壬이 있거나 壬 운으로 행하는데 명命 중에 丁이 있으면 合하여 木으로 化하니 土를 剋하게 되며, 또 乙 운으로 흐르는데 명命 중에 庚이 있거나 庚 운인데 명命 중에 乙이 있으면 金으로 化하여 土를 설洩하게 되니 이것이 바로 化를 파破하는 것이 된다. 그러므

로 나아가는 길이 불리하다고 하는 것이다.〉

화신化神이 하나의 길로 뜻에 맞게 나아간다면 통通하여 현달顯達할 것은 의심할 나위가 없는 것이나 화신化神이 깨져서 한 자字가 원상태로 돌아가게 되면 재앙과 액운이 바로 닥치게 될 것이다.

[韋註] 〈즉 극剋, 파破, 형刑, 충沖의 운이 없고 또 쟁합爭合이나 化를 질투하는 것[妬化]을 운에서 만나지 않으면 하나의 길로 뜻에 맞게 나아갈 것이다. 그러나 만약 병신화수격丙辛化水格이 丙 운이나 辛 운을 만나면 쟁합爭合, 투화妬化가 되어 丙辛이 합하여 水로 化했던 것이 그 순수성을 잃게 되어 원래대로 각자 丙火가 되고 辛金이 되니 이를 원상태로 회복했다고 하는 것인데 이런 경우에는 재앙이 바로 닥치게 되어 모면할 길이 없게 되는 것이다.〉

그러나 국局에 변화가 많으면 가격假格인데 화신化神에 좋은 운을 만나면 진격眞格을 이룰 수 있다. 이 같은 이치에 충실하여 원만히 통하면 비록 극신剋神이 와도 合이 적절하면 또한 깊이 꺼릴 것은 못 된다.

[韋註] 〈화국化局의 진가眞假는 한결같지 않아서 진격眞格이 변하여 가격假格이 되기도 하고 가격이 진격으로 변하기도 한다. 마땅히 원 사주四柱가 행운行運의 변화에 달려 있으니 만약 결과적으로 화신化神의 기세가 넘칠 정도라면 비록 사주 원국이 깊고 튼튼하고 행운行運에서 대략적으로 극설剋洩하는 신神을 만나더라도 또한 꺼리는 사주四柱라고는 이르지 못할 것이다.〉

한편, 化할 때 반드시 辰 자字를 취해야 한다고 하면서 용龍이 날아야 바야흐로 화신化神이 된다는 이론이 있는데, 그렇다면 무릇 지지에서 寅을 만나면 그것이 호랑이로 변한다는 말도 있는데 여기엔 어찌 化의 의미가 없단 말인가? 하물며 오행五行에는 그 좋아하고 싫어함이 각기 다르거늘 하나의 고庫, 辰에만 무슨 정情을 초래하는 힘이 있단 말인가? 그 이론이 이처럼 황당하니 빨리 없애는 것이 마땅하다.

章註 〈옛글에서 이르기를 용龍을 만나면 화한다[逢龍則化]라고 했는데, 여기서 용龍이란 辰을 말한다. 또 甲己가 戊辰을 만나면 戊는 土에 속하니 化土한다. 乙庚이 庚辰을 만나면 庚은 金에 속하는지라 化金이 된다. 丙辛, 戊癸, 丁壬 모두 이와 같다고 했는데 꼭 원주原柱에서 辰을 보아야만 비로소 화국化局이 된다고 말한 것은 아니다.〉

17. 一行得氣賦
일행득기부

【原文】

五行合宜, 固爲吉利, 一行得氣, 亦主光亨. 木火日而或方
오행합의 고위길리 일행득기 역주광형 목화일이혹방

或局全逢, 則爲曲直炎上之格. 金水日而或方或局完具, 乃
혹국전봉 즉위곡직염상지격 금수일이혹방혹국완구 내

有從革潤下之名. 土日四庫俱全, 當以稼穡取用. 支位三神
유종혁윤하지명 토일사고구전 당이가색취용 지위삼신

有力, 亦以稼穡推評.〈詳見卷一看一行得氣法.〉皆占一方
유력 역이가색추평 상견권일간일행득기법 개점일방

之秀氣, 不同六格之尋常. 所愛者得時當令. 所利者遇旺逢
지수기 부동육격지심상 소애자득시당령 소리자우왕봉

生. 但體質亦覺過專, 引通爲妙, 而精神必有所嚮, 審察須
생 단체질역각과전 인통위묘 이정신필유소향 심찰수

精. 水局見火, 火局見金, 斯乃財神資養. 金局生水, 水局
정 수국견화 화국견금 사내재신자양 금국생수 수국

生木, 是爲秀氣流行. 大抵秉令成方.〈如甲木日主, 支全寅
생목 시위수기유행 대저병령성방 여갑목일주 지전인

卯辰, 卽成方也, 生立春後, 或殼雨前三日, 卽秉令也.〉則
묘진 즉성방야 생입춘후 혹곡우전삼일 즉병령야 즉

福祿並臻, 而位登顯要. 卽使失時得局.〈如甲木日主, 支會
복록병진 이위등현요 즉사실시득국 여갑목일주 지회

亥卯未, 卽爲得局, 若生未月, 卽稍嫌失時矣.〉亦功名不
해묘미 즉위득국 약생미월 즉초혐실시의 역공명불

誤, 而身獲康寧. 若原局微伏破神, 須運有合冲之妙. 苟行
오 이신획강녕 약원국미복파신 수운유합충지묘 구행

運偶逢剋地, 貴柱有剋化之神. 總之, 干乃領格之神. 陽氣
운우봉극야 귀주유극화지신   총지   간내영격지신   양기
爲强. 而陰氣爲弱. 支乃會格之具, 方力較重, 而局力較輕.
위강   이음기위약   지내회격지구   방력교중   이국력교경

  오행五行의 合이 적절하면 진실로 吉하고 이로운 것인데 일행一行으로 득기得氣하면 또한 빛남과 형통함을 주관하게 된다.

  예를 들면 木火 일간이 방方이나 국국을 구성하는 지지를 전부 만나면 곧 곡직曲直, 염상炎上의 격격이 되고, 金水 일간日干이 방方이나 국국을 이루는 지지地支를 전부 갖추게 되면 곧 종혁從革, 윤하潤下란 이름을 갖게 되고, 土 일간이 사고四庫를 모두 갖추면 가색稼穡으로 취용取用함이 당연한데 (만약 사고四庫를 전부 갖추지 못하더라도) 삼위三位의 신神이 유력하면 역시 가색稼穡으로 유추하여 감정한다.

  章註 〈자세한 것은 권1에 있는 일행득기법一行得氣法을 보라.〉

  모두 일방一方의 수기秀氣를 보유하고 있다는 점에서 보통의 육격六格과는 같지 않은 것이고 그 좋아하는 것은 득시得時 득령得令함이고 이로운 바는 生旺함을 만나는 것이다.

  다만 그 체질이 과도하게 한 가지로만 구성되어 있는 것을 깨달아서 끌어 소통시킬 수 있으면 묘妙함을 이룰 것이다. 그리고 정신은 반드시 향向하는 곳이 있으니 그것을 살피고 관찰함에 반드시 정밀하게 해야 할 것이다.

水局이 火를 보거나 火局이 金을 보면 이는 곧 재신財神을 길러내는 것이고 金局이 水를 生하거나 水局이 木을 生하면 이는 빼어난 기운이 흘러 다니는 것이 된다.

대체로 득령得令하고 방方을 이루면 [韋註] 〈예를 들면 甲木 일주日主가 지지地支에서 寅卯辰 전부를 보면 방方을 이룬 것이다. 또 입춘立春 후에서 곡우穀雨 전 3일 사이에 生하면 득령得令한 것이다.〉 복록福祿이 아울러 이르고 지위가 올라 현달하게 되며 비록 실시失時했어도 득국得局을 했으면 [韋註] 〈예를 들면 甲木 일주가 지지에서 亥卯未를 만나면 득국得局이 되는데 만약 月이 未日 생이면 실시失時한 것이 되어 조금 꺼리게 된다.〉 역시 공명功名이 잘못되지 않고 일신이 편안하고 안녕하게 된다.

이때 만약 원국原局에 파신破神이 미미하게라도 잠복해 있으면 반드시 운에서 이를 합충合沖시켜야 묘妙함을 이룬다.

만약 운運에서 剋하는 곳을 만나게 되면 이를 극화剋化시키는 신神이 사주에 있어야만 귀한 사주라 할 것이다.

총괄해 말하자면 천간天干은 격격을 이끌어가는 신神으로 양기陽氣는 강하고 음기陰氣는 약하며 지지는 격格을 형성시키는 도구이므로 방方의 힘은 비교적 무겁고, 국局의 힘은 비교적 가볍다.

18. 兩神成象賦

양신성상부

【原文】

道有時乎取奇, 一行獨秀, 理更妙於用耦. 二氣雙淸.〈四
柱中只有二干二支, 而又僅占二行, 或水木, 或木火, 或火
土, 或土金, 或金水, 或木土, 或土水, 或水火, 或火金, 或
金木, 純粹不雜, 故曰雙淸.〉或水或金占四柱之各半.〈各
占二干二支之謂.〉或木或火, 判兩類而相停, 相生必欲平
分, 無取稍多稍寡, 相剋務須均敵, 切忌偏重偏輕. 如用水
金彼火土豈能夾雜, 倘取水木, 則土金不可交爭, 格旣如斯
而取, 運亦倣此而行.〈如金水各占二干二支, 曰金水相生
格, 運行金水最佳, 火土大忌. 如水木各占二干二支, 曰水
木相生格, 運行水木最佳. 土金大忌.〉一路澄淸, 必位高
而祿厚. 中途混亂, 恐職奪而家傾. 故此格最難全美, 而看
法貴在至精. 若生而復生, 乃是流通之妙. 倘剋而遇剋, 亦

爲和合之情. 或謂理僅兩神, 似嫌狹小. 不知格分十種, 儘
위 화 합 지 정   혹 위 이 근 양 신   사 혐 협 소   부 지 격 분 십 종   진

費推評.
비 추 평

도道가 기이奇異한 것을 취할 때가 있으니 일행득기一行得氣로 홀로 빼어날 수도 있지만 이기쌍청二氣雙淸하여 두 가지가 짝으로 쓰임은 그 이치가 더욱 묘妙하다 하겠다.

> 韋註 〈사주 속에서 어느 두 오행五行이 2간二干 2지二支만 있으면서 겨우 2행二行만을 서로 차지하고 있는 것, 예를 들면 水木, 木火, 火土, 土金, 金水 또는 木土, 土水, 水火, 火金, 金木으로 되어 순수하고 혼잡스럽지 않으므로 쌍청雙淸이라고 한다.〉

예를 들면 水나 金이 사주의 반을 각각 차지하고 있거나 韋註 〈각각 2간二干 2지二支씩을 차지하고 있음을 가리킨다〉 木과 火가 두 개의 부류를 구성하여 서로 균형을 이루고 상생相生하며 반드시 고르게 분포되어야 하며 조금이라도 한 편이 많거나 적은 것은 취하지 않는다.

또 상극相剋하는 경우에도 반드시 서로 대적하는 힘이 균형을 이루어야 하고 절대로 일방一方의 힘이 무겁거나 가벼워서는 아니 된다.

예를 들면 水金을 쓰는 경우라면 火土가 어찌 끼어들어 혼잡하게 할 수 있는가. 또 水木을 취하는 경우라면 土金과 서로 싸워서는 안 된다.

격格을 이미 이와 같이 양신성상兩神成象으로 취하였으면 운 또한 이에 맞게 진행돼야 한다.

> [韋註] 〈예컨대 金水가 각기 二干 二支를 차지하고 있으면 금수상생격金水相生格이라고 하는데 운이 金水로 흘러가면 가장 좋고 火土로 가면 크게 꺼리는 것이다. 또 水木이 각기 二干 二支를 차지하고 있으면 수목상생격水木相生格이라고 하는데 운도 역시 水木 운으로 가면 최고로 좋고 만약 土金 운으로 가면 크게 꺼리는 것이다.〉

운이 한결같이 맑고 깨끗하게 진행하면 틀림없이 지위가 높아지고 록祿이 두터워지게 되지만 중간에 혼잡하여 흐려지게 되면 직위가 박탈되며 집안이 기울게 될 것이다.

그러므로 이 격格은 완전하게 아름답기가 참으로 어려운 만큼 이 간법에서 중요한 것은 지극히 정밀함에 있다 할 것이다.

만약 상생相生으로 이루어진 격格에서 또다시 生을 만나면 이것이 바로 유통流通의 묘妙라고 할 수 있고 또 상극相剋으로 된 격格에서 다시 극을 만나면 화합化合의 정情이 있게 된다.

혹자는 말하기를 양신성상격兩神成象格에서는 이치가 겨우 두 신[兩神]에 불과하므로 그 범위가 협소한 것을 싫어한다고 하는데 이는 본 격格이 10종으로 분류될 수 있음을 모르는 탓이니 힘을 다해 추리하고 판정해야 할 것이다.

19. 暗衝暗合賦
암충암합부

【原文】

正格出於柱中, 精詳有準, 用神在於柱外, 變化無窮. 局無
정격출어주중　정상유준　　용신재어주외　　변화무궁　국무

一點官星, 須尋暗貴. 支有三神同類, 可動對宮. 法或用沖,
일점관성　수심암귀　지유삼신동류　　가동대궁　　법혹용충

蓋取勢相激發. 格或用合, 則因理本和同. 如丙日遇午多,
개취세상격발　　격혹용합　　즉인리본화동　　여병일우오다

沖癸官於子位. 辛日逢亥衆, 沖丙貴於巳中. 用丙午丁巳之
충계관어자위　　신일봉해중　　충병귀어사중　　용병오정사지

日者, 喜生炎夏. 用辛亥癸之日者, 妙産嚴冬. 又如甲日辰
일자　희생염하　　용신해계지일자　　묘산엄동　　우여갑일진

多, 合酉內辛金氣協. 戊日戌衆, 合卯中乙貴情通. 用甲辰
다　합유내신금기협　　무일술중　　합묘중을귀정통　　용갑진

之日者, 春時爲美. 用戊戌之日者, 秋冬有功. 更有庚日得
지일자　춘시위미　　용무술지일자　　추동유공　　경유경일득

申子辰, 全逢潤下, 對宮有寅午戌, 可以相沖. 總之所沖所
신자진　전봉윤하　　대궁유인오술　　가이상충　　총지소충소

合之神, 切忌柱中塡實〈如丙午日. 原柱疊見午字. 並無一
합지신　절기주중전실　　여병오일　　원주첩견오자　　병무일

點正官. 藉此午字. 暗沖子中癸官. 此卽暗沖官格也. 假使
점정관　자차오자　　암충자중계관　　차즉암충관격야　　가사

行運逢癸逢子. 塡實癸官. 必咎戾. 若原柱已有癸字或子字.
행운봉계봉자　전실계관　　필구려　약원주이유계자혹자자

雖午字重逢. 亦不得以暗沖格論.〉沖彼合彼之物, 亦防他
수오자중봉　역부득이암충격론　　충피합피지물　역방타

曜相攻,〈如丙午日. 午字重逢. 而原柱有未字合午. 或己字
요상공　　여병오일　오자중봉　이원주유미자합오　혹기자
傷癸. 亦不得以暗冲官格論.〉冲格果眞, 鳳閣鸞台赫突. 合
상계　역부득이암충관격론　　충격과진　봉각난태혁돌　합
格如確,〈如甲辰日. 原柱疊見辰字並無一點官星. 藉此辰
격여확　　여갑진일　원주첩견진자병무일점관성　자차진
字. 暗合酉中辛官. 此即暗合正官格也. 使行運逢辛逢酉.
자　암합유중신관　차즉암합정관격야　사행운봉신봉유
塡實辛官. 仍以破格言凶. 若原已有辛字酉字. 雖辰字重逢.
전실신관　잉이파격언흉　약원사유신자유자　수진자중봉
亦不得以暗合格論.〉玉堂金馬雍容. 蓋冲則眞冲, 非午破
역부득이암합격론　　옥당금마옹용　개충즉진충　비오파
卯破之迂廻剋出. 而合則竟合, 非子遙丑遙輾轉相逢. 故置
묘파지우회극출　이합즉경합　비자요축요전전상봉　고치
彼而取此, 實勢順而理從.
피이취차　실세순이리종

정격正格은 사주 내에서 나오므로 정밀, 상세하게 살펴보면 기준이 있지만 용신用神이 사주四柱 밖에 있으면 변화變化가 무궁해진다.

원국原局에 한 점의 관성官星도 없으면 모름지기 암귀(暗貴 : 暗官)를 찾아보아야 한다.

지지에 같은 신神으로 셋이 있으면 가히 대응하는 궁宮을 움직일 수 있는데 암충暗沖으로 용用하는 법이 있으면 대개 그 세력이 서로 격동하여 일으키는 것을 취하고 격格이 혹 암합暗合으로 용用하는 때는 그 이치가 서로 동화同和[97]하는 것으로 취한다.

---

97) 동화(同和) : 함께 화합함.

예를 들면 丙日이 午를 많이 만나면 子를 불러 (子 중에 있는) 癸 정관을 암충暗沖한다. 또 辛日에 亥를 많이 만나면 巳를 불러 (巳 중에 있는) 丙 정관을 암충暗沖한다.

이때 丙午, 丁巳日인 자는 한여름에 生함을 기뻐하고 辛亥, 癸亥日인 자는 한겨울에 生해야 묘妙한 것이다.

또 甲日에 辰이 많으면 酉 중의 辛金과 합을 하여 기운이 서로 협력할 것이며 戊日에 戌이 많으면 卯 중의 乙木 정관과 합하여 정情을 통하는 것이다.

이때 甲辰日인 자는 봄철이 아름답고 戊戌日인 자는 가을, 겨울이라야 공功을 이룬다.

또 庚日主가 申子辰을 얻는 경우가 있다면 완전히 윤하潤下를 만나게 되어 대응하는 궁宮에 있는 寅午戌을 상충(相沖 : 暗沖)하여 쓸 수 있다.

결론지어 말하자면 여기서는 암충暗沖, 암합暗合하는 신神이 사주四柱 중에 전실塡實⁹⁸⁾되는 것을 가장 꺼린다.

韋註〈예컨대 丙午日에서 원주原柱에 午가 중첩되어 있고 정관正官은 하나도 없는 경우라면 이 午 자字를 근거로 하여 子 중 癸 관官을 암충暗沖하는데 이것이 바로 암충관격暗沖官格이라고 하는 것이다. 그런데 운에서 癸나 子를 만나게 되면 (원국에 없던) 癸 관官이 채워지게 되므로 반드시 화禍가 미치게 된다. 만약 원주에 이미 癸 자字나 子 자字가 있는 경우

---

98) 전실(塡實) : 비었던 자리를 실제로 채워주는 것.

에는 설사 午 자字가 거듭 있어도 암충격暗沖格으로 논하지 않는다.〉

沖되거나 合이 되는 그것을 다른 신神이 서로 공격하는 것을 막아야 한다.

〔韋註〕〈예컨대 丙午日에서 午 자字가 거듭 있는데 원국에 未 자字가 있어 午와 合하거나 己 자字가 있어 癸를 상傷하게 하면 역시 암충관격暗沖官格으로 논할 수 없다.〉

암충격暗沖格이 만약 명확하다면 봉황각(중서성)과 난태(묘직)에 올라 공명이 혁혁할 것이요, 암합격暗合格이 만약 확실하다면

〔韋註〕〈예를 들어 甲辰日이 원주에서 辰 자字를 거듭 보고 아울러 한 점의 관성官星도 없는 경우에 이 辰 자字를 이용하여 酉 중에 있는 정관 辛金을 암합暗合해 오는데 이것이 곧 암합정관격暗合正官格이다. 그런데 행운行運에서 辛이나 酉를 만나면 정관 辛을 전실塡實하여 파격破格이 되므로 흉하다고 하는 것이다. 만약 원국에 이미 辛 자字나 酉 자字가 있었으면 비록 辰 자字가 여럿 있어도 암합격暗合格으로 논하지 않았을 것이다.〉

옥당玉堂과 한림원에 오르고 준수한 풍채까지 갖출 것이다.

대개 沖은 진충眞沖만 쓰는 것이고 오파午破, 묘파卯破 등 비교적 우회적으로 剋하는 것에서는 나오지 않는 것이고 合에서도 合이면 바로 合이지 자요子遙, 축요丑遙 등으로 돌고 돌아서 서로 만나는 것을 合이라 하지 않는다.

그러므로 저쪽 것(후자 : 간접적인 合, 沖)은 취하지 않고 이쪽(전자 : 명확한 沖, 合)만 취하니 실세를 따르고 이치에 순종하는 것이다.

20. 女命賦

【原文】

命殊男女, 理應陰陽. 易著坤貞, 美莫美於柔順. 書稱家索,
忌莫忌乎剛强, 首看夫星, 全憑官殺, 次推子息, 兼取食傷,
財以資夫, 宜輕宜旺有別. 印雖扶主, 用偏用正當詳. 或梟
或刃或傷, 如逢必害. 爲沖爲刑爲合, 多見不祥. 若乃得氣
正官, 遇財扶必應鳳誥. 乘權獨殺, 有食制定拜龍章. 傷官
入格而不見官, 芝蘭競秀. 食神有氣而無奪食, 瓜瓞無疆.
柱乏夫星, 財成象而良人必貴,〈原柱雖無官殺. 而財星有
氣. 故良人必貴.〉局無子曜, 夫乘旺而後嗣必昌,〈原柱雖
無食傷. 而財官當旺. 日主有氣. 故後嗣必昌.〉官若太强,
反取傷官爲用,〈官强則身弱. 取傷制官. 使得其平. 夫反
發旺.〉子如過旺, 却宜梟印相當,〈食傷太旺. 則日主傾危.
得梟印以調劑之. 子竟蕃衍.〉比劫帮身, 畢竟爭官分食, 德

貴扶主, 自然增福消殃,〈德者天月二德. 貴者. 天乙貴人.〉
귀부주 자연증복소앙 덕자천월이덕 귀자 천을귀인
若運途之宜與不宜, 卽原局之喜與不喜. 夫榮子茂, 皆因損
약운도지의여불의 즉원국지희여불희 부영자무 개인손
益滴中. 剋重身輕, 豈亦倡隨敵體. 性情和戾, 但看四柱之
익적중 극중신경 기역창수적체 성정화려 단간사주지
神. 志操端邪, 不外五行之理. 況合婚而匹配, 佳偶反致無
신 지조단사 불외오행지리 황합혼이필배 가우반치무
成. 造諸殺以推評, 貞婦恐遭輕詆. 喜道人家曖昧, 多受責
성 조제살이추평 정부공조경저 희도인가애매 다수책
於鬼神. 妄談女命邪淫, 必貽殃於孫子. 陳按: 女命生剋之
어귀신 망담여명사음 필이앙어손자 진안 여명생극지
理, 與男命同. 若拘定男要剛女要柔之說, 反不驗矣.
리 여남명동 약구정남요강여요유지설 반불험의

　명命은 남녀男女가 다른데 그 이치는 음양陰陽의 이치에 대응한다. 역易에서는 곤坤의 덕德은 정貞이라고 했는데 그 아름다움은 유순한 것보다 더 아름다운 것이 없고 서경書經에서는 가색家索이라고 했는데 그 꺼리는 것 중에 굳세고 강한 것보다 더 꺼리는 것이 없다 하였다.

　여명女命에서는 먼저 부성(夫星 : 남편)을 보는데 전적으로 관살官殺에 의하고 다음으로 자식子息을 보면 이때는 식상食傷을 아울러 본다. 재財는 남편을 돕는 재물이 되는바 경輕해서 마땅할 때와 왕旺해서 마땅할 때와의 구별이 있다.

　인印이 비록 일주日主를 돕는 것이지만 편인偏印을 쓸 것인지 정인正印을 쓸 것인지를 자세히 살핌이 마땅하고 혹 효신梟神이나 양인陽刃이나 상관傷官을 만나게 되면 반드시 해로우며 沖이나 형刑, 합이 많은 것

도 좋지 않다.

만약 득기得氣한 정관(正官 : 남편)이 있고 재財의 도움을 받으면 (그 남편은) 왕의 부름에 응하게 될 것이요, 한 개의 살殺이 권세를 타서 기세가 좋고 식신食神의 제制를 받으면 (그 남편은) 반드시 왕의 문장을 배알하게 될 것이다.

상관傷官이 격격을 이뤘으나 정관正官을 보지 않았다면 고상한 품행[芝蘭]이 매우 빼어날 것이요, 식신食神이 유기有氣하고 탈식奪食하는 것[梟印]이 없다면 자손이 끝없이 번성할 것이다[瓜瓞無疆].99)

원주原柱에 부성夫星이 없어도 재財가 상象을 이루면 남편이 반드시 귀하게 된다.

[韋註] 〈원주原柱에 비록 관살官殺이 없어도 재성이 유기有氣하므로 남편이 반드시 귀하게 되는 것이다.〉

또 원국原局에 자성子星이 없어도 부성夫星이 왕旺한 기운을 타고 있으면 자손이 반드시 창성한다.

[韋註] 〈원주原柱에 비록 식상食傷이 없어도 재관財官이 왕旺하고 일주日主가 유기有氣하면 후손이 반드시 번창한다.〉

만약 관官이 태왕太旺하면 도리어 상관傷官을 취용한다.

[韋註] 〈관官이 강하면 신身이 약해지므로 상관傷官을 취해 관官을 제한다.

---

99) 과질무강(瓜瓞無疆) : 박과 오이가 주렁주렁 끝이 없다. 자손이 번성한다는 뜻.

그리하여 평온해지면 부夫가 오히려 발왕發旺하게 된다.〉

자성子星이 지나치게 旺하면 도리어 효인梟印이 마땅하고 서로가 적당하다.

[韋註] 〈식상食傷이 태왕하면 일주가 위태롭다. 이때 효인梟印으로 조절하면 자식이 마침내 번성할 것이다.〉

비겁比劫으로 신身을 돕게 되면 마침내 관官을 두고 싸우고 식食을 나눠 갖게 될 수 있으나 덕귀德貴가 일주를 도우면 자연히 복福은 늘고 재앙災殃은 소멸하게 될 것이다.

[韋註] 〈덕德은 천덕天德, 월덕月德을 말하고 귀貴는 천을귀인天乙貴人을 말한다.〉

운運의 진행이 적절한가 아닌가는 곧 원국原局의 좋고 나쁨과 직결되고 부夫가 영달하고 자식이 무성한 것은 모두 손익損益이 중화中和의 법法에 맞았기 때문이다. 또 극剋이 중重하며 신身이 경輕하다면 어찌 부부의 화목함(昌隨)[100])이 깨지지 않겠는가.

성정性情의 부드러움과 사나움은 단지 사주四柱에 있는 신神만 보아도 알 수 있고 지조志操가 단정한가 아닌가를 아는 것도 오행五行의 이치를 벗어나지 않는 것이다.

하물며 합혼合婚하여 짝을 정하는데 있어서 아름다운 짝이 오히려

---

100) 창수(昌隨) : 남편의 말을 잘 따른다는 뜻으로 부부사이가 화목하다는 말.

성사되지 못하게 되고 여러 가지 살殺을 만들어 추명하니 정숙한 부녀자들은 그러한 신중치 못한 평가를 받을까 두려워한다.

사람들에게 확실하지 않고 애매한 것을 말하기 좋아하면 귀신에게 벌을 많이 받게 되고 여자의 명命을 두고 간사하고 음탕하다고 함부로 말하면 반드시 자손에게 앙화殃禍가 미칠 것이다.

진소암陳素庵, 나의 생각으로는 여명女命의 생극生剋하는 이치는 남명男命과 같다. 만약 남자는 강强함을 요하고, 여자는 유순柔順함을 요한다는 설說에 구애되면 오히려 징험徵驗이 없을 것이다.

論
四十八篇

命理約言 卷三

'論'이란?
논설의 의미로 의심스러운 것을 분별하여 시비를 바르게 밝히는 문체이다.
선인의 자취를 주제로 득실을 따진다.

1. 天干論(천간론)

【原文】

甲丙戊庚壬, 五干爲陽. 乙丁己辛癸, 五干爲陰. 以先天言
之, 固一原同出. 以後天言之, 亦一體相包. 陽之中, 未嘗
無陰; 陰之中未嘗無陽. 甲乙一木也, 丙丁一火也, 戊己一
土也, 庚辛一金也, 壬癸一水也. 卽分別取用, 不過陽剛陰
柔, 陽健陰順而已. 命家作爲歌賦, 比喩失倫. 甲爲松栢,
乙爲藤蘿, 丙爲太陽, 丁爲燈燭, 戊爲城牆, 己爲田園, 庚
爲頑鐵, 辛爲珠玉, 壬爲江河, 癸爲雨露. 相沿旣久, 以爲
其理實然. 用以論命, 則謂甲爲無根死木. 乙爲有根活木,
遂至一木而分生死, 豈陽木獨禀死氣, 而乙木獨禀生氣乎?
又謂活木畏水泛, 死木不畏水泛, 豈活卉遇水且飄, 而枯槎
遇水反定乎. 論斷諸干如此之類, 不一而足, 當盡闢之. 只
以陰陽取用, 先看生剋, 隨看制化, 陰陽皆然. 惟陽不甚受

剋, 陰不甚畏剋. 陰易於他從, 陽難於他從. 此則少爲異耳.
극 음불심외극 음이어타종 양난어타종 차즉소위이이

甲, 丙, 戊, 庚, 壬의 오간五干은 양陽이 되고 乙, 丁, 己, 辛, 癸의 오간 五干은 음陰이 된다. 선천先天으로 말하면 본래 하나의 근원根源으로부터 같이 나온 것이고 후천後天으로 말하면 역시 한 몸으로 서로 포용하고 있어 양陽 가운데 음陰이 없지 않으며 음陰 중에도 양陽이 없는 것이 아니다.

甲乙은 같은 木이고 丙丁은 같은 火이며, 戊己는 같은 土이고, 庚辛은 같은 金이며, 壬癸는 같은 水이다. 분별해서 취용取用할 때는 양陽은 강강强하고 음陰은 유유柔하며 양陽은 굳세고 음陰은 순종한다고 구분할 뿐이다.

명가命家들이 가부歌賦[101]를 지어 사용하였는데 그 비유가 조리에 맞지 않는다. 예를 들면 甲은 송백松柏[102], 乙은 등라藤蘿[103], 丙은 태양太陽, 丁은 등촉燈燭, 戊는 성장城牆[104], 己는 전원田園, 庚은 완철頑鐵[105], 辛은 주옥珠玉, 壬은 강하江河, 癸는 우로雨露라고 하는 따위이다.

답습하여 내려오던(相沿) 것이 이미 오래되다 보니 그 이치가 실제로 그러한 줄 알고 논명論命할 때도 그대로 적용하니 예를 들면 甲木은 뿌

---

101) 가부(歌賦) : 암기하기 편하게 음율(音律)에 맞게 만드는 것.
102) 송백(松柏) : 소나무와 잣나무.
103) 등라(藤蘿) : 담쟁이, 칡등 덩굴식물.
104) 성장(城牆) : 성의 담.
105) 완철(頑鐵) : 완고한(강한) 쇠.

리가 없는 사목死木이요 乙木은 뿌리 있는 활목活木이라고 하여 마침내 같은 木을 놓고 생사生死를 가르는 데까지 이르렀으니 어찌 양목陽木만 유독 죽은 氣를 받고 乙木만 유독 생기生氣를 받았단 말인가.

또 활목活木은 水가 범람汎濫함을 두려워하지만 사목死木은 水가 범람해도 두려워하지 않는다고 하는데 어떻게 살아있는 초목草木은 물을 만나 표류하는데 마른 나무는 물을 만나면 오히려 떠다니지 않고 안정될 수 있단 말인가. 이런 식으로 모든 천간天干을 논단하는 것은 하나도 만족할 것이 없으니 이러한 것은 모두 물리쳐야 한다.

오직 음양陰陽의 이치로 취용해야 하는데 우선 생극生剋을 보고 다음에 제화制化하는 원리를 보아야 하니 음양陰陽이 모두 마찬가지이다. 그러나 양陽은 剋을 심하게 받지 않고 음陰은 剋 받음을 심하게 두려워하지 않으며, 음陰은 다른 것에 종從하기가 쉬우나 양陽은 다른 것에 종從하는 것이 쉽지 않다고 하는 것이 조금 다른 것이라고 하겠다.

2. 地支論

【原文】

地支有以子至巳爲陽, 午至亥爲陰, 蓋以冬至陽生, 夏至陰生論也. 有以寅至未爲陽, 申至丑爲陰, 蓋以木火爲陽, 金水爲陰論也. 命家則以子寅辰午申戌爲陽, 丑卯巳未酉亥爲陰. 若夫子從癸, 午從丁, 是體陽而用陰也. 巳從丙, 亥從壬, 是體陰而用陽也. 分別取用, 亦惟剛柔健順之理, 與天干無異. 但生剋制化, 其理多端, 蓋因一支所藏, 或二干, 或三干故耳, 然以本氣爲主. 如寅必先甲而後及丙戊, 申必先庚而後及壬, 餘支皆然. 至於陽支性動, 吉凶之發恒速. 陰支性靜, 禍福之應較緩. 陽支氣闢, 光亨之義可觀. 陰支氣翕, 包含之理斯具. 在局在運, 均以此意消息可也.

지지地支를 子부터 巳까지는 양陽이라 하고 午에서 亥까지는 음陰으로 보는 설이 있는데 이는 대개 동지冬至에 이르면 양陽이 生하기 시작하고 하지夏至에 이르면 음陰이 生하기 시작한다는 이론이다.

또 寅부터 未까지가 양陽이 되고 申부터 丑까지가 음陰이 된다고 하는 설도 있는데 대체로 木火[106]를 양陽으로 보고 金水[107]를 음陰으로 본다는 이론이다.

명가命家에서는 子寅辰午申戌로 양陽을 삼고 丑卯巳未酉亥로 음陰을 삼는데 그중에 만약 子는 癸를 따르고, 午는 丁을 따르는 것은 체體는 양陽이나 용用이 음陰이기 때문이다. 또한 巳는 丙을 따르고, 亥는 壬을 따르는 것은 체體는 음陰이나 용用은 양陽이기 때문이다. 분별하여 취용取用하지만 오직 강유剛柔와 건순健順의 이치에 따르는 것뿐이지 천간과 더불어 다르지 않다.

다만 생극生剋·제화制化하는 법은 그 이치가 복잡다단한데 대개 지지地支 한 개 안에는 둘 내지 세 개의 천간天干이 소장되어 있기 때문이다. 그러나 본기本氣가 주主가 되는 것이니, 예를 들면 寅에서는 반드시 甲이 우선하고 다음에 丙戊를 언급하는 것이며 申에서는 먼저 庚을 우선하고 나서 壬을 언급하는 것이니 여타의 지지地支도 모두 그러하다.

또 양陽의 지지地支는 성정性情이 동적動的이므로 그 길흉이 발發하는 바도 항상 빠르고 음陰의 지지地支는 성정性情이 정적靜的이므로 그 화

---

106) 木方:寅卯辰, 火方:巳午未
107) 金方:申酉戌, 水方:亥子丑

복禍福에 대응함이 비교적 완만하다.

   또 양지陽支는 氣가 열려 있으므로 그 빛이 형통하는 모습을 가히 볼 수 있고 음지陰支는 그 氣가 닫혀 있으므로 포함된 이치를 모두 구비하고 있는 것이다. 그러므로 원국原局에서나 행운行運에서나 이러한 이치를 고르게 적용함이 옳다.

3. 干合論 (간합론)

【原文】

十干甲與己合, 丙與辛合, 戊與癸合, 庚與乙合, 壬與丁合,
십간갑여기합   병여신합   무여계합   경여을합   임여정합

陰陽相配, 五陽得五陰爲財, 五陰得五陽爲官. 財官皆吉神
음양상배   오양득오음위재   오음득오양위관   재관개길신

也, 所忌分合, 如甲合己而又見一甲, 己合甲而又見一己是
야   소기분합   여갑합기이우견일갑   기합갑이우견일기시

也. 又忌爭合, 如甲合己, 而又見一己, 己合甲而又見一甲
야   우기쟁합   여갑합기   이우견일기   기합갑이우견일갑

是也. 若甲合己而見庚乙, 庚自以殺論, 乙自以劫論; 己合
시야   약갑합기이견경을   경자이살론   을자이겁론   기합

甲而見庚乙, 庚自以傷官論, 乙自以殺論, 俱不以妬合論.
갑이견경을   경자이상관론   을자이살론   구불이투합론

餘干倣此. 然日遇合神, 卽無分爭, 亦尋常未貴, 當合四柱
여간방차   연일우합신   즉무분쟁   역심상미귀   당합사주

觀之. 若癸日畏己, 得甲合之, 則貪合而不爲癸禍. 壬日愛
관지   약계일외기   득갑합지   즉탐합이불위계화   임일애

己, 遭甲合之, 則貪合而不爲壬福. 喜忌之法, 宜倣此意而
기   조갑합지   즉탐합이불위임복   희기지법   의방차의이

推. 舊說有取露干合支中暗干者, 則滿局無所不合, 無所不
추   구설유취로간합지중암간자   즉만국무소불합   무소불

分爭矣, 此不可從. 至於因合而化, 則爲化合, 另有作用.
분쟁의   차불가종   지어인합이화   즉위화합   영유작용

若舊說以甲己爲中正之合, 乙庚爲仁義之合, 何以此四干
약구설이갑기위중정지합   을경위인의지합   하이차사간

之合獨美? 丙辛爲威制之合, 丁壬爲淫慝之合, 戊癸爲無情
之合, 何以此六干之合獨惡? 誠如是, 則人命遇甲己乙庚作
合, 宜皆中正仁義, 何以不少奸邪? 遇丙辛丁壬戊癸作合,
宜皆威制, 淫慝, 無情, 何以多有端正? 且辛丁爲丙壬正配,
何用威制, 豈同宣淫? 凡稱陽者必兼老陽少陽, 稱陰者, 必
兼老陰少陰. 戊何以稱爲老陽, 癸何以獨爲少陰, 而至於無
情. 是必甲丙庚壬皆少陽, 乙丁己辛皆老陰而後可. 苟或不
然, 則無情又豈獨戊癸耶, 此皆妄說之當闢者也.

십간十干에서 甲은 己와 합하고, 丙은 辛과 합하며, 戊는 癸와 합하고, 庚은 乙과 합하며, 壬은 丁과 합하여 음陰과 양陽이 서로 짝이 된다. 이때 오양간五陽干는 오음간五陰干를 얻어서 재財를 삼고 오음간五陰干은 오양간五陽干를 얻어서 관官을 삼는다.

재財와 관官은 모두 길신吉神인데 분합分合됨을 싫어한다. 예를 들면 甲이 己와 합하는데 또 甲을 보거나 己가 甲과 합하는데 또 己를 보는 것이다. 또 쟁합爭合되는 것도 꺼리는데 예를 들어 甲이 己와 합할 때 또 己를 보거나 己가 甲과 합할 때 또 甲을 보는 것을 말한다.

만약 甲이 己와 합하고 庚乙을 보면 庚은 그 자체로 甲의 살殺로 논하고 乙은 그 자체로 甲의 겁재劫財로 논하며, 己가 甲과 합하고 庚乙

을 보면 庚은 그 자체로 己의 상관傷官으로 논하고 乙도 그 자체로 己의 살殺로 논하며 모두 투합妬合으로 논하지 않는다. 그 밖의 천간天干도 이와 같다.

그러나 일간日干이 합신合神을 만났으나 분합分合, 쟁합爭合이 없으면 또한 평범한 사주로 귀함이 없어 마땅히 사주四柱 전체를 종합해서 보아야 할 것이다. 만약 癸 일간日干이 己를 두려워하는데 甲을 얻어 甲己합했다면 (己는 甲과의) 合을 탐貪하느라 癸에게 화禍가 되지 못한다. 또 壬 일간日干이 己를 좋아하는데 甲을 만나 甲己合을 이루면 (己는 甲과의) 합을 탐貪하므로 壬의 복福이 되지 못한다. 그러므로 간합론干合論에서 희기喜忌의 법은 이와 유사하게 추론하는 것이 바람직하다.

옛 학설에는 천간天干에 노출된 干과 지지地支에 암장된 干과의 合을 취하는 설이 있으나 그리하면 사주 전부가 合이 아니되는 것이 없게 되어 분합分合, 쟁합爭合이 아닌 바가 없을 것이니 이 설은 따를 수 없다는 것이다.

또 合으로 인하여 化하는 것은 곧 化合이 되는데 이때는 작용하는 법이 별도로 있다. 그러나 만약 옛 학설대로라면 甲己로써 중정지합中正之合이라 하고 乙庚으로 인의지합仁義之合이라고 하는데 어찌 이 네 개의 干이 합한 경우에만 유독 아름답다 하고 丙辛을 위제지합威制之合이라고 하고 丁壬은 음특지합淫慝之合이라고 하며 戊癸는 무정지합無情之合이라고 하는데 왜 이 여섯 개의 天干合은 유독 나쁘다고 하는가. 정말로 이와 같다면 인명人命에서 甲己合, 乙庚合을 만나는 사람은 모두 중정中正하고 인의仁義를 갖추고 있어야 마땅하거늘 어찌하여 간사奸邪

한 자가 적지 않단 말인가. 또 丙辛合, 丁壬合, 戊癸合을 만나면 모두 위제威制하고, 음탕사특淫蕩邪慝하며, 무정無情해야 마땅할 텐데 단정端正한 사람이 많은 이유는 무엇인가. 또 辛과 丁은 丙과 壬의 바른 짝이 되는데 어찌 위력으로 제압할 것이며, 어찌 함께 음탕하다 하겠는가.

무릇 양陽이라고 칭하는 것은 반드시 노양老陽과 소양少陽을 겸하고 있는 것이며 음陰이라고 칭하는 것은 노음老陰과 소음少陰을 겸하고 있는 것인데 어찌하여 戊만 노양老陽으로 칭하며 癸는 어째서 홀로 소음少陰이라고 하는가. 이들이 무정無情한 관계라고 하려면 반드시 甲丙庚壬이 모두 소양少陽이고 乙丁己辛이 모두 노음老陰이라고 해야 가능한 것이다. 만일 혹시라도 그렇지 않다면 어떻게 戊癸合만 무정無情의 합이라고 할 수 있겠는가.

이 모든 것이 망설妄說에 불과하니 폐지해야 마땅하다.

4. 干衝論 (간충론)

【原文】

天干甲庚相衝, 乙辛相衝, 壬丙相衝, 癸丁相衝, 蓋東與西,
南與北相對也. 丙庚丁辛相見以剋論, 不以衝論, 蓋南與西
不相對也. 戊己無衝, 蓋居中無對也. 以恒理論之, 庚辛能
衝甲乙, 壬癸能衝丙丁, 然甲乙得時得勢, 亦能衝庚辛. 丙
丁得時得勢, 亦能衝壬癸. 法當參看地支, 如甲坐寅, 庚坐
申, 是爲上下俱沖, 其戰更急. 或甲坐申, 庚坐寅, 是爲交
互相沖, 其爭不休. 倘甲庚俱坐申, 則甲沖倒矣. 卽不坐而
柱中有寅申, 亦爲助衝, 但較緩耳. 餘俱倣此. 凡所喜之神
畏沖, 所忌之神欲沖, 又有和衝之法, 如甲庚衝而得壬是也.
有制衝之法, 如甲庚衝而得丙是也. 總之, 止是天神相衝,
易和易制, 更有地支黨助, 則和與制俱費舒配矣.

천간天干에서 甲과 庚이 서로 충衝하고, 乙과 辛이 서로 충衝하며, 壬과 丙이 서로 충衝하고 癸와 丁이 서로 충衝하는데 이는 주로 이들이 동東과 서西로, 남南과 북北으로 서로 대치하고 있기 때문이다.

丙과 庚, 丁과 辛이 서로 볼 때는 극剋하는 관계로 논하는 것이며 충衝으로 논하지 않는데 이는 그 위치가 남南과 서西로 되어 있어 서로 대치하고 있지 않기 때문이다. 또 戊와 己가 충衝이 없는 것은 土는 중앙中央에 위치하여 서로 대치하는 것이 없기 때문이다.

통상적인 이치로 말하면 庚辛은 능히 甲乙을 충衝할 수 있고 壬癸는 능히 丙丁을 충衝할 수 있으나 甲乙이 득시得時, 득세得勢했을 때는 오히려 庚辛을 충衝할 수 있는 것이며 丙丁도 득시, 득세하면 역시 壬癸를 충衝할 수 있는 것이니 이때는 마땅히 지지를 참고해서 판단해야 한다.

예를 들면 甲이 寅에 좌坐하고 庚이 申에 좌坐하고 있으면 이는 상하上下로 모두 沖이 되고 있으니 그 싸움이 더욱 위급하고 혹 甲이 申 위에 좌坐하고 庚이 寅 위에 좌坐하고 있으면 서로 자리를 바꾸어서 沖하고 있으니 그 다툼이 쉴 날이 없겠고 만약 甲庚이 모두 申 위에 좌정하고 있으면 甲은 沖으로 쓰러지게 된다. 또 甲庚이 앉아있는 자리는 아니라도 주柱 중에 寅申이 있으면 역시 충衝을 돕기는 하지만 다만 비교적 완만할 뿐이다. 그 밖의 것들도 모두 이와 같다.

무릇 희신喜神은 沖을 두려워하고 기신忌神은 沖을 원한다.

또 충衝을 완화시키는 법이 있는데 예를 들면 甲庚 충衝에 壬을 얻는 것이며 충衝을 제제制하는 법도 있는데 甲庚 충衝에 丙을 얻는 것이 그것이다.

　총괄해 말하자면 단지 천간天干끼리만 상충相衝할 때는 화和도 쉽고 제制도 쉽지만, 지지地支에서 무리를 지어 천간충天干衝을 돕는다면 화和와 제制 모두 완만하게 안배하여 사용해야 할 것이다.

5. 支三合論(지삼합론)

【原文】

地支有三位相合成局者, 如亥卯未合成木局, 寅午戌合成火局, 巳酉丑合成金局, 申子辰合成水局, 皆取生旺墓一氣始終也. 柱中遇三支合局, 吉凶之力較大, 亦有取二支者, 然以旺支爲主. 如木局或亥卯或卯未皆可取, 亥未次之. 凡合忌沖刑, 而沖爲甚. 如亥卯未局雜一巳酉丑字於其中, 而又與所沖之字緊貼, 是爲破局. 惟沖字雜於其中而不緊貼, 或沖字處於其外而緊貼, 則會局與損局兼論. 若刑字雜於其中, 卽緊貼亦未破局, 但微傷耳. 苟刑字在內不緊貼, 或在外緊貼, 竟同閒字置之, 勿論可也. 其二支會合者, 以相貼爲妙, 中間沖字間之, 卽破, 閒字間之, 亦遙隔無力, 須天干領出可用, 要之, 較三支會合, 力量大遜矣.

지지地支에서 삼위三位가 서로 합하여 국局을 이루는 경우가 있다.

예를 들면 亥卯未가 합하여 목국木局을 이루며, 寅午戌이 합하여 화국火局을 이루고, 巳酉丑이 합하여 금국金局을 이루며, 申子辰이 합하여 수국水局을 이루는 것으로 모두 생生, 왕旺, 묘墓를 하나의 氣로서 시작과 끝을 묶어 취하는 것이다.

사주四柱 중에 삼지三支가 있어 합국合局을 만나면 그 길흉吉凶의 힘이 비교적 커지며 또한 이지二支로도 합을 취하기도 하는데 왕지旺支가 주가 되어야 한다. 예를 들면 木局이라면 亥卯 또는 卯未를 모두 취할 수 있으며 亥未는 그 다음으로 친다.

무릇 합은 형충刑沖을 싫어하는데 沖이 더욱 심하다. 예를 들어 亥卯未 木局에 巳酉丑의 한 자字가 그중에 섞여 들어 그 沖되는 자字 바로 옆에 붙어 있게 되면 파국破局이 되는 것이지만 沖하는 자字가 그중에 섞여 있어도 바로 옆에 있지 않거나 혹은 沖하는 자字가 합하는 자字들 밖에 있으면서 바로 붙어 있으면 회국會局과 손국損局을 아울러 논할 수 있다.

만약 형刑하는 자字가 그중에 섞여 있고 가까이 붙어 있어도 파국破局으로는 보지 않으며 다만 약간 상상傷할 뿐이다. 만약 형刑하는 자字가 그 안에 있어도 가까이 있지 않거나 밖에 있으면서 가까이 붙어 있어도 영향력 없는 자字나 다름없으므로 버려두고 논하지 않아도 된다.

이지二支 만으로 회합會合하는 것은 서로 붙어 있어야 묘妙함이 있는데 중간에 沖하는 자字가 끼어들면 파국破局이 되며 영향력 없는 자字

가 가로막고 멀리 사이를 둔다면 合이 무력해지므로 반드시 (合하는 五行이) 천간天干에 투출透出해야 가히 쓸 수 있는 것이다. 요컨대 (이지二支의 회합會合은) 삼지三支의 회합會合과 비교할 때 역량力量 면에서 훨씬 못 미치는 것이다.

6. 支六合論
_{지육합론}

【原文】

地支有六位合, 六位者, 子與丑合, 寅與亥合, 是也, 其理
蓋由日月合朔而來. 十一月建子, 合朔於丑, 十二月建丑,
合朔於子, 故子丑相合. 正月建寅, 合朔於亥, 十月建亥,
合朔於寅, 故寅亥相合. 餘合亦然. 皆須二字緊貼, 方取,
間以沖字卽破. 間以閒字卽無力. 凡六合不若三合之能會
局. 當合而合, 可以和戰爭, 益福氣. 不當合而合, 則爲羈
絆爲淫佚. 合太多, 尤不宜也.

지지地支에 여섯 가지 위치의 합이 있는데 그 여섯은 子丑合, 寅亥合 등을 말한다. 그 이치는 대개 해와 달이 합삭合朔[108]하는 것으로부터 유래한 것으로 보인다.

---

108) 합삭(合朔) : 달이 태양과 지구의 사이에 있어서 일직선(一直線)을 이루었을 때를 말함.

예를 들어 11월은 子를 월건月建으로 삼는데 丑에서 합삭合朔하고 12월은 丑을 월건月建으로 삼는데 子에서 합삭하므로 子丑이 상합相合이라고 하는 것이다. 또 정월正月의 월건은 寅인데 亥에서 합삭하고, 10월의 월건은 亥인데 寅에서 합삭하므로 寅과 亥가 상합相合하는 것이다. 그 밖의 합들도 마찬가지다. 모두 두 자字가 반드시 가까이 붙어 있어야 비로소 합으로 취할 수 있는 것으로 만약 그 사이에 沖하는 자字가 끼여 있으면 파破가 되며 그 사이에 영향력 없는 자字가 끼어있어도 합이 무력해진다.

　대개 육합六合은 삼합三合처럼 능히 회국會局할 수 있는 것이 아니고 합해서 좋은 합이면 가히 전쟁을 평화로 이끌고 복福의 기운을 증가시킬 수 있지만 합해서 좋지 않은 합이면 그로 인해 좋은 신神을 꼼짝 못하게 묶어버리거나 음란淫亂함이 넘치게 되므로 합이 지나치게 많으면 더욱 좋지 않다.

7. 支方論
_{지방론}

【原文】

十二支寅卯辰爲東方, 巳午未爲南方, 申酉戌爲西方, 亥子
丑爲北方. 凡三字全, 爲之成方, 如寅卯辰全, 亦同木局取
用. 戊日寅月見三字, 俱以煞論. 遇卯月見三字, 俱以官論.
己日反是. 遇辰月視寅卯之勢孰重, 以分官煞. 其餘倣., 所
畏沖刑破害. 俱與三合局相同. 若止二字, 則竟不取. 舊說
謂方局不可相混, 然用木方而見亥字, 是爲生方之神, 見未
字是爲方剋之財, 有何不可? 即用三合木局, 而見寅字, 是
其同氣, 見辰字, 是其財神, 豈有所損累耶. 至於較其作用,
則局之用多, 而方之用狹, 勿於論方別生穿鑿也.

12支에서 寅卯辰은 동방東方이 되고, 巳午未는 남방南方이 된다. 또 申酉戌은 서방西方이 되며 亥子丑은 북방北方이 된다.

무릇 세 자字가 전부 갖춰지면 방方을 이루는데 예를 들면 寅卯辰이 전부 모이면 목국木局과 동일하게 보아 취용하는데 戊 일간日干이 寅月에 生하여 寅卯辰 세 자字를 보면 그 전부를 살殺로 논하고, 戊 일간이 卯月에 生하여 寅卯辰 세 자字를 전부 보면 모두 정관正官으로 논하며, 이때 만약 己 일간日干이라면 이와 반대가 된다. 또 辰月을 만나면 寅과 卯 중에서 어느 세력이 더 강한가를 보아서 관官과 살殺을 구분한다.[109] 그 밖의 것도 이와 같다.

두려워하는 바는 충冲, 형刑, 파破, 해害인데 모두 삼합국三合局에서와 같은데 만약 세 자字 중에서 두 글자에 그친다면 방方으로 필경 취하지 않는다.

옛 학설에서 말하기를 방方과 국局은 서로 혼잡되면 안 된다고 했으나 예를 들어 목방木方을 쓸 때 亥를 보면 이는 방方을 生해주는 신神이 되고, 未를 보면 이는 방方이 剋하는 재財가 되는데 어째서 안 된다고 하는가. 이는 곧 삼합三合하여 목국木局을 이룰 때 寅을 보면 그 동기同氣가 되고 辰을 보면 그 재신財神인데 어찌 손해나 누를 끼침이 되겠는가. 또 그 작용을 비교함에 있어서는 국局의 쓰임이 많고 방方의 쓰임은 협소하니 방方을 논할 때는 별도로 천착(穿鑿 : 꼬치꼬치 깊이 파고드는 것)을 하지 말아야 한다.

---

109) 寅이 강하면 殺로, 卯가 강하면 官으로 논한다는 의미이다.

8. 支衝論
지충론

【原文】

十二支子午相衝, 丑未相衝之類, 各支中所藏互相剋冲, 得
십이지자오상충 축미상충지류 각지중소장호상극충 득

令者衝衰則拔, 失時者衝旺無傷. 冲之者有力, 則能去之,
령자충쇠즉발 실시자충왕무상 충지자유력 즉능거지

去凶神則利, 去吉神則不利. 沖之者無力, 則反激之, 激凶
거흉신즉리 거길신즉불리 충지자무력 즉반격지 격흉

神爲禍, 激吉神雖不爲禍, 非能因觸動而獲福也. 舊說謂子
신위화 격길신수불위화 비능인촉동이획복야 구설위자

酉申亥, 能冲午卯寅巳, 午卯寅巳, 不能冲子酉申亥. 然午
유신해 능충오묘인사 오묘인사 불능충자유신해 연오

中之己, 亦能剋子中之癸, 寅中之丙, 亦能剋申中之庚, 巳
중지기 역능극자중지계 인중지병 역능극신중지경 사

中之戊, 亦能剋亥中之壬, 但看乘權得勢, 卽午卯豈不能傷
중지무 역능극해중지임 단간승권득세 즉오묘기불능상

子酉, 寅巳豈不能傷申亥乎? 又謂二不冲一, 夫兩不相能,
자유 인사기불능상신해호 우위이불충일 부양불상능

則多助者愈肆侵伐. 譬之仇家相値, 豈必各一人? 則操戈,
즉다조자유사침벌 비지구가상치 기필각일인 즉조과

多一人反袖手乎? 要之. 命運逢冲多凶少吉, 或兩冲相遇,
다일인반수수호 요지 명운봉충다흉소길 혹양충상우

而格中運中各有合神解之, 或兩冲之內, 有喜有忌, 而格中
이격중운중각유합신해지 혹양충지내 유희유기 이격중

運中能扶所喜, 而抑所忌, 亦不失爲吉耳. 舊取子午卯酉全
운중능부소희 이억소기 역불실위길이 구취자오묘유전

見, 寅申巳亥全見, 辰戌丑未全見, 皆可言格, 究竟本來直
건 인신사해전견 진술축미전견 개가언격 구경본래직
是四沖, 終不穩當. 或天干調劑得宜, 亦有入貴格者. 若辰
시사충 종불온당 혹천간조제득의 역유입귀격자 약진
戌丑未舊說槪云喜沖, 然有宜有不宜, 其理多端, 詳在看雜
술축미구설개운희충 연유의유불의 기리다단 상재간잡
氣法中. 觀在月令如此, 則在他支可知矣.
기법중 관재월령여차 즉재타지가지의

12支에서 子午가 서로 충衝하고 丑未가 서로 충衝하는 부류는 각 지지에 소장된 것들 상호간에 극충剋沖을 하는 것이다.

득령得令한 것이 衰한 것을 충衝하면 쇠한 것은 뽑혀지지만 실시失時한 것이 旺한 것을 충衝하면 旺한 것은 아무 상해傷害도 받지 않는다.

沖하는 것이 유력하면 능히 (沖 당하는 神을) 제거하는 힘이 있는데 흉신凶神을 제거하면 이로운 것이고 길신吉神을 제거하면 불리하게 된다. 또 沖하는 것이 무력할 때는 오히려 (沖 당하는 神을) 격발擊發시키는 것인데 흉신凶神을 격발시키면 화禍가 되고 길신吉神을 격발시키면 비록 화禍는 되지 않을지라도 능히 길신吉神을 촉발하여 움직이게 해 버리므로 복福을 얻을 수는 없는 것이다.

옛 학설에 이르기를 子酉申亥는 午卯寅巳를 능히 沖할 수 있으나 午卯寅巳는 子酉申亥를 능히 沖할 수 없다고 했는데 午 중의 己는 子 중의 癸를 剋할 수 있고, 寅 중의 丙은 申 중의 庚을 剋할 수 있으며, 巳 중의 戊는 역시 亥 중의 壬을 剋할 수 있는 것이다. 다만 힘을 얻고 득세得勢하였는가를 보면 되는 것이지 午, 卯라고 하여 子, 酉를 상상傷하게 할 수 없으며 寅, 巳라고 어찌 申, 亥를 상傷하게 할 수 없겠는가?

또 이르기를 둘은 하나를 沖하지 않는다 하니 무릇 둘이 있으면 서로 능력을 발휘할 수 없다고 하는 것이지만 돕는 자가 많으면 더욱 방자하여 침략하고 정벌할 것이다. 비유하자면 원수의 집안끼리 서로 만났을 때 어찌 양가兩家가 반드시 한 사람씩일 때만 창을 들고 싸우며 한 사람보다 많으면 오히려 수수방관해야 한단 말인가.

요컨대 명운命運에서 沖을 만나면 凶은 많고 吉은 적은 법인데 혹시 양충兩沖이 서로 만나면 격格 중에서나 운運 중에서 각기 합신合神이 있어 그것[沖]을 해소시키거나 혹은 양충兩沖의 가운데에 희신喜神이나 기신忌神이 있는데 격格이나 운運에서 희신喜神을 돕고 기신忌神을 억제하면 또한 吉함을 잃지 않게 될 것이다.

옛날에는 또 子午卯酉를 전부 보거나 寅申巳亥를 전부 보거나 辰戌丑未를 전부 보거나 하면 모두 격格으로 취급할 수 있다고 했는데 결국에는 본래 사충四沖에 해당하는 것이므로 온당치는 않지만 혹 천간天干의 배합이 적당하면 귀격貴格에 드는 자도 있다.

또 辰戌丑未는 옛 학설에서는 대개 沖을 기뻐한다고 서술했지만 역시 타당한 경우도 있고 부당한 경우도 있어 그 이치가 복잡다단하므로 상세한 것은 '간잡기묘고법看雜氣墓庫法'에서 설명하였는데 월령月令에 있는 경우를 가지고 설명하였고 다른 지지地支에 있을 때도 알 수 있을 것이다.

9. 支刑論
지형론

【原文】

地支相刑, 以局加方取之, 亥卯未木局加亥子丑之方, 故亥
刑亥, 卯刑子, 未刑丑. 申子辰水局, 加寅卯辰之方, 故申
刑寅, 子刑卯, 辰刑辰. 寅午戌火局, 加巳午未之方, 故寅
刑巳, 午刑午, 戌刑未. 巳酉丑金局, 加申酉戌之方, 故巳
刑申, 酉刑酉, 丑刑戌. 內除未刑丑, 申刑寅, 係相沖外, 故
以寅刑巳, 巳刑申, 及丑刑戌, 戌刑未爲三刑. 子卯爲相刑.
辰午酉亥爲自刑. 嘗考究其理, 木局加水方, 水局加木方,
是爲相生, 何以相刑? 舊說曰, 木落歸根, 水流趨東也. 夫
歸根趨東, 是則理勢其順, 更不當刑矣. 火局加火方, 金局
加金方, 皆爲本氣, 何以相刑? 舊說曰金剛火强, 自刑其方
也. 夫太剛過强, 是必害己之物, 乃絶不傷他氣也. 且辰午
酉亥本支卽刑本支, 尤不近理. 舊說曰子卯一刑也, 寅巳申

二刑, 丑戌未三刑也, 故稱三刑, 是又遺自刑矣. 但自唐以來, 相傳如此. 凡命中遇寅巳申, 或丑戌未三刑, 吉則職掌刑名威柄, 凶則刑禍. 子卯之刑多不吉. 辰午酉亥自刑, 不甚計論. 又有刑去刑歸之說, 夫刑與沖異, 不過相戕而已, 安能刑去? 旣相戕矣, 又安能使之來歸耶. 卽丑刑未藉以開庫, 亦有宜有不宜, 要之. 三合之法, 十二支周徧均平, 而生旺墓之理又順, 相刑之法, 或三或二或一, 例旣偏駁雜亂, 而又無確然之理, 大約不足深信. 人命有遇刑而操威柄者, 四柱本吉耳. 有遇刑而獲凶過者, 四柱本凶耳. 非必皆刑之故. 且不遇刑而獲凶禍, 操威柄者, 亦多矣. 嘗見一老學訂正云, 刑由合來刑, 則子刑卯, 卯刑午, 午刑酉, 酉刑子, 是爲旺神相刑也. 寅刑巳, 巳刑申, 申刑亥, 亥刑寅, 是爲生神相刑. 丑刑辰, 辰刑未, 未刑戌, 戌刑丑, 是爲墓神相刑. 名曰三刑, 蓋生旺墓三者, 各立門戶而相爲妬害也, 其論較有理. 然未敢遽定爲例. 若無禮之刑, 恃勢之刑, 無恩之刑, 一一曲爲詮解, 更屬支雜無當, 宜亟闢之.

지지地支의 상형相刑은 국국에 방方을 더하여 취한다.

예를 들어 亥卯未 목국木局에다 亥子丑의 方을 더하면 亥가 亥를 형刑하고, 卯가 子를 형刑하고 未가 丑을 형刑한다. 마찬가지로 申子辰 수국水局에다 寅卯辰의 방方을 더하면 申이 寅을 형刑하고 子가 卯를 형刑하고 辰이 辰을 형刑한다. 또 寅午戌 화국火局에 巳午未의 方을 더하면 寅이 巳를 형刑하고 午가 午를 형刑하고 戌이 未를 형刑한다. 巳酉丑 금국金局에 申酉戌의 方을 더하면 巳가 申을 형刑하고 酉가 酉를 형刑하고 丑이 戌을 형刑한다.

이 중에 未刑丑, 申刑寅과 같이 상충相沖에 속하는 것을 제외하면 寅刑巳, 巳刑申과 丑刑戌, 戌刑未가 (寅巳申, 丑戌未의) 삼형三刑이 되고 子卯는 상형相刑이 되고, 辰午酉亥는 자형自刑이 된다.

일찍이 그 이치를 궁구窮究해 보니 만약 목국木局에다 수방水方을 더하거나 수국水局에 목방木方을 더하면 이는 곧 상생相生이 되니 어떻게 서로 형刑이 될 수 있겠는가. 옛 학설에서 말하기를 '나뭇잎은 떨어져 뿌리로 돌아가고 물은 흘러 동쪽으로 달린다' 고 하니 무릇 뿌리로 돌아가고 동쪽으로 흐르는 것은 이치가 순리에 따른 것이니 더욱이 형刑에 해당한다고 할 수 없는 것이다.

또 화국火局에 화방火方을 더하고 금국金局에 금방金方을 더하는 것은 모두 본기本氣가 되니 어떻게 서로 형刑이 되겠는가. 옛 학설에 金이 강강剛하고 火가 강강强한 것으로부터 자형自刑이 비롯된다고 했는데 무릇 태강太剛하거나 과강過强하면 이는 반드시 자신을 해치는 것이지 절대로 다른 氣를 상상傷하게 하는 것이 아니다. 게다가 辰午酉亥는 본지本支가 본지本支를 형형刑하는 것이므로 더욱 이치에 맞지 않는다.

또 옛 학설에 子卯는 일형一刑이고 寅巳申은 이형二刑이며, 丑戌未는 삼형三刑이라, 삼형三刑으로 칭한다고 하면서 또 자형自刑에 관해서는 (언급하지 않고) 남겨 놓았다.

당唐나라 이래로 이와 같이 전해져 왔으니 무릇 명命 중에서 寅巳申이나 丑戌未 삼형三刑을 만나서 좋으면 형벌刑罰을 관장하는 직책을 담당하여 위엄을 갖추게 되고 나쁘면 형벌의 화禍를 당하게 된다고 한다. 또 子卯 형刑은 불길함이 많다고 하고 辰午酉亥 자형自刑은 깊이 헤아려 논하지 않았다.

또 형거형귀刑去刑歸의 설이 있는데 무릇 형刑과 沖은 서로 다르다고 해도 서로 해치는 정도에 불과한데 어찌 능히 형刑이 거去한다고 할 수 있겠으며 이미 서로 다치게 했으면 어찌 다시 돌아오게 할 수 있겠는가. 또 丑이 未를 형刑하면 이에 따라 고庫가 열린다고 하는데 이때도 역시 타당한 때와 타당치 못한 때가 있는 것이다.

요컨대 삼합三合의 법은 12支에 두루 두루 고르게 적용되어 생왕묘生旺墓의 이치가 순리에 따르고 있지만 상형相刑의 법은 때로는 삼형三刑이 되고 때로는 이형二刑이 되며 때로는 일형一刑이 되어 그 예가 치우치고 잡스럽고 어지러우며 또 확고한 이치가 없으니 깊이 믿기에 부족하다.

인명人命에 형刑을 만나서 위엄과 권력을 잡는 사람이 있는데 이는 사주四柱가 본래 吉하기 때문일 뿐이다. 또 사주에서 형刑을 만나 凶한 화禍를 당하는 자도 있는데 이것도 사주가 본래 凶하기 때문일 뿐이다.

반드시 모두 형刑하기 때문은 아니다.

또 형刑을 만나지 않았는데도 흉화凶禍를 당하거나 위엄과 권력을 잡은 자 또한 많은 것이다.

일찍이 어떤 노학자老學者가 바르게 고쳐 말하는 것을 본 적이 있으니 그 말인즉 "형刑은 合에서 유래하여 형刑이 된 것이니, 즉 子刑卯하고, 卯刑午하고, 午刑酉하며, 酉刑子하는데 이는 왕신旺神이 서로 형刑하는 것이다. 또 寅刑巳, 巳刑申, 申刑亥, 亥刑寅하는 것은 생신生神끼리 서로 형刑하는 것이며 丑刑辰, 辰刑未, 未刑戌, 戌刑丑하는 것은 묘신墓神끼리 서로 형刑하는 것으로 이름 하여 삼형三刑이라 하는데 대개 생왕묘生旺墓 삼자三者가 각기 문호門戶를 세우고 서로 투기하고 해害를 끼치는 것이다"라고 하는데 그 논하는 바가 비교적 이치에 맞는 점이 있으나 감히 성급하게 정하여 예로 삼을 수는 없는 것이다.

또 만약 무례지형無禮之刑, 지세지형持勢之刑, 무은지형無恩之刑을 하나하나 곡진히 풀어보면 더욱 어지러워지고 타당치 않게 되므로 하루 빨리 없애 버리는 것이 마땅하다.

10. 支害論

【原文】

地支六害, 由六合而來, 沖我合神, 故謂之害. 子合丑而未
沖之, 故未害子. 丑合子而午沖之, 故午害丑. 寅合亥而巳
沖之, 故巳害寅. 卯合戌而辰沖之, 故辰害卯. 辰合酉而卯
沖之, 故卯害辰. 巳合申而寅沖之, 故寅害巳. 午合未而丑
沖之, 故丑害午. 未合午而子沖之, 故子害未. 申合巳而亥
沖之, 故亥害申. 酉合辰而戌沖之, 故戌害酉. 戌合卯而酉
沖之, 故酉害戌. 亥合寅而申沖之, 故申害亥. 總而計之,
以六支害六支, 是爲六害. 且沖其合我者, 必合其沖我者,
其害多矣. 內惟寅巳相害兼相刑, 遇寅巳申從刑可也. 大抵
六合之力, 遜於三合, 故六害之力, 亦遜於三刑. 人命中不
宜多見. 以吉害凶, 未必能去凶, 以凶害吉, 亦能損吉. 舊
書又有所謂破者, 如卯破午, 午破酉之類, 然不遍及能十二

支, 蓋以此法推之, 非刑卽合故也. 夫刑與害各有所自來,
지 개이차법추지 비형즉합고야 부형여해각유소자래
破之義無所起. 且刑害已紛紛矣, 又加以破, 不亦繁雜乎?
파지의무소기 차형해이분분의 우가이파 불역번잡호
至破出某神之說, 尤爲穿鑿, 削之可也.
지파출모신지설 우위천착 삭지가야

 지지地支의 육해六害는 육합六合에서 유래된 것으로 나의 합신合神을 沖하므로 해害라고 하는 것이다.
 子가 丑과 합하는데 未가 와서 丑을 沖하니 未가 子의 해害가 된다고 하는 것이다. 마찬가지로 丑이 子와 합하는데 午가 子를 沖하므로 午는 丑의 해害가 되며, 寅이 亥와 합하는데 巳가 亥를 沖하므로 巳는 寅의 해害가 되고, 卯가 戌과 합하는데 辰이 戌을 沖하여 辰이 卯의 해害가 되고, 辰이 酉와 합하는데 卯가 酉를 沖하니 卯는 辰의 해害가 되며, 巳가 申과 합하는데 寅이 申을 沖하니 寅은 巳의 해害가 되고, 또 午가 未와 합하는데 丑이 未를 沖하니 丑은 午의 해害가 되고, 未와 午가 합하는데 子가 午를 沖하니 子는 未의 해害가 되며, 申과 巳가 합하는데 亥가 巳를 沖하니 亥는 申의 해害가 되고, 酉와 辰과 합하는데 戌이 辰을 沖하니 戌은 酉의 해害가 되며, 戌과 卯가 합하는데 酉가 卯를 沖하니 酉는 戌의 해害가 되고, 亥과 寅가 합하는데 申이 寅을 沖하니 申은 亥의 해害가 된다.
 이상을 종합하면 육지六支가 육지六支를 해害하는 것이므로 육해六害가 되고 또 나와 합하는 자를 沖하고 또 반드시 나를 沖하는 것과 합하게 되니 그 해로움이 많은 것이다.

그중에 오직 寅巳 해害는 서로 형형刑을 겸하고 있는데 寅巳申을 만나면 형형刑으로 따라가는 것이 좋다. 대개 육합六合의 힘은 삼합三合의 힘에 미치지 못하고 육해六害의 힘도 또한 삼형三刑에 미치지 못하나 인명人命 중에 많이 보는 것은 좋지 못하다.

吉로써 凶을 해害하면 반드시 凶을 제거한다고 할 수는 없지만 凶으로 吉을 해害하면 능히 吉을 손상시킬 수 있다.

옛글에는 또 소위 파파破라는 것이 있는데 예컨대 卯가 午를 파파破하고 午가 酉를 파파破한다는 식의 유형이다. 그러나 이치가 십이지에 두루 미치지 아니하고 대개 이 법으로 추론하면 형형刑 아니면 合이 되기 때문이다.

무릇 형형刑과 해害는 각기 그 유래가 있지만 파파破는 그 뜻이 어디서 나온 것인지 알 수 없다. 또 형형刑과 해害만으로도 이미 이치가 분분하게 되었는데 또 다시 파파破까지 더하면 이 역시 번잡하지 않은가. 파파破가 어느 신神에서 나온 것이라고 하는 설설說은 천착穿鑿[110]이 너무 심한 것으로 제거하는 것이 좋겠다.

---

110) 천착(穿鑿) : 학문을 깊이 파고듦.

11. 五行旺相休囚論

【原文】

五行旺相休囚, 按四序取之, 將來者進, 是爲相, 進而當令, 是爲旺, 成功者退是爲休, 退而無氣是爲囚. 木相於冬, 旺於春, 休於夏, 囚於秋. 火相於春, 旺於夏, 休於秋, 囚於冬. 金相於夏, 旺於秋, 休於冬, 囚於春. 水相於秋, 旺於冬, 休於春, 囚於夏. 土與火同, 但春夏隨母相旺, 理猶可通, 秋冬照例休囚, 何以處九月之戌, 十二月之丑乎, 故論土只當以四季爲旺. 餘月但論生剋爲是. 凡四柱干支, 須辨旺相休囚, 或日主, 或喜神欲旺相不欲休囚. 或凶煞, 或忌神, 欲休囚不欲旺相. 然相妙於旺, 旺則極盛之物, 其退反速, 相則方長之氣, 其進無涯也. 休甚於囚, 囚則旣極之勢, 必將漸生, 休則方退之神, 未能遽復也. 凡所喜所忌, 宜以此意消息之.

오행五行의 왕상휴수旺相休囚는 사계절의 순서를 살펴서 취取하는 것이다. 즉, 장차 미래로 나아갈 것을 상相이라 하고 나아가서 당령當令하면 왕旺이라고 하며 공功을 이루면 물러나는 것이니 이를 휴休라 하고 물러난 후에는 氣가 없어지니 수囚라 한다.

木은 겨울에 상相이 되고, 봄에 왕旺하며, 여름에 휴休하고, 가을엔 수囚가 된다. 火는 봄에 상相이 되고, 여름에 왕旺하며, 가을엔 휴休가 되고, 겨울에 수囚가 된다. 金은 여름에 상相이 되고, 가을엔 왕旺하며, 겨울에 휴休되고, 봄에는 수囚가 된다. 水는 가을에 상相이 되고, 겨울에 왕旺하며, 봄에는 휴休가 되고, 여름에 수囚가 된다. 土는 火와 같은데 다만 봄과 여름엔 어머니[火]를 따라서 상相하고 왕旺하므로 이치가 통할 수 있지만 가을과 겨울은 火의 예例에 비추어 휴休와 수囚가 되어야 하는데 그렇다면 9월의 戌과 12월의 丑은 어떻게 처리해야 좋은가? 그러므로 土는 단지 사계[辰未戌丑月]에 왕旺이 되고 그 밖의 달에서는 생극生剋의 법으로 논하는 것이 타당할 것이다.

무릇 사주四柱의 간지干支는 반드시 왕상휴수旺相休囚를 분별하여야 하는데 일주日主나 희신喜神은 왕상旺相하기를 바라고 휴수休囚되는 것을 바라지 않으며, 흉살凶殺이나 기신忌神은 휴수休囚되기를 바라고 왕상旺相하기를 원하지 않기 때문이다.

그러나 왕旺보다도 묘妙한 것이 상相인데, 왕旺은 물物이 이미 극성極盛한지라 그 퇴조退潮가 급속한 반면 상相은 바야흐로 성장成長하는 기운이라 그 나아감이 끝이 없기 때문이다.

또 衰하는 경향은 휴休가 수囚보다도 더 심하니 수囚는 이미 기운氣運

이 지극히 쇠퇴한 것으로 이제부터 점점 되살아날 것이 틀림없지만 휴休는 바야흐로 퇴기退氣의 신神이라 빨리 복구하기가 힘들기 때문이다. 무릇 사주四柱에서 기뻐하고 꺼리는 바는 이 의미를 분석함이 마땅한 것이다.

12. 十干生旺墓等論

【原文】

舊書十干從各支起長生, 沐浴, 冠帶, 臨官, 帝旺, 衰, 病, 死, 墓, 絕, 胎, 養, 十二位有陽生陰死, 陰死陽生之異焉. 夫五陽育於生方, 盛於本方, 斃於洩方, 盡於剋方, 於理爲順. 若五陰生於洩方, 死於生方, 於理未通. 卽曲爲之說, 而子午之地, 終無産金産木之道. 寅亥之地, 終無滅火滅水之道. 諸舊書命格, 丁遇寅酉以財論[111], 乙遇午, 己遇酉, 辛遇子, 癸遇卯, 以食神論, 俱不以生論. 乙遇亥, 丁遇寅, 癸遇申, 以正印論. 己遇寅藏之丙, 辛遇巳藏之戊, 亦以正印論, 俱不以死論. 其論墓則木必於未, 火必於戌, 金必於丑, 水土必於辰. 從無以戌爲乙墓, 丑爲丁己墓, 辰爲辛墓, 未爲癸墓者. 則陰陽同生同死爲是. 考廣錄云, 甲乙一

---

111) 원문에는 丁遇寅酉以財論으로 되어 있으나 寅은 잘못 들어간 글자로 보임.

木, 而分陰陽, 非可伊死木活木歧而之, 旣爲一木, 同生同死. 故古人止有四長生, 此說可爲確據矣. 至其中命名取義, 亦多未通. 如長生之後, 繼以沐浴, 謂之敗地, 若嬰兒初生, 沐浴氣弱, 不能勝而敗也. 夫沐浴細事, 旣不足列於生旺之屬, 且世無因浴遂至敗壞者. 若以爲淫慾之煞, 豈裸形而浴者, 皆宣淫乎. 況自生起旺, 一路發榮滋長, 方生何以忽敗, 旣敗何以能復旺也. 冠帶雖成立之義, 亦爲不倫. 臨官之官, 帝旺之帝, 尤屬無謂. 當正其名曰, 生, 長, 成, 盛, 旺, 衰, 病, 死, 墓, 絕, 胎, 養. 則名而理順矣. 至於土之生旺墓, 有從寅起者, 有從申起者, 夫土位乎中央, 貫乎八方, 旺乎四季, 原不必與四行同例. 必不得己, 則起寅近是. 蓋申西皆我生, 旣洩我氣, 難言生長, 亥子皆我剋, 亦勞我力, 難言盛旺, 倘云水土一家之氣, 則我剋者尙爲一家, 生我之火, 我生之金, 安在非一家乎. 若起寅, 則母生俱生, 母死俱死, 其理差長. 然自生寅至旺午, 可以從母. 至未戌丑皆其本氣, 又難分衰墓養矣. 則論土之法, 只當以巳午爲生, 寅卯爲剋, 申酉爲泄, 亥子爲財, 四季爲旺, 更自合理. 何必拘拘數十二位乎. 或曰, 臨官卽祿也, 帝旺卽刃也, 祿刃以陽順陰逆取, 則生死亦應以陽順陰逆取矣. 是大不然, 衰病官旺者, 十干歷十二支, 盛衰之序也. 失時退氣則爲衰病, 當時得氣則爲官旺也. 祿刃者, 十干遇十二支, 取用之法也. 異類有生剋, 則取財官, 同類無生剋, 則取祿刃也. 昭然兩義, 何容藉口乎?〈千里按: 素庵先生論祿刃, 力言乙丁己辛癸之刃, 應在寅申巳亥. 其唯一理由爲「向來但知祿前一位爲刃, 而不知陽以前爲前, 陰以後爲前.」固屬眞知灼見, 發前人所未發, 然旣陽以前爲前, 陰以後爲前, 卽是陽順陰逆之意, 陰陽旣分順逆, 則生死自亦各殊. 乃此篇又曰, 干支陰陽, 同生同死, 似乎自相矛盾矣, 至謂祿刃與臨官帝旺, 截然兩義, 亦非通論, 竊以干支陰陽生死之說, 山陰沈孝瞻先生, 所論最爲精當. 特錄於後, 藉資參考, 其言曰:「干動而不息, 支靜而有常. 以每干流行于十二支之月, 而生旺墓絕繁焉. 陽主聚, 以進爲進, 故主順; 陰主散, 以退爲進, 故主逆. 此長生沐浴等項, 所以有陽順陰逆之殊也. 四時之運, 成功者去, 待用者進, 故每干流行于十二支之月, 而生旺墓絕, 又有一定. 陽之所生, 卽陰之所死, 彼此互換, 自然之運也. 卽以甲乙論, 甲爲木之陽, 天之生氣流行萬木者, 是

故生于亥而死于午, 乙爲木之陰, 木之枝枝葉葉受天生氣
者, 是故生于午而死于亥, 夫木當亥月, 正枝葉剝落, 而內
之生氣, 已收藏飽足, 可以爲來春發洩之機, 此其所以生于
亥也. 木當午月, 正枝葉繁盛之候, 而甲何以死? 却不知外
雖繁盛, 而內之生氣發洩已盡, 此其所以死于午也. 乙木反
是, 午月枝葉繁盛卽爲之生, 亥月枝葉剝落卽爲之死. 以質
而論, 自與氣殊也. 以甲乙爲例, 餘可知矣. 支有十二月,
故每干自長生至胎養, 亦分十二位. 氣之由盛而衰, 衰而復
盛, 逐節細分, 遂成十二. 而長生沐浴等名, 則假借形容之
詞也. 長生者, 猶人之初生也. 沐浴者, 猶人旣生之後, 而
沐浴以去垢也; 如果核旣爲苗, 則前之靑殼, 洗而去之矣.
冠帶者, 形氣漸長, 猶人之年長而冠帶也. 臨官者, 由長而
壯, 猶人之可以出仕也. 帝旺者, 壯盛之極, 猶人之可以輔
帝而大有爲也. 衰者, 盛極而衰, 物之初變也. 病者, 衰之
甚也, 死者, 氣之盡而無餘也. 墓者, 造化收藏, 猶人之埋
于土者. 絶者, 前之氣已絶而後氣將續也. 胎者, 後之氣續
而結聚成胎也. 養者, 如人養胎母腹也. 自是而復, 長生循
環無端矣. 人之日主, 不必生逢祿旺, 卽月令休囚年日時中

得長生祿旺, 便不爲弱, 就使逢厚庫亦爲有根. 時說謂投庫
득 장 생 록 왕　편 불 위 약　취 사 봉 후 고 역 위 유 근　　시 설 위 투 고

而必沖者, 俗書之謬也, 但陽長生有力, 而陰長生不甚有力,
이 필 충 자　속 서 지 류 야　단 양 장 생 유 력　이 음 장 생 불 심 유 력

然亦不弱. 若是逢庫, 則陽爲有根, 而陰爲無用. 蓋陽大陰
연 역 불 약　약 시 봉 고　즉 양 위 유 근　이 음 위 무 용　개 양 대 음

小, 陽得兼陰, 陰不能兼陽, 自然之理也.」〉
소　양 득 겸 음　음 불 능 겸 양　자 연 지 리 야

　옛글에서 십간十干은 각 지지地支를 따라서 장생長生, 목욕沐浴, 관대冠帶, 임관臨官, 제왕帝旺, 쇠衰, 병病, 사死, 묘墓, 절絶, 태胎, 양養이 생기는데 이 12자리에는 양陽이 生하는 자리에서는 음陰이 사死하고 음陰이 사死하는 자리에서는 양陽이 生하는 다른 점이 있다고 하였다.

　무릇 오양간五陽干은 생방生方에서 자라고 본방本方에서 왕성하며 설방洩方에서 넘어지며 극방剋方에서 죽는다고 하여 이치에 순응하지만 오음간五陰干의 경우에는 설방洩方에서 생하고 생방生方에서 죽게 되므로 이치에 통하지 않게 되니 옳지 않은 학설이다. 또 子午의 支에서 마침내 金이 나고 木이 난다는 도리는 없고 寅亥의 支에서 火를 멸滅하고 水를 멸滅하는 도리도 없는 것이다.

　여러 구서舊書의 명격命格에서 丁이 酉를 보면 재財로 논하고, 乙이 午를 만나고 己가 酉를 만나고, 辛이 子를 만나고, 癸가 卯를 만나면 식신食神으로 논했을 뿐 모두 生으로 논하지 않았으며 또 乙이 亥를, 丁이 寅을, 癸가 申을 만났을 때 정인正印으로 논했다.

己가 寅 중의 丙을 만나고 辛이 巳 중의 戊를 만났을 때도 역시 정인正印으로 논하고 모두 사死로 논하지 않았으며 묘墓를 논할 때도 木은 반드시 未에서 논하고, 火는 반드시 戌에서, 金은 반드시 丑에서, 水와 土는 반드시 辰에서 묘墓가 되었을 뿐이고, 끝내 戌로써 乙의 묘墓가 되고, 丑은 丁己의 묘墓가 되며, 辰은 辛의 묘墓가 되고, 未는 癸의 묘墓가 된다는 말은 없었다. 이로 보아 음양동생동사설陰陽同生同死說이 옳다고 하겠다.

『고광록考廣錄』에서 말하기를 甲乙은 같은 木으로 음양陰陽이 나뉠 뿐인데 이를 사목死木 활목活木의 둘로 나눌 수 없다 하여 이미 같은 木이라면 같은 곳에서 살고 같은 곳에서 죽는다고 했다. 그러므로 옛사람들은 다만 사장생四長生이 있을 뿐이라고 하니 이 설說이 확고한 준거가 될 것이다.

십이위十二位에 이름을 붙이고 뜻을 취함에 있어 통하지 못한 바가 많으니 예컨대 장생長生 다음에는 목욕沐浴으로 계속되는데 이를 패지敗地라고 부른다. 갓난 아이가 처음 태어나서 목욕할 때는 아직 氣가 약하여 이길 수 없으므로 패敗라고 하는 것이다. 무릇 목욕沐浴이란 사소한 일에 불과한 것으로 생왕生旺과 같은 등급에 들기는 부족하며 또 세상에 목욕으로 인해서 패망敗亡한 자가 없는 법인데 만약 이를 음욕살淫慾煞로 여긴 것이라면 어찌 몸을 벗고 목욕한다고 모두 음탕하다고 할 수 있단 말인가. 하물며 生으로부터 旺까지는 일어나 한 길로 번영하고 성장하는 것이거늘 바야흐로 生하던 것이 어떻게 갑자기 패敗가 되겠으며, 이미 패敗하였다면 또 어떻게 다시 旺해질 수 있단 말인가.

관대冠帶는 비록 그 뜻이 성장成長하여 독립한다는 의미지만 역시 윤리에 맞지 않고 '임관臨官'의 관官, '제왕帝旺'의 제帝는 더욱 이를 말이 없으니 마땅히 그 명칭을 바로 잡아야 하는데 곧 생生, 장長, 성成, 성盛, 왕旺, 쇠衰, 병病, 사死, 묘墓, 절絶, 태胎, 양養으로 부르면112) 이치에 맞다고 하겠다.

土의 생왕生旺 묘묘에 관해서는 寅에서 기起한다는 사람도 있고 申에서 기起한다는 사람도 있는데 土는 중앙에 위치하여 팔방八方에 통하고 사계四季에서 旺하므로 원래 반드시 사행(四行 : 木火金水)과 더불어 예를 동일시 할 수는 없으니 꼭 말을 해야 한다면 寅에서 일어난다고 하는 것이 이치에 가깝다고 하겠다.

대개 申酉는 내[土]가 生하는 것이므로 이미 나[土]의 기를 설洩했으니 생장生長이라고 말하기는 어렵고 亥子는 모두 내[土]가 극하는 것으로 역시 나의 힘을 쓰게 하는 것이므로 성왕盛旺으로 논하기 힘들다. 혹시 水土를 일가一家의 氣라고 말한다면 내가 剋하는 자도 오히려 일가가 될 수 있다는 것이니 나를 生하는 火나 내가 生하는 金은 어찌 일가가 안 된다고 할 수 있겠는가.

만약 寅에서 기起하면 어머니[火]가 生하는 곳에서 같이 생하고 어머니[火]가 죽는 곳에서 같이 죽으니 그 이치가 조금 낫다. 그러니 寅에서 生하여 午에서 旺할 때까지 어머니를 따른 것이라 할 수 있다. 그러나 未戌丑에 이르면 모두 다 土의 본기本氣이니 쇠衰, 묘墓, 양養을 구분하

---

112) 생욕관(生浴冠), 녹왕쇠(祿旺衰), 병사묘(病死墓), 절태양(絶胎養)으로 구분하고 한 글자로 줄여 많이 부른다.

기가 어려워진다.

그런즉 土를 논하는 법은 단지 巳午로 生을 삼고 寅卯로 剋을 삼고 申酉는 설洩이 되고 亥子는 재財가 되고 사계에서 旺이 된다고 하면 더욱 이치에 합당하니 무엇 때문에 반드시 12개의 자리에 맞추려고 구애될 필요가 있는가.

혹 임관臨官은 곧 녹祿이라고 하고 제왕帝旺은 인刃이라고 한다. 그런데 "녹인祿刃을 양순음역陽順陰逆의 법으로 취한다면 음양의 생사법도 또한 양순음역의 법으로 취해야 마땅하지 않은가"라고 하는 사람들이 있지만 이는 절대로 그렇지 않으니 쇠衰, 병病, 관官, 왕旺이라는 것은 십간十干이 십이지十二支를 차례대로 돌면서 성盛하고 쇠衰하는 순서로 실시失時, 퇴기退氣하면 쇠衰, 병病이 되는 것이고 득시得時, 득기得氣하면 관官, 왕旺이 되는 것이다.

그리고 녹祿, 인刃이란 것은 십간十干이 십이지十二支를 만날 때 취용取用하는 법으로 서로 다른 부류끼리 만날 때는 생극生剋이 생기므로 재관財官을 취하는 것이지만 같은 부류끼리 만날 때는 생극生剋이 없으므로 녹인祿刃으로 취하는 것이다.

이와 같이 양자兩者의 의미가 확연하거늘 구실을 붙여 변명하는 말을 용납할 수 있겠는가.

韋註 〈내 생각에 진소암秦素庵 선생께서 녹인祿刃을 논할 때에 힘써 주장하신 것이 乙丁己辛癸의 인刃은 마땅히 寅申巳亥에 있어야 한다는 것인데 그 유일한 이유로 든 것이 "예전부터 단지 녹전일위祿前一位가 인刃이라고

만 알고 있는데 이것은 양陽은 앞으로 나아가는 것을 '전前'으로 삼고 음陰은 뒤로 나아가는 것을 '전前'으로 삼는 이치를 알지 못한 때문이다"라는 것이다.

참으로 올바른 지식知識이고 뛰어난 견해로써 이전 사람들이 발전시키지 못한 점을 발전시킨 것이지만 그러나 잘 생각해보면 "양陽은 앞으로 나아가는 것이 전前이고, 음陰은 뒤로 나아가는 것이 전前이다"라는 말은 곧 양순음역陽順陰逆의 의미가 내포되어 있어 이 자체로 이미 음양陰陽의 순역順逆을 구분한 것이 되어 음양의 생사生死가 자연히 다르게 되니 이는 곧 본편에서 말한 "간지음양은 동생동사同生同死한다"는 주장과는 상호 모순되는 것 같지 않은가.

또 녹인祿刃과 임관臨官, 제왕帝旺을 별개의 뜻이라고 확실하게 구별하는 것도 역시 일반적 이론이 아니다.

내가 곰곰이 생각하건데 간지음양생사지설干支陰陽生死之說은 산음山陰 심효첨 선생이 논한 것이 가장 정확하고 타당한 것 같다. 특별히 뒤에 기록해 두니 참고로 도움이 될 것이다. 그 말씀은 다음과 같다.

천간天干은 동動하는 성질을 갖고 있어 쉬는 법이 없고, 지지地支는 고요함을 좋아해서 늘 변함이 없다. 그러므로 각각의 천간天干이 십이지十二支의 달로 흘러가면 여기서 생生, 왕旺, 묘墓, 절絶 등이 뒤섞이게 되는 것이다. 양陽은 모이는 것을 주관하고 앞으로 나아가는 것을 '진進'으로 삼기 때문에 순행順行을 위주로 하는 것이고, 음陰은 흩어짐을 주관하여 뒤로 감을 진進이라 하므로 역행逆行을 위주로 한다. 이 때문에 장생長生, 목욕沐浴 등의 항목이 진행함에 있어서 양陽은 순행하고 음陰은 역행逆行한다는 구별이 있게 된 것이다.

사주의 운행運行에 있어 공功을 이룬 자는 물러가고 쓰임을 기다리고 있던 자가 그 자리에 나아가는 것이다. 그러므로 각각의 천간天干이 흘러가서 12개의 지지地支가 상징하는 어느 달로 흘러가게 되면 생生, 왕旺, 묘墓, 절絶이 되는데 이에는 또 일정한 법칙이 있는 것이라 양陽이 生하는 곳과 음陰이 사死하는 곳이 피차 번갈아 들게 되니 자연의 운행인 것이다. 甲乙로 논하자면 甲은 木의 양陽인데 하늘의 생기生氣가 모든 나무에 흘러들게 되는데 이 때문에 甲은 亥에서 生하고 午에서 사死하는 것이다. 또 乙은 木의 음陰이 되는데 나무의 모든 가지와 잎이 하늘의 생기生氣를 받아들이고 그러므로 午에서 生하고 亥에서 사死한다.

무릇 木은 亥月이 되면 가지와 잎이 마르고 떨어져서 안에 있는 생기生氣는 이미 거두어 간직됨이 풍족하여 오는 봄에 그 氣를 발설할 수 있기 때문에 亥에서 生이 된다고 하는 것이다. 또 木이 午月을 맞이하면 가지와 잎이 무성한 때인데 어째서 甲이 사死한다고 하는가? 이는 비록 겉으로는 무성한 것처럼 보이지만 안으로는 생기生氣가 이미 다 발설되어 고갈되어 버렸기 때문에 午에서 사死가 된다는 것을 모르는 것이다. 乙木은 이와 반대라 午月에 가지와 잎이 번성하여 生이 되고 亥月에 가지와 잎이 시들어 떨어지므로 사死가 되는 것이다. 그 본질로써 논할 때 氣 자체가 다른 것이다. 甲과 乙로써 예를 들었으니 그 외의 것들도 알 수 있을 것이다.

지지地支에 12개의 달이 있으므로 모든 干은 장생長生부터 태胎, 양養까지 또한 12자리로 분배된다. 그 氣가 성성盛했다가 쇠衰하였지만 쇠衰한 것이

다시 성盛해지는데 절후에 따라 세분되어 드디어 12개가 되며 이때 붙이는 장생長生, 목욕沐浴 등의 명칭은 비유적으로 빌려다가 형용한 말이다. 장생長生이란 사람이 처음 태어남과 같은 것이고, 목욕沐浴은 사람이 태어나서 목욕을 함으로써 때를 씻어내는 것과 같은 것이다. 비유하면 과일의 씨앗이 이미 싹이 터서 자랐으면 이전에 씨앗을 싸고 있던 껍데기는 씻어버리는 것과 같은 것이다. 관대冠帶는 형형形과 氣가 점차 자라나서 사람으로 치면 나이가 차서 관을 쓰고 띠를 두르는 것과 같은 것이다. 임관臨官이라고 하는 것은 성장함으로 인하여 건장하게 되는 것으로 사람으로 치면 벼슬길에 나아갈 수 있게 된 것이다. 제왕帝旺이란 장성함이 극極에 달한 것으로 사람이 임금을 보필하여 큰일을 할 수 있게 된 것과 같다. 쇠衰는 (차면 기운다는 이치대로) 성盛이 극極에 이르면 쇠퇴한다는 것으로 사물이 최초로 변화하는 것이다. 병病은 쇠衰가 심화되는 것이고, 사死는 氣가 다하여 남음이 없는 것이며 묘墓는 모든 조화造化를 거두어 저장하는 것으로 사람을 땅속에 매장하는 것과 같다. 절絕이란 이전의 氣는 이미 끊어졌는데 그 후에 끊어진 氣를 장차 이으려고 하는 것이다. 태胎는 후에 생긴 氣가 이어져 결합하고 모여져서 태胎를 이루는 것이고, 양養이란 사람이 어미의 뱃속에서 태胎로 자라는 것과 같다. 이와 같이 하여 다시 장생長生이 되니 순환하여 끝이 없는 것이다.

사람의 일주日主가 반드시 태어날 때 녹왕祿旺을 만나야 되는 것은 아니다. 즉, 월령月令이 휴수休囚 되더라도 年과 日時 중에서 장생長生, 녹祿, 왕旺을 만나면 곧 약하지 않으니 비록 두터운 고庫를 만나도 뿌리가 있게 되는 것이다. 요즘 말하기를 고庫는 沖해야 한다고 하는데 속서俗書들의 오류이다.

단, 양陽의 장생長生은 힘이 있고 음陰의 장생長生은 힘이 그다지 강하지는 않지만 또 약하다고 할 수도 없다. 만약 고庫를 만날 경우에 양간陽干에게는 뿌리가 되는 것이지만 음간陰干에게는 별로 소용이 되지 않는다.

대개 양陽은 크고 음陰은 작아서 양陽은 음陰을 겸할 수 있지만 음陰은 양陽을 겸할 수 없는데 이는 자연의 이치인 것이다.〉

13. 十二支作用論

【原文】

天干作用, 生則生, 合則合, 沖則沖, 剋則剋. 地支作用, 則
有種種不同者焉. 如寅中甲木生火矣, 而又有戊食洩火. 巳
中戊土生金矣, 而又有丙煞剋金. 非若干之生則生也, 其不
同者一也. 如寅亥合矣, 而寅中之丙, 亥中之壬, 未嘗不沖.
辰合酉矣, 而辰中之乙, 酉中之辛, 未嘗不沖. 非若干之合
則合也, 其不同者二也. 如寅申沖矣, 而申中之壬, 與寅中
之甲仍有情. 己亥沖矣, 而亥中之甲, 與巳中之丙, 仍有情.
非若干之沖則沖也, 其不同者三也. 如申中庚金剋木矣, 而
又有壬印. 亥中壬水剋火矣, 而又有甲印. 非若干之剋則剋
也, 其不同者四也. 又有天干所無之刑與害焉, 如寅刑巳矣,
而巳中之丙火, 卽生於寅. 巳刑申矣, 而申中之庚金, 卽生
於巳. 其不同者五也. 如丑害午矣, 而午火何嘗不生丑土.

申害亥矣, 而申金何嘗不生亥水. 其不同者六也, 不特此也,
신해해의　이신금하상불생해수　기부동자육야　불특차야

如亥未水土也, 而會卯則成木局. 巳丑火土也, 而會酉則成
여해미수토야　이회묘즉성목국　사축화토야　이회유즉성

金局. 其不同者七也. 如辰一土耳, 論庫則爲帶水之土, 論
금국　기부동자칠야　여진일토이　논고즉위대수지토　논

方則爲帶木之土. 戌一土耳, 論庫則爲帶火之土, 論方則爲
방즉위대목지토　술일토이　논고즉위대화지토　논방즉위

帶金之土. 其不同者八也. 諸如此類. 不可枚擧. 且年月日
대금지토　기부동자팔야　제여차류　불가매거　차년월일

時, 四支所藏之干, 大約有十, 其自相和戰, 不知其幾也.
시　사지소장지간　대약유십　기자상화전　부지기기야

其與四天干和戰, 又不知其幾也. 故看天干易, 看地支難,
기여사천간화전　우부지기기야　고간천간이　간지지난

是非深心確識, 孰能盡其精微, 得其要領乎?
시비심심확식　숙능진기정미　득기요령호

천간天干의 작용은 生은 곧 生이요, 合은 곧 合이고, 沖은 곧 沖이고, 剋은 곧 剋일 뿐이다. 그러나 지지地支의 작용은 종류가 다양하여 일정하지가 않다.

예를 들면 寅 중의 甲木은 火를 生하는데 또 戊土 식신이 있어 화기火氣를 설洩한다. 또 巳 중의 戊土는 金을 生하지만 병화살丙火煞이 있어 金을 剋하니 천간天干에서처럼 生이면 生, 그 자체의 역할만 하는 것과는 같지 않다.

예를 들어 寅亥는 合이 되는데 寅 중의 丙과 亥 중의 壬이 沖할 수밖에 없고, 辰酉合에서는 辰 중의 乙과 酉 중의 辛이 沖이 아니 될 수 없으니 천간天干에서 合이면 合으로 끝나는 것과는 같지 않으니 이것이

두 번째 다른 점이다.

寅申이 沖할 때 申 중의 壬과 寅 중의 甲은 여전히 유정有情하며 巳亥 沖에서 亥 중의 甲과 巳 중의 丙은 여전히 유정有情하니 천간天干이 沖할 때 沖만 하는 것과 같지 않으니 다른 점의 그 세 번째이다.

예를 들어 申 중의 庚金은 木을 剋하지만 또 木 입장에서 壬水 인印이 있고, 亥 중의 壬水는 火를 剋하지만 또 火 입장에서 甲木 인印이 있으니 천간天干이 剋할 때 剋만 하는 것과 같지 않으니 이것이 그 네 번째 다른 점이다.

또 천간天干에는 없는 형刑과 해害가 있으니 예를 들면 寅刑巳가 있어 巳 중에 있는 丙火는 곧 寅에서 장생長生이 되고 巳刑申에서는 申 중에 있는 庚金은 巳에서 장생長生이 되니 그 다른 점의 다섯 번째이다.

예컨대 丑害午에서 午火가 丑土를 어찌 生하지 못하겠으며 申害亥에서는 申金이 어찌 亥水를 生하지 못하겠는가. 이로써 그 다른 점의 여섯 번째이다.

이뿐만 아니라 예를 들어 亥未는 水와 土인데 여기에 卯까지 모이면 목국木局을 형성하고, 巳丑은 火와 土인데 酉가 합세하면 금국金局을 이루게 되고 이것이 그 다른 점의 일곱 번째이다.

또 辰은 하나의 土이지만 고庫로써 논할 때는 水를 대동한 土[申子辰의 辰]라고 하고 방方으로 논할 때는 木을 대동한 土[寅卯辰의 辰]라고 한다. 戌도 하나의 土이지만 고庫로 논할 때는 火를 대동한 土[寅午戌의 戌]라고 하고, 방方으로 논할 때는 金을 대동한 土[申酉戌의 戌]라고 하니 그 다른 점의 여덟 번째이다. 모두 이와 유사한 것들로 일일이 거론할 수 없을 정도이다.

  또 年, 月, 日, 時의 사지四支에 소장되어 있는 천간天干이 크게 보아 10개 정도지만 서로 화목和睦하거나 다투는 것까지 생각하면 얼마인지 알 수 없고 네 천간天干과 合하고 다투는 것이 얼마인지 알 수 없다.

  그러므로 천간天干은 보기는 쉽지만 지지地支는 보기가 어려우니 마음속 깊이 확실히 알고 있지 않으면 누가 그 정밀하고 자세한 곳까지 들어가겠으며 그 요령을 터득할 수 있겠는가.

14. 干支覆載論
간지복재론

【原文】

取用干支之法, 干以載之支爲切, 支以覆之之干爲切. 如喜
취용간지지법 간이재지지위절 지이복지지간위절 여희

甲乙而載以寅卯亥子則生旺, 載以申酉則剋敗矣. 忌丙丁而
갑을이재이인묘해자즉생왕 재이신유즉극패의 기병정이

載以亥子則制伏, 載以巳寅午卯則肆逞矣. 又如喜寅卯而覆
재이해자즉제복 재이사인오묘즉사영의 우여희인묘이복

以甲乙壬癸則生旺, 覆以庚辛則剋敗矣. 忌巳午. 覆壬癸則
이갑을임계즉생왕 복이경신즉극패의 기사오 복임계즉

制伏, 覆以丙丁甲乙則肆逞矣. 不特此也, 干通根於支, 支
제복 복이병정갑을즉사영의 불특차야 간통근어지 지

逢生扶則干之根堅, 支逢沖剋則干之根拔矣. 支受蔭於干,
봉생부즉간지근견 지봉충극즉간지근발의 지수음어간

干逢生扶則支之蔭盛, 干逢沖剋則支之蔭衰矣. 凡命四柱干
간봉생부즉지지음성 간봉충극즉지지음쇠의 범명사주간

支, 有顯然吉神而失其吉, 確乎凶神而不爲凶, 皆是故也.
지 유현연길신이실기길 확호흉신이불위흉 개시고야

可不詳察而審處之乎.
가불상찰이심처지호

간지干支를 취용取用하는 법에서 干은 자신을 실어주는 支가 절실하고 支는 자신을 덮어주는 천간天干이 절실한 것이다. 예를 들어 甲乙이

寅卯亥子 위에 실려[載] 있으면 기뻐하여 생왕生旺하는 것이고 申酉 위에 실려 있으면 극패剋敗가 되는 것이며, 丙丁이 亥子 위에 실려 있으면 꺼려하여 제복制伏되는 것이고 巳寅午卯 위에 실려 있으면 방자하게 제멋대로 군다.

또 예컨대 寅卯가 甲乙壬癸로 덮여 있으면 생왕生旺 받는 것이고 庚辛으로 덮여 있으면 극패剋敗 당하는 것이며, 巳午가 壬癸로 덮여 있으면 꺼려하여 제복당하고 丙丁甲乙로 덮여 있으면 방자하게 제멋대로 군다.

비단 이뿐만 아니라 천간天干이 지지地支에 통근通根하고 그 지지地支가 생부生扶를 만나면 천간의 뿌리가 견고해지는 것이고 만약 지지가 충극冲剋을 당하면 천간의 뿌리가 뽑혀지게 되는 것이다.

지지地支 역시 천간天干의 도움을 보는 것이니 천간이 생부生扶를 만나면 지지 또한 도움을 크게 보게 됨이 왕성하여 천간이 충극冲剋을 당하면 지지의 비호 받음이 衰하게 되는 것이다.

무릇 명命의 사주 간지干支에 길신이 뚜렷이 나타나 있는데도 그 길함이 없어지거나 흉신凶神이 확실한데도 흉하지 않게 되는 것은 모두 이 때문이다. 어찌 상세히 관찰하고 자세히 살펴서 처리하지 않을 수 있겠는가?

15. 諸神煞論 一

제신살론1

【原文】

舊書稱神煞一百二十位, 一一細推起例, 毫無義理者. 十嘗
구서칭신살일백이십위 일일세추기례 호무의리자 십상

七八且一字每聚吉凶神煞十餘, 禍福何以取斷? 此皆術家
칠팔차일자매취길흉신살십여 화복하이취단 차개술가

逞臆妄造. 每一書出, 則增數種, 欲以何說惑人, 卽立何等
영억망조 매일서출 즉증수종 욕이하설혹인 즉입하등

名色, 往往數煞只是一煞. 嘗稽歷日所載, 尙多相沿之弊,
명색 왕왕수살지시일살 상계역일소재 상다상연지폐

何況通書命書乎? 今考定神煞如天德, 月德, 貴人, 月將,
하황통서명서호 금고정신살여천덕 월덕 귀인 월장

空亡之類, 皆有義理, 其餘從太歲起者, 爲眞. 不從太歲起
공망지류 개유의리 기여종태세기자 위진 부종태세기

者爲妄. 眞者精擇而存之, 妄者悉擧而削之. 或疑相沿旣久,
자위망 진자정택이존지 망자실거이삭지 혹의상연기구

未必無驗, 不知人命吉凶, 皆由格局運氣, 安可以偶合神煞
미필무험 부지인명길흉 개유격국운기 안가이우합신살

而信之. 卽如桃花, 流霞, 紅豔, 等煞, 爲男女淫慾之徵, 然
이신지 즉여도화 유하 홍염 등살 위남여음욕지징 연

端人正士, 烈婦貞女, 犯之者甚多. 況桃花煞亥卯未在子,
단인정사 열부정여 범지자심다 황도화살해묘미재자

寅午戌在卯, 巳酉丑在午, 申子辰在酉, 皆五行生印. 流霞
인오술재묘 사유축재오 신자진재유 개오행생인 유하

煞如乙遇申乃正官, 丙遇寅乃長生, 辛遇酉乃祿神, 何所見
살여을우신내정관 병우인내장생 신우유내녹신 하소견

其淫藝乎? 且春花無不妖冶, 何獨桃爲淫花? 干支字面相
기 음 설 호   차 춘 화 무 불 요 야   하 독 도 위 음 화   간 지 사 면 상

見, 有何紅色豔態? 神煞誕妄, 皆此類也, 但一一闢之, 太
견   유 하 홍 색 염 태   신 살 탄 망   개 차 유 야   단 일 일 벽 지   태

費辭說, 達理之士, 自當曉然耳.
비 사 설   달 리 지 사   자 당 효 연 이

옛 서적에서 신살神煞을 120개나 언급하여 놓았는데 하나하나 자세히 유추하여 예를 들어 놓았으나 추호도 뜻이 이치에 맞지 않는 것이 10 중에 7, 8이다. 게다가 한 자字마다 길흉吉凶에 관한 신살이 10여 개나 모여 있으니 화복禍福을 어찌 취하여 판단하겠는가. 이는 모두 술가術家들이 억지로 지어 만든 엉터리 작품인데 한 권의 책이 나올 때마다 몇 가지씩 증가하였으며 어떤 말로써 사람들을 미혹시키고자 할 때는 곧 무슨 명분이라도 세워야 하기 때문인데, 자주 보면 여러 개의 살煞이 알고 보면 하나의 살에 불과한 때도 있다.

일찍이 살펴보니 책력冊曆 같은 책에 실려 있는 것도 오히려 옛것을 답습하는 폐단이 많은데 하물며 통서通書나 명서命書에는 폐단이 많지 않겠는가?

이제 잘 고찰하여 신살神煞을 정하니 예를 들어 천덕天德, 월덕月德, 귀인貴人, 월장月將, 공망空亡 등 이와 같은 류類들은 모두 의미와 이치를 갖고 있는 것들이고, 그 밖에도 태세太歲를 기준으로 정해지는 것은 진실하다고 보지만 태세太歲를 기준으로 하지 않는 것들은 모두 거짓된 것들이다. 진실한 것들은 잘 선택해서 그것을 보존하고 거짓된 것들은

모두 들어내어 제거해야 할 것이다.

　혹자는 답습하여 내려온 역사가 이미 오래되었으니 반드시 증험이 없지는 않을 것이라 의심을 하는데 이는 인명人命의 길흉吉凶이 모두 격국格局과 운기運氣에 달려있음을 모르는 소치이니 어찌 우연히 신살神煞과 맞았다고 하여 믿을 수 있다 하겠는가.

　곧 예를 들면 도화桃花, 유하流霞, 홍염紅艶 등의 살煞은 남녀의 음욕淫慾을 나타내는 징표가 된다고 하는데 단정한 인사人士와 열부烈婦, 정녀貞女 중에서도 이 살煞들을 범한 자가 매우 많다. 하물며 도화살은 亥卯未에서는 子에 있고, 寅午戌에서는 卯에 있으며 巳酉丑에서는 午에 있고 申子辰에서는 酉에 있으니 모두 오행五行으로 보면 인수印綬에서 나온 것이다.

　또 유하살流霞煞은 예컨대 乙이 申을 만나면 곧 정관正官이요, 丙이 寅을 만나 장생長生이 되고 辛이 酉를 만나서 녹신祿神이 되는 것이니 어떻게 음탕하거나 외설적이라고 볼 수 있겠는가.

　또 봄꽃春花치고 요염하지 않은 꽃이 없는데 어찌 도화桃花만 음화淫花라고 할 수 있으며 간지干支의 자字가 얼굴을 서로 본다하여 무슨 홍색紅色과 요염함이 생긴단 말인가.

　신살神煞이 이치에 맞지 않음이 모두 이런 부류이다. 다만 일일이 깨뜨려 없애려면 사설辭說을 과도하게 늘어놓아야 하므로 이치에 밝은 선비들께서는 스스로 마땅히 밝혀 알아야 할 뿐이다.

16. 諸神煞論 二

【原文】

天德, 月德從每月起, 天乙貴人從每日起, 月將從每月太陽躔次起, 空亡從每旬起, 其餘皆從太歲起. 如驛馬則亥卯未在巳之類, 皆太歲生動之氣也. 又亥卯未太歲, 以申爲劫殺. 巳酉丑太歲, 以寅爲劫殺. 寅午戌太歲, 以亥爲劫殺. 申子辰太歲, 以巳爲劫殺. 皆太歲剋戰之神也. 然以方論, 非以月日時論. 但月日時值之, 亦可以斷吉凶. 若歲前神煞, 命家則每歲十二支皆有之. 曆家則每歲或某支有之, 或某支無之, 卽參差不一. 考其起例, 不過從太歲排列前去, 非與太歲有損益也, 是又無所取義矣. 至於馬前神煞, 又從驛馬之前排去, 駕後神煞, 又從太歲之後排起. 二項尤屬無謂. 此或某歲喜某字, 惡某字. 或某歲喜某時, 惡某時. 某月某日所喜所惡亦然. 因立種種神煞, 皆妄造也, 故悉置之, 若每

月天喜, 卽每月三合之神. 每年將星, 卽每年三合之主. 則
월 천 희   즉 매 월 삼 합 지 신   매 년 장 성   즉 매 년 삼 합 지 주   즉

論合足矣. 又太歲三合之墓, 謂之華蓋, 或以爲文章, 或以
론 합 족 의   우 태 세 삼 합 지 묘   위 지 화 개   혹 이 위 문 장   혹 이

爲孤高. 亦不足憑也.
위 고 고   역 부 족 빙 야

천덕天德, 월덕月德은 매월每月에서 일어나고 천을귀인天乙貴人은 매일每日에서 일어나며 월장月將은 매월每月 태양이 운행運行하는 궤도에서 일어나고, 공망空亡은 매순(每旬: 10일 간격)마다 일어나며 그 밖에는 모두 태세太歲에서 일어나는데 예를 들어 역마가 亥卯未에서는 巳에 있는 부류와 같이 모두 태세太歲의 생동生動하는 氣이다.

또 亥卯未의 태세太歲에는 申을 겁살劫殺로 삼으며, 巳酉丑 태세는 寅이 겁살劫殺이 되고, 寅午戌 태세는 亥가 겁살劫殺이 되고, 申子辰 태세는 巳가 겁살劫殺이 되니 이들은 모두 태세의 삼합오행三合五行과 剋하고 싸우는 신神이다. 이런 식을 방方으로 논할 때도 月日時로서 논하지는 않는다. 다만 月日時가 그런 시기를 만나면 길흉吉凶을 판단할 수는 있는 것이다.

또 세전신살歲前神煞 같은 경우 명가命家는 매세每歲 12支에 모두 있다고 하고 역가(歷家: 역업 연구가)는 매세每歲에, 혹 어떤 지지地支는 있다고 혹 어떤 支는 있지 않다고 하여 서로 달라 일정치 않으나 그 비롯된 예를 고려해보니 태세太歲로부터 배열하여 앞으로 나아가게 한 것에 불과하며 태세와 더불어 손익損益이 있는 것이 아니므로 이 또한 취할 만

한 의미가 없다할 것이다.

또 마전신살馬前神煞은 역마驛馬의 앞으로부터 배열해 나가고 가후신살駕後神煞은 또 태세太歲의 뒤에서 배열을 일으키니 이 둘은 더욱 언급할 가치가 없는 것에 속한다.

이는 어느 태세太歲는 어떤 자字를 좋아하고 어떤 자字는 싫어한다 하고 혹은 어느 태세는 무슨 時를 좋아하고 무슨 時를 싫어한다는 등 모월某月 모일某日을 좋아하고 싫어하는 것은 역시 그러하다 하여 수많은 종류의 신살神殺을 세워 놓으니 모두 망령되게 조작한 것으로 모두 버려야 한다[悉置].

한편 매월의 천희天喜는 곧 매월에 삼합三合하는 신神이며, 매년의 장성將星은 곧 매년에 삼합三合하는 주가 되는 신神이니 合으로 논하면 충분하다. 또 태세太歲에서 삼합三合하는 묘墓는 화개華蓋 혹은 문장文章이라고도 하고 고고孤高라고도 하는데 이 또한 근거가 부족하다.

17. 太歲論 _{태세론}

【原文】

舊稱太歲爲諸煞之首, 夫太歲至尊, 非煞也. 特諸煞皆從太歲干支而起耳, 凡流年太歲, 原柱干支, 以之扶抑, 大運干支, 以之參贊. 或干支俱爲柱運之福, 或干支俱爲柱運之害, 或干爲福, 支爲害, 或干爲害, 支爲福, 此須合看而深察之. 舊書往往獨取天干, 嘗攷歷載每年太歲, 甲子年則曰太歷在甲子未嘗止言太歲在甲也. 及列年神方位之圖, 子下有太歲字, 甲下無太歲字, 奈何詳干略支耶. 舊書又以日干剋歲爲犯, 日干合歲爲晦, 並主凶咎, 此一偏之見, 流年賦中, 已辨之矣. 若征太歲之說, 尤爲不經, 夫征者, 上伐下也, 太歲命中之君, 可言征耶. 惟陽歲干剋陽日干, 陰歲干剋陰日干, 而歲支又衝日支, 是爲天剋地衝, 間有不利耳.

옛날에는 태세太歲가 모든 살煞 중에서 우두머리라고 칭하였다. 그러나 태세는 지존至尊[113]이지 살煞이 아니다. 다만 모든 살煞은 모두 태세의 간지干支로부터 시작해 나오는 것이다.

무릇 유년流年의 태세太歲[114]는 원주原柱의 간지干支를 억부抑扶하기도 하고 대운大運의 간지干支를 태세로서 헤아려 도와주기도[參贊] 한다. 간지干支가 모두 원주原柱와 대운의 복福이 되기도 하고 혹은 간지干支가 모두 원주原柱와 대운大運에 해害가 되기도 한다. 또는 태세太歲의 干은 복福이 되나 支는 해害가 되는 경우도 있고 혹은 干은 해害가 되지만 支는 복福이 되는 경우도 있으니 반드시 이들을 종합하여 주의 깊게 살펴야 한다.

옛글에서 자주 태세太歲의 천간天干만을 취하는 경우가 있는데 일찍이 역서曆書에 매년 태세太歲를 기재한 것을 고찰해보면, 甲子年이면 태력(太歷 : 태세)[115]이 甲子에 있다고 말하지, 오직 태세가 甲에 있다고 일찍이 말한 적이 없다.

또 매년 신神의 방위方位를 나타낸 그림을 보면 子 아래에는 태세太歲라는 글자가 있고 甲 아래에는 태세라는 글자가 없으니 ('子태세'라고 쓴 것은 있어도 '甲태세'라고 쓴 것은 없으니) 어찌하여 이를 두고 干을 상세히 하고 支를 간략히 한다고 하겠는가.

옛글에 또 일간日干이 태세太歲를 剋하는 것을 '범犯'한다고 하고 일

---

113) 지존(至尊) : 지극히 존귀함
114) 태세(太歲) : 1년, 즉 그 한 해를 말하는 것으로 사람이 태어난 해인 원국태세와 사람이 살아가는 해인 유년태세 2가지로 용어가 사용되니 문맥에 따라 혼동하지 않아야 한다.
115) 태력(太歷) : 의미상 태세(太歲)이어야 함.

간日干이 태세太歲와 合하는 것을 '회晦'라고 하여 모두 흉하고 좋지 않음을 주관한다고 했는데 이는 하나의 편견인 것으로 유년부流年賦에서 이미 판별하였던 내용이다.

태세太歲를 정벌征伐한다는 학설은 더욱 도리에 맞지 않는다. 무릇 정벌征伐한다는 것은 상위上位에 있는 자가 하위下位에 있는 자를 정벌征伐한다는 의미인데 태세는 명命 중에서 군왕君王과 같은 것이거늘 어찌 정벌征伐이라는 말을 쓸 수 있겠는가.

태세太歲가 양간陽干으로 양陽의 일간日干을 剋하거나 태세가 음간陰干으로 음陰의 일간日干을 剋하면서 또한 태세의 지지地支가 일지日支를 충衝할 때는 바로 천극지충天剋支衝이 되어 간혹 불리함이 있을 뿐이다.

18. 月殺論 (월살론)

【原文】

舊書以流年每月所値神煞, 取斷吉凶, 謂之月將. 夫諸煞可
구 서 이 유 년 매 월 소 치 신 살   취 단 길 흉   위 지 월 장   부 제 살 가

據者少, 在原柱値之, 尙不足憑, 況流年之各月乎? 或疑不
거 자 소   재 원 주 치 지   상 불 족 빙   황 유 년 지 각 월 호   혹 의 불

用神煞, 則每月吉凶, 將何取斷? 不知每年各月干支, 亦能
용 신 살   즉 매 월 길 흉   장 하 취 단   부 지 매 년 각 월 간 지   역 능

扶抑柱運, 且各有時令, 合之柱運, 或此月相宜, 或此月不
부 억 주 운   차 각 유 시 령   합 지 주 운   혹 차 월 상 의   혹 차 월 불

宜, 亦可精細分別. 奈何舍顯白之干支, 而用渺茫之神煞
의   역 가 정 세 분 별   나 하 사 현 백 지 간 지   이 용 묘 망 지 신 살

乎? 至於每日每時吉凶, 亦可依干支取斷, 但如此推求, 將
호   지 어 매 일 매 시 길 흉   역 가 의 간 지 취 단   단 여 차 추 구   장

失之太鑿矣.
실 지 태 착 의

옛글에서는 유년流年의 매월에 신살神殺을 두고 길흉吉凶을 취하여 판단했는데 이를 월장月將[116]이라고 불렀다.

무릇 모든 살煞이 그 근거를 가지고 있는 것이 적은데 원주原柱에

---

116) 이 글에서 月殺은 12신살의 월살이 아니며 월장(月將)의 동의어로 사용되었다.

있어도 오히려 믿을 수 없거늘 하물며 유년流年의 각월各月을 믿을 수 있겠는가?

혹자는 신살神殺을 사용하지 않으면 곧 매월의 길흉吉凶은 장차 무엇으로 취하여 판단할 것인지를 의심하는데 이는 연월年月 각월各月의 간지干支도 역시 원주原柱와 대운大運을 억부抑扶할 수 있으며 또 각월各月에는 시령時令이 있어 원주原柱와 대운大運에 합할 수도 있어서 이 달에는 좋을 수도 있고 다음 달에는 나쁠 수도 있는 것을 정확하고 세밀하게 가려낼 수 있다는 것을 알지 못하기 때문이니 어째서 이같이 명백한 이치가 있는 간지干支를 버리고 근거도 없고 막연한 신살神煞을 쓰려고 하는가?

또 매일每日 매시每時의 길흉吉凶에 관한 문제도 간지干支에 의해서 취하여 판단할 수 있으니 이와 같이 추구해 가면 장차 큰 실수는 없을 것이다.

19. 天月二德論
천월이덕론

【原文】

天德正月在丁, 二月在坤, 三月在壬, 四月在辛, 五月在
천덕정월재정   이월재곤   삼월재임   사월재신   오월재

乾, 六月在甲, 七月在癸, 八月在艮, 九月在丙, 十月在乙,
건   육월재갑   칠월재계   팔월재간   구월재병   십월재을

十一月在巽, 十二月在庚. 月德亥卯未月在甲, 寅午戌月在
십일월재손   십이월재경   월덕해묘미월재갑   인오술월재

丙, 巳酉丑月在庚, 申子辰月在壬. 人命值此二德, 多多益
병   사유축월재경   신자진월재임   인명치차이덕   다다익

善, 吉者增吉, 凶者減凶, 臨於財官印食, 福力倍隆, 卽臨
선   길자증길   흉자감흉   임어재관인식   복력배륭   즉임

於梟殺劫傷, 暴橫益化. 若二德自遭沖剋, 則亦無力. 舊書
어효살겁상   폭횡익화   약이덕자조충극   즉역무력   구서

天德在乾坤艮巽, 以寅申巳亥當之, 甚誤. 蓋德在天干, 不
천덕재건곤간손   이인신사해당지   심오   개덕재천간   부

在地支, 四孟四季月, 在東西南北八干. 四仲月在四隅, 不
재지지   사맹사계월   재동서남북팔간   사중월재사우   불

可分屬何干, 故言乾坤艮巽, 豈容雜以地支乎? 或曰信如斯
가분속하간   고언건곤간손   기용잡이지지호   혹왈신여사

言, 則四仲月獨無天德耶? 不知理難强齊, 觀歷家所載天德
언   즉사중월독무천덕야   부지리난강제   관역가소재천덕

於八干, 皆有天德合, 而乾坤艮巽獨無天德合, 是亦不能生
어팔간   개유천덕합   이건곤간손독무천덕합   시역불능생

造耳. 則四仲之月, 不論天德可也. 卽如天乙貴人之於諸支,
조이   즉사중지월   불론천덕가야   즉여천을귀인지어제지

有一臨, 有再臨, 有不臨, 何嘗畫一乎?
유 일 임　유 재 림　유 불 림　하 상 획 일 호

천덕天德은 정월正月은 丁에 있고, 2월은 곤坤에 있고, 3월은 壬에 있고, 4월은 辛에 있고, 5월은 건乾에 있고, 6월은 甲에 있고, 7월은 癸에 있고, 8월은 간艮에 있고, 9월은 丙에 있고, 10월은 乙에 있고, 11월은 손巽에 있고, 12월은 庚에 있다.

월덕月德은 亥卯未 月은 甲에 있고, 寅午戌 月은 丙에 있고, 巳酉丑 月은 庚에 있고, 申子辰 月은 壬에 있다.[117] 인명人命 중에 이들 이덕二德을 만나면 다다익선이라 길한 것은 길이 증가하며 흉한 것은 흉이 감소한다. 이덕二德이 재財, 관官, 인印, 식食에 강림하면 복력福力이 곱절이나 증가하고 효梟, 살殺, 겁劫, 상傷에 임하면 그 난폭한 횡포를 많이 제화制化시켜준다. 만약에 이덕二德이 충극沖剋을 만나면 역시 무력無力해진다.

옛글에 천덕天德은 건곤간손乾坤艮巽에 있으므로 寅申巳亥에 해당한다고 했지만 이는 심한 오해이다. 대개 덕德은 천간天干에 있고 지지地支에 있지 않다. 사맹(四孟 : 寅申巳亥)과 사계(四季 : 辰戌丑未)의 月에는 동서남북 팔간八干이 있지만 사중(四仲 : 子午卯酉) 月은 사우(四隅, 네 귀퉁이)에

---

117) 천월이덕(天月二德)

月	寅	卯	辰	巳	午	未	申	酉	戌	亥	子	丑
천덕	丁	坤(申)	壬	辛	乾(亥)	甲	癸	艮(寅)	丙	乙	巽(巳)	庚
월덕	丙	甲	壬	庚	丙	甲	壬	庚	丙	甲	壬	庚

해당되어 어느 천간天干에 해당되는지 나누어 귀속시킬 수 없기 때문에 건곤간손乾坤艮巽에 속한다고 말한 것인데 어찌 천간과 지지가 섞이는 것을 용납하겠는가.

혹자는 말하기를 이와 같은 말을 믿는다면 사중월(四仲月 : 子午卯酉)에만 천덕天德이 없단 말인가라고 하는데 이는 이치가 어려워 억지로 맞추기는 힘들다는 것을 모르기 때문이다.

역가歷家들이 기재한 바를 관찰하면 8간(八干 : 甲乙丙丁庚辛壬癸)에 대한 천간은 모두 천덕합天德合이 있는데 유독 건곤간손乾坤艮巽에만 천덕합이 없으니 이는 만들어낼 수 없었기 때문이니 사중四仲의 달에는 천덕天德을 논하지 않는 것이 좋다.

예를 들면 천을귀인天乙貴人도 여러 支 중에 한 번 임臨하는 것이 있고, 두 번 임하는 것도 있고, 임하지 않는 것도 있으니 어찌 천월이덕天月二德을 하나로 획일화 시킬 수 있겠는가.

20. 貴人論

【原文】

天乙貴人, 天神之尊貴者, 舍乎斗牛之間, 出乎井鬼之次, 持衡布德, 神煞莫不避藏. 其治乎陰, 夏至後則由斗牛之間而起, 逆行各支. 甲日臨丑, 乙日臨子, 丙日臨亥, 丁日臨酉, 己日臨申, 戊庚日臨未, 辛日臨午, 壬日臨巳, 癸日臨卯. 其治乎陽, 冬至後, 則由井鬼之次而起, 順行各支, 甲日臨未, 乙日臨申, 丙日臨酉, 丁日臨亥, 己日臨子, 戊庚日臨丑, 辛日臨寅, 壬日臨卯, 癸日臨巳. 惟辰爲天羅, 戌爲地網, 不臨其方. 舊歌甲戊庚牛羊等句, 蓋言貴人治陰, 則甲日在丑, 戊庚日在未. 治陽則甲日在未, 戊庚日在丑, 互文見意, 理甚顯著. 且言鄕言方, 可見止一貴人. 遇某干之日, 則臨某方耳. 說者誤以爲十干之貴人. 又誤爲十干各有陰貴陽貴, 將貴人有二十矣. 若陰陽有以寅申分者, 夫貴

人既日移一方矣, 豈於一日之中, 又復朝暮易處乎? 當以夏
인기일이일방의   기어일일지중   우복조모역허호   당이하

至從丑起, 冬至從未起爲是. 凡人命生夏至後, 甲日柱有丑
지종축기 동지종미기위시 범인명생하지후   갑일주유축

字, 則貴人正臨其方, 能助吉解凶. 柱有未字, 則貴人未臨,
자 즉귀인정임기방 능조길해흉 주유미자 즉귀인미임

不足爲美, 餘倣此. 又有貴人頭上戴財官之說, 此止有甲日
부족위미 여방차 우유귀인두상대재관지설   차지유갑일

遇辛未, 庚日遇丁丑, 然亦須全觀四柱, 此一端未可決爲貴
우신미 경일우정축 연역수전관사주   차일단미가결위귀

格. 且由頭戴而推之, 則某吉神上戴官戴財戴印, 將不勝其
격 차유두대이추지 즉모길신상대관대재대인   장불승기

紛紜矣. 舊又有日貴格, 止丁酉丁亥癸卯癸巳四日. 此亦助
분운의 구우유일귀격 지정유정해계묘계사사일   차역조

吉之一端. 不可遽言格也. 至於貴人之緣起, 某干何以在某,
길지일단 불가거언격야 지어귀인지연기 모간하이재모

其說甚多, 未見有直捷顯白者, 皆不足深究耳. 至日生陽貴
기설심다   미현유직첩현백자 개부족심구이   지일생양귀

臨子, 夜生陰貴臨未, 臨子爲陽, 臨未爲陰, 初非有二貴也.
임자 야생음귀임미   임자위양   임미위음   초비유이귀야

천을귀인天乙貴人은 천신天神 중에서도 존귀한 존재로 두우斗牛[118]사이에 머물면서 정귀井鬼[119]의 다음에 나와서 저울을 들고 덕德을 베푸니 신살神殺들이 피하고 숨지 않을 수 없는 것이다.

그 다스리는 영역이 음陰인 경우에는 하지夏至 후, 곧 두우斗牛의 사이에서 일어나 각 지支를 거꾸로 가니 甲日은 丑에 임하고, 乙日은 子에 임하고, 丙日은 亥에 임하고, 丁日은 酉에 임하고, 己日은 申에 임

---

118) 두우(斗牛): 28개의 별자리 중 북동 방향으로 별의 이름은 성기(星紀)이다.
119) 정귀(井鬼): 28개의 별자리 중 남서 방향으로 별의 이름은 순수(鶉首)이다.

하고, 戊庚日은 未에 임하고, 辛日은 午에 임하고, 壬日은 巳에 임하고, 癸日은 卯에 임한다. 그 다스리는 영역이 양陽에 있는 때는 동지冬至후, 곧 정귀井鬼의 다음에서 일어나 각 지地를 순행順行하는데, 甲日에는 未에 임하고, 乙日에는 申에 임하고, 丙日에는 酉에 임하고, 丁日에는 亥에 임하고, 己日은 子에 임하고, 戊庚日은 丑에 임하고, 辛日은 寅에 임하고, 壬日은 卯에 임하고, 癸日은 巳에 임한다. 유독 辰은 천라天羅가 되고 戌은 지망地網이 되어 천을귀인이 그 방위辰戌에는 임하지 않는다.[120]

옛 가결歌訣[121]에 '甲戊庚 牛羊' 등의 시구詩句가 있는데 대개 천을귀인이 음陰의 영역을 지배할 때에는 즉 甲日은 丑에 있고, 戊庚日은 未에 있고, 만약 양陽을 지배할 때는 甲日은 未에 있고, 戊庚日은 丑에 있다하여 문장文章을 바꿔가며 뜻을 나타내었는데 그 이치가 매우 뚜렷이 드러난다.

또 가결歌訣에서 향鄕이라고도 하고 방方이라고도 한 것이 있는데 이는 어느 하나의 귀인貴人이 나타날 때 어떤 干의 日을 만나면 어떤 방方에 임한다는 말일 뿐이다. 그런데 이에 대해 설명하는 사람들이 오해하여 십간十干의 귀인貴人을 말한 것이라고 여기고 더 나아가서 십간十干

120) 천을귀인(天乙貴人)

구분	甲 乙 丙 丁 戊 己 庚 辛 壬 癸
하지 ~ 동지 생 (음의 영역)	丑 子 亥 酉 未 申 未 午 巳 卯
동지 ~ 하지 생 (양의 영역)	未 申 酉 亥 丑 子 丑 寅 卯 巳

121) 가결(歌訣) : 동양(東洋) 산학(算學)에서 수학공식을 시(詩)의 형식으로 만들어 기억하기 쉽게 만든 것.

에 각각 음귀陰貴와 양귀陽貴가 있다고 오해하니 장차 귀인貴人이 스물이나 있다 하였다.

만약 음양陰陽을 寅申으로 나누는 자가 있다면 무릇 귀인貴人도 해가 움직임에 따라 한쪽(음 또는 양)에 있게 된다고 할 것이지만 어찌 하루 중에 또 아침, 저녁으로 귀인의 처소가 바뀔 수 있겠는가. 마땅히 하지夏至로부터는 丑을 따라 일어나고 동지冬至로부터는 未를 따라 일어난다고 함이 옳다. 무릇 인명人命이 하지夏至 후에 태어나서 甲日柱에 丑이 있으면 귀인貴人이 바로 그 방위方位에 임하여 능히 吉을 돕고 凶을 해소하며 사주 중에 未가 있으면 귀인貴人이 아직 임하지 않으므로 아름답다고 할 수 없다. 나머지도 이와 같다.

또 귀인貴人의 머리 위에 재관財官을 이고 있다는 설이 있는데 이는 다만 甲日이 辛未를 만나거나 庚日이 丁丑을 만나는 경우에 한하는 것이고 또 그런 경우에도 반드시 사주를 전체적으로 보고 판단해야지 이 한 가지 설만으로 귀격貴格이라고 결정할 수는 없는 것이다. 또 머리 위에 이고 있다는 설로 사주를 추론한다면, 즉 어떤 길신吉神이 머리 위에 관官을 이고 있거나 재財를 이고 있거나 인印을 이고 있으면 장차 그 어지러움을 이기지 못할 것이다.

옛글에는 또 일귀격日貴格이 있다고 하고 이는 丁酉, 丁亥, 癸卯, 癸巳의 사일四日에 한한다고 하는데 이 또한 吉을 돕는 법 중의 하나일 뿐, 성급하게 격格으로 언급할 것은 못 된다.

귀인貴人의 인연이 일어나는 것에 대해서는 어느 干이 어째서 어디에 있게 된다는 등, 그 설들이 심히 많으나 정곡으로 명백하게 근거를 밝혀내는 자를 아직 보지 못했으므로 모두 깊이 연구할 가치가 없는 것들이다.

또 낮에 生하는 양귀陽貴는 子에 임하고 밤에 生하는 음귀陰貴는 未에 임한다는 말은 子에 임하면 양陽이 되고 未에 임하면 음陰이 되는 것이지 처음부터 이덕二德이 있는 것은 아니다.

21. 月將論(월장론)

【原文】

月將者, 每月中氣後, 太陽躔次也. 太陽所臨, 吉增凶散,
월장자 매월중기후   태양전차야 태양소임 길증흉산

其用與天月二德同. 如命生正月雨水後, 二月春分前, 地支
기용여천월이덕동   여명생정월우수후   이월춘분전   지지

得亥, 係吉神則益吉, 係凶神則減凶. 餘月倣此. 較太歲三
득해 계길신즉익길   계흉신즉감흉 여월방차 교태세삼

合之將星, 尤爲親切, 卽值空亡, 亦不以空論. 蓋太陽爲諸
합지장성 우위친절   즉치공망 역불이공론 개태양위제

曜之主, 管三旬之事, 不可得而空也.
요지주 관삼순지사 불가득이공야

월장月將이란 매월 중기中氣 이후에 태양이 운행하는 궤도로 태양이 임하는 곳에 吉이 증가하고 凶은 흩어지니 그 작용이 천월이덕天月二德과 같다.

예를 들어 인명人命이 정월正月 우수雨水 후, 이월二月 춘분春分 전에 生하여 지지地支에서 亥를 얻었으면 길신吉神인 경우엔 더욱 吉해지고

흉신凶神의 경우엔 凶함이 감소된다. 그 밖의 달들도 마찬가지이다.[122]

태세太歲 삼합三合의 장성將星과 비교해서 더욱 친밀한 것이니, 즉 공망空亡을 만나도 공망으로 논하지 않으니 대개 태양太陽은 뭇 별들의 주主요, 삼순三旬의 일을 관장하니 공망空亡이 될 수 없는 것이다.

122) 월장(月將)

해당月	절기기간	合	월장
정월 寅月	우수 - 경칩 - 춘분	寅亥合	亥
2월 卯月	춘분 - 청명 - 곡우	卯戌合	戌
3월 辰月	곡우 - 입하 - 소만	辰酉合	酉
4월 巳月	소만 - 망종 - 하지	巳申合	申
5월 午月	하지 - 소서 - 대서	午未合	未
6월 未月	대서 - 입추 - 처서	午未合	午
7월 申月	처서 - 백로 - 추분	巳申合	巳
8월 酉月	추분 - 한로 - 상강	辰酉合	辰
9월 戌月	상강 - 입동 - 소설	卯戌合	卯
10월 亥月	소설 - 대설 - 동지	寅亥合	寅
11월 子月	동지 - 소한 - 대한	子丑合	丑
12월 丑月	대한 - 입춘 - 우수	子丑合	子

22. 驛馬論 (역마론)

【原文】

亥卯未年馬在巳之類, 蓋從三合局, 取其生動之氣, 假名驛
馬, 如命中吉神爲馬, 大則超遷之喜, 小則順動之利. 凶神
爲馬, 大則奔蹶之患, 小則馳逐之勞. 逢沖譬之加鞭, 遇合
等於縶足, 行運流年亦然. 然皆比擬如此, 非眞驛遞之驛,
車馬之馬也. 舊書妄列款段等十二馬, 及馬頭帶劍, 馬趣天
庭等名目, 穿鑿無理. 若日干坐馬多動, 往往有之, 他干坐
馬, 不必誚誚推論. 而舊書又有馬上貴人之類, 正如所謂祿
前二爲爲金輿, 君子居官得祿, 須坐車以載之, 同一可笑也.
至於驛字之義, 不過往來云爾. 舊書分何者爲驛, 何者爲馬,
妄造有驛無馬, 有馬無驛之說, 充其義類, 必將又分幾等驛,
何者爲司驛之官, 何者爲牧馬之卒, 何者爲豢馬之料矣. 又
考舊書云, 驛馬者, 先天三合數也, 先天亥四卯六未八, 故

自子順數至巳, 凡十八而爲木局之驛馬. 先天寅七午九戌
자자순수지사 범십팔이위목국지역마 선천인칠오구술

五, 故自子順數至申, 凡二十一, 而爲火局之驛馬. 先天巳
오 고자자순수지신 범이십일 이위화국지역마 선천사

四酉六丑八, 故自午順數至亥凡十八, 而爲金局之驛馬. 先
사유육축팔 고자오순수지해범십팔 이위금국지역마 선

天申七子九辰五, 故自午順數至寅凡二十一, 而爲水局之驛
천신칠자구진오 고자오순수지인범이십일 이위수국지역

馬. 木火陽局也, 從子一陽而順轉. 金水陰局也, 從午一陰
마 목화양국야 종자일양이순전 금수음국야 종오일음

而順行. 此說亦可參攷, 故存之.
이순행 차설역가참고 고존지

역마驛馬란 亥卯未 年에 巳에 해당하는 부류이니 대체로 삼합국三合局을 따라서 그 생동하는 氣[寅申巳亥]를 취하여 역마驛馬라는 이름을 빌려 쓴 것이다.[123]

예를 들어 명命 중의 길신吉神이 역마에 해당하면 크게는 현재의 등급을 뛰어넘어 승진하는 기쁨이 있고, 적게는 순조롭게 움직이는 이로움이 있으며 흉신凶神이 역마驛馬에 해당하면 크게는 급히 내달리다 넘어지는 우환이 있고 적게는 소득 없이 급히 달려 뒤쫓는 노고가 있으며 沖을 만나면 말에 채찍을 가하는 것과 같고 合을 만나는 것은 말의 다리를 묶어 놓는 것과 같으며 행운行運과 유년流年에서 역시 마찬가지

123) 역마는 12신살의 일종으로

태세	역마
亥卯未	巳
巳酉丑	亥
寅午戌	申
申子辰	寅

다. 그러나 모두 이와 같이 비유해서 말하는 것일 뿐 실은 공문서를 보내는 역마[驛遞]124)나, 수레로서의 마馬가 아니다.

　옛글에서 걸음이 느리고 더딘 십이마十二馬를 멋대로 열거하고 마두대검[馬頭帶劍]125)이니 마취천정[馬驟天庭]126) 등의 명목은 지나치게 천착하여 이치에 맞지 않고 또 일간日干이 말을 타고 있어 활동이 많음은 자주 있는 일이지만 타 干이 말을 타고 있다 하여 자질구레하게 추론할 필요는 없다.

　또 옛글에는 마상귀인[馬上貴人]127)과 같은 부류가 있는데 이는 마치 이른바 녹전이위祿前二位는 금여金輿라 하여 군자君子가 벼슬하여 녹祿을 받으면 반드시 이를 수레에 실어야 한다는 말과 동일한 것으로 가소로운 말이다.

　또 역驛자의 의미에 관해서는 왕래往來를 말한 것에 불과한 것인데 옛글에서는 이를 나누어 어떤 것은 역驛이고, 어떤 것은 마馬라고 하여 쓸데없이 '유역무마(有驛無馬 : 역은 있는데 말이 없다)'니, '유마무역(有馬無驛 : 말은 있는데 역이 없다)'이니 하는 설을 만들어 놓았다. 그 뜻을 충족시키기 위해서는 반드시 또 몇 가지로 역驛을 분류해야 하니 누구는 역驛을 담당하는 관리이며, 누구는 말을 기르는 역졸이 되며, 어떤 것은 말을 기르는 급료가 된다는 것이다.

---

124) 역체(驛遞) : 역마에 의해 공문서를 체송(遞送)하거나 관리의 왕래를 호송하는 일.
125) 마두대검(馬頭帶劍) : 마두대검은 우월하면 변방의 영토를 정벌할 수 있지만 열등하면 요절하는 형상.
126) 마취천정(馬驟天庭) : 말이 하늘의 정원을 달린다는 뜻으로 높은 벼슬길에 오르는 일.
127) 마상귀인(馬上貴人) : 말을 타고 있는 귀인.

또 옛글에서 말한 것을 살피다 보면 역마驛馬란 선천先天 삼합수三合數라 하고 선천先天의 亥는 4, 卯는 6, 未는 8이니 子에서 시작하여 순서대로 巳까지 이르는 수의 합이 18이니 木局의 역마가 되고, 선천의 寅은 7, 午는 9, 戌은 5가 되어 子로부터 순행하는 수가 申에 이르면 합이 21이라 火局의 역마가 되며, 선천의 巳는 4, 酉는 6, 丑은 8이라 午로부터 순행하는 수가 亥까지 이르면 합이 18이라 金局의 역마가 되며, 선천의 申은 7, 子는 9, 辰은 5이므로 午로부터 순행으로 寅에 이르는 수가 합이 21이라 水局의 역마가 된다.

木火는 양국陽局이라 子로부터 일양一陽이 되어 순행으로 돌고 金水는 음국陰局이라 午에서 일음一陰이 되어 순행한다 하니 이 설은 참고할 만한 것으로 보존시킨다.

23. 空亡論
공망론

【原文】

甲子旬中戌亥空之類, 蓋十干分統各支, 甲子至癸酉而止,
갑자순중술해공지류 개십간분통각지 갑자지계유이지

遺戌亥二支, 不在統內, 故名空亡. 皆以生日推之, 失時爲
유술해이지 부재통내 고명공망 개이생일추지 실시위

眞空, 得時爲半空. 如命中吉神眞空, 則吉減十之七, 半空
진공 득시위반공 여명중길신진공 즉길감십지칠 반공

則吉減十之三. 凶神眞空, 則凶減十之七, 半空則凶減十之
즉길감십지삼 흉신진공 즉흉감십지칠 반공즉흉감십지

三. 如有扶助, 則眞空同於半空, 半空則吉凶如故. 更逢冲
삼 여유부조 즉진공동어반공 반공즉길흉여고 경봉충

剋, 則半空同於眞空, 眞空則吉凶俱無矣. 舊書謂木空則折,
극 즉반공동어진공 진공즉길흉구무의 구서위목공즉절

土空則崩, 水空則涸, 以空爲忌. 火空則發, 金空則鳴, 以
토공즉붕 수공즉학 이공위기 화공즉발 금공즉명 이

空爲佳. 夫空猶無也, 有火斯發, 無火何發乎? 有金斯鳴,
공위가 부공유무야 유화사발 무화하발호 유금사명

無金何鳴乎? 五行勿分可也. 又謂陽日空陽, 陰日空陰, 如
무금하명호 오행물분가야 우위양일공양 음일공음 여

甲子日陽干則空戌, 乙丑日陰干則空亥. 此亦近理. 然甲子
갑자일양간즉공술 을축일음간즉공해 차역근리 연갑자

日見亥, 乙丑日見戌, 亦難謂全不空. 至運逢原空之神, 是
일견해 을축일견술 역난위전불공 지운봉원공지신 시

爲塡實, 不爲愈空. 苟原無而運遇之, 亦以空論, 然不如局
위전실 불위유공 구원무이운우지 역이공론 연불여국

遇之緊. 舊又謂年月日時四干在空支之上, 是爲坐空, 然較
우지긴   구우위년월일시사간재공지지상   시위좌공   연교
之支之自空, 則更有間矣. 又謂遇沖則實, 然空則無氣, 沖
지지지자공   즉경유간의   우위우충즉실   연공즉무기   충
之恐益破散, 豈反實乎? 至於旬空之外, 別立數種空亡, 雖
지공익파산   기반실호   지어순공지외   별입수종공망   수
亦有說, 然以之推命, 往往滿局皆空, 徒亂人意, 姑置之.
역유설   연이지추명   왕왕만국개공   도난인의   고치지

갑자순甲子旬 중에 戌亥가 공망空亡에 해당하는 부류이다. 대체로 십간十干이 각 지지地支를 나누어 거느릴 때 甲子의 경우 癸酉에 이르러 멈추니 戌亥 두 지지地支는 남게 되는데 이를 거느림 안에 있지 않다 하여 공망空亡이라고 한다.[128]

모두 생일生日로 추론하는데 공망이 실시失時한 것을 진공眞空이라고 하고 득시得時한 것을 반공半空이라 한다. 예를 들면 명命 중에서 길신이 진공眞空이 되면 그 吉함이 십분의 7이 감소되고, 반공半空이면 십분의 3이 감소된다. 또 흉신凶神의 경우에 진공眞空이 되면 그 흉의 십분의 7, 반공半空이면 십분의 3이 감소된다. 또 만약 공망에 대한 부조扶助가 있으면, 즉 진공眞空이면 반공半空과 같아지고 반공半空의 경우에는 길흉吉凶이 공망空亡이 없던 때와 같아지게 된다. 또 충극沖剋을 만나게 되면 반공半空은 진공眞空과 같아지고 진공眞空의 경우 길흉吉凶이 모두

---

128) 공망(空亡)

육십갑자순	공망(空亡)	육십갑자순	공망(空亡)
甲子旬	戌亥	甲午旬	辰巳
甲戌旬	申酉	甲辰旬	寅卯
甲申旬	午未	甲寅旬	子丑

없는 것과 같아진다.

옛글에서 이르기를 木이 공망空亡이면 부러지고, 土가 공망空亡이면 무너지고, 水가 공망空亡이면 마르게 되어 공空을 꺼리는 것으로 여겼으나 火가 공망空亡이면 빛이 나고 金이 공망空亡이면 소리가 난다 하여 이런 공망空亡의 경우는 오히려 아름답다고 여겼다. 무릇 공空이란 무無와 같은 것인데 火가 있어야 빛이 난다고 할 수 있지 火가 없는데 어찌 빛이 발한다는 말인가. 또 金이 있을 때라야 소리가 나는 것이지 金이 없는데 무슨 소리가 난다는 말인가. 그러니 공망의 경우에 오행五行을 나누어서 취급하지 않는 것이 옳다.

또 이르기를 양일陽日은 양을 공망空亡으로 하고 음일陰日은 음을 공망空亡으로 한다 하였다. 예컨대 甲子日은 양간陽干이므로 戌을 공망空亡으로 보고 乙丑日은 음간陰干이므로 亥를 공망空亡으로 본다는 것인데 이 또한 이치에 근접한 바 있다고 하겠다. 그러나 甲子日이 亥를 보거나 乙丑日이 戌을 보았을 때 이를 공망空亡이 아니라고 전적으로 부정하기는 어렵지 않겠는가.

또 운運에서 원原 사주의 공망空亡이 된 신神을 만난다면 이는 비워있는 자리를 실제 채우는 것이 되어 더욱 공망空亡으로 여기지 않고 만약 원 사주四柱에 없던 공망을 운運에서 만나면 공망空亡으로 논하긴 하지만 원국에서 만난 것만큼 작용이 심하지는 않다.

또 옛날에는 연월일시의 네 干이 공망空亡된 지지地支 위에 있으면 이를 좌공坐空이라고 한다고 했는데 지지地支의 자공自空과 비교하면 더욱 차이가 있는 것이다. 또 이르기를 沖을 만나는 경우에는 실實이 된다고 하는데 그러나 공空에는 氣가 없다는 것이거늘 沖하면 더욱 깨어져 흩어지는데 어떻게 도리어 실實이 될 수 있단 말인가.

그 밖에 순공旬空 외에도 여러 가지 공망空亡을 만들어서 설을 세우지만 그렇게 추명해 가면 사주가 모두 공空으로 가득 차버리는 경우가 종종 있게 될 터이니 쓸데없이 사람의 마음을 혼란스럽게 하므로 쓰지 말고 그냥 내버려 두는 것이 옳다.

24. 劫殺論
_{겁살론}

【原文】

舊書命家神煞, 以劫殺亡神爲緊. 亥卯未太歲以申爲劫殺,
寅爲亡神. 巳酉丑太歲以寅爲劫殺, 申爲亡神. 寅午戌太歲
以亥爲劫殺, 巳爲亡神. 申子辰太歲以巳爲劫殺, 亥爲亡神.
其說曰自外奪之之謂劫, 自內失之之謂亡. 夫劫乃太歲三合
之忌神, 謂自外奪之, 理之所有. 亡卽太歲之祿神, 何因自
內而失乎? 故止存劫殺一種, 用法與劫刃相同. 吉神乘之,
亦爲威權; 凶神乘之, 卽爲剋伐. 然視殺刃則緩矣. 若舊書
亡劫名目, 各有十六種, 如劫殺聚寶, 劫殺富藏等種種, 可
發一笑, 不待辨而知其妄也.

옛글에서 명가命家들은 신살神煞 가운데 겁살劫殺·망신亡神을 긴요하게 여겼다. 亥卯未 태세太歲인 경우에는 申으로 겁살劫殺을 삼고, 寅은 망신亡神으로 삼으며, 巳酉丑 태세에는 寅으로 겁살劫殺을 삼고, 申으로 망신亡神을 삼으며, 寅午戌 태세에 亥로 겁살劫殺을 삼고, 巳로 망신亡神을 삼으며, 申子辰 태세에는 巳로 겁살劫殺을 삼고, 亥로 망신亡神을 삼는다.129)

이 설명에서 말하기를 외부에서 겁탈해 가는 것을 겁劫이라 하고 내부로부터 잃는 것을 망亡이라고 했다. 무릇 겁劫이란 곧 태세太歲 삼합三合의 기신忌神에 해당하므로 외부에서 빼앗아 간다고 이른 것으로 이치에 합당하다 하겠지만 망亡은 곧 태세의 녹신祿神이 되는데 무슨 이유로 내부에서 잃는 것이라고 하는가.

그러므로 겁살劫殺 하나만 존재할 뿐이며 그 용법은 겁인劫刃과 같으니 길신이 그것[겁살]을 타고 있으면 위엄과 권세를 떨치게 되고 흉신凶神이 그것[겁살]을 타고 있으면 극벌剋伐을 받게 되지만 칠살七殺이나 양인陽刃을 보면 그 사나움이 완화된다.

또 옛글에는 망신亡神, 겁살劫殺의 이름을 갖고 있는 것이 열여섯 가지나 있으니, 예를 들면 겁살취보劫煞聚寶, 겁살부장劫煞富藏 등 여러 가지인데 모두 일소에 부칠만한 것들인지라 굳이 판단할 가치도 없다고 하겠다.

---

129) 겁살과 망신은 12신살의 일종으로 열거한 외에도 육해, 천살, 지살, 월살, 장성, 화개, 반안 등이 있다.

태세	겁살	망신	재살	도화
亥卯未	申	寅	酉	子
巳酉丑	寅	申	卯	午
寅午戌	亥	巳	子	卯
申子辰	巳	亥	午	酉

25. 納音論(납음론)

【原文】

自唐以來, 術家多用生年論命, 其法以生年干支之納音爲
主, 而輔以月日時之納音, 考其生剋大端, 次取各干支之五
行, 以爲扶抑, 其遺書不多, 往往言之成理, 持之有故. 至
後五代, 徐子平始專以日干論命, 自宋迄今, 術家皆祖述之,
著書立言甚衆, 間有參用納音者, 仍以日干爲主, 其法不甚
詳, 亦不甚驗. 蓋法遠而書少, 則精微不傳, 法近而書多,
則義理日著也. 嘗考二法, 雖理有可通, 但吉凶頗多矛盾,
旣無古人成法, 可據以折衷, 欲以意爲之, 又無所本, 不若
置納音而專講子平氏之術, 較爲直捷簡當. 若舊書論納音,
多有可怪者, 因甲子乙丑海中金, 丙寅丁卯爐中火, 謬誕相
沿, 遂取海中爐中等三十名色, 借江山草木鳥獸器皿, 一一
穿鑿生造, 又牽地支所屬龍虎之類, 妄立諸名, 如龍奔天河,

劍化靑龍, 種種不經, 可爲深惡. 總之論命勿雜納音, 自無
검 화 청 룡   종 종 불 경   가 위 심 악   총 지 논 명 물 잡 납 음   자 무

此弊. 若有該博之士, 廣求古人納音諸法, 硏求纂輯, 自成
차 폐   약 유 해 박 지 사   광 구 고 인 납 음 제 법   연 구 찬 집   자 성

一書, 亦於命理有補耳.
일 서   역 어 명 리 유 보 이

당나라 이래로 술가術家들은 생년生年을 이용하여 명론을 논한 경우가 많은데 그 방법으로 생년 간지干支의 납음納音을 주主로 하고 月日時의 납음오행으로 보조하여 그 생극生剋의 대강을 고찰한 후에 각 간지의 정오행正五行을 취해서 억부법抑扶法을 사용하였다. 납음에 대하여 남아있는 서적은 많지 않으나 자주 이치에 맞는 것이 있다고 말들 하므로 그것이 지금까지 유지된 것이다.

그 후 오대五代에 이르러 서자평徐子平에 의해서 일간日干만으로 논명論命하는 법이 비롯되었는데 송대宋代부터 지금까지 술가들이 모두 그를 시조로 삼아 이어 내려온바 관련 저서와 주장이 아주 많다.

간혹 납음納音을 참고적으로 사용하는 자가 있지만 그들도 일간日干을 위주로 하는 것은 마찬가지인데 그 법은 그다지 상세하지도 않고 또 잘 맞지도 않는다. 대개 법法이란 시간이 오래되면 서책書冊은 희소해지고 그 법의 오묘한 핵심은 전해지지 않게 되나 최근의 법일수록 관련 서적은 풍부해져서 그 의미와 이치가 날로 현저해지는 것이다.

일찍이 두 법(納音法과 子平法)을 놓고 고찰해 본 바 비록 이치에서는 통할만한 것이 있지만 길흉吉凶의 문제에서는 자못 모순된 점이 많았다.

옛 선인들 중에 그 법을 완성시킨 이가 없거니와 그에 근거하여 절충해 보려는 생각은 있어도 또 신뢰할 만한 서적이 없으니 차라리 납음법納音法을 제외하고 자평법子平法만을 강구하는 편이 보다 직접적이고 간편할 것 같다.

옛글에서 납음納音을 논한 것을 보면 괴상하다고 할만한 것이 많으니 예컨대 甲子 乙丑은 해중금海中金이요 丙寅 丁卯는 노중화爐中火라 하여 오류와 허탄한 것을 답습해오며 해중이니 노중을 취하여 명색을 붙인 것이 30개인데 이는 강산초목江山草木과 새와 짐승 그리고 그릇 등의 이름을 차용하여 하나하나 끌어다 날조한 것이다. 또 지지地支에 속한 용龍, 호虎 등을 끌어다 망령되이 여러 이름을 지었으니 예컨대 용龍이 은하수를 난다[龍奔天河]거나 검劍이 청룡靑龍으로 변화한다[劍化靑龍]는 등 여러 가지이나 모두 근거가 없는 것으로 가히 몹시 흉악하도다.

총괄해 말하자면 논명論命할 때는 납음법納音法을 섞지 말아야 스스로 이러한 폐단에 빠지지 않게 될 것이다. 만약 어떤 해박한 인물이 있어서 널리 고인古人의 납음納音에 관한 법칙을 구해서 연구하고 찬술, 편집하여 스스로 책을 하나 완성한다면 또한 명리命理 발전에 기여함이 있을 것이다.

26. 八法論

【原文】

舊書有神趣八法, 曰類象, 曰屬象, 曰化象, 曰從象, 曰照象, 曰鬼象, 曰伏象, 曰返象. 所謂類象者, 卽一方曲直等格也. 屬象者, 卽三合曲直等格也. 化象者卽甲己化土等格也. 從象者凡地支一氣, 天干槪從之, 然從剋我, 從我剋, 從我生, 俱有秀氣, 若印綬比劫有何可取而從之耶. 照象者, 卽類象引至時上, 遇印生爲照. 鬼象者, 卽從象中地支純殺, 行鬼旺爲吉, 行鬼衰爲凶. 初無殊理, 何必又分二象. 伏象者, 如壬日遇寅午戌, 生於五月, 壬水無根, 天干無丁, 乃取午中丁火, 合壬水而伏之, 運至木火爲吉, 水鄕爲凶. 此直是棄命從財, 但不喜見丁, 小異耳, 其理紆曲難憑, 不若棄命從財之直捷也. 返象者, 一說月令用神, 引至時上, 逢絶爲返, 一說十干欲化, 月時又逢本氣爲返, 此乃破格, 何

足爲象也. 舊又有取屬照伏鬼四象, 別生詮解者, 愈繁愈支,
족 위 상 야   구 우 유 취 속 조 복 귀 사 상   별 생 전 해 자   유 번 유 지

不若槪置爲快耳.
불 약 개 치 위 쾌 이

옛글에 신취팔법神趣八法[130]이란 것이 있는데 유상類象, 속상屬象, 화상化象, 종상從象, 조상照象, 귀상鬼象, 복상伏象, 반상返象이 그것이다.

이른바 유상類象이라고 하는 것은 일방(一方 : 方合)으로 구성된 곡직격曲直格 등과 같은 것이며, 속상屬象이라 함은 삼합三合으로 구성된 곡직격 등과 같은 것을 말한다.

또 화상化象이란 갑기화토격甲己化土格 등과 같은 것이고, 종상從象이란 것은 무릇 지지地支가 하나의 氣로 되어 있어 천간天干이 대개는 이에 따라가는 것이지만 그러나 나를 剋하는 것을 종從하거나 내가 剋하는 것을 종從하거나 또 내가 生하는 것을 종從하거나 모두 수기秀氣가 있는 것이지만 만약 인수나 비겁이 있으면 어떻게 이를 취해서 종從할 수 있겠는가?

조상照象이란 곧 유상類象이 인도하여 時上에 이르러 또 인성印星의 생조生助를 만나면 조照가 되는 것이다. 또 귀상鬼象이라 함은 종상從象 중에서 지지地支가 순전히 살殺로 되어 있는 것인데 행운行運이 귀(鬼 : 殺)가 왕한 곳으로 가면 吉이 되고 귀鬼가 쇠하는 곳으로 가면 凶하게 된다는 것인데 애초부터 특별히 다른 이치도 없는데 왜 꼭 또 다시 둘

---

130) 신취팔법(神趣八法) : 사주구성 형태를 8종류로 구분해 놓은 규칙

(종상과 귀상)로 나누는가?

복상伏象이란 예를 들어 壬 일간日干이 寅午戌을 만나고 5월[午月]에 태어나면 壬水는 뿌리가 없게 되는데 천간天干에 丁이 없으면 午 중의 丁火를 취하여 丁壬合이 되어 壬水를 잠복시키는 것으로 행운行運이 木火에 이르면 吉이 되고 水의 방향에 도달하면 凶하게 된다. 이는 바로 나를 버리고 재財를 따름[棄命從財]에 해당되는 것이지만 다만 복상은 丁을 보는 것을 좋아하지 않는다는 점에서 약간 다를 뿐이나 그 이치를 돌려서 표현하니 믿기 어려운 바가 있고 기명종재격의 간단명료함만 못하다. 또 반상返象이란 것은 일설一說에 월령용신月令用神을 시상時上에 끌어다 적용할 때 절絶을 만나면 반返이라 한다고 하고 또 다른 일설에는 십간十干이 化하려고 할 때 月, 時에서 또 본기本氣를 만나면 반(反 : 돌아옴)이 된다고 하는데 이때는 곧 파격破格이 되는지라 어찌 상象을 이룰 수 있겠는가.

옛글에는 또 속상, 조상, 복상, 귀상의 사상四象을 취하여 별도로 설명하고 해석을 한 것이 있는데 더욱 번잡하고 지엽으로 흘러가니 차라리 치워버리고 골자만 놔두는 것이 빠를 것이다.

27. 小運論(소운론)

【原文】

舊書有大小運, 所謂大運者, 卽從生月順行逆行, 一運管十年是也. 所謂小運者, 男一歲起丙寅, 順行二歲丁卯, 三歲戊辰. 女一歲起壬申, 逆行二歲辛未, 三歲庚午是也. 夫大運分陰陽年, 男女從月建而起, 其理有根. 且人各不同, 吉凶易辨, 若小運則不論何年何月, 所生男女, 俱起丙寅壬申, 其理不確. 且凡人皆然, 吉凶何憑乎? 況有大運及流年, 頭緒已多, 更加以小運, 紛紜愈甚, 眩感愈甚矣, 故削之. 又舊書有從生時起小運者, 如男生陽年, 甲子時, 一歲乙丑, 二歲丙寅. 男生陰年甲子時, 一歲癸亥, 二歲壬戌. 女命反是. 要之. 皆生造之說, 不足據也.

옛글에 대소大小운이 있는데 이른바 대운大運이라 함은 곧 생월生月로부터 순행順行하거나 역행曆行하는데 일운一運이 10년을 관장하고, 또 소운小運이라고 하는 것은 예컨대 남자는 한 살에 丙寅에서 시작하여 순행順行으로 두 살에 丁卯, 세 살에 戊辰식으로 나가고, 여명女命이면 한 살에 壬申에서 시작하여 역행逆行으로 두 살에 辛未, 세 살에 庚午라 하는 것이 그것이다.

무릇 대운大運은 年이 음양陰陽이냐로 나누고 남자나 여자나 월건月建로부터 시작하니 그 이치에 근거가 있으며 또 사람마다 대운이 같지 않게 되니 길흉吉凶을 판별하기 쉬워지나 소운小運의 경우에는 어느 해 어느 달에 태어났는가를 불문하고 태어난 남녀가 丙寅과 壬申을 갖추고 시작하니 그 이치가 불확실하여 또 모든 남녀가 그와 같다면 길흉을 어떻게 신빙할 수 있겠는가. 하물며 대운과 유년流年이 있어 사주를 보는 단서가 이미 많은데 다시 또 소운까지 더하면 그 질서가 더욱 어지러워지고 현혹되는 일이 심해질 것이므로 삭제해야 할 것이다.

또 옛글에는 생시生時로부터 소운을 시작한다는 말이 있는데 예컨대 남자가 양년陽年 甲子時라면 한 살에 乙丑, 두 살에 丙寅… 으로 나아가고 음년陰年생 甲子時 라면 한 살에 癸亥, 두 살에 壬戌… 식으로 진행하며 女命은 이와 반대로 나아간다. 요약하면 모두 지어 만들어낸 설에 불과하니 근거가 부족하다.

28. 干支一氣論 _{간지일기론}

【原文】

舊書有云, 天干一氣, 地支相同, 人命值此, 位至三公. 嘗
구서유운 천간일기 지지상동 인명치차 위지삼공   상

考公卿之命, 干支一氣者絶少, 而一氣之命, 貧賤凶禍者頗
고공경지명 간지일기자절소   이일기지명 빈천흉화자파

多. 蓋人命須合財官印食取用, 干支各止一字, 則必有所缺
다   개인명수합재관인식취용 간지각지일자   즉필유소결

陷矣, 今約略論之, 四甲戌, 戌中辛官戊財, 惟丁火傷官,
함의 금약약론지 사갑술 술중신관무재 유정화상관

而秋月火不得令, 其命似佳, 但逢運行亥子寅卯, 財官俱背,
이추월화부득령 기명사가 단봉운행해자인묘 재관구배

東方生起傷官, 尤不美. 四乙酉, 酉爲純煞, 運行未午巳純
동방생기상관 우불미 사을유 유위순살 운행미오사순

煞有制, 可謂貴命, 惟卯運不利. 四丙申, 申中庚壬爲財煞,
살유제 가위귀명 유묘운불리 사병신 신중경임위재살

干有四丙, 豈能棄命從之, 運行亥子丑不利. 四丁未, 未中
간유사병 기능기명종지 운행해자축불리 사정미 미중

乙梟丁比, 惟己爲食神, 得生金財, 流通爲妙, 運行午巳辰
을효정비 유기위식신 득생금재 유통위묘 운행오사진

寅卯, 火愈炎, 土愈燥, 此凶禍之命. 四戊午, 午中丁印己
인묘 화유염 토유조 차흉화지명 사무오 오중정인기

劫, 炎燥極矣, 又係四刃, 運行申酉猶可, 戌則復見火土,
겁 염조극의 우계사인 운행신유유가 술즉부견화토

亥子尤加沖激, 亦凶禍之命. 四己巳, 巳中丙戊, 雖亦火土,
해자우가충격 역흉화지명 사기사 사중병무 수역화토

而四月不爲燥, 運行卯寅制土, 丑子財地, 引通巳中庚氣,
此命亦可富貴, 但不免駁雜耳. 四庚辰, 辰中戊梟癸傷, 惟
乙木爲財, 運行巳午制庚亦佳, 申酉戌則庚干太旺, 伐盡乙
木, 豈能安吉. 四辛卯, 卯爲純財, 干有四辛, 亦不能棄命
從財, 運行子亥, 黨財爲患, 酉亦冲激不佳. 四壬寅, 寅中
甲食丙財, 惟戊爲煞, 運行巳午未丙財得地, 引通木性, 可
謂富命, 申運戰食必破. 四癸亥, 亥中壬甲劫傷, 且通體皆
水, 須木爲流通, 運行酉申, 助水剋木, 必致災患, 午巳沖
激尤凶. 此其大略也. 逐運詳究休咎, 不盡於此. 要之. 此
等之命, 吉凶不一. 若干一氣而支不一氣者, 亦從支神取斷,
支一氣而干不一氣者, 則合支神與各干取斷可也.

옛글에서 천간天干은 하나의 氣이고 지지地支도 서로 동일한데 인명人命이 이 같은 사주四柱라면 지위가 삼공三公에 이른다고 했다. 내가 일찍이 공경公卿들의 명조命造를 살펴보았더니 천간天干이나 지지地支가 하나의 氣로 되어 있는 자는 극히 적었다. 그러나 간지가 한 가지 氣로 된 명命은 빈천貧賤 흉화凶禍한 자가 아주 많았다. 대개 인명人命은 모름지기 재관인식財官印食에 합당해야 취용하는 것인데 간지干支가 오직 한 자字로 구성되어 있으면 반드시 결함이 있게 마련인 것이다.

이제 간략하게 그것을 논하겠다.

甲戌이 넷인 경우라면 戌 중에 辛 관官과 戊 재財가 있고 丁火 상관傷官이 있다고 해도 가을의 火는 실령失令한 것이라, 언뜻 보면 좋은 사주 같지만 운이 亥子寅卯로 흘러가면 재관財官이 모두 패배하며 동방東方에서 상관傷官이 힘을 받으면 더욱 좋지 않게 된다.

乙酉가 넷인 경우라면 酉는 순수한 칠살七殺이 되므로 운運이 未午巳로 행하면 이 순수한 칠살七殺이 제制를 받게 되니 가히 귀명貴命이라 할 수 있다. 오직 卯運은 이롭지 않다.

丙申이 넷인 경우라면 申 중에 있는 庚과 壬이 재財와 살殺이 된다. 천간天干에 丙이 넷이나 있으니 어찌 자신의 명命을 버리고 재財와 살殺에 종從할 수 있겠는가. 그러므로 亥子丑 운에는 불리하다.

丁未가 넷인 경우라면 未 중에 있는 乙은 효신(梟神 : 편인)이고 丁은 비견比肩이다. 오직 己土 만이 식신食神이 되어 金의 재財를 生할 수 있으니 유통의 묘妙를 부린다. 운이 午巳辰寅卯로 흐르니 화기火氣는 더욱 타오르고 土는 더욱 건조하니 이는 흉화凶禍의 명命이다.

戊午가 넷인 경우라면 午 중에 丁 인수印綬와 己 겁재劫財가 있어 타오름과 건조함이 극에 달한다. 또 양인陽刃이 넷이나 있어 운이 申酉로 가면 그나마 다행이나 戌이면 또다시 火土를 만나게 되고 亥子로 가면 더욱 沖이 격발하니 또한 흉화凶禍의 명命인 것이다.

己巳가 넷인 경우라면 巳 중에 丙, 戊가 있어 비록 火土로 구성된 사주이긴 하지만 4월[巳月]이라 아직 건조하지는 않고 운이 卯寅으로 가서 제토制土하고 丑子의 재지財支에서는 巳申의 기운을 이끌어 유통하니 이 명命은 가히 부귀할 수 있는 명조命造이나 다만 순일하지 못하고 잡스러움을 면하지 못할 뿐이다.

庚辰이 넷인 경우라면 辰 중의 戊는 효인(梟印 : 편인)이 되고 癸水는 상관傷官이 되며 오직 乙木이 재財가 된다. 운이 巳午로 行하여 庚을 제制하니 또한 아름답다. 운이 申酉戌에 이르면 庚干이 태왕太旺하게 되어 乙木을 완전히 벌목하니 어찌 편안함과 길함을 누리겠는가.

辛卯가 넷인 경우라면 卯가 순수한 재財이나 천간天干에 辛이 넷이나 있으니 이 또한 나를 버리고 재財를 따를 수 없는 명命이다. 운이 子亥로 흐르면 재財가 무리를 지으니 근심거리가 되겠고 酉운 또한 卯와 沖을 격발시키니 아름답다 할 수 없겠다.

壬寅이 넷인 경우라면 寅 중에 있는 甲은 식신食神, 丙은 재財, 戊는 살殺이 된다. 운이 巳午未로 행하면 丙 재財로서는 득지得地하게 되고 木의 성질을 이끌어 소통하니 가히 부명富命이랄 수 있겠다. 운이 申에 이르면 식신食神과 싸우게 되니 반드시 파破하는 명命이다.

癸亥가 넷인 경우라면 亥 중의 壬이 겁재劫財, 甲이 상관傷官이 된다. 또한 이 사주는 전체가 水로 구성되어 있으니 반드시 木으로 유통流通시켜야 된다. 운運이 酉申으로 갈 때면 水를 돕고 木을 剋하니 반드시 재난과 우환을 당할 것이고 午巳의 운에는 沖으로 격발하니 더욱 흉하게 된다. 이상이 그 대략을 말한 것이나 운運을 따라서 그 기쁜 일과 안좋은 일을 자세히 연구해야 하며 이것이 그 전부가 아닌 것이다.

요컨대 이런 종류의 명命은 길흉吉凶이 일정하지 않으니 만약 천간天干은 일기一氣인데 지지地支는 일기一氣가 아닌 경우에는 역시 지신支神

에 따라 취단할 것이며 지지는 일기—氣인데 천간은 일기—氣가 아닌 경우에는 지신支神과 각 천간天干을 통합하여 취단함이 옳다.

29. 雙飛兩干三朋論
   쌍비양간삼붕론

【原文】

舊取兩干兩支, 各自相同, 名雙飛蝴蝶, 止於兩干各自相同,
구 취 양 간 양 지   각 자 상 동   명 쌍 비 호 접   지 어 양 간 각 자 상 동

名兩干不雜, 皆稱爲貴格. 夫一主遇兩官兩印兩財兩食, 猶
명 양 간 부 잡   개 칭 위 귀 격   부 일 주 우 양 관 양 인 양 재 양 식   유

須以全局斟酌. 設使一主遇兩煞兩梟兩劫兩傷, 則求制求
수 이 전 국 짐 작   설 사 일 주 우 양 살 양 효 양 겁 양 상   즉 구 제 구

救, 尙且不暇, 可易言富貴乎? 舊又取天干三同, 或地支三
구   상 차 불 가   가 이 언 부 귀 호   구 우 취 천 간 삼 동   혹 지 지 삼

同, 名爲三朋, 夫天干一主二比是爲太强, 一主三他神係官
동   명 위 삼 붕   부 천 간 일 주 이 비 시 위 태 강   일 주 삼 타 신 계 관

印財食, 可以取用, 倘係煞傷梟劫, 豈非大害乎? 地支三朋,
인 재 식   가 이 취 용   당 계 살 상 효 겁   기 비 대 해 호   지 지 삼 붕

能暗沖暗合者, 亦可取用, 否則卽屬官印財食, 亦嫌太重.
능 암 충 암 합 자   역 가 취 용   부 즉 즉 속 관 인 재 식   역 혐 태 중

若屬煞傷梟劫, 其凶甚矣. 要皆舊書相傳, 習而不察, 故詳
약 속 살 상 효 겁   기 흉 심 의   요 개 구 서 상 전   습 이 불 찰   고 상

說之.
설 지

옛날에는 두 천간天干과 두 지지地支가 각자 서로 같을 때는 두 마리 나비가 나는 것[雙飛蝴蝶]이라 명名하고, 다만 두 천간天干만 각자 서로

같을 때는 양간兩干이 잡스럽지 않다[兩干不雜]고 명했는데 모두 귀격貴格으로 칭했다.

무릇 한 일주日主가 양관兩官, 양인兩印, 양재兩財, 양식兩食을 만났을 때라도 오히려 사주 전국全局을 살펴야 하는데 만약 한 일주日主가 양살兩煞이나 양효신兩梟神, 양겁兩劫, 양상관兩傷官을 만나게 되면 곧 이를 제制하거나 일주日主를 구원하기에도 오히려 겨를이 없을 지경인데 어떻게 쉽게 부귀富貴를 운운할 수 있겠는가.

옛날에는 또 천간天干의 셋이 같을 때와 지지地支에서 셋이 같을 때를 삼붕三朋이라 불렀는데, 무릇 천간天干이 일주日主와 두 비견比肩이면 이는 태강太强이며 일주와 나머지 세 천간天干이 타신他神인 경우로 관官, 인印, 재財, 식食에 해당되면 취용取用해도 좋지만 만약 살煞, 상傷, 효梟, 겁劫에 해당되면 어찌 크게 해롭지 않겠는가.

또 지지삼붕地支三朋은 능히 암충暗沖 암합暗合이 가능한 때에는 취용할 수 있지만 그렇지 않은 때는 삼붕이 재財, 관官, 인印, 식食일지라도 태중太重하면 꺼려할 것이거늘 만약 삼붕三朋이 살煞, 상傷, 효梟, 겁劫에 해당하면 그 흉함이 더욱 심하다 할 것이다.

요컨대 옛글에서 전해오는 것을 답습만 하고 자세히 고찰하지 않는지라 여기에 자세히 설명하는 것이다.

30. 月日時祿論
<small>월일시록론</small>

【原文】

舊取月支見祿, 爲建祿格, 日支見祿, 爲專祿格, 時支見祿,

爲歸祿格. 夫人命窮達吉凶, 須合四柱取斷, 安有一支之祿,

遂可言格者. 凡命格皆從生剋而取, 故有官煞印財食傷六

格, 祿則非生非剋, 直是地支中一比肩耳, 善乎獨步之論歸

祿曰, 月令財官, 遇之吉助, 可見祿之爲用, 但能助財官之

吉, 建祿專祿, 亦猶是也, 何足爲格乎. 且均是祿也, 舊於

建祿則喜官, 於歸祿則忌官, 其理安在. 舊又謂三祿俱畏殺,

此必日主僅依此祿, 恐殺傷其祿, 則身無所依也. 若日主更

有生扶, 雖見殺, 何害耶? 至於財官印食, 各得本祿, 必先

見此干, 而後遇支方是. 舊書丙日不見癸干, 但見子字, 即

曰官星得祿, 壬日不見丁干, 但見午字, 即云財星得祿, 是

則柱見子午卯酉, 寅申巳亥八支, 無非財官印食得祿矣, 豈

不可笑, 故附辨於此.
불가소 고부변어차

옛날에는 월지月支에서 녹祿을 보면 건록격建祿格으로 삼고, 일지日支에서 녹祿을 보면 전록격專祿格으로 삼고, 시지時支에서 녹祿을 보면 귀록격歸祿格으로 삼는 방식을 취하였다.

무릇 인명人命의 빈궁貧窮과 영달 그리고 길흉吉凶은 모름지기 사주를 종합하여 판단해야 하는 것인데 어찌 한 지지의 녹祿으로 이를 격格이라고 부를 수 있겠는가.

대개 명격命格은 모두 생극生剋의 법을 따라서 취하는 것이므로 여기에서 관官, 살煞, 인印, 재財, 식食, 상傷의 육격六格이 있게 되는 것이며 녹祿이란 生도 아니고 剋도 아니며 지지地支에 있는 비견比肩의 한 가지일 뿐이다.

『선호독보지론善乎獨步之論』에서 귀록歸祿에 대해서 이르기를 "월령月令이 재財, 관官이고 길신吉神이 도우면 록祿을 용用할 수 있는 경우를 볼 수 있는데 다만 녹祿이 재財, 관官의 길함을 도울 수 있어야 한다. 건록建祿이나 전록專祿도 이와 마찬가지이다"라고 했으니 어찌 격격이 되기에 족하다고 할 수 있겠는가. 모두가 똑같이 그냥 녹祿일 뿐이다.

옛날에는 건록建祿은 관官을 좋아하고 귀록歸祿은 관官을 꺼린다는 말이 있었는데 그 이치가 어디에 있단 말인가?

또 옛날에 말하기를 삼록三祿은 모두 살煞을 두려워한다고 했는데 이는 반드시 일주日主가 겨우 이 녹祿에 의지하고 있는 상황에서 살殺이 그 녹祿을 상하게 하면 신身의 의지처가 없어지게 될까 두려워하는 것이다. 만약 일주日主가 다시 생부生扶를 받게 되면 비록 살殺을 만난들 무슨 해害를 입겠는가.

또 재財, 관官, 인印, 식食이 각기 자신의 녹祿을 얻는다는 것은 반드시 재관인식財官印食을 천간에서 보고 나서 지지地支에서 이를 또 만나는 것이 옳은 것이다.

옛글에서 이르기를 丙日이 천간에서 癸를 보지 않아도 지지에서 子를 보면 곧 관성官星이 녹祿을 얻었다고 하고 壬日이 丁을 보지 않아도 다만 午를 지지에서 본다면 곧 재성財星이 득록得祿했다고 하는데 이는 곧 사주에서 子午卯酉, 寅申巳亥의 여덟 지지地支를 보게 되면 재財, 관官, 인印, 식食이 득록得祿하지 않는 경우는 없다고 하니 어찌 웃지 않을 수 있겠는가. 그러므로 여기에 적어서 판별하는 바이다.

31. 靑龍伏刑等格論
_{청룡복형등격론}

【原文】

舊取甲乙日坐金, 爲靑龍伏形, 丙丁日坐水, 爲朱雀乘 風,
_{구 취 갑 을 일 좌 금　위 청 룡 복 형　병 정 일 좌 수　위 주 작 승 풍}

戊己日坐土, 爲勾陳得位, 庚辛日坐火, 爲白虎持勢, 壬癸
_{무 기 일 좌 토　위 구 진 득 위　경 신 일 좌 화　위 백 호 지 세　임 계}

日坐土, 爲元武當權, 夫日支坐官殺, 何遽當權持勢, 卽使
_{일 좌 토　위 원 무 당 권　부 일 지 좌 관 살　하 거 당 권 지 세　즉 사}

官煞會局, 或兼坐財印, 亦得不問天干, 不考全局乎? 且舊
_{관 살 회 국　혹 겸 좌 재 인　역 득 불 문 천 간　불 고 전 국 호　차 구}

註伏形, 言伏於金也, 夫受制而伏, 與當權得勢, 必有分矣,
_{주 복 형　언 복 어 금 야　부 수 제 이 복　여 당 권 득 세　필 유 분 의}

何以均是天干. 異同若此, 宜削之.
_{하 이 균 시 천 간　이 동 약 차　의 삭 지}

옛날에 甲乙日이 金에 앉는 것을 취하면 푸른 용이 엎드려 있는 형상[靑龍伏形]이고, 丙丁日이 水에 앉으면 붉은 봉황이 바람을 타고 오름[朱雀乘風]이며, 戊己日이 土에 앉으면 구진이 자리를 얻음[勾陳得位]이 되며, 庚辛日이 火에 앉으면 백호가 세력을 지님[白虎持勢]이 되고, 壬癸日

이 土에 앉으면 현무가 권세를 담당함[玄武當權]131)이 된다고 했는데 무릇 일지日支가 관살官殺 위에 앉았다고 어떻게 갑자기 권세를 담당하거나 세력을 지닌다할 수 있겠는가. 설사 관살官殺이 국국局을 이루고 아울러 재財나 인印 위에 앉아 있다고 해도 또한 천간天干을 따지지 않고, 사주 전국全局을 고찰하지 않을 수 있단 말인가.

또 옛글에서는 주註를 달기를 "엎드린 형상이란 金에 복伏하는 것을 말한 것이다"라고 했는데 무릇 제압을 받아서 복伏하는 것이니 당권이나 득세하고는 분명히 구분이 있는 것인데 어떻게 같은 천간天干 사이에 다르고 같음이 이와 같겠는가. 삭제함이 마땅하다.

---

131) 原文은 元武當權으로 되어 있으나 玄武當權이라고도 부르며, 亥武와 元武는 동의어이다.

32. 福德秀氣格論
복덕수기격론

【原文】

舊取五陰日遇巳酉丑, 爲福德秀氣, 其法日干獨三朋, 巳酉
구취오음일우사유축 위복덕수기 기법일간독삼붕 사유

丑須全見, 夫陰陽干遇地支金局, 或爲官殺, 或爲印財, 或
축수전견 부음양간우지지금국 혹위관살 혹위인재 혹

爲食傷, 當須審時令, 議扶抑, 豈因日主三朋, 遇之遂爲秀
위식상 당수심시령 의부억 기인일주삼붕 우지수위수

氣乎? 設遇亥卯未木局, 其理亦同, 何獨不取乎? 陽干三
기호 설우해묘미목국 기리역동 하독불취호 양간삼

朋, 遇寅午戌申子辰, 豈無秀德乎? 又云如三己巳, 三己酉,
붕 우인오술신자진 기무수덕호 우운여삼기사 삼기유

三己丑, 亦可, 無論己酉己丑, 安得有三, 卽使他干支有之,
삼기축 역가 무론기유기축 안득유삼 즉사타간지유지

是乃偏駁之局, 不更煩區處乎? 卽如己日遇酉丑一時, 猶以
시내편박지국 불경번구처호 즉여기일우유축일시 유이

爲金神, 全遇之, 乃三金神, 可畏之甚. 顧以爲秀德乎? 此
위금신 전우지 내삼금신 가외지심 고이위수덕호 차

實妄創之格, 故削之.
실망창지격 고삭지

옛날에는 오五 음일陰日이 巳酉丑을 만나면 복과 덕이 빼어난 기운[福德秀氣]이 된다는 방식을 취하였다. 그 법法은 일간日干을 포함하여 삼붕

(三朋 : 일간과 같은 천간이 세 개인 것)이고 반드시 巳酉丑을 전부 다 봐야 되는 것이다.

무릇 음양陰陽의 천간天干이 지지地支에서 금국金局을 만날 때 혹은 관살官殺이 될 수도 있고 재財와 인印이 될 수도 있고 식상食傷이 될 수도 있는데 이때 반드시 시령時令을 살펴서 억부抑扶를 논의해야지 어찌 일주 삼붕三朋이 巳酉丑을 만났다고 수기秀氣로 삼겠는가.

또 가령 亥卯未 목국木局을 만난다면 그 이치 또한 같은데 왜 이때는 수기秀氣로 취급하지 않는가. 또 양간陽干 삼붕三朋이 寅午戌, 申子辰을 만나면 어찌 빼어난 덕[秀德]이 없을 수 있는가.

또 말하기를 예컨대 己巳가 셋이고 己酉가 셋이며 己丑이 셋일 때도 역시 그렇다고 하는데 己酉나 己丑을 막론하고 어찌 세 개가 있을 수 있으며 가령 다른 간지干支가 이를 갖고 있으면 이는 곧 편벽되고 순일하지 않은 국局이 된다 하니 더욱 번거롭고 구구한 것이 아닌가. 예를 들어 己日이 酉時나 丑時 하나를 만나면 오히려 금신金神이 되는데 전부 다 만나면 곧 삼금신三金神이라 가히 두려움이 심하다고 했는데 어찌 빼어난 덕[秀德]이 될 수 있겠는가. 이는 실로 잘못 만들어진 격격格이므로 삭제해야 한다.

33. 三奇論

【原文】

舊以乙丙丁爲三奇, 此理出於奇門, 若照奇門推究, 其法多端, 非見此三字, 遂爲三奇也, 子平之理, 已不勝煩, 益以奇門, 充棟不足盡其書, 經年不能殫蘊矣. 若只用此三字, 乙日遇丙丁, 或入木火通明之格. 丙日遇乙雖印, 遇丁則劫矣. 丁日遇乙爲梟, 遇丙則亦劫矣. 又如甲日遇之, 則一劫一食一傷. 庚日遇之, 則一財一殺一官, 何奇之有. 舊又以乙丙丁爲天上三奇, 而增甲戊庚爲地下三奇, 壬癸辛爲人中三奇, 尤牽强附會, 俱置之勿論可也, 再考舊書, 復有三奇, 謂財官印俱全, 無刑沖剋害者, 是或財官食俱全, 亦是. 夫財官食俱全, 何命無之, 卽云無沖刑剋害爲難, 然亦恆有之局, 何足爲奇, 宜幷置之.

옛날에는 乙丙丁을 삼기三奇라고 했는데 이 이론은 기문奇門에서 나온 것이다. 이를 기문奇門 법에 비추어서 추구해 보면 그 법이 실마리가 많아 복잡하므로 이 세 글자를 본다고 해서 삼기三奇가 되는 것은 아니다.

자평子平의 이치도 이미 번거로움을 이기지 못하는데 여기에 또 기문에서 유래한 이론을 첨가한다면 책이 넘쳐나서[充棟] 몇 년이 지나도 그것을 다 처리하지 못할 지경에 이를 것이다.

만약 이 세 자字만 그냥 사용하기로 한다면 乙日이 丙丁을 만나면 목화통명격木火通明格이 될 수도 있고, 丙日이 乙을 만나면 비록 인印이 되나 丁을 만나면 겁재劫財가 될 것이다. 丁日이 乙을 만나면 효인梟印이 되고 丙을 만나면 역시 겁재劫財가 된다.

또 만약 甲日이 乙丙丁을 만난다면 곧 일겁一劫, 일식一食, 일상一傷이 되며 庚日이 이들과 만나면 곧 일재一財, 일살一殺, 일관一官이 되니 여기에 무슨 '기奇'라고 할 것이 있겠는가.

옛날에 또 乙丙丁을 두고 천상삼기天上三奇라고 하고 그 위에 덧붙여 甲戊庚은 지하삼기地下三奇라고 하며 壬癸辛은 인중삼기人中三奇라고 했는데132) 그야말로 견강부회牽强附會일 뿐이니 모두 제쳐두고 거론하지 않는 것이 옳을 것이다.

다시 옛글을 고찰하니 삼기三奇가 있는데 재財, 관官, 인印을 모두 갖추고 충沖, 형刑, 극剋, 해害가 없는 것인데 이는 혹시 재財, 관官, 식食을

---

132) 연해자평에서는 甲戊庚:天上三奇, 乙丙丁:地下三奇, 壬癸辛 : 人中三奇라 하였으니 구분과 명칭이 다름을 참고한다.

모두 구비한 것도 이에 해당할 수 있다고 했다.

  무릇 재財, 관官, 식食이 모두 온전한 것이야 어느 명命엔들 없겠는가. 또 충沖, 형刑, 극剋, 해害가 없기 또한 어렵다고 하는데 그러나 이 역시 자주 볼 수 있는 국局인 것이니 무엇이 그리 기이奇異하다고 할 수 있겠는가. 마땅히 모두 내버려야 할 것이다.

34. 雙美論 _{쌍미론}

【原文】

舊取壬午癸巳二日爲財官雙美格, 以壬坐己官丁財, 癸坐戊
官丙財, 無夾雜也. 喜生冬月, 忌干頭見殺及傷官, 夫二日
信美矣, 然日支財官, 只一端耳. 何可遽以爲格? 且所貴乎
財官者, 以日主能任之也. 設使壬午日, 干支疊見丁己午未,
癸巳日, 干支疊見丙戊辰巳, 恐不能任財官, 是返爲不美矣.
又使干頭見殺, 巳牛逢冲不用, 別成煞刃相濟, 殺刃相停等
格, 或甲乙木透干, 見亥卯未會成傷局, 有制有化, 皆能取
貴, 豈必拘於坐下財官, 而必不用煞與傷哉. 總之, 坐下財
官印食, 乃美質已具, 若全局扶抑得宜, 榮顯較易, 非可遂
恃之爲貴也. 或曰古人於十干中止取此二日, 必有不同於他
日者, 不知己亥日坐甲官壬財, 與此何異. 若日坐官印者尙
多, 安見印不如財, 其可勝取乎?

옛날에는 壬午, 癸巳 두 개의 일주日柱를 취하여 재관財官 쌍미격雙美格이라고 했는데 壬이 午 중의 己 관官과 丁 재財에 좌坐하고 癸가 巳 중의 戊 관官 丙 재財에 좌坐하여 섞여 혼잡된 것이 없기 때문이다. 이들은 겨울에 生함을 기뻐하고 간두干頭에 살殺이나 상관傷官을 보는 것을 꺼린다. 무릇 이 두 日은 참으로 아름답다고 하겠다.

그러나 일지日支에 재관財官이 있다는 것은 그 아름다움에 단지 하나의 단편에 불과한 것이니 어찌 경솔하게 격格으로 삼을 수 있겠으며 또 재관財官이 귀貴한 것이라 해도 일주日主가 능히 이를 감당할 수 있어야 하는 것이다. 설사 壬午日이 간지干支에서 丁己午未를 거듭 보거나 癸巳日이 다른 간지에서 丙戊辰巳를 거듭 본다면 그 재관財官을 감당치 못할 우려가 있으니 이때는 오히려 아름답지 않은 것이다.

또 가령 이들이 간두干頭에서 살殺을 보거나 巳午가 沖을 만나면 쓸 수 없으니 별도로 살인상제격煞刃相濟格이나 살인상정격煞刃相停格 등을 이루게 되며 혹 甲乙木이 투간하고 亥卯未가 모여 상관국傷官局을 형성하고 제制와 化가 이루어지면 모두 귀貴를 취할 수 있으니 무엇 때문에 반드시 좌하坐下 재관財官에 구속되어 살煞이나 상관傷官은 반드시 쓰지 말아야 된단 말인가.

총괄해 말하자면 좌하坐下 재財, 관官, 인印, 식食이면 이미 좋은 자질을 갖춘 것이므로 만약 사주 전국全局에서 억부抑扶가 적절하게 되어 있으면 영화와 현달을 이루기는 비교적 쉬운 일이기는 하지만 그것만 믿고 귀貴하게 된다고 할 수는 없는 것이다.

혹자가 말하기를 옛사람이 십간十干 중에서 이들 이일二日만 취해서 쓴 것은 반드시 다른 날과 다른 점이 있기 때문일 것이라고 하는데 이는 己亥日도 亥 중의 甲 관官과 壬 재財 위에 좌坐하고 있음을 알지 못했기 때문이니 그와 무엇이 다른가. 만약 일간日干이 관인官印 위에 좌坐하고 있는 것으로 치자면 오히려 더욱 많다고 할 수 있는데 어찌 인印을 보는 것이 재財만 못하다고 하여 그것들은 모두 취하여 쓸 수 있겠는가.

35. 十惡大敗論

【原文】

舊書甲辰, 乙巳, 丙申, 丁亥, 戊戌, 己丑, 庚辰, 辛巳, 壬申, 癸亥, 十日, 爲十惡大敗日, 蓋以甲辰旬空寅卯, 則甲辰乙巳日無祿. 甲戌旬空申酉, 則庚辰辛巳日無祿. 甲午旬空辰巳, 則丙申戊戌日無祿. 甲申旬空午, 則丁亥己丑日無祿. 甲子旬空亥, 則壬申日無祿. 甲寅旬空子, 則癸亥日無祿. 故爲十惡大敗. 嘗考富貴之命, 在此十日者甚多, 況不論四柱, 而止論所生之日, 安有是理. 卽以日推, 丁亥辛巳日坐官, 甲辰丙申日坐財, 壬申日坐生, 乙巳日亦坐庚官. 己丑日亦坐癸財, 庚辰日亦坐乙財, 戊戌癸亥, 不過身旺耳. 此十日有何惡且敗. 卽中雜比劫梟傷, 豈遂不可制, 不可用乎? 世間娶婦, 遇此十日, 儘有因而憎惡者, 深可異也, 舊書所載凶日, 類此者不少, 並宜置之.

옛글에서 甲辰, 乙巳, 丙申, 丁亥, 戊戌, 己丑, 庚辰, 辛巳, 壬申, 癸亥의 십일十日을 십악대패일十惡大敗日이라 하는데 대개 甲辰 순旬에서는 공망空亡이 寅卯이니 곧 甲辰日, 乙巳日에 녹祿이 없게 되고, 甲戌 순旬에서는 공망이 辛酉이니 庚辰日, 辛巳日에 녹祿이 없는 것이고, 甲午 순旬에는 공망이 辰巳이니 丙申日, 戊戌日에 녹祿이 없게 되며, 甲申 순旬에는 공망이 午이니 丁亥日, 己丑日에 녹祿이 없고, 甲子 순旬에는 공망이 亥이니 壬申日에 녹祿이 없게 되며, 甲寅 순旬에는 공망이 子이니 癸亥日에 녹祿이 없게 되므로 이상의 십일을 십악대패일이라고 한 것이다.

그런데 일찍이 부귀한 명조命造를 고찰하면 이 십일十日에 해당하는 경우가 매우 많았다. 하물며 사주전체를 논하지 아니하고 단지 태어난 일주日柱만으로 논하는데 어찌 올바른 이치일 수가 있겠는가.

예컨대 일주日柱만으로 추론하면 丁亥日, 辛巳日은 관官에 앉았고, 甲辰日, 丙申日은 재財에 앉았고, 壬申日은 장생長生지에, 乙巳日 또한 巳 중 庚 관官에 앉았고, 己丑日 역시 癸 재財에 앉았고, 庚辰日도 乙 재財에 앉았고, 戊戌日, 癸亥日은 신왕身旺한 것에 지나지 않을 뿐이다. 그러니 이들 십일十日에 무슨 악惡이나 패敗가 있단 말인가. 혹 그 지지地支 중에 비겁比劫이나 효신梟神이나 상관傷官이 섞여 있다 해도 억제할 수 없겠으며, 쓸 수도 없겠는가?

세간에서 며느리를 얻을 때 여기에 있는 십일十日에 해당되면 모두 이로 인해 싫어하고 미워하니 심히 이상한 일이다. 옛글에 흉일凶日이라고 실려 있는 것들은 이와 같은 것들이 적지 않으니 모두 제외시키는 것이 마땅하다.

36. 壬騎龍背論

【原文】

舊取壬辰日局中辰字多, 爲壬騎龍背格, 其說用辰字暗沖戌
中辛丁戊, 爲壬日財官印俱全, 夫壬日辰多, 安得舍疊逢之
顯煞, 而用暗之官星. 況戌中之戊, 乃壬之殺, 命家但有沖
官爲用, 從無沖殺爲用, 則此格之無據, 決矣. 惟辰卽壬庫,
故壬日不透戊, 不畏辰多. 丑卽藏癸, 故癸日不透己, 不畏
丑多. 若身煞兩停, 四柱扶助合法, 多致榮顯, 非壬日辰多
卽貴也. 術家於寅辰字往往加以龍虎美名, 夫用辰爲騎龍,
則沖戌爲擊犬, 何足取乎?

옛날에는 壬辰日 국국局 중에 辰 자字가 많으면 임기용배격壬騎龍背格[133]이라 했다. 그 설에서는 辰 자字로 戌을 암충暗沖하면 戌 중에 있는

---

133) 임기용배격(壬騎龍背格) : 壬 일간이 지지에 3개의 辰을 둔 것으로 외격의 하나이다. 즉 壬이 辰

辛丁戊가 壬日의 재財, 관官, 인印이 된다고 했다.

무릇 壬日에 辰이 많은 경우에는 드러난 살煞도 첩첩한데 이들을 어떻게 처치하고 관官을 암충暗沖해다 쓴단 말인가. 하물며 戌 중에 있는 戊도 곧 壬의 살殺인데 명가命家에서는 다만 관官만 암충해다 쓰는 법이지 종래 살殺을 암충하여 쓴 적은 없었다. 그러므로 이 격格은 근거가 없음이 확실하다.

다만 辰은 곧 壬의 고庫이므로 壬日에 戊가 투간透干하지 않은 상황이면 辰이 많음을 두려워하지 않아도 된다. 丑은 癸를 소장하고 있어 癸日에 己가 투간透干되어 있지 않으면 丑이 많아도 두려워하지 않는다.

만약 신身과 살殺이 양정兩停하고 사주의 부조扶助가 법法에 합치되면 영예와 현달에 이르게 되는 경우가 많은 것이지, (이는 사주의 일반법칙일 뿐) 壬日에 辰이 많으면 곧 귀하게 된다는 법칙만은 아닌 것이다.

술가術家들은 종종 寅辰의 자字에다 용龍과 호虎라는 미명美名을 붙여주곤 하는데 무릇 辰을 용用한다고 용龍을 탄 것이라고 한다면 戌을 沖할 때는 개犬를 공격함이라고 해야 할 것이니 이 어찌 족히 취할 수 있는 일이겠는가.

(龍)의 등을 타고 戌를 보면 辰이 戌을 沖하여 戌의 지장간 丁(財), 戊(관), 辛(인)을 개고시켜 귀하게 사용한다는 격이다.

37. 六乙鼠貴論
_{육을서귀론}

【原文】

舊取乙日丙子時, 子往動巳, 巳往動庚, 乙日得官星, 爲六
乙鼠貴格. 此與子丑遙巳相類, 牽合附會, 於理不通. 況旣
稱六乙, 乃止取乙亥乙未二日, 可謂六乙乎, 乙日遇丙爲傷
官, 遇子爲偏印, 俱無可取. 倘以爲天乙貴人所臨而用之,
則凡日貴人臨時者多矣, 何可勝取, 且子未相害, 乙未日又
何足取也. 嘗見人命生於是日時, 成木火通明之局者, 往往
貴顯. 若止照舊說推詳, 杳無一驗. 故削之.

옛날에는 乙日에 丙子時면 子가 巳를 동동動하게 하고 巳가 움직이면 巳 중 庚金이 동動하여 乙日은 관성官星을 얻게 된다고 하여 이를 육을서귀격六乙鼠貴格이라 했는데 이는 자축요사격子丑遙巳格[134]과 서로 같은

---

[134] 子遙巳格은 甲子日이 甲子時를 만나는 것으로 子中 癸水가 巳中 戊土와 遙合하는 것이며, 丑遙巳

부류이니 이치에 맞지 않는 것을 억지로 꿰맞춘 것으로 이치에 통하지 않는다. 하물며 육을六乙이라고 칭해놓고 다만 乙亥, 乙未의 2일만 취한다면 어찌 육을六乙이라 할 수 있겠는가.

乙日이 丙을 만나면 상관傷官이 되고 子를 만나면 편인偏印이 되는데 모두 관官으로 취할 수가 없는 것이나 만약 천을귀인天乙貴人이 임하는 곳이라 용用한다고 한다면 무릇 일귀인日貴人이 時에 임하는 경우가 많으니 어찌 이것만 특별히 취할 수 있겠는가. 또 子未는 상해相害가 되니 乙未日을 어찌 취할 수 있겠는가.

일찍이 인명人命 중에 이 日時[乙日 丙子時]에 태어난 자들을 보니 목화통명木火通明의 국局을 이룬 자는 귀貴하고 현달한 자가 자주 있었으나 만약에 단지 옛 학설에만 의지하여 세밀히 추론하면 아득해질 뿐 하나의 징험徵驗도 없었다. 그러므로 삭제하여야 할 것이다.

格은 辛丑日과 癸丑日이 丑土를 많이 취용하여 巳中 丙火와 戊土를 遙合하는 것이다.

38. 六陰朝陽論

【原文】

舊取辛日戊子時, 爲六陰朝陽格, 以子中之癸, 合巳中之戊, 而戊與丙同祿於巳, 戊能動丙來爲辛官, 所謂朝陽者, 朝丙也. 據其立說, 巳屬紆曲生造, 且更有種種謬戾者. 夫辛屬八月, 是爲四陰, 非六陰, 一不通也. 舊或謂六陰, 卽六辛, 則凡爲辛日, 皆可朝陽, 乃獨取辛丑辛酉辛亥三日, 是三陰朝陽, 非六陰朝陽矣, 二不通也. 舊又有生於亥令六陰之月, 乃爲六陰朝陽, 夫辛日見亥令子時, 明是傷官, 豈容置之而別求他理, 三不通也. 又謂運喜西方, 夫卽以陰極喜陽, 則行運亦當以向陽爲美, 西方不益其寒乎? 四不通也. 故人命遇之, 只取戊正印, 子食神, 爲諸格之助則可. 嘗見是日是時之命, 亦有行西方運而貴者, 此西柱中自有格, 豈得借以實其謬說耶.

옛날에는 辛日 戊子時를 취하여 육음조양격六陰朝陽格이라 했다. 이는 子 중의 癸가 巳 중의 戊를 합하고 戊와 丙은 똑같이 巳에서 녹祿이 된다고 하여 戊는 능히 丙을 움직여서 辛의 관官이 된다는 것인데 이때 이른바 조양朝陽이라는 것은 丙을 조(朝 : 뭇 신하가 임금의 어전회의에 참석함)하는 것이다.

그 설에 근거하면 巳는 간접적으로 왜곡하여 날조한 것에 속한다. 또 그 밖에도 여러 가지 모순된 점이 많다. 무릇 辛은 8월[酉月]에 속하여 이는 곧 사음四陰에 해당되며[135] 육음六陰이 아니므로 첫 번째 통하지 않는 것이다.

옛날 혹자가 말하기를 육음六陰은 육신六辛이라 하였으나 그에 따르면 모든 辛日이 다 조양朝陽이 되는데 어찌하여 辛丑, 辛酉, 辛亥의 3일만 취한단 말인가. 이는 삼음조양三陰朝陽이지 육음조양六陰朝陽이 아니니 두 번째 통하지 않는 것이다.

옛말에 또 亥月에 태어나면 육음六陰의 月에 해당하기 때문에 곧 육음조양六陰朝陽이라 했다고 하는데 무릇 辛日이 亥月에 子時면 이는 상관傷官이 명백한데 어찌 이것은 가볍게 두고 다른 이치를 따로 찾는단 말인가. 이것이 세 번째 통하지 않는 것이다.

또 이르기를 본 격격에서 운운은 서방西方을 좋아한다고 했는데 대개 음陰이 극極에 이르면 양陽을 좋아하는 법이니 행운行運 또한 마땅히 양陽을 향하는 것이 아름다운 것인데 서방西方으로 가면 반대로 추위를

---

135) 5월[午月]은 一陰, 6월[未月]은 二陰, 7월[申月]은 三陰, 8월[酉月]은 四陰, 9월[戌月]은 五陰, 10월[亥月]은 六陰

더할 뿐이니 이 또한 네 번째 통하지 않는 것이다.

그러므로 인명人命에서 이와 같은 명조[辛日 戊子時]를 만나면 단지 戊를 정인正印으로, 子는 식신食神으로 취급하여 여러 격格의 예에 따르는 것이 옳은 것이다. 일찍이 이와 같은 日, 時를 가진 명命을 본 적이 있는데 역시 서방西方운에 귀하게 된 자가 있었다. 이와 같이 사주四柱 중에 이미 격格이 있는 것인데 어찌 잘못된 설을 빌어다 진실함을 얻을 수 있겠는가.

39. 金神論

【原文】

舊取甲己日, 遇乙丑己巳癸酉三時, 爲金神格, 蓋以巳酉丑金局, 而此三時中, 二時納音又屬金耳, 夫六十日中, 巳酉丑時納音屬金者多矣, 何獨甲己二日, 卽云甲以木畏金, 則乙日之辛巳時, 乙木何以獨不畏金, 且己日何畏於金耶. 其論喜忌, 或言皆忌水鄉, 喜火制, 或己日不必火制, 夫果金強伐木, 則得水正可滋木洩金, 何以忌之, 一不通也. 使遇頑木濃土, 正恃此一點金氣, 琢削疏通, 用火制之, 秀氣盡矣, 二不通也. 己日或値金神結黨, 不用火制, 弱土何以自存, 三不通也. 則金神之當削, 決也. 或曰歷家亦有金神, 命家何以不取, 夫歷家金神, 乃月干之庚辛, 及月納音屬金者, 其方謂之金神, 豈可以彼例此乎.

옛날에는 甲日과 己日이 乙丑, 己巳, 癸酉의 삼시三時를 만나면 금신 격金神格이 된다는 설說이 있었는데 이는 巳酉丑이 금국金局이 되며 또 이 삼시三時 가운데 이시二時는 납음법상納音法上으로 金에 속하기 때문 이다.

무릇 60日 중에는 時가 巳酉丑에 해당하고 납음상 金에 속하는 것이 많은데 어찌해서 유독 甲日과 己日만 거론하는가. 이에 대해서 甲은 木 이므로 金을 두려워하기 때문이라고 말하는데 그러면 乙日이 辛巳時의 경우에는 乙도 木인데 어찌해서 홀로 金을 두려워하지 않겠으며 또 己 日은 어떻게 金을 두려워한다고 하는가.

또 그 희기喜忌를 논하는 것을 보면 혹자는 말하기를 모두 水의 부류 를 꺼리고 火의 제制를 기뻐한다고 하며 혹자는 己日은 반드시 火로 제 制할 필요는 없다고 하는데 일반적으로 金이 강강强하여 벌목伐木을 하는 상황에서 水를 얻으면 木을 자양하고 金의 氣를 설洩하는 것이 바른 이 치인데 어째서 水를 꺼린다고 하는지 첫 번째 통하지 않는 것이다.

가령 단단한 목과 짙고 기름진 토[頑木濃土]를 만나면 바로 이 한 점의 金氣를 의지해서 木을 다듬고 土를 소통시킬 수 있는 것인데 火를 사 용하여 金을 제制하면 그 수기秀氣가 다할 것이니 이것이 그 두 번째 통 하지 않는 것이다.

己日이 무리를 지은 금신金神을 만나면 火의 억제를 사용하지 않는 다면 약한 土가 어찌 스스로 존립할 수 있겠는가. 이것이 그 세 번째 통하지 않는 것이다. 그러므로 금신金神을 제거함이 마땅하다.

혹자가 말하기를 역가歷家에도 금신金神이 있는데 명가命家에서는 왜 이를 취하지 않느냐고 하는데, 무릇 역가曆家에서 말하는 금신金神이란 월간月干의 庚辛과 月의 납음納音이 金에 속하는 것을 금신金神이라고 부르는 것인데 어찌 그 예를 여기에 적용할 수 있겠는가.

40. 趨乾趨艮論
<small>추건추간론</small>

【原文】

舊取甲日乙亥時, 以亥暗合寅字, 爲甲之祿, 又取壬日壬寅時, 以寅暗合亥字, 爲壬之祿, 所謂顯祿不如暗祿也. 夫祿止命中一端, 卽在月日時, 不足取以爲格, 況求合於局外乎? 誠如是, 則乙日戌時, 可合卯祿, 癸日丑時, 可合子祿, 諸干如此甚多, 何可勝取, 舊或謂亥爲天門, 甲趨之爲貴, 無論天門虛名, 卽果有此理, 獨甲可趨, 他干不可趨乎? 售又謂壬以寅中甲丙合己辛爲財官, 此則因暗祿無據, 而復變其說. 然不能確指合某支之己辛, 其無據同耳. 更有乾艮二字, 穿鑿取義者, 夫乾在戌亥之間, 非獨亥也, 艮在丑寅之間, 非獨寅也, 安保趨乾不兼趨戌, 而趨艮不兼趨丑乎? 故並削之.

옛글에는 甲日 乙亥時를 취하여 亥로써 寅 字를 암합暗合하여 甲의 녹祿으로 삼는다고 하고 또 壬日 壬寅時를 취하여 寅으로써 亥 字를 암합하여 壬의 녹祿으로 삼는다는 설이 있는데 이른바 "드러난 녹祿이 암록暗祿만 못하다"라는 것이다.

무릇 녹祿이란 것은 단지 명命 중에서 한 구성요소에 불과한 것으로 月日時에 있다고 해도 그것을 취하여 격格으로 삼기 부족한 것인데 하물며 원국原局의 외부에서 合을 구해 온단 말인가. 진실로 이와 같으면 乙日의 戌時는 卯를 合하여 乙의 녹祿을 삼고, 癸日 丑時라면 子를 合하여 癸의 녹祿으로 삼을 수 있으니 모든 干이 이와 같이 한다면 심히 많아지니 어찌 다 취取하여 쓸 수 있겠는가.

옛날에 혹자가 이르기를 亥는 천문天門이니 甲이 그를 따르면 귀하게 된다고 했는데 천문이 헛된 이름[虛名]이라는 것은 논하지도 않고 과연 이치가 있는 것이라면 왜 유독 甲만 천문을 향해 갈 수 있고 다른 천간天干들은 향할 수 없다는 것인가.

옛날에는 또 壬은 寅 중에 있는 甲丙으로 己辛을 合하여 재관財官으로 삼는다고 말했는데 이는 암록暗祿이란 것이 근거가 없으니까 다시 그 설을 변경해 본 것이지만 역시 어느 支의 己辛과 合한다는 것인지를 확실하게 지칭하지 못하니 그 근거가 없기는 마찬가지인 것이다.

또 건간乾艮의 두 字에 대해서도 억지로 뜻을 취한 것이 있었는데 무릇 건乾은 戌亥의 사이에 있는 것이고 亥에만 있는 것이 아니며 간艮 또한 丑寅의 사이에 있는 것이고 寅에만 있는 것이 아니다.

그러니 어찌 건乾을 향하는 것을 보존하면서 戌을 향하는 것을 함께 하지 않았으며 간艮을 향하면서 丑을 향하는 것을 동시에 하지 않았는가. 그러므로 모두 삭제해야 한다.

41. 合祿論 刑合附
_{합록론 형합부}

【原文】

舊取戊日庚申時, 庚暗合乙, 爲戊日之官, 癸日庚申時, 申暗合巳中戊, 爲癸日之官, 名合祿格, 祿卽官也. 又取癸日甲寅時, 寅暗刑巳中之戊, 爲癸日之官, 名刑合格. 蓋因局無官星可取, 故用時干支之專者爲格, 似亦有理. 但專時能合, 則亦能沖, 安見庚申時, 不沖甲寅, 爲戊之祿, 癸之傷乎. 安見甲寅時, 不沖庚申, 爲癸之印乎. 專時能刑, 則亦能合, 安見甲寅時, 不合亥中之甲壬, 爲癸之傷劫乎. 且癸日辛酉時, 酉亦可暗合辰中之戊爲官, 豈獨申能合巳中之戊乎, 如此取格, 生造日繁矣. 舊書所載庚申時忌某干支, 甲寅時忌某干支, 然人犯諸忌者, 富貴甚多. 可見戊日庚申時, 只應以食神論; 癸日庚申時, 只應以正印論; 癸日甲寅時, 只應以傷官論. 卽局無官星, 自可合四柱取斷耳. 或曰支神

暗合暗沖, 皆取, 何獨專時不取, 不知支神雖多, 只是一字,
암합암충　개취　하독전시불취　부지지신수다　지시일자
故所沖所合, 一定之理, 然必擇確當者用之. 若專時則上干
고소충소합　일정지리　연필택확당자용지　약전시즉상간
下支, 各有所沖所合, 理無定在, 況止取時干支之專者, 則
하지　각유소충소합　이무정재　황지취시간지지전자　즉
專年專月專日, 其力更大於專時, 何以不取? 至於用暗刑取
전년전월전일　기력경대어전시　하이불취　지어용암형취
貴, 理尤渺茫. 故支神之多者, 皆不取暗刑, 何況一時支乎?
귀　이우묘망　고지신지다자　개불취암형　하황일시지호

　옛날에는 戊日 庚申時를 취하여 庚과 암합暗合하는 乙을 戊日의 관官이 되고, 癸日 庚申時에서 申과 암합하는 巳 중의 戊를 癸의 관官이 된다 하여 합록격合祿格이라고 불렀는데 녹祿은 곧 관官이다.

　또 癸日에 甲寅時를 취하여 寅이 암형暗刑하는 巳 중의 戊를 癸日의 관官이 된다 하여 형합격刑合格이라고 명명했는데 대개 원국原局에 취할 만한 관성官星이 없으므로 時의 간지干支로 동일한 것을 써서 격格으로 삼았다.

　그런데 언뜻 보기에는 또한 이치가 있는 듯하지만 전시專時[136]가 능히 합할 수도 있지만 또한 沖도 가능한 것인데 어찌 庚申時를 보고 甲寅을 沖하지 않으면서 戊의 녹祿이 되고 癸의 상관傷官이 되겠는가? 어찌 甲寅時를 보고 庚申을 沖하지 않으면서 癸의 인印이 되겠는가?

　전시專時란 능히 형刑도 하고 합도 할 수 있다고 하면 어찌 甲寅時를 보고 亥 중 甲壬과 합하지 않는다고 癸의 상관傷官과 겁재劫財가 되겠

---

136) 전시(專時) : 時의 상하 干支의 五行이 동일하게 조합된 경우.

으며, 또 癸日 辛酉時에서 酉 역시 辰 중의 戊를 암합暗合하여 癸의 관官으로 삼을 수 있으니 어찌 申만이 능히 巳 중의 戊를 합할 수 있다는 말인가. 이런 식으로 격格을 취해 나가면 그 번잡함이 날이 갈수록 더할 것이다.

또 옛글에는 庚申時는 어느 간지干支를 싫어하고 甲寅時는 무슨 간지干支를 싫어한다고 실려 있는데 그러나 사람들은 모든 꺼리는 것을 범犯하고도 부귀富貴하게 된 자들이 아주 많다.

그러니 戊日 庚申時의 경우는 단지 식신食神으로 논하는 것이 좋고, 癸日에 庚申時의 경우는 다만 정인正印으로 논하는 것이 좋고, 癸日 甲寅時는 단지 상관傷官으로 논하는 것이 좋을 것이다. 이렇듯 만약 사주四柱에 관성官星이 없으면 스스로 사주를 종합하여 취단함이 옳을 뿐이다.

어떤 이가 말하기를 "지신支神의 암합暗合과 암충暗沖을 모두 취하면서 왜 유독 전시專時에서만은 그러지 않는가"라고 하는데 이는 지신支神이 비록 많다고 해도 각기 한 글자로 되어 있기 때문에 沖하고 合하는데 정해진 이치가 있을 뿐인데도 반드시 확실하고 타당한 것을 선택해서 용用해야 하는 것을 모르는 탓이다. 그러나 전시專時의 경우에는 상간上干 하지下支로 되어 있으므로 干은 干대로 支는 支대로 각각 沖하고 合하는 것이 따로 있으므로 그 이치가 정해져 있는 것이 아니다.

하물며 이것은 단지 時 간지干支가 전일專一한 경우에 한하는 것이고, 전년專年, 전월專月, 전일專日의 경우에는 그 힘이 전시專時의 경우보다 훨씬 크므로 어찌 취하지 않겠는가. 더욱이 암형暗刑으로 귀貴를 취하는 경우에 이르면 이치가 더욱 아득하여 어지러울 뿐이다. 그러므로 지신支神의 대부분이 암형暗刑을 취하지 않는데 하물며 하나의 시지時支로써 어떻게 취한다는 것인가.

42. 時格論

【原文】

舊書以時取格, 如時官, 時殺, 時上偏財, 時上一位貴, 時上財庫官庫殺庫之類, 不可枚擧. 夫論命當合觀四柱, 苟屬吉神, 處處可用. 苟屬凶神, 處處可畏, 即云時爲歸宿, 特吉神喜時上生旺, 凶神喜時上死絶耳. 且舊說論格有取通月氣者, 有取他干支扶抑者, 則仍不專論時矣. 夫月令取格, 至當之理, 猶不可拘, 況專取一時爲格耶.

옛글에는 時로써 격격을 취한 것이 있는데 예를 들면 시관時官, 시살時殺, 시상편재時上偏財, 시상일위귀時上一位貴, 시상재고時上財庫·관고官庫·살고殺庫의 부류로 일일이 거론할 수 없을 정도이다.

일반적으로 논명論命할 때는 마땅히 사주四柱를 종합적으로 관찰하여야 하는데 만약 길신吉神에 속하는 신神이면 곳곳에 유용하게 쓰일 것이고 만약 흉신凶神에 속하는 신神이라면 곳곳에서 두려워할 것이다. 그러므로 時는 집으로 돌아옴[歸宿]이라 하여 특히 길신은 시상時上에서 생왕生旺함을 기뻐하고 흉신凶神은 시상時上에서 사절死絶함을 기뻐하는 것이다.

또 옛 학설에서는 격격을 논할 때 월기(月氣 : 月令)에 통하는 것을 취取하기도 하고 다른 간지干支와의 억부抑扶 관계를 보고 취하기도 하는 바 오로지 時만 가지고 격격을 논하지는 않았다.

일반적으로 월령月令으로 격격을 취하는 것이 지극히 당연한 도리지만 오히려 구애되는 것이 옳지 않거늘 하물며 오로지 하나의 時를 취해서 격격을 삼겠는가.

43. 遙合論
요합론

【原文】

舊書取甲子日甲子時, 以子中癸水, 遙合巳中戊土, 丙戊同
在巳, 戊動丙, 丙動辛, 得官星. 名曰子遙巳格. 又取癸丑辛
丑二日, 丑字多, 遙合巳字, 巳中丙戊, 因遙合而動癸辛, 得
官星, 名曰丑遙巳格. 夫子巳向非合神, 若從支中所藏癸戊
論合, 則諸支所藏如此者, 多矣, 可勝取乎? 丑巳雖屬三合,
止取二字, 已爲不全, 若依此例推究, 則支中所藏三合尤多,
更不勝取矣. 卽强以此支所藏合彼所藏爲用, 已屬渺茫. 乃
幷其所藏化神而動之, 以爲我用, 有是理否. 或曰古傳有之,
此二格安得不用, 不知暗沖暗合之近理者, 尙恐開種種生造,
若更以遙爲說, 何干何支, 不可牽合乎, 宜亟闢之.

옛글에서 甲子日 甲子時를 취하여 子 중에 있는 癸水로써 巳 중의 戊土, 즉 멀리 있는 것遙을 불러와서 합하고 丙, 戊는 모두 巳에 소장되어 있는 것이라 戊가 丙을 움직이고 丙은 辛을 움직이고 甲은 관성官星을 얻게 되는데 이름하여 자요사격子遙巳格이라 한다.

또 癸丑, 辛丑의 2日을 취해서 丑 자字가 많은 경우에는 巳 자字를 요합遙合해 오며 巳 중에는 丙, 戊가 있으므로 요합遙合으로 인하여 癸, 辛이 동動하고 결국 관성官星(癸에 戊, 辛에 丙)을 얻게 되니 이름하여 축요사격丑遙巳格이라 한다.

무릇 子와 巳는 원래 서로 합이 되는 신神이 아닌데 만약에 지지地支 중에 癸, 戊가 소장되어 있다고 하여 합으로 논한다면 모든 지지地支에 소장되어 있으면서 이와 같은 관계에 있는 것들이 많은데 이를 어찌 다 취급할 수 있겠는가.

丑, 巳가 비록 삼합三合에 속한다지만 단지 삼합三合 중에 두 자字만 취해가지고는 이미 불완전한 것이다. 만약 이것을 예로 삼아서 더욱 추구해 나간다면 지지地支 중에 소장된 삼합三合이 되는 것이 아주 많게 되니 이 또한 다 취급할 수 없게 될 것이다. 이는 곧 억지로 한 지지地支에 소장된 것을 다른 지지地支에 소장된 것과 합하여 용用하는 것이 되어 그리되면 이미 아득한 이론에 속하여 갈피를 못 잡게 되는 것과 같으며 아울러 그 소장된 것의 화신化神의 활동으로 합하여 얻은 것을 나를 위해 용用한다는 것이 이치에 맞다 하겠는가.

혹자가 말하기를 "이 두 격격은 예전부터 전해져 온 것인데 어찌 이 법法을 쓰지 않을 수 있습니까"라고 하는데 이는 암충暗沖 암합暗合의 가까운 이론조차도 모르고 하는 말이다. 그리하면 얼마나 많은 종류가 만들어질까 두렵고, 만약 그 위에 요합遙合을 가지고 설說을 만들어 낸다면 어느 천간天干, 어느 지지地支인들 끌어다 붙이면 합이 되지 않겠는가. 빨리 깨뜨려 버림이 마땅하다.

44. 魁罡論 日德附

【原文】

舊取庚辰, 壬辰, 戊戌, 庚戌, 四日爲魁罡格, 主剛果掌威權, 以辰爲天罡, 戌爲河魁, 乃陰陽滅絕之地也. 又取甲寅, 丙辰, 戊辰, 庚辰, 壬戌, 五日爲日德格, 主慈善亨福祿. 以甲坐寅得祿, 丙坐辰官庫, 戊坐辰財官兩全, 壬坐戌財官印三奇俱備也. 夫辰戌旣爲陰陽滅絕之地, 則諸干皆不宜坐, 何以取之, 況同一庚戌也, 何以坐辰則慈, 坐戌則猛? 且同一庚辰也, 何以又爲魁罡, 又爲日德? 忽猛忽慈, 丙何以獨慈而不猛? 甲何以獨異而不取寅? 他支之藏財官印祿者多矣, 何以不名日德? 卽上稽天文, 旁參壬遁, 絶不得魁罡與日德同宮之理, 並削之.

옛글에는 庚辰, 壬辰, 戊戌, 庚戌의 4日을 들어 괴강격魁罡格이라고 하여 굳세고 과감함을 주장하며 위엄과 권세를 관장했으니 辰은 천강天罡이 되고 戌은 하괴河魁가 되는데 이는 곧 음양陰陽이 멸망하여 없어지는[滅絶] 땅이라고 했다. 또 甲寅, 丙辰, 戊辰, 庚辰, 壬戌의 5日을 일덕격日德格이라고 해서 자비롭고 선함慈善을 주관하며 복록福祿을 누린다고 했는데 甲은 寅에 좌坐하여 녹祿을 얻은 것이고, 丙은 辰 관고官庫 위에 앉은 것이고, 戊는 辰 위에 좌坐하여 재관財官을 둘 다 갖추게 된 것이고, 壬은 戌 위에 좌坐하여 재관인財官印 삼기三奇를 모두 갖추고 있는 것이다.

무릇 辰戌은 음양陰陽이 멸절하는 곳이라고 하여 모든 천간이 좌坐하기에 적당치 않은 곳이라 했는데 무슨 까닭으로 이들을 일덕日德으로 취한 것인가. 하물며 동일同一한 庚, 戊인데 어찌하여 辰 위에 좌坐하면 자비로운 존재가 되고 戌 위에 좌坐하면 사나운 존재가 되는가? 또 동일한 庚辰이 한편으로는 괴강魁罡도 되며 다른 한편으로는 일덕日德도 된다니 갑자기 사나워졌다가 갑자기 자비로워지기라도 하며 丙은 어째서 홀로 자비롭기만 하고 사납지는 않은가? 甲은 어찌하여 홀로 다르고 다른 干은 寅을 취하지 않는가? 다른 지지地支 중에도 재관인록財官印祿을 소장하고 있는 것이 많은데 왜 일덕日德이라 부르지 않는가? 위로 천문天文을 조사하고, 두루 육임六壬과 둔갑遁甲을 탐구하여도 절대로 괴강魁罡과 일덕日德이 동궁同宮하는 이치는 없으니 모두 삭제함이 마땅하다.

45. 胞胎論 胎元附
포태론 태원부

【原文】

舊取甲申, 乙酉, 丙子, 丁亥, 庚寅[137], 己亥, 庚寅, 辛卯,
구취갑신 을유 병자 정해 경인 기해 경인 신묘

壬午, 癸未, 爲胞胎日. 其說曰, 五行絶處, 卽是胎元, 生
임오 계미 위포태일 기설왈 오행절처 즉시태원 생

日逢之, 名曰受氣, 無論陰陽同生同死, 卽據其說推之. 甲
일봉지 명왈수기 무론음양동생동사 즉거기설추지 갑

申乙酉庚寅辛卯, 是皆逢絶. 若丙戌絶於亥, 何以取子與
신을유경인신묘 시개봉절 약병무절어해 하이취자여

寅? 丁巳絶於子, 何以取亥? 壬絶於巳, 何以取午? 癸絶於
인 정기절어자 하이취해 임절어사 하이취오 계절어

午, 何以取未? 又謂胞胎逢印綬, 祿亨千鍾, 以爲富貴從胎
오 하이취미 우위포태봉인수 녹형천종 이위부귀종태

中帶來, 得印卽能享也, 是則四柱他神, 皆可勿論耶? 且甲
중대래 득인즉능향야 시즉사주타신 개가물론야 차갑

申乙酉戊寅庚寅癸未, 支皆帶煞, 申寅中又帶梟印, 夫殺乃
신을유무인경인계미 지개대살 신인중우대효인 부살내

剋身之物, 梟乃奪食之神, 柱中逢之, 尙須處置, 胎中帶之,
극신지물 효내탈식지신 주중봉지 상수처치 태중대지

乃以爲美耶, 故削之. 舊又以距生月之前, 十月爲胎元, 或
내이위미야 고삭지 구우이거생월지전 시월위태원 혹

---

137) 원문에는 경인(庚寅)으로 되어 있지만 무인(戊寅)의 오기로 보임.

於四柱之後, 復列一柱, 夫人之生, 或不及十月, 或踰十月,
어 사 주 지 후   부 열 일 주   부 인 지 생   혹 불 급 십 월   혹 유 십 월

是何可論? 且須至此, 亦大可笑也已.
시 하 가 론   차 수 지 차   역 대 가 소 야 사

옛글에 甲申, 乙酉, 丙子, 丁亥, 戊寅, 己亥, 庚寅, 辛卯, 壬午, 癸未는 포태일胞胎日이라고 하고 그 설에서 말하기를 오행五行의 절처絶處가 곧 태원胎元138)인데 생일에서 이를 만나면 수기受氣라고 하며 음양동생동사陰陽同生同死를 논하지 않고 그냥 그 설說대로 추론한다고 했다.

甲申, 乙酉, 庚寅, 辛卯 등은 모두 절지絶地를 만나고 있는데 丙, 戊의 경우엔 亥에서 절絶이 되는데 어째서 子와 寅을 취하며, 丁, 己는 子에서 절絶이 되는데 어째서 亥를 취하며, 壬은 巳에서 절絶이 되건만 어째서 午를 취하고, 癸는 午에서 절絶이 되는데 어째서 未를 취하는가.

또 말하기를 포태胞胎가 인수印綬를 만나면 천종千鍾139)의 녹祿을 누린다고 하여 부귀를 태胎 속으로부터 갖고 나오는 것이라고 하여 인수印綬를 얻으면 능히 누릴 수 있다고 생각하였다.

이러한 즉 어찌하여 사주의 다른 신神들은 모두 논하지 않는 것인가? 또 甲申, 乙酉, 戊寅, 庚寅, 癸未의 다섯은 지지地支가 모두 살殺을 가지고 있고, 申과 寅 중에는 또 효인梟印을 갖고 있다. 무릇 살殺은 곧 나를 剋하는 것이고 효신梟神은 곧 식신食神을 겁탈奪食하는 신神이라

---

138) 태원(胎元) : 태어난 달의 10개월 전으로 출생한 월건에서 천간은 한 자리를 전진하고 지지는 세 자리를 전진하면 된다.

139) 천종(千鍾) : 1종은 6석 4말이므로 매우 많은 녹봉.

사주 중에서 이들을 만나면 모름지기 처치해야 되는 것인데 태중에서 갖고 나왔다고 곧 아름답다고 생각할 수 있는가? 그러므로 이를 삭제해야 한다.

    옛글에는 태어난 달의 앞 10개월을 태원胎元이라 하고 혹자는 사주의 뒤에 다시 일주一柱를 나열하기도 하는데 무릇 사람의 탄생이 혹은 열 달에 못 미치는 수도 있고 혹은 열 달을 넘기기도 하거늘 어떻게 이와 같이 말할 수 있는가. 이에 이르러서는 크게 웃을 뿐이다.

46. 學堂學館論 _{학당학관론}

【原文】

舊書日干遇長生於月時支, 謂之學堂. 官殺遇生祿之支, 謂之學館. 皆取文學貴秀之義, 夫一字之生與祿, 何足以定其文學貴秀, 使日干或太强, 官殺或太旺, 而又逢生與祿, 是適爲累耳. 況干支不過陰陽之氣, 有何堂館? 若由此而穿鑿之, 必將以見某爲虛堂, 見某爲美館, 何者爲堂中之師友, 何者爲館中之文章矣, 宜削之.

옛글에서는 일간日干이 월시지月時支에서 장생長生을 만나면 학당學堂이라고 하고 관살官殺이 생록生祿의 지지地支를 만나면 학관學館이라고 하였는데 모두 문학文學을 높이 평가하는 뜻에서 취한 것이다.

무릇 한 자字의 生과 녹祿으로 어찌 그 사람의 문학文學이 뛰어남을 정하는 기준이 될 수 있겠는가. 가령 일간日干이 혹 태강太强하거나 관살官殺이 혹 태왕太旺한데 또 生이나 녹祿을 만난다면 이는 누累가 될 뿐이다. 하물며 간지干支는 음양陰陽의 氣에 지나지 않는 것인데 무슨 '당堂'이며 '관館'이 있겠는가.

만약 이와 같이 억지로 끌어다 붙인다면 장차 반드시 무엇을 만나면 헛된 학당이 되고, 무엇을 보면 아름다운 학관學館이 될 것이며, 무엇은 당當 중의 스승이나 벗이 되며, 또 무엇은 관館 중의 문장가文章家가 될 것이다. 마땅히 이를 삭제해야 한다.

47. 支屬論

【原文】

子鼠丑牛寅虎卯兎辰龍巳蛇午馬未羊申猴酉雞戌犬亥猪.
此目十二支所屬, 與人命何涉? 舊書多有據以論命, 於寅辰
二字, 以龍虎取用, 如龍吟虎嘯, 龍躍虎臥之類, 不一而足.
甚至欲言鳳, 而支中無鳳, 往往代以酉雞. 然則欲言麟, 而
支中無麟, 將代以戌犬也, 設使因所屬, 而被以惡名, 則酉
戌相見, 當謂之雞鳴狗盜. 巳寅相見, 當謂之虎頭蛇尾. 然
人命值此四支, 其貴者多矣. 此等陋妄之說, 宜亟闢之.

　　子는 쥐, 丑은 소, 寅은 호랑이, 卯는 토끼, 辰은 용, 巳는 뱀, 午는 말, 未는 양, 申은 원숭이, 酉는 닭, 戌은 개, 亥는 돼지이니 이것은 십이지十二支에 속하는 것들인데 인명人命과 어떻게 관련지을 수 있는가.

옛글에서는 이에 근거해서 논명論命한 것이 많은데 寅, 辰의 두 자字에서 용龍, 호虎를 취용하였으니 예컨대 용음호소龍吟虎嘯[140]라든지 용약호와龍躍虎臥[141]라고 하는 것들인데 한두 가지가 아니다.

심지어는 봉(鳳 : 봉황)을 말하고는 싶은데 지지地支 중에는 봉鳳이 없으므로 자주 酉인 닭으로 대신하기도 했으며 린(麟 : 기린)을 말하고 싶은데 지지地支 중에는 린麟이 없으므로 장차 戌의 견犬으로 대신하겠다고 하지 않겠는가.

또 그 소속된 동물의 이름 때문에 악명을 당하게 되는 경우도 있으니, 예컨대 酉, 戌이 만나면 이를 두고 계명구도鷄鳴狗盜[142]라고 불러야 할 것이고 巳, 寅이 서로 만나면 호두사미虎頭巳尾[143]라고 불러야 하지 않겠는가.

그러나 인명人命에서 이들 네 지지地支를 두고 있는 사람들도 귀貴하게 된 자者가 많으니 이 같은 품격이 낮고 허망한 설들도 빨리 없애버려야 마땅하다.

---

140) 용음호소(龍吟虎嘯) : 용이 울면 구름이 나오고 호랑이가 으르렁거리면 바람이 인다는 뜻으로 동류(同類)는 서로 응하여 따름의 비유.

141) 용약호와(龍躍虎臥) : 용이 뛰어 오르고 호랑이는 누워 있다는 뜻으로 서로 상반되는 행동을 하다의 비유.

142) 계명구도(鷄鳴狗盜) : 닭소리를 내며, 또는 개를 가장하여 남의 물건을 훔치는 천한 사람을 이름. 제(齊)나라 맹상군(孟嘗君)의 고사에서 사대부가 취할 바가 못되는 천한 예능을 가진 사람을 비유.

143) 호두사미(虎頭巳尾) : 호랑이의 머리와 뱀의 꼬리란 뜻으로 처음은 성(盛)하나 끝이 부진(不振)한 형상을 비유(용두사미(龍頭蛇尾)와 같은 말).

48. 字形論

【原文】

舊書以字形論煞. 凡八字甲辰丙辰丁酉多者, 謂之平頭殺. 乙巳己巳多者, 謂之曲脚煞. 甲午甲申辛卯多者, 謂之懸針殺. 戊戌多者, 謂之倒戈殺. 夫古聖人制立干支, 各有意義, 即以象形論, 豈在一畫一豎乎? 信如斯例, 則庚寅辛亥多者, 當爲探頭殺. 庚寅癸亥多者, 當爲擘脚殺. 戊辰戊戌庚辰庚戌多者, 當爲倚劍殺矣, 況相人貴頂平, 修養須曲足, 有何不美? 前人反兵攻後, 是是爲倒戈, 戊戌二字, 戈皆正寫, 何倒之有? 故亟闢之.

옛글에서 글자의 모양으로 신살神煞을 논한 것이 있는데 무릇 팔자八

字 중에 甲辰, 丙辰, 丁酉가 많은 사람을 일러 평두살平頭殺[144]이라 했다. 또 乙巳, 己巳가 많은 사람은 곡각살曲脚煞[145]이며, 甲午, 甲申, 辛卯가 많은 사람은 현침살懸針殺[146]이라고 하고 戊戌이란 글자가 많은 사람은 도과살倒戈殺[147]이라고 했다.

무릇 옛 성인聖人께서 간지干支를 창제하여 이론을 세우실 때 각 글자마다 뜻이 있었으며 상형象形으로 논하셨지만 어찌 한 획, 한 획에 그 뜻이 있었겠는가.

정말로 이 같은 예가 맞는다면 庚寅, 辛亥가 많은 사람은 탐두살探頭殺[148]이 되어야 마땅하고 庚寅, 癸亥가 많은 사람은 마땅히 벽각살擘脚殺[149]이 되어야 할 것이고 戊辰, 戊戌, 庚辰, 庚戌이 많은 사람은 의검살倚劍殺[150]이 되어야 마땅할 것이다.

하물며 관상觀相을 볼 때는 사람은 정수리가 평평한 것을 귀貴하게 여기며 수양修養을 하기 위해서는 반드시 다리를 굽혀야 하거늘 어찌 평두平頭, 곡각曲脚을 아름답지 않다 하는가.

또 앞에 있던 사람이 무기武器를 거꾸로 뒤집어 뒤에 있는 사람을 공격하는 것을 도과倒戈라 하는 것인데 戊戌 두 자字에 들어있는 과戈는

---

144) 평두살(平頭殺) : 이성의 인연이 희박하고 종교나 역술에 심취하여 그 길로 나간다는 신살.
145) 곡각살(曲脚殺) : 등뼈가 고르지 않거나 각부에 병이 있거나 불구의 형태를 가진다는 신살.
146) 현침살(懸針殺) : 날카로운 성격을 지니고 처를 극하고 자녀를 상하게 하는 신살.
147) 도과살(倒戈殺) : 칼을 거꾸로 하여 적군 편으로 돌아선다는 의미로 중상을 입고 배신을 당한다는 신살.
148) 탐두살(探頭殺) : 머리를 내밀고 있는 형상.
149) 벽각살(擘脚殺) : 다리가 쪼개진 형상.
150) 의검살(倚劍殺) : 칼에 기대고 있는 형상.

모두 바르게 쓰여진 것이니 무슨 도과倒戈라 한단 말인가. 그러므로 이 것도 빨리 없애버려야 한다.

雜論

二十四則

附. 張神峯闢五行諸謬

命理約言 卷四

'雜論'이란?
논설의 문체를 써서 주요한 주제의 시비를 가린 三권 論에 비해서
외편(外篇)에 속하는 작은 주제를 다루고 있다.

則 1

【原文】

祿命之學, 不詳所自起, 舊書云, 始於珞琭子, 乃戰國時人,
與鬼谷子同時, 漢司馬季主嚴君平, 三國管輅, 晉郭璞, 北
齊魏定, 唐袁天罡, 僧一行, 李泌, 李虛中, 皆祖其術, 泌嘗
得輅天陽訣, 又得一行要旨, 推人吉凶最驗. 泌傳虛中, 推
衍用之, 自珞琭子迄虛中, 論命取生年, 取納音. 五代有麻
衣道者, 及陳希夷, 又有徐居易, 字子平, 得虛中之術, 而
損益之, 始專論日主, 以推五行, 不主納音. 宋孝宗時, 淮
上術士沖虛子精此術, 傳僧道洪, 道洪傳徐大升元人, 推子
平大升二家之法, 而演繹之, 以迄於今, 此其大略也, 余考
珞琭子世代無據, 大約與李虛中相去不遠. 觀舊書所傳, 珞
琭子一賦, 其中援引漢晉諸人, 則非戰國時人明矣, 何反云

諸人祖其術耶? 卽漢晉唐諸人, 或以卜著, 或以相著, 或以
歷著, 未有以祿命著者, 李泌外傳, 但有神仙之事, 陳希夷
隱居養道, 皆無所謂祿命者. 若推命之法, 舊書間引虛中之
說, 而全文罕覯, 其法未詳. 至徐子平, 而法始定. 至徐大
升, 而法益章, 然二家所著, 往往一篇之中, 財官印食神煞
之屬, 生剋扶抑吉凶之理, 錯然並陳, 觀之者, 目眩以亂.
餘諸家所著賦論, 不越此體, 間有區分條晰者, 而頭緖繁雜,
文義俚拙, 蓋學非通儒, 則見理不徹, 筆非文士, 則措詞不
通也. 張逸叟枏, 著命理正宗, 頗能區別條晰. 亦病筆拙詞
蕪, 惟萬進士民英, 著三命通會, 區分條析, 文理郞順, 而
意在蒐采, 義無確一, 貴多而不貴精, 能博而不能約. 然較
諸術家, 則勝遠矣. 俗稱子平屬水, 推命如子水之平者, 此
謬說也. 後五代徐居易字子平, 東海人, 別號沙滌先生, 又
稱蓬萊叟, 隱於太華西棠峯洞, 濯纓筆記, 載之其詳.

녹명祿命의 학문은 그 기원起原이 상세하지 않다. 옛글에는 낙록자珞琭子에서 시작하였다 하고 그는 전국시대戰國時代 사람으로서 귀곡자鬼谷子와 같은 시대의 사람이라고 했다. 한漢의 사마계주司馬季主, 엄군평

嚴君平, 삼국시대의 관로管輅, 진晉의 곽박郭璞, 북제의 위정魏定, 당의 원천강袁天罡, 승僧 일행一行, 이필李泌, 이허중李虛中 등이 모두 그(낙록자)의 술術을 우러러 받들었다.

이필李泌은 일찍이 관로管輅의 천양결天陽訣을 얻었는데 또 일행一行 스님의 요지를 얻어서 사람의 길흉吉凶을 추론함에 가장 징험이 높았다. 이필李泌은 후에 이허중李虛中에게 이를 전하고 그는 이를 미루어 부연해서 사용했다.

낙록자로부터 이허중까지는 논명論命에 생년生年과 납음納音을 취해서 썼으며 오대五代에는 마의도자麻衣道者와 진희이陳希夷가 있었고, 또 서거이徐居易가 있었는데 자字는 자평子平으로 이허중의 술術을 터득하여 이에다 덜고 보태고 하여 비로소 일주日主를 중심으로 논하기 시작하고 오행五行으로 추론했으며 납음納音을 주主로 삼지 않았다.

송宋의 효종孝宗 때에 회상(淮上 : 양주(楊州))의 술사인 충허자沖虛子가 이 술術에 정통하여 승僧 도홍道洪에게 전수하고 도홍은 원元나라 사람인 서대승徐大升에게 전수하였다. 자평子平과 대승大升의 이가법二家法을 미루어 연역演繹하게 되어 지금까지 이르게 된 것이 그 역사의 대략인 것이다.

내가 낙록자의 세계를 살펴보니 정확한 근거는 없지만 대략 이허중과의 시간적 간격은 멀지 않다. 옛글에 전한 바를 보면 낙록자가 쓴 하나의 부賦[낙록자부] 가운데 한漢, 진晉 시대의 여러 인물들이 인용된 것을 보니 그가 전국시대 사람이 아님이 명백하다. 그런데 어찌하여 도리어 여러 사람들이 그의 술術을 시조始祖로 삼았다고 말하는가.

한漢, 진晉, 당唐의 제인諸人들 중에 혹자는 복술卜術로 저술하고 혹자는 상법相法으로 저술하고 또 혹자는 역법曆法으로 저술한 자는 있어도 녹명법祿命法으로 저술한 자는 없었다. 이는 이필李泌의 외전外傳을 보아도 다만 신선神仙에 관한 이야기만 있고 진희이陳希夷 선생은 은거하여 도道만 닦았으니 이른바 녹명祿命이라고 하는 것은 어디에도 없다.

추명推命하는 법에 관해서 옛글에서는 간혹 이허중의 설을 인용하곤 하지만 전문全文을 보기가 힘들어[151] 그 법을 상세히 알 수가 없다. 결국 서자평徐子平에 이르러 법法이 비로소 정해지고 서대승徐大升에 이르러서 더욱 발전했다. 그러나 이 두 분의 저서가 자주 한 편의 글 속에 혼재되어 재財, 관官, 인印, 식食 및 신살의 문제와 생극生剋, 억부抑扶, 길흉吉凶의 이치가 뒤섞여 함께 실려 있어서 이를 읽는 사람으로 하여금 눈을 어지럽히고 혼란스럽게 했다.

또 그 외의 제가諸家들이 저술한 부론賦論들도 이러한 체제를 벗어나지 못하였고 간혹 혼잡된 것을 구분하고 조리를 세워 밝히려고 한 자가 있었으나 두서가 번잡하고 글의 의미가 속되고 졸렬했다. 대개 (명리) 학문에 통달하지 못한 선비는 이치를 보는 것이 철저하지 못했으며, (술가들의) 필력筆力은 문사文士가 아니므로 글의 배치가 통하지 못했기 때문이다.

일수逸叟 장남張楠 선생이 『명리정종命理正宗』을 저술했는데 자못 능란하게 혼잡된 것들을 구별해 놓고 조리를 밝혔으나 역시 필력筆力이

---

151) 진소암은 '귀곡자유문'의 주석서인 '이허중명서'를 구하여 읽지 못하였음을 알 수 있다.

약하여 졸렬한 언사만 무성했다.

또 진사進士 만민영萬民英이 『삼명통회三命通會』를 지었는데 구분하고 조목을 세우며 문리文理도 밝고 순조로우나 자료를 모으고 수집하는 데만 뜻을 두어 의리義理가 하나로 확실하지 못했다. 많은 것만 귀하게 여기고 정확한 것은 귀하게 여기지 않아서 넓게 많이 모으는 데는 능하였으나 간략하게 하는 데는 능하지 못하였다. 그래도 그 밖의 여러 술가術家들에 비교하면 훨씬 뛰어나다 하겠다.

세속에서 일컫기를 자평子平은 水에 속한다 하고, 자평추명이란 子水의 평탄한 수면 같이 하는 것이라 하는데 이는 지어낸 이야기에 불과하다. 후오대後五代의 서거이徐居易의 자字가 자평子平이며 동해인東海人으로 별호는 사척沙滌 선생이고 또 봉래수蓬萊叟라고도 칭했는데 태화산 서쪽 당봉동에 은거했으며 『탁영필기』에 그 상세함이 실려 있다.

則 2

【原文】

命家所論, 財官格局神煞三者而已, 玉井奧訣, 滴天髓二書,
명가소론   재관격국신살삼자이이 옥정오결 적천수이서
則搜陰陽之理, 窮干支之情, 不沾沾講求三者, 故術家不尙
즉수음양지리   궁간지지정   불첨첨강구삼자   고술가불상
之. 然陰陽之理精, 干支之情透, 於以推論三者, 不更深微
지 연음양지리정 간지지정투   어이추론삼자 불경심미
而確當乎? 故全錄之. 奧訣乃安東杜謙所著, 其筆晦而空,
이확당호   고전록지 오결내안동두겸소저   기필회이공
滴天髓託名劉誠意, 其筆朗而快, 言理皆了然心手. 要之.
적천수탁명유성의   기필낭이쾌 언리개료연심수   요지
此二書當與子平大升輩所著, 並爲命家法式.
차이서당여자평대승배소저   병위명가법식

 명가命家에서 주로 논하던 것은 재관財官, 격국格局, 신살神煞의 세 가지 뿐이라고 할 수 있는데 『옥정오결玉井奧訣』과 『적천수滴天髓』의 두 책에서는 음양의 이치를 더욱 모색하고 간지干支의 성정性情을 깊이 연구하고자 하였으며, 앞서 말한 세 가지 분야에만 집착하지는 않았다. 그

래서 술가들은 이 두 책을 그다지 숭상하지 않았다.

그러나 음양 이치의 정확함과 간지 성정의 투철함이 앞의 3가지로 추론하는 것보다 더 깊고 미묘하여 확실히 타당하지 않은가. 그래서 나는 그 두 권을 전부 베껴 써 두었다.

『옥정오결』은 안동安東의 두겸杜謙이 저술한 것으로 그 글은 어둡고 공허空虛하지만, 『적천수』는 그 저자를 유기劉基 성의백誠意伯[152]에게 가탁한 것으로 보이지만 그 글이 밝고 명쾌하며 말의 이치가 모두 명료하다. 요컨대 이 두 책은 마땅히 서자평과 서대승 등이 저술한 것과 더불어 명가命家들의 법식法式이 되었다.

---

152) 유기(劉基, 1311~1375) : 중국 明初의 정치가·학자, 개국공신. 절강성(浙江省) 출신으로 字는 伯溫. 천문·기상·역법·군사 등의 분야에 정통하였으며 홍문관 학사를 수여받고 성의백(誠意伯)으로 봉해져서 유성의(劉誠意)라 불렸다. 저서로 『誠意伯文集』이 있으며 『적천수』를 저술한 것으로 전해진다.

則 3

【原文】

張神峰看四柱及大運, 俱重天干, 有蓋頭之說. 謂干如人之頭面, 支如人之臟腑, 藏乎下者發乎上, 藏可掩, 發不可掩, 一生富貴貧賤, 只從頭面上得見. 凡爲福爲禍之物, 透於柱中, 天干利害最切, 行運雖値所喜之支, 而所憎之干蓋之, 則不吉, 値所憎之支, 而所喜之干蓋之, 則不凶. 如喜木火而運有甲乙丙丁, 便有幾分美處; 憎金水而運有庚辛壬癸, 便有幾分不美處, 其說頗有見解. 然在柱在運, 終須合干支論斷. 如喜甲乙而坐申酉, 能無損乎? 憎丙丁而坐亥子, 豈無益乎? 要之柱干當論令, 卽甲乙蓋寅卯, 生於秋令, 只是秋木. 運支當論方, 寅卯辰之方, 雖上蓋庚辛, 終是東方上之金, 不與西方之金同論. 餘皆例此.

장신봉張神峰은 사주와 대운大運을 볼 때 모두 천간天干을 중시하였는데 개두설蓋頭說이 이에 해당한다. 그 설說에 의하면 干은 사람의 얼굴과 같고 支는 사람의 오장육부와 같은 것이라서 밑에 감춰진 것이 위로 발현發顯하는 것이라고 하여 감춰진 것은 가려질 수 있지만 발현하는 것은 가릴 수 없는 것이니 일생의 부귀빈천富貴貧賤은 단지 얼굴 위에 드러난 것을 살펴 쫓아야 한다는 것이다.

무릇 복福이 되고 화禍가 되는 것이 주柱 중에 투출되어 있을 때는 천간天干의 이로움과 해로움이 가장 중요한 것이니 행운行運에서 비록 좋은 지지地支가 들어와도 꺼리는 천간이 그것을 덮고 있으면 결국 불길不吉한 것이며 반대로 꺼리는 지지地支가 들어와도 좋아하는 천간天干이 그것을 덮고 있으면 흉하지 않은 것이다. 예를 들면 木火를 좋아하는데 운運이 甲乙丙丁이라면 곧 얼마간의 좋은 점이 있을 것이고 金水를 꺼리는데 운運이 庚辛壬癸로 가면 곧 얼마간의 나쁜 점이 있게 될 것이라고 하는 것이다.

그 설이 쓸만한 견해見解를 갖추고는 있지만 그러나 주柱에서나 운運에서나 모름지기 끝까지 간지干支를 종합해서 논단해야 하는 것이다. 예컨대 甲乙을 기뻐하는데 이들이 申酉 위에 앉아 있으면 손실이 없을 수 있겠는가. 또 丙丁을 꺼리는데 이들이 亥子 위에 앉아 있다면 어찌 유익함이 없을 수 있겠는가.

요컨대 주柱에서 干은 마땅히 그 월령月令을 따져보아야 하는데, 즉 甲乙이 寅卯를 덮고 있어도 가을의 월령月令에 태어났다면 다만 추목秋木일 뿐이다. 또 운에서 지지地支는 마땅히 방方을 논해야 하는데 예를 들어 寅卯辰의 방方이면 비록 위에 덮인 것이 庚辛일지라도 결국 동방東方의 金일 뿐으로 서방西方의 金과 동일하게 논할 수 없다. 나머지의 예들도 이와 같다.

則 4

【原文】

張神峰病藥之說, 其法甚善, 然方取病傷, 卽求醫藥, 旣用
醫藥, 仍歸中和, 非舍正理而尙僻耶? 至所云八字純然不旺
不弱, 財官無損, 日主中和, 斷如常人之命, 則其說尤偏矣.
人命純粹中和, 安有不貴不富? 特純粹之中, 暗藏駁雜, 中
和之內, 嫌於淺露, 仍是不純粹不中和耳. 嘗見大富貴命,
無病無傷, 不旺不弱, 運歷五行而皆美, 身備五福而無虧,
豈非純粹中和之確驗? 何必過拘病藥之說乎?

장신봉張神峰의 병약설病藥說은 그 법법이 아주 훌륭하다. 그러나 바야흐로 병상病傷을 취하는 뜻은 의약醫藥을 구하고자 함인데 이미 의약醫藥을 사용했으면 결국 중화中和로 돌아가는 것이니, 바른 길을 두고서

치우친 것을 받드는 것이 아닌가? 또 병약설에서 팔자八字가 순수하여 旺하지도 않고 약弱하지도 않으며 재관財官이 손상을 입지 않고 일주日主가 중화되어 있으면 병病이 없는 사주라고 하여 평범한 사람의 명命으로 판단하는데 곧 그 설이 더욱 편벽된 것이다.

인명人命이 순수하고 중화中和되어 있으면 어찌 부귀하지 않을 수 있겠는가. 특히 순수한 중에도 순일하지 않고 잡스러움을 암장하고 있어 중화한 속에서 꺼리는 것을 쉽게 드러내니 이는 순수한 것도 아니고 중화中和된 것도 아닐 뿐이다.

일찍이 크게 부귀한 명命을 본 적이 있는데 병病도 없고 상傷도 없으며 旺하지도 않고 약弱하지도 않으며 운運에서도 오행五行을 다 거쳐 가도록 모두 좋으면 신身에 이미 오복五福을 갖추고 빠진 것이 없었던 것이니 이 어찌 순수, 중화된 사주의 확실한 증거가 아니겠는가. 이로 보건대 무엇 때문에 반드시 병약설病藥說에 지나치게 구속될 이유가 있겠는가.

則 5

【原文】

昔人云, 盈天地間者, 皆水土也, 故長生而不滅. 木雖時榮
時落, 然到處皆有, 故次之. 火則由鑽木而來, 金則披沙而
得, 故易生易滅, 此說亦通. 但五行生息, 惟論其理, 不在形
質, 觀大易所引天生地成之數, 可見厥氣惟均, 不須差別也.

옛사람이 말하기를 "하늘과 땅 사이를 가득 채우고 있는 것이 모두 물과 흙이다. 그러므로 水, 土는 장생長生하여 불멸不滅하는 것이다. 木은 비록 때에 따라 영화와 쇠락을 거듭하나 도처에 널려있는 것이니 차순위이다. 火는 나무를 태워서 나오는 것이고, 金 또한 모래를 골라서 얻을 수 있는 것이므로 쉽게 생기고 쉽게 없어지는 것이다"라고 하였다.

이 설 또한 이치에 통하는 바가 있으나 다만 오행五行의 생식生息에 관해서 그 이치를 논하는 것이지 형질形質에 관한 것은 아니다. 이는 대역大易에서 인용한 하늘이 생기고 땅이 이루어 지는 수[天生地成之數]를 관찰해보면 그 氣가 오로지 균일한 것을 볼 수가 있는 것이니 모름지기 차별을 두지 말아야 할 것이다.

則 6

【原文】

百物皆具有生氣, 故能長育攸遠, 人命亦然. 不拘財官有無, 格局成否, 須有一種生氣, 非生我我生之謂也. 只在體象神理之間, 細細理會, 上命有之, 下命亦有之, 沖和朗健中有之, 强戾柔闇中亦有之, 正如人身六脈中, 胃氣盛則生, 衰則病, 絶則死, 名醫之審胃氣, 了然指下, 難以形容, 神術之察生氣, 曉然胸中, 亦難以形容也.

온갖 사물事物은 모두 생기生氣를 갖추고 있어서 능히 생장生長하고 육성育成하며 깊고 심오한 것인 바, 인명人命 역시 그러하다. 재관財官의 유무有無와 격국格局의 성부成否에 상관없이 반드시 일종의 생기生氣를 보유하고 있기 때문에 이것은 나를 생하거나[生我] 내가 생하는 것[我生]

을 의미하는 것만은 아니다.

　다만 생기生氣란 본체의 생긴 모습[體象]과 육신의 이치[神理] 사이에 있는 것으로 세밀히 깨달아 알아야 하며, 상명上命에도 있고 하명下命에도 있는 것이다. 부드럽고 온화함[沖和], 맑고 건강함[郎健] 중에도 있고, 강하고 어그러짐[強戾]과 여리고 어리석은[柔闇] 중에도 있다. 마치 인신(人身 : 인체)의 여섯 맥脈 가운데 위기胃氣가 왕성하면 살고 衰하면 병들고, 끊어지면 죽는 것과 같으니, 명의名醫가 위기胃氣를 살피기를 손끝에 있듯 명료하게 알지만 이를 어떤 것이라고 형용하기는 힘들 듯이 입신入神의 경지에 오른 술사도 생기生氣를 관찰하여 마음속으로 훤히 보고 있어도 실제로 형용하기는 어려운 것이다.

則 7

【原文】

人命生於春秋之月, 寒暖得中, 若生於盛夏, 則偏炎矣, 炎
인명생어춘추지월 한난득중 약생어성하 즉편염의 염

則喜潤, 局中得水爲佳. 生於嚴冬, 則偏於寒矣, 寒則喜溫,
즉희윤 국중득수위가 생어엄동 즉편어한의 한즉희온

局中得火爲美, 然亦有不同焉, 冬月水生木, 木卽生火, 其
국중득화위미 연역유부동언 동월수생목 목즉생화 기

化剋爲生也易. 夏月火生土, 土生金, 其化囚爲生也難. 故
화극위생야이 하월화생토 토생금 기화수위생야난 고

冬火但求得生, 夏水或徒相激, 若夏水不激, 而成象通根,
동화단구득생 하수혹도상격 약하수불격 이성상통근

冬火逢生, 而揚輝發燄. 或日主, 或爲六神, 皆貴命也.
동화봉생 이양휘발염 혹일주 혹위육신 개귀명야

인명人命이 춘추월春秋月에 태어나면 추위와 더위에 중도中度를 얻지만 만약 한여름에 태어나면 지나치게 더울 것이고 이렇게 뜨거우면 적셔서 식혀줌을 원하게 되니 국局 중에 水를 얻으면 아름답다. 또 엄동설한에 태어나면 지나치게 추울 것이고 이렇게 추우면 따듯함을 기

뼈하여 국局 중에서 火를 얻으면 아름답다.

그러나 또한 이와 같지 않은 점도 있으니 겨울에는 水生木하고 木生火하며 그 화극化剋이 생기기 쉽지만 여름에는 火生土, 土生金하여 그 수囚를 변화하여 生되기 어렵다. 그러므로 겨울의 火는 다만 生을 얻기를 구하지만, 여름의 水는 혹 무리와 서로 부딪히기도 한다. 만약 여름 水가 부딪히지 않으면 상象을 이루어 통근通根하고, 겨울 火가 生을 얻으면 빛을 휘날리고 화염을 발하리니 일주日主든지 육신六神이든지 모두 귀명貴命이 될 것이다.

則 8

【原文】

日主雖弱, 棄格不成, 官煞食傷雖强, 從局不就, 如此者强
扶抑之, 則相激而反凶矣. 不若取强者之性情, 引而化之.
卽其所生是也. 如官殺太强, 則引之以印, 食傷太强, 則引
之以財, 然以陽引陽爲上, 如引甲以丙, 引乙以丁是也. 以
陽引陰, 以陰引陽爲次, 如引甲以丁, 引乙以丙是也. 若財
印太强, 則難槪用引化, 蓋財所生者乃官殺, 恐剋重身輕,
愈爲弱主之害. 印所生者乃比劫, 卽母多子病, 亦非比劫可
救耳.

일주日主가 비록 약해도 격格을 버리고 종從하는 것은 이루어지기 어려우며 관살官殺과 식상食傷이 비록 강하더라도 종국從局은 이루어지기 힘들다.

　이러한 때는 억지로 억부抑扶하려고 하면 서로 격돌하여 오히려 凶이 되므로 이러한 경우에는 강한 것의 성정性情을 끌어내어 이를 化해 주는 것만 못하다. 즉 그 강한 것으로 무엇인가를 생하게 하는 것이 옳은 것이다.

　예를 들면 관살官殺이 태강하면 그 기운을 인印으로 끌어내고 식상食傷이 태강할 때는 그 힘을 재財로 끌어내는 것인데, 특히 양陽으로써 양陽을 끌어내는 것이 으뜸이다. 예를 들어 丙으로 甲을 끌어내고 丁으로 乙을 끌어내는 것이 바로 그것이다. 양陽으로 음陰을 끌어내거나 음陰으로 양陽을 끌어내는 것은 차순위이다. 예를 들면 丁으로 甲을 끌어내거나 丙으로 乙을 끌어내는 것이 그것이다.

　만약 재인財印이 태강할 때는 위와 같은 인화법引化法을 사용하기 곤란하다. 대개 재財가 生하는 것이 관살官殺인데 관살의 剋이 중重해지고 신身은 경輕해져서 약한 일주日主에게 더욱 해害가 될 것이 두려운 것이다. 또 인印이 生하는 것은 비겁比劫인데 인수, 즉 모母가 많으면 오히려 자식에게 병病이 되는 법이니 비겁比劫이 와도 일주日主를 구救할 수 없는 것이다.

則 9

【原文】

日主雖貴得時, 然月令值官殺財印食傷, 其生剋作用甚多,
俱有情致, 值祿僅堪助主, 情致頗少. 苟值刃劫, 反須仗他
人裁制矣. 故日主以相爲上, 女命尤宜, 蓋不强不弱也, 必
謂女貴休囚, 亦非至理耳.

일주日主가 득시得時함은 비록 귀貴하게 여겨지는 것이지만 월령月令에는 관官, 살殺, 재財, 인印, 식食, 상傷이 올 수 있으므로 그 생극生剋 작용은 매우 다양해지므로 함께 유정有情함에 도달해야 한다. 녹祿을 만나 근근이 일주를 도울 수 있다 해도 유정有情함에 이르는 것이 몹시 작을 수 있다. 가령 양인, 겁재를 만나면 오히려 타인[官煞財]의 극제에 의지해야만 하는 경우도 있으니 말이다. 그러므로 일주日主는 왕(旺: 비겁)보다 상(相 : 인수)을 더 상급으로 본다.

여명女命은 특히나 더 그러하니 상(相 : 인수)이 오면 너무 강하지도 너무 약하지도 않기 때문이다. 여명이 휴수(休囚 : 식재)에 귀해진다는 것은 맞지 않은 이치임을 반드시 말하고 싶다.

則 10

【原文】

陽干任剋之力輕, 而生物之力重. 故陽日用印, 有時喜偏,
而丙壬尤喜. 陰干生物之力輕, 而任剋之力重, 故陰日遇殺
不畏其强, 而丁己尤不畏.

양간陽干은 剋을 감당하는 힘은 약하나 다른 것을 生하는 힘은 크므로 양일陽日에는 인印을 용用하고 때로는 편偏을 좋아하는데 丙, 壬은 더욱 좋아라 한다.

음간陰干은 다른 것을 生하는 힘은 약하나 剋을 감당하는 힘은 크므로 음일陰日은 살殺을 만나도 그 강함을 겁내지 않는데 丁, 己는 더욱 두려워하지 않는다.

則 11

【原文】

六神分官殺財印食傷, 六親分父母妻子兄弟, 亦只大端如是
육신분관살재인식상   육친분부모처자형제   역지대단여시

耳, 若執一取斷, 種種難通, 如財爲妻室, 又爲家資, 人命
이 약집일취단 종종난통 여재위처실 우위가자 인명

有財神得時無破, 宜乎二者並美矣, 乃或妻偕老而財窘乏,
유재신득시무파   의호이자병미의   내혹처해로이재군핍

或財充裕而妻喪亡. 有財神失時遭剋, 宜乎二者俱傷矣, 乃
혹재충유이처상망   유재신실시조극   의호이자구상의 내

或妻頻逝而財仍豐, 或財雖匱而妻無恙, 將何說以處此乎?
혹처빈서이재잉풍   혹재수궤이처무양   장하설이처차호

謂法當分看, 其法何憑. 謂理各不同, 其理安在. 故六神六
위법당분간 기법하빙 위이각부동 기이안재 고육신육

親, 皆宜通融取斷.
친   개의통융취단

육신六神는 관官, 살殺, 재財, 인印, 식食, 상傷으로 나뉘며 육친六親은 부父, 모母, 처妻, 자子, 형兄, 제弟로 나뉘는데[153] 이 또한 단지 큰 실마리

---

153) 남자 기준으로 본인(日干), 자녀(官星), 어머니(印星), 형제(比劫), 장모(食傷), 아내/아버지(財星)를

가 이와 같을 뿐이다. 만약 그중의 하나에만 집착하여 취단取斷하면 여러 가지로 통하지 않는 점이 있을 것이다.

예를 들어 재財는 처첩妻妾이 되고 또 집안의 재산財産도 되는데 만약 인명人命에 재신財神이 있고 득시得時하며 파破를 당하지 않았다면 마땅히 두 가지가 다 아름다워야 할 것이 아닌가. 그러나 어떤 이는 처妻와 해로는 하지만 재산은 궁핍하고 또 어떤 이는 재財는 넉넉하나 상처喪妻하기도 한다.

또 재신財神이 있지만 실시失時한데다 극剋까지 당하면 두 가지 다 손상되어야 할 것 아닌가. 그러나 어떤 이는 자주 처를 잃지만 재財는 여전히 풍족하기도 하고 또 어떤 이는 재財는 비록 없어도 처는 근심이 없으니 장차 어떤 설을 가지고 이 문제를 해결할 것인가.

이에 대한 답으로 두 가지 법(六神과 六親)을 나누어서 보는 것이 마땅하다고 하는데 그 법은 어떻게 믿을 수 있는가, 그러니 그 이치가 서로 같지 않다고 하는데 그 이치는 어디에 있는가. 그러므로 육신六神과 육친六親은 서로 융통성 있게 취단하는 것이 마땅할 것이다.

꼽고, 여자 기준으로는 본인(日干), 남편(官星), 어머니(印星), 형제(比劫), 자녀(食傷), 시어머니/아버지(財星)를 꼽아서 6가지 가족관계, 육친이라 부르는 논리도 있다.

則 12

【原文】

生時歸祿之外, 其吉者, 甲日癸酉時, 己日丙寅時, 丁日壬寅時, 壬日己酉時, 皆干支官印, 上下相生. 己日甲子時, 丁日辛亥時, 皆干支財官, 上下相生. 戊日乙卯時, 干支上下純官. 癸日庚申時, 干支上下純印. 甲日戊辰時, 戊日壬子時, 壬日丙午時, 癸日丁巳時, 皆干支上下純財. 戊日庚申時, 癸日乙卯時, 皆干支上下純食. 此諸時雖非遇之卽貴, 然以助全局之吉, 較有力也.

생시生時에서 귀록歸祿 외에 吉한 것으로는 甲日 癸酉時, 己日 丙寅時, 丁日 壬寅時, 壬日 己酉時가 있는데 모두 간지干支가 관官과 인印이며 상하上下가 상생相生하는 경우이고, 또 己日 甲子時, 丁日 辛亥時는 간지干支가 재관財官으로 구성되어 상하가 상생하는 관계이며 戊日 乙卯時는 간지의 상하가 순전히 관官이며 癸日 庚申時는 간지의 상하가 전부 인印이고 甲日 戊辰時, 戊日 壬子時, 壬日 丙午時, 癸日 丁巳時는 모두 상하 간지가 순수히 재財로 되어 있고 戊日 庚申時, 癸日 乙卯時는 간지의 상하가 전부 식신食神으로 되어 있다. 이러한 여러 時들을 비록 만나지 않더라도 귀할 수 있지만 時로써 전국全局의 길을 도우니 비교적 힘이 생긴다고 하겠다.

則 13

【原文】

俗於四墓愛之, 則取財庫官庫殺庫, 夫財之取庫, 猶爲近理,
속어사묘애지 즉취재고관고살고 부재지취고 유위근리

官殺何取於庫乎? 憎之則動云天羅地網, 夫辰戌止是水火
관살하취어고호 증지즉동운천라지망 부진술지시수화

之墓, 豈諸干皆墓乎? 卽水火亦有時用庫, 豈遂爲羅網乎?
지묘 기제간개묘호 즉수화역유시용고 기수위라망호

又謂少忌庫運, 老喜庫運. 夫原局過於發揚, 少年亦利收斂.
우위소기고운 노희고운 부원국과어발양 소년역리수렴

過於鬱塞, 老年亦惡閉藏. 此正與少畏死絶, 老畏長生, 同
과어울색 노년역오폐장 차정여소외사절 노외장생 동

一偏見耳.
일편견이

일반적으로 사묘四墓 중에서 좋아하는 것은 즉 재고財庫, 관고官庫, 살고殺庫를 뽑을 수 있는데 무릇 재財가 고庫를 취하는 것은 어느 정도 이치에 근접한 것이라 하더라도 관살官殺은 어찌 고庫를 취하겠는가.

또 사묘四墓 중에서 싫어하는 것은 즉 동동動하는 것으로 천라지망天羅

地網154)이라 부른다. 그런데 辰, 戌은 다만 水, 火의 묘墓일 따름이니 어찌 모든 干의 묘墓가 되겠는가. 또 水, 火 역시 때로는 고庫를 쓸 수 있는 것인데 어찌 천라지망만 된다 하는가.

또 이르기를 어릴 때는 고운庫運을 꺼리고 노년에는 고운庫運을 좋아한다고 하는데 일반적으로 원국原局에서 기운을 떨쳐 일으킴[發揚]이 지나친 경우에는 젊은이라도 수렴收斂하는 편이 좋고, 원국이 지나치게 침체되어 있는 상황이면 노년이라도 닫히고 가두는 것을 싫어하는 것이니 위에서 말한 이론은 마치 소년에는 사절死絶운을 꺼리고 노년에는 장생長生운을 꺼린다는 이론과 동일한 것으로 편견일 뿐이다.

---

154) 천라지망(天羅地網) : 戌亥는 천라이고 辰巳는 지망이다. 무릇 火命이 戌亥를 만나면 천라이고, 水土命이 辰巳를 만나면 지망이 된다.

則 14

【原文】

緇流羽士之命, 證果登仙者, 不特體格至淸, 抑且福力至厚,
치류우사지명 증과등선자 불특체격지청 억차복력지후

非人間大富貴人所可及也, 此不當以孤高求之, 其孤高者,
비인간대부귀인소가급야 차부당이고고구지 기고고자

乃釋道中稍成品格者耳, 若尋常釋道, 只就五行推看, 偏枯
내석도중초성품격자이 약심상석도 지취오행추간 편고

駁雜, 自然世綠淡薄. 必謂火土爲釋, 金水爲道, 其論固矣.
박잡 자연세록담박 필위화토위석 금수위도 기론고의

불가佛家의 스님이나 도가道家의 도사들의 명命을 보면 깨달음을 얻고 신선神仙이 되는 자는 비단 체격이 지극히 맑고 복력福力 또한 지극히 두터운 까닭이므로 인간 세상의 대부귀인大富貴人이라도 이에 미칠 바 못 되는 것이다. 이런 경지에 이르는 것은 고고孤高한 것만 가지고 되는 것이 아니니 그 고고함이라는 것은 불교나 도교의 수행자가 조금씩 이룩한 품격品格에 불과하다.

만약 평범한 불도佛徒와 선도仙徒라면 오행五行만 가지고도 간명看命할 수 있다. 명조命造가 편고偏枯155)되고 이리저리 뒤섞여 있으면 자연히 세상과 인연이 희박하게 되는데 이때 반드시 火土는 편고되면 불도佛徒가 되며 金水는 편고되면 선도仙徒가 된다고 하는데 그 이론이 타당하다.

---

155) 편고(偏枯) : 기운이 한쪽으로 치우치거나 뿌리가 없어 메말라 있음.

則 15

【原文】

人命好運, 多或三四十年, 須二十歲外行之, 少或一二十年,
인명호운   다혹삼사십년   수이십세외행지   소혹일이십년

須三十歲外行之. 若好運太早, 髫齡之日, 弱冠之前, 何遽
수삼십세외행지   약호운태조   초령지일   약관지전   하거

能榮顯乎? 即或蒙親蔭世職, 然好運過後, 福盡而算促矣.
능영현호   즉혹몽친음세직   연호운과후   복진이산촉의

인명人命에서 좋은 운運은 많아야 30~40년인데 이때에도 모름지기 20세 이후에 이 운運으로 가야 좋으며, 또 적을 때는 10~20년간 좋은 운運이 오는데 모름지기 30세 이후에 이 운運으로 가야 좋다. 만약 좋은 운을 맞는 시기가 너무 빨라서 유년이나 20세 이전이라면 어찌 영달할 수 있겠는가. 혹 집안 어른의 덕으로 세직世職에 음사蔭仕[156]한다 하더라도 만약 좋은 운이 지나고 나면 복福이 다하고 명命도 촉박해진다.

156) 과거(科擧)를 거치지 않고 다만 조상의 덕으로 관직에 나아감.

則 16

【原文】

命有十分福氣, 行二三分惡運, 都不覺凶; 四五分惡運, 亦止浮災細累; 至六七分惡運, 方有重災. 福力本厚故也, 命有五分福氣, 行一分惡運, 卽不如意; 二三分惡運, 必見重災; 若四五分惡運卽死. 根基不堅故也.

원명原命에 10할의 복기福氣를 갖추고 있으면 2~3할의 악운惡運을 만나도 전혀 凶함을 모르고 지나가고, 4~5할의 악운이 닥치더라도 역시 가벼운 재앙災殃이나 사소한 번거로움에 지나지 않고, 6~7할의 악운이 와야 바야흐로 무거운 재앙이 있게 되니 복력福力이 원래부터 두텁기 때문이다.

원명에 5할의 복기를 타고난 사람은 1할의 악운惡運을 만나면 매사가 뜻과 같이 아니 되고, 2~3할의 악운을 만나면 반드시 무거운 재앙을 보게 되며 만약 4~5할의 악운을 만나면 곧 죽게 되니 원래 뿌리와 기반이 튼튼하지 못하기 때문이다.

則 17

【原文】

命主旺甚, 行剋削之運宜利矣, 而或凶或死, 何也? 譬之暴
명주왕심   행극삭지운의이의   이혹흉혹사 하야   비지폭

悍之人, 忽遭折挫, 多至引決也. 命主衰甚, 行滋助之運宜
한지인   홀조절좌   다지인결야   명주쇠심   행자조지운의

亨矣, 而或危或喪, 何也? 譬之寒微之人, 驟得富貴, 反爲
형의   이혹위혹상   하야   비지한미지인   취득부귀   반위

不祥也, 故旺勿至於太亢, 弱勿至於無氣.
불상야   고왕물지어태항   약물지어무기

    명주命主의 旺함이 심할 때는 그것을 剋하고 깎아 내리는 운運으로 행하면 마땅히 이로워진다 하였는데 혹은 반대로 凶해지기도 하고 혹은 죽기도 하니 어찌된 일인가. 이는 비유하자면 포악하고 사나운 사람이 갑자기 좌절을 당하면 대부분 자결自決하는 것과 같은 것이다.

    또 명주命主가 심히 쇠약한 경우에는 북돋아주고 조력助力을 받는 운運으로 가면 마땅히 형통亨通해야 할 것인데 혹자는 반대로 위험을 당

하고 혹자는 죽게 되는 경우도 있으니 어찌된 일인가. 이는 비유해서 말하자면 춥고 배고픈 사람이 갑자기 부귀富貴를 누리게 되면 오히려 불상사不祥事를 당하게 되는 것과 같은 것이다.

그러므로 旺한 자도 너무 끝까지 오르려고 하면 안 되고 약弱한 자도 무기無氣한 지경까지 이르지는 말아야 한다.

則 18

【原文】

人有此日坐罪, 而來日忽貴者, 前月登第, 而後月遽沒者,
非此運吉凶雜見乃吉運中微帶危機, 凶運中偶扶貴氣耳. 又
有以義氣嬰禍患, 而反致通達者, 由詭道得名利, 而反取喪
亡者, 此則直是吉運, 絶非危機, 直是凶運, 毫無富貴氣也.

사람 중에는 오늘 죄인罪人이었던 자가 내일 홀연히 귀貴한 사람이 되는 자도 있고 지난 달에 과거科擧에 합격하더니 다음 달에 갑자기 몰락한 자도 있는데 이는 운運의 길흉吉凶이 혼잡混雜되어 나타나는 것이 아니고 길운吉運 중에서 약간의 위태로운 기미를 대동하고 있거나 흉운凶運인데도 우연히 귀貴한 기운의 도움을 받는 경우일 뿐이다.

또 정의로운 기운을 가진 자가 화禍와 우환에 얽히는 듯 하다가도 결국에는 막힘없이 잘 풀리는 사람이 있고, 남을 속이는 길을 가는 자가 명리名利를 얻는 듯 하다가도 결국에는 상실과 패망에 이르는 사람이 있다. 이는 그야말로 길운吉運이지 절대 위기가 아니었던 것이며, 그야말로 흉운凶運이지 추호도 부귀한 기운이 아니었던 것이다.

則 19

【原文】

人命有十分吉運, 而反休官何也? 宦途危險, 欲罷不能, 一旦投閒, 終身安枕, 非十分吉運, 何能得此乎? 有十分凶運, 而反遷秩者何也? 歷任平安, 忽移重地, 變生意外, 命損須臾, 非十分凶運, 何以至此乎?

인명人命에는 10할의 길운吉運이 있더라도 오히려 관직官職을 그만두는 것은 어찌된 일인가. 벼슬길이 위험하여 파직하고자 해도 할 수 없었는데 하루아침에 한가한 곳으로 물러나 종신토록 잠자리가 편안하다면 10할 길운吉運이 아니라면 어찌 능히 이럴 수가 있겠는가.

또 10할의 흉운凶運인데도 오히려 높은 자리로 옮기는 것은 어찌된 일인가. 그동안 역임했던 자리에서는 평안했었는데 홀연히 중요한 자리로 옮기고 나니 의외의 변고가 생기고 잠깐 사이에 생명에 손상이 오니 10할의 흉운凶運이 아니라면 어찌 이런 일이 생기겠는가.

則 20

【原文】

凡看人命, 先問六親姓氏, 及前此履歷, 一一詳悉, 方可推
범간인명 선문육친성씨 급전차이력 일일상실 방가추

算. 蓋已往之事, 雖驗無益, 不足爲奇, 惟將來休咎, 果能
산 개이왕지사 수험무익 부족위기 유장래휴구 과능

洞見, 其人信之, 上可積善改過, 下亦趨吉避凶. 然非稽其
통견 기인신지 상가적선개과 하역추길피흉 연비계기

已往, 無以測其將來. 如或隱而不言, 朦朧相試, 愼勿輕談
이왕 무이측기장래 여혹은이불언 몽롱상시 신물경담

妄斷.
망단

무릇 인명人命을 볼 때 먼저 육친六親과 성씨姓氏를 묻고 이전의 이력을 일일이 자세히 묻고 나서 바야흐로 추산推算함이 옳다. 대체로 이미 지나간 과거지사는 비록 맞춘다 해도 유익할 것이 없으니 신기하다고 하기에 부족한 것이며 오로지 장래의 휴구(休咎 : 길흉)를 능히 통찰할 수 있어야 그 사람이 그것을 믿을 것이다.

그리하여 위로는 선善을 쌓고 지난 잘못을 고치고 아래로는 吉을 추구하고 凶을 피할 수 있는 것이다. 그러나 과거지사를 잘 헤아리지 못하면 그 미래의 일도 예측할 수 없는 것이니 만약 숨기고 말을 아니 하거나 애매모호하게 시험하려고 하면 절대로 조심하고 가볍게 말하거나 망령되게 판단하지 않아야 한다.

則 21

【原文】

舊書稱官爲祿, 稱財爲馬, 易與日祿之祿, 驛馬之馬相混.
又稱子丑爲鼠牛, 寅卯爲虎兎, 此類亦不爽目, 故是集各正
其名.

옛글에 관官을 칭하여 녹祿이라 하고 재財를 칭하여 마馬라 하는데 이는 일록日祿이라 할 때의 녹祿과 역마驛馬라고 할 때의 마馬와 서로 혼동하기 쉽고, 또 子丑을 서우鼠牛, 寅卯를 호토虎兎라고 하니 이런 것들은 눈을 어지럽게 하니 모두 이름을 바로 잡는 것이 좋겠다.

則 22

【原文】

舊書往往稱子午卯酉, 爲坎離震兌, 寅申巳亥, 爲艮坤巽乾,
구서왕왕칭자오묘유 위감리진태 인신사해 위간곤손건

不知八卦加十二支之上, 坎正在子位, 傍占亥丑各二分半,
부지팔괘가십이지지상 감정재자위 방점해축각이분반

離正占午位, 旁占巳未各二分半, 震正占卯位, 旁占寅辰各
리정점오위 방점사미각이분반 진정점묘위 방점인진각

二分半, 兌正占酉位, 旁占申戌各二分半, 艮則占丑寅各七
이분반 태정점유위 방점신술각이분반 간즉점축인각칠

分半, 坤則占未申各七分半, 巽則占辰巳各七分半, 乾則占
분반 곤즉점미신각칠분반 손즉점진사각칠분반 건즉점

戌亥各七分半. 謂子午卯酉, 爲坎離震兌, 猶曰擧其重者言
술해각칠분반 위자오묘유 위감리진태 유왈거기중자언

之. 謂寅申巳亥, 爲艮坤巽乾, 何以偏擧其少, 獨遺其多乎?
지 위인신사해 위간곤손건 하이편거기소 독유기다호

夫地道只十二支一層耳, 加以天干是第二層, 加以八卦是第
부지도지십이지일층이 가이천간시제이층 가이팔괘시제

三層, 堪輿家以六十四卦十二支, 分爲二十四山, 識者猶以
삼층 감여가이육십사괘십이지 분위이십사산 식자유이

爲不盡然, 況命理而可分裂諸支, 妄擧四卦也耶?
위부진연 황명이이가분열제지 망거사괘야야

옛글에서는 자주 子午卯酉를 감리진태坎離震兌라고 칭하기도 하고 寅申巳亥를 간곤손건艮坤巽乾이라고 칭하기도 하는데 이는 8괘卦를 12支상에 대입시킨 것이다.

감坎은 정자正子의 위치에 있기는 하지만 양옆으로 亥丑을 각 25%씩 포함하고, 리離는 정오正午의 위치를 점하고 있지만 양옆으로 巳未를 각 25%씩을 차지하며, 진震은 정묘正卯의 위치를 점하고 있지만 옆으로 寅辰을 각 25%씩 차지하고, 태兌는 정유正酉의 위치를 점하고 있지만 양옆으로 申戌의 각 25%씩을 차지한다. 간艮은 丑寅의 75%씩을, 곤坤은 未申의 75%씩을, 손巽은 辰巳의 75%씩을, 건乾은 戌亥의 75%씩을 차지하는 것을 모르고 대입하고 있다. 子午卯酉를 감리진태坎離震兌라고 말하는 것은 가장 중요한 역할을 하는 것을 들어서 말하는 것이지만 寅申巳亥를 간곤손건艮坤巽乾이라고 할 때는 비중이 적은 것을 들어 말하니 어찌하여 그 적은 것에 치우쳐 홀로 그 많은 것을 버리는 것인가?

대체로 지도地道는 12支가 1층이 되고 여기에 천간天干을 더해서 2층이 되며 또 팔괘八卦를 더하여 3층이 되는 것이다. 풍수가들이 이로써 64괘卦 12支를 나누어서 24산山이라 한 것은 식자識者들도 오히려 미진한 것으로 여기는 판인데 하물며 명리命理에서 모든 지지를 쪼개고 나누어서 망령되게 4괘卦를 거론한단 말인가.

則 23

【原文】

世俗相傳, 父命凶, 則能剋子. 子命凶, 則能剋父. 夫命凶,
세속상전   부명흉   즉능극자   자명흉   즉능극부   부명흉

則能剋妻. 妻命凶, 則能剋夫. 遂至有骨肉相怨憎者, 此說
즉능극처   처명흉   즉능극부   수지유골육상원증자   차설

殊誤. 凡父命中子星破壞, 可以推其子之不肖, 非因父命而
수오   범부명중자성파괴   가이추기자지불초   비인부명이

剋子也. 子命中父星衰絶, 可以推父之早逝, 非因子命而
극자야   자명중부성쇠절   가이추기부지조서   비인자명이

剋父也. 夫命中妻星損壞, 可以推其妻之頻喪, 非因夫命而
극부야   부명중처성손괴   가이추기처지빈상   비인부명이

剋妻也. 妻命中夫星死絶, 可以推其夫之不祿, 非因妻命而
극처야   처명중부성사절   가이추기부지불록   비인처명이

剋夫也.
극부야

세속世俗에 서로 전해오는 것이 부명父命이 흉하면 능히 자식을 극하고 자명子命이 흉하면 능히 부父를 극한다고 하며, 남편 명命이 흉하면 능히 처妻를 극하며 처명妻命이 흉하면 능히 남편을 극한다고 하였으

니, 마침내는 모든 골육骨肉간에 서로 원망하고 증오한다는 것인데 이 설은 아주 잘못된 것이다.

　대체로 부명父命 중에 자성子星이 파괴되어 있으면 그 아들이 불초(不肖 : 아버지를 닮지 않은 못난 자식)함을 추론할 수 있는 것이지 부명父命으로 인해서 극자剋子하는 것이 아니다. 또 자명子命 중에 부성父星이 쇠절衰絶되어 있으면 그 부父가 돌아가시게 될 것을 미루어 알 수 있는 것이지 자명子命으로 인하여 극부剋父하는 것이 아니다.

　남편 명命 중에 처성妻星이 손괴損壞되어 있으면 몇 번이고 상처喪妻한다고 추론할 수 있는 것이지 남편 명命으로 인하여 극처剋妻하는 것이 아니다. 또 처명妻命 중에 부성夫星이 사절死絶되어 있으면 그 남편이 불록지객(不祿之客 : 죽음)이 될 것을 추론할 수 있을 뿐이며 처명妻命으로 인하여 극부剋夫하는 것이 아니다.

則 24

【原文】

昔人有言, 能讀千賦則曉賦, 能觀千劍則曉劍, 凡欲究心斯
道, 須收集舊命, 幷海內現在諸命, 挨順年月日時, 編成底
本, 詳錄六親履歷, 考古證今, 自然命理精通, 若衹有閱看
術家舊刻之書, 僅推相與親知之命, 此猶空讀醫經, 未嘗臨
千百人之症, 用千百劑之藥, 遽欲立方中病, 難矣.

옛사람의 말에 "천 가지 부賦를 읽으면 부賦에 통달하여 환하게 알게 되고 검劍을 보되 천 개의 검을 보면 검에 통달할 수 있다"고 했다.

무릇 이 도道를 마음으로 궁구窮究하고자 하면 모름지기 옛사람의 명조命造를 수집하고 또 현재 나라 안에 있는 여러 사람들의 명조를 조사하여 年月日時의 순서로 책을 만들고 육친六親 이력을 상세히 기록하여 옛것을 연구하고 현재의 것을 증명하면 자연히 명리命理에 정통해질 것이다.

만약 술가術家들이 오래 전에 펴낸 책들만 보고 겨우 가까운 사람들의 명命만 보다 보면 이는 의서醫書를 공허하게 읽기만 하고 아직 천백 명의 사람들의 증세에 맞춰서 천백 가지 약을 처방해본 적이 없으면서 갑자기 병病을 처방하고자 하니 어려운 것이다.

附. 張神峯闢五行諸謬
부. 장신봉벽 오행제류
- 장신봉이 주장한 오행의 여러 오류들 -

【原文】

1. 婁景以爐中海中大林路傍等, 配納五行爲歌, 使人成誦,
後世謂爲實然. 若三車一覽, 望斗眞經, 蘭臺妙選等書,
俱不論生剋正理, 漫以江山水石風雨立說, 又以人之生
年十二支生肖所屬, 論人吉凶, 尤爲謬妄. 如宜黃縣兵部
尙書譚二華八字, 庚辰甲申丁未丙午, 本係身强殺淺, 假
殺爲權, 喜行殺旺之地, 乃舍此正理, 謬言其命屬龍, 得
丁未丙午日時, 謂之龍奔天河, 以龍遇水爲極貴. 有一
貧命, 庚辰甲申癸亥癸亥, 亦可以龍入大海論之, 何以
極貧? 緣此八字水多爲病, 再行北方運, 以水濟水, 正謂
背祿逐馬, 守窮途而悽惶也. 且如人屬雞犬豬羊, 亦有貴
命, 將似何理論之. 又有破碎吞陷等煞, 及小兒雷公金鎖

斷橋百日鷄飛等關, 祇以生年一字, 犯某日某時爲言, 以至驚人父母. 夫在八字干支, 以生剋制化, 正理搜尋, 尙且禍福不驗, 乃欲執一字, 以定生死乎.

2. 呂才合婚書, 俱爲理之所無. 人之婚姻, 由於前定, 擇婚擇命, 不過父母愛子之心. 男之擇女也, 八字貴看夫子二星. 女之擇男也, 八字貴得中和之道. 何以妄立骨髓破鐵掃帚六害大敗狼籍飛天八敗孤虛等謬說, 將生年十二支, 止以月家一字爲犯, 豈有是理耶. 夫合年月日時及地支所藏, 論人休咎, 尙不能得, 況獨取年月兩字, 不與日時相關乎? 世俗遂以爲眞, 彼高明者, 知其無驗而破之, 人亦不信, 卽如發科發甲者, 止讀儒書, 未諳此理, 遂亦酷信. 以致下愚之人曰, 彼讀書人尙且信之, 我何疑焉? 又或八字果係偏枯, 太弱太旺, 有病無藥, 不以爲正理未佳, 只怨帶此諸凶爲害, 愚謂此等妄語, 必毁其板, 火其書, 而後可.

3. 進財退財, 望門守寡, 妻多危, 夫多厄, 死墓絶, 妨夫妻, 止以人之生年金木水火土, 納音所屬月上一字犯之, 夫退財進財, 係乎自己命運, 安有他人家男女, 而能致我之禍耶.

4. 女命以八敗桃煞爲首忌, 八敗如猪羊犬吠春三月, 蓋以
亥未戌人, 三月生者, 遂爲八敗, 不論日時, 不論夫子,
其謬甚矣. 桃花煞, 如寅午戌兎從茅裏出, 蓋取寅午戌
屬火, 沐浴於卯, 火在卯上沐浴, 有裸體之嫌, 其謬甚矣.
吾見夫子兩全富貴老婦, 因其幼帶八敗諸煞, 父母將其
八字改造適人, 及至臨終, 始告夫子眞造, 以紀譜志墓.
嘗取其眞造視之, 原係夫子明透, 理得中和. 世俗止謂其
帶八敗諸凶, 而不知其八字甚美也.

5. 合婚書以男女年命宮數, 配合天醫福德爲上婚, 游魂歸
魂爲中婚, 五鬼絶命爲下婚, 若果有是理, 則凡議婚者,
俱擇上中者配之, 擇下者舍之, 天下必無怨女曠夫矣. 或
曰, 男女俱擇四柱好命相配, 則下命者, 當看男命帶此肩
劫財重者, 擇女命帶傷官食神重者配之; 女命帶傷官食
神重者, 擇男命帶此肩劫財重者配之. 庶幾近理.

6. 珞琭子專以財官爲主, 雖人以財爲依傍, 然財官太旺, 日
主太弱, 則身不能任其財官. 苟日主太旺, 財官氣輕, 則
財不敷身主之運用, 當以財官日主二者參看. 子平書云,
財官輕而日主旺, 運行財官最爲利, 財官旺而日主弱, 運

行生旺最爲奇, 此言至當至約. 若珞琭子所言止要財官
生旺, 不看日主強弱, 不亦甚謬乎?

7. 一曰德格, 有甲寅丙辰戊辰壬戌五日, 何以見其爲德, 不
考原委來歷, 輒以日德名之, 豈非謬說乎?

8. 魁罡格, 取壬辰, 庚戌, 庚辰, 戊戌臨四墓之上, 爲魁罡,
能掌大權. 何以臨四墓之上, 遂能如此. 亦謬說也.

9. 六壬趨艮格, 謂用寅中甲木, 能合己土爲壬之官, 寅中丙
火, 能合辛金爲壬之印, 俱是無中生有. 大抵與拱祿飛祿
祿馬之說, 相爲表裏, 而此說尤非也.

10. 六甲趨乾格, 謂亥乃天之門戶, 甲日生人臨此, 謂之趨
乾, 假如別日干生臨亥上, 何以不謂之趨乾乎? 豈天門
祇好此六甲來趨乎? 夫天體至圓, 本無門戶, 即以乾居
西北, 類天之門戶, 豈可論人之禍福乎?

11. 勾陳得位格, 以日主臨財官之地也. 夫身主不柔, 能任財
官, 謂之得位秉權宜矣. 若身主氣弱, 臨財官太旺之地,
或爲財多身弱, 或爲煞重身輕, 以之爲美, 豈不謬乎?

1. 누경婁景이 노중화爐中火, 해중금海中金, 대림목大林木, 노방토路傍土 등으로 납음오행納音五行을 배치해 노래를 만들어 사람들에게 외우도록 했는데 후세 사람들이 실제로 그렇게 했다고 한다.

또 삼거일람三車一覽, 망두진경望斗眞經, 난대묘선蘭臺妙選 같은 책들은 모두 생극生剋의 바른 이치를 논하지 않고 함부로 강산江山, 수석水石, 풍우風雨 등으로 설을 만들었고 또 사람의 생년生年 12지支의 생긴 모습에 속한 것으로써 인간의 길흉을 논했으니 그 오류가 더욱 심하였다.

예컨대 의황현宜黃縣 병부상서兵部尙書인 담이화譚二華의 팔자는 庚辰, 甲申, 丁未, 丙午인데 신강하고 살殺이 약하여 살殺을 빌려서 권세를 삼아야 함으로[假殺爲權] 운이 살왕殺旺한 곳으로 가는 것을 좋아하는 것인데 이러한 정당한 이치를 버리고 이 명命이 용龍에 속하므로 丁未日 丙午時를 얻어서 용이 은하수를 타고 달리는 龍奔天河 격이니 용이 水를 만나면 지극히 귀하게 된다고 하였다.

또 하나는 빈명貧命인데 庚辰, 甲申, 癸亥, 癸亥로 이 또한 용龍이 큰 바다에 들어간 형국으로 논할 수 있는 것인데 어찌하여 극빈極貧하단 말인가. 이 팔자八字로 말하자면 水가 많아서 병病이 되었는데 다시 북방北方 운으로 가는 것은 水로 水를 구제하는 것이니 바로 녹祿을 등지고 말을 좇게[背祿逐馬] 되는 것으로 벼슬을 하지 못하고 슬퍼하며 처량함을 가지고 살았다.

또 사람 중에는 닭[鷄], 개[犬], 돼지[猪], 양[羊] 등에 속하기도 하고 또한 귀명이 있는데 이때는 어떠한 이치로 이를 설명하겠는가.

또 파쇄破碎, 탄함呑陷 등의 살煞과 소아小兒, 뇌공雷公, 금쇄金鎖, 단교斷橋, 백일百日, 계비鷄飛 등의 관關은 다만 생년 한 자字만 가지고 모일某日 모시某時를 범犯한다고 하여 사람의 부모를 놀라게 하기까지 하는데 무릇 팔자八字의 간지干支를 생극제화生剋制化의 바른 이치를 가지고 살펴도 오히려 화복禍福이 맞지 않는 법이거늘 한 자字에 집착하여 생사生死를 판정하고자 하는가.

2. 여재呂才의 합혼서合婚書도 모두 이치가 없는 것이다. 사람의 혼인婚姻이란 전생前生으로부터 정해진 것으로 혼인할 자리를 택하고 혼인할 사람을 택하는 것은 부모의 자식 사랑하는 마음에 지나지 않으며 남자가 여자를 선택할 때는 팔자八字에서 지아비와 자식의 이성二星을 보는 것이 중요하며 여자가 남자를 선택할 때는 그 팔자가 중화中和의 도道를 갖추었는가를 보는 것이 소중하니 어찌 망령되게 골수骨髓, 파철破鐵, 소추掃帚, 육해六害, 대패大敗, 낭자狼藉, 비천飛天, 팔패八敗, 고허孤虛 등 오류의 설을 주장하는가. 이들은 생년生年의 12支를 월의 한 자字로 범犯하게 되는 것이니 어찌 올바른 이치가 있겠는가. 일반적으로 年月日時와 지지地支에 소장된 지장간地藏干을 종합하여 사람의 길흉吉凶을 논하여도 오히려 터득하기 힘들거늘 하물며 단지 年月의 두 글자만을 취하고 日時는 더불어 상관할 바가 아니라고 하는가.

세속世俗에서 진실이라고 여기고 추종하는 것을 고명高明한 사람들이 그 증험이 없음을 알고 이를 깨뜨려 버리면 사람들 역시 믿지 않을 것이지만, 만약 과거 시험을 보거나 급제한 사람들이 다만 유학儒學의 서적만 읽어서 이러한 이치를 알지 못하는데도 따르면 어리석은 아랫사람들은 말하기를 "저렇게 글을 읽는 사람도 오히려 믿고 있는데 내가 어떻게 의심할 수 있겠는가"라고 할 것이다.

또 팔자八字가 만약 편고偏枯하거나 태약太弱, 태강太强하거나 유병득약有病無藥하면 바른 도리가 아니라서 아름답지 않다고 생각하고 다만 원망만 하니, 이러한 것이 모두 凶하여 이를 갖고 있으면 해롭다고 여기며 어리석게도 이와 같이 망령된 말을 하니 반드시 그 책의 목판木板을 부숴 버리고 책을 불살라 버린 뒤라야 올바로 될 것이다.

3. 진재進財, 퇴재退財, 망문望門, 수과守寡가 있으면 처妻에 위태로움이 많고 남편에게는 액운이 많으며 부성처성夫星妻星이 사묘절지死墓絶地에 있으면 부처夫妻에 훼방이 된다 하니 이는 단지 사람 생년生年의 金木水火土로써 납음納音에 속하는 월상月上의 한 자字를 범犯하는 것일 뿐이고 또 일반적으로 퇴재退財, 진재進財는 자기의 명命과 운運에 매어있는 것이거늘 어찌 남의 집의 남녀가 나의 화禍를 초래한단 말인가.

4. 여명女命에서는 팔패八敗와 도화살桃花煞을 가장 꺼리는 것으로 팔패란 예를 들어 돼지, 양, 개가 춘春 3월에 짖는다는 것으로 亥, 未, 戌年에 태어난 사람이 3월생이면 팔패에 해당된다고 하는데

日과 時도 논하지 않고 여명女命에서 가장 중요한 지아비와 자식에 관해서도 논하지 않으니 그 오류가 심한 것이다.

도화살桃花煞이란 예를 들어 '인오술토종모리출寅午戌兔從茅裏出'이라 하여 '호랑이, 말, 개와 토끼가 띠풀 숲에서 나온다'는 것이니 대개 寅午戌이 火에 속하여 卯에서 목욕沐浴이 되며 火는 卯 상上에서 목욕沐浴을 함으로 벌거벗은 몸이 되니 혐오한다는 것인데 그 잘못됨이 아주 심하다.

내가 본 어떤 노부인은 지아비와 자식이 모두 훌륭하고 부귀까지 갖춘 분인데 어려서 팔자에 팔패八敗 제살諸煞이 있어서 부모가 그 팔자를 거짓으로 고쳐서 시집을 보냈다. 그 후 임종臨終에 이르러 비로소 지아비와 자식에게 자신의 진짜 명조命造를 알려서 족보族譜와 묘지墓誌에 기록케 하였다. 내가 일찍이 그 부인의 진짜 명조를 취해 본 바 원래 남편과 자성子星이 밝게 투출하고 이치상 중화中和를 이룬 사주였는데 세속에서는 다만 그 명조가 팔패의 제흉을 갖추고 있다고 말하고 있을 뿐이니 이는 그 팔자가 아주 아름답다는 것을 몰랐기 때문이다.

5. 합혼서合婚書에서는 남녀가 태어난 해의 명궁수命宮數가 천의天醫와 복덕福德에 배합되면 상혼上婚으로 치고, 유혼遊魂이나 귀혼歸魂이 되면 중혼中婚으로 치며, 오귀五鬼나 절명絶命이면 하혼下婚으로 친다.

만약 이러한 이치가 맞는 것이라면 혼담을 진행하는 자는 모두 상上과 중中에 해당하는 사람만을 택하여 짝을 짓고 하下에 해당하는 사람은 택하지 않고 버리면 될 것이니 천하에 남편이 없어서 원망하고 슬퍼하는 과부와 짝 없는 홀아비가 반드시 없어야 할 것이다.

혹자가 말하기를 남자든 여자든 모두 사주四柱가 좋은 사람을 택해서 서로 배필로 삼고 다음에 하명자下命者 중에서 남명男命에 비견比肩, 겁재劫財가 중중한 자는 여명女命 중에 상관傷官, 식신食神이 중중한 자로 골라서 짝을 짓고, 여명에서 식신, 상관傷官이 중중한 자는 남명에 비견比肩, 겁재劫財가 중중한 자를 골라 짝을 지으면 거의 이치에 가까이 간 것이라 하겠다.

6. 낙록자珞琭子는 오로지 재관財官을 위주로 삼았다. 비록 사람이 재財에 의지해 사는 것이라고 하지만 재관財官이 태왕太旺하면 일주日主는 태약한 것이라, 곧 재관財官을 감당할 수 없게 될 것이다. 반대로 만약 일주日主가 태왕하고 재관財官의 기氣는 경미하다면 재물財物이 신주(身主 : 일주)의 운용에 베풀어지지 못하게 되는 것이니 마땅히 재관財官과 일주日主의 양자兩者를 함께 살펴야 할 것이다.

자평서子平書에 이르기를 "재관財官이 경輕한데 일주日主가 왕旺할 때는 운이 재관財官으로 행하는 것이 가장 이로우며, 반대로 재관財官은 왕旺한데 일주日主가 약하면 운이 생왕生旺하는 곳으로 가야 가장 뛰어난 것이다"라고 하였다. 이 말은 지극히 당연하고 지극히 요약적이다.

만약에 낙록자珞琭子가 한 말의 요지가 재관財官이 생왕生旺한 것만 중요하게 여기고 일주日主의 강약強弱은 고려하지 않는다면 이 또한 매우 잘못된 생각이라 할 것이다.

7. 일일덕격—日德格은 甲寅, 丙辰, 戊辰, 庚辰, 壬戌 5일인데 어째서 그것들을 덕德으로 보게 된 것인지, 원래의 내력을 고찰해 보지도 않고 대수롭지 않게 일덕日德으로 이름 지었으니 어찌 잘못된 설이 아니겠는가.

8. 괴강격魁剛格은 壬辰, 庚辰, 庚戌, 戊戌과 같이 사묘四墓 위에 임하는 것을 취하여 괴강이라고 하였다. 능히 대권을 장악한다고 하는데 어찌 사묘四墓의 위에 임한다고 이 같이 될 수 있겠는가. 이 또한 잘못된 설이다.

9. 육임추간격六壬趨艮格은 寅 중의 甲木을 쓰면 능히 己土와 합하여 壬의 관官이 될 수 있다고 하는 것이고, 또 寅 중의 丙火는 능히 辛金과 합하여 壬의 인印이 될 수 있다고 하는 것이니 모두가 무無에서 유有를 생기게 하는 설로서 대체로 공록拱祿, 비록飛祿, 녹마祿馬의 설들과 표리表裏를 이룬다 할 것이니 이 설說의 잘못됨이 더욱 심하다 하겠다.

10. 육갑추건격六甲趨乾格은 亥는 곧 하늘의 문호門戶라고 하여 甲日生인 사람이 여기에 임하면 추건趨乾이라고 일컫는다. 그러나 가령 다른 일간이 亥 위에 임하면 왜 추건趨乾이라고 하지 않는

가. 어찌하여 천문天文은 6개의 甲만이 추격하는 것을 좋아한단 말인가.

무릇 천체天體는 지극히 둥근 것이라 본래부터 문호門戶라는 것이 없는 법인데 건乾이 서북西北에 거居한다고 하여 천天의 문호門戶와 닮았다고 한 것이니 어찌 이를 가지고 사람의 화복禍福을 논할 수 있겠는가.

11. 구진득위격勾陳得位格은 일주가 재관財官의 땅에 임臨한 것이니 무릇 신주(身主 : 일주)가 유약柔弱하지 않으면 능히 재관財官을 감당할 수 있으니 이를 일러 지위地位를 얻고 권력을 장악하기에 마땅하다고 하였다. 만약 신주(身主 : 일주)의 氣가 미약한 경우라면 재관財官이 태왕太旺한 위치에 임할 때는 재다신약財多身弱[157]이 되거나 혹은 살중신경煞重身輕[158]이 되는 것인데, 이를 두고 아름답다고 여긴다면 어찌 그릇된 것이 아니겠는가?

---

157) 재다신약(財多身弱) : 재성이 왕하고 일주가 약한 것.
158) 살중신경(煞重身輕) : 칠살이 왕하고 일주가 약한 것.

명리약언
命理約言

春光 김기승

경기대학교 직업학석사, 직업학박사
국제문화대학원대학교 교육학박사
연세대학교 법학전공 석사
현)국제뇌교육종합대학원대학교 동양학과 교수
전)국제문화대학원대학교 명리문화교육과 교수
전)경기대학교 국제문화대학원 동양학과 겸임교수
전)글로벌사이버대 동양학과 겸임교수
현)사단법인 한국작명가협회 이사장
현)원격교육원 오행스쿨 학장
현)과학명리학회 회장
현)한국선천적성평가원장
이메일 kbs4984@hanmail.net

文供 나혁진

국제뇌교육종합대학원 동양학과 박사과정
국제뇌교육종합대학원대학교 명리전공 석사
시드니공과대학(UTS) 정보기술학과(IT) 석사
경희대학교 국어국문학과 학사
현)사단법인 한국작명가협회 이사
현)과학명리학회 수석연구원
현)원격교육원 오행스쿨 전임교수

命理約言
명리약언

초판 1쇄 발행 2018년 8월 14일

원저자 陳素庵 原著, 韋千里 選輯
옮긴이 김기승 · 나혁진
펴낸이 방성열
펴낸곳 다산글방

출판등록 제313-2003-00328호
주소 서울특별시 마포구 동교로 36
전화 02) 338-3630
팩스 02) 338-3690
E-mail dasangulbangl@paran.com

ⓒ 김기승 · 나혁진, 2018, Printed in Korea

이 책은 저작권법에 따라 보호받는 저작물이므로 무단전재와 무단복제를 금하며,
이 책 내용의 일부 또는 전부를 이용하려면 반드시 저작권자와 다산글방의 서면동의를 받아야 합니다.

ISBN 979-11-6078-084-0 03150

이 도서의 국립중앙도서관 출판예정도서목록(CIP)은 서지정보유통지원시스템 홈페이지(http://seoji.nl.go.kr)와 국가자료공동목록시스템(http://www.nl.go.kr/kolisnet)에서 이용하실 수 있습니다.(CIP제어번호: CIP2018023117)

잘못 만들어진 책은 구입하신 서점에서 교환해 드립니다.
책값은 뒤표지에 표시되어 있습니다.